信託法理論の形成と応用

THEORIES ON THE LAW OF TRUSTS AND THEIR APPLICATIONS

星野 豊 著

信 山 社

目次

序　本論文の目的と方法 ……………………………………………… *1*

第1部　信託法理論の対立の背景 …………………… *5*

第1章　英国における信託法理論の対立の背景 ………… *11*
　　第1節　善意有償取得法理の伝統的特徴 ……………………… *12*
　　第2節　裁判所制度改革と債権説の登場 ……………………… *27*
　　第3節　英国の債権説の理論構成 ………………………………… *43*
　　第4節　債権説以外の学説の理論構成 ………………………… *52*
　　第5節　英国における債権説の理論的意義 …………………… *64*

第2章　米国における信託法理論の対立の背景 ………… *72*
　　第1節　善意有償取得法理の変容 ……………………………… *74*
　　第2節　米国の債権説の理論構成 ………………………………… *84*
　　第3節　米国の物権説の理論構成 ………………………………… *95*
　　第4節　米国における物権説の台頭の背景 …………………… *112*
　　第5節　米国における物権説の理論的意義 …………………… *121*

第3章　信託法理論の対立の意義 ……………………………… *130*
　　第1節　英米における信託法理論の対立の意義 ……………… *132*
　　第2節　わが国における信託法理論の対立の構造 …………… *138*
　　第3節　信託法理論の対立と信託法31条 ……………………… *150*

第2部　信託法理論の解釈への応用 …………………… *165*

第4章　信託法理論の再構成 …………………………………… *168*
　　第1節　信託の定義と基本構造 …………………………………… *169*

第2節　信託関係の分類基準 ………………………………… *182*
　　第3節　信託の特徴と信託類似法理 ………………………… *193*
第5章　現行法の解釈への応用 ……………………………………… *212*
　　第1節　信託の成立と信託関係当事者 ……………………… *213*
　　第2節　信託財産の範囲とその変動 ………………………… *219*
　　第3節　信託の公示と分別管理 ……………………………… *227*
　　第4節　忠実義務と善管注意義務 …………………………… *240*
　　第5節　信託財産に関する相殺 ……………………………… *254*
　　第6節　信託財産の共同受託 ………………………………… *267*
　　第7節　実績配当型信託関係 ………………………………… *278*
　　第8節　信託に関する情報開示 ……………………………… *290*
　　第9節　信託に関する債務と責任 …………………………… *302*
第6章　信託法の解釈における信託法理論の役割 ……… *315*
本論文の結論と今後の課題 ………………………………… *326*
あ と が き ………………………………………………………… *328*
　事 項 索 引（和文・欧文）
　主要参照文献（略語）一覧
　要　旨

序　本論文の目的と方法

　[１]　本論文は，信託法の解釈における信託法理論の役割を再検討し，以て，わが国の法体系における信託法の位置付けを考えようとするものである。具体的な作業としては，まず，第１部において，信託法理論の対立の構造及びかかる対立の背景について分析し，信託法理論の存在意義や信託法理論と信託法との理論的関係を，母法である英米を中心として，各法体系ごとに明らかにする。そのうえで，第２部において，理論モデルとしての信託法理論をわが国の信託法の解釈に対して応用し，現行法の各局面における解釈相互間の関係を検討する。

　もっとも，一般的な感覚からすれば，わが国の法体系における信託法の位置づけについて考えようとする場合には，信託法理の具体的内容それ自体を主要な法源である法令判例の分析を通じて明らかにし，信託と親近性のある他の法理ないし制度との比較検討を行う，という方法が採用されることが自然であり，本論文が採用しようとする上記のような方法が相当特異であることは否定できない。従って，具体的な分析検討を始める前に，本論文において上記のような方法を採用することが適切であると考えた理由を明らかにしておく必要がある。

　[２]　ある法理ないし制度の法体系の中での位置づけを考える際に，主要な法源を分析して法理の具体的内容を詳細に確定し，類似法理ないし制度との相対的な関係を明確にする，という方法が有効であるためには，最終的に考察の対象としようとする法理ないし制度に対する理論的観点が，ほぼ異論なく成立していることが前提となる。すなわち，法理ないし制度の具体的内容を詳細に確定した後に，当該法理ないし制度の特徴を考察するためには，確定された法理ないし制度の具体的な内容を，ある観点から評価して当該法理ないし制度の本質的特徴との理論的関連を考えることが必要となる。又，

序　本論文の目的と方法

類似法理ないし類似制度との相対的な関係から法体系の中での位置づけを考察するためには，当該法理ないし制度の特徴との関連で，比較の対象とする類似法理ないし類似制度が当該法理ないし制度とどの程度の親近性を有しているかを評価することが不可欠となる。

　もっとも，ここでいう法理ないし制度に関する「理論的観点」が，必ずしも当該法理ないし制度の解釈の細部にわたって一致している必要がないことは当然である。実際，当該法理ないし制度の一般的な定義と当該法理ないし制度の基本的な構造に関する理論構成がほぼ一致していれば，具体的な内容に対する評価と類似法理ないし制度との親近性の濃淡についてほぼ一致した結論が得られる筈であるから，上記の一般的な分析検討の方法に従った議論は十分機能するものと考えられる。現在の日本法における法理ないし制度の圧倒的多数は，外国の法理ないし制度を導入したものであるが，そこでは最低限，当該法理ないし制度の一般的な定義と基本的な構造に関する理論構成が一義的に確定されたうえで運用されている。従って，わが国における法理ないし制度の法体系における位置づけを考えようとする場合には，上述した議論の前提となる理論的観点はほぼ一致していることが通常であるため，上記のような分析検討の方法の有効性それ自体について，改めて考える必要がなかったわけである。

　[3]　ところが，本論文で考察の対象とする信託法理については，以下に述べるとおり，その定義ないし基本構造に関する理論構成それ自体について根本的な対立が存在し，信託法理論全体を通じて合意されている観点もほとんど存在しないため，上記の一般的な分析検討の方法が有効に機能しないという事情がある。

　わが国の制定法としての信託法は，信託財産について受託者が完全権を有し，受益者は受託者に対して自己の利益のために信託財産を管理処分することを請求する債権を有すると考える，いわゆる「債権説」を採用したものと理解するのが，起草者以来の一致した見解である。実際，わが国における信託法学説としても，債権説は，立法以来現在に到るまで，通説的見解を構成していると考えて差し支えない。しかしながら，制定法としての信託法が受

益権を「債権」と表現し，債権説を採用していることが条文上明確であるにもかかわらず，信託法の立法後において，債権説以外の学説が有力に主張されるに到っている。このような学説のうち，有力なものは二つあり，一つは，受託者は信託財産の名義及び管理権限を有するにすぎず，受益権は対世的な効力を有する信託財産に関する物権である，と主張する「物権説」，もう一つは，信託財産には受託者からも受益者からも独立した実質的な法主体性があり，かかる実質的法主体性を有する信託財産に対して，受託者が名義及び排他的な管理権を保持する一方，受益者が信託財産に対する受益権を有しており，この受益権は，基本的には信託財産に対する債権であるが，同時に信託財産と物的相関関係を有する物的権利でもある，と主張する「信託財産実質法主体性説」である。

後に第2部において詳細に検討するとおり，債権説，物権説，信託財産実質法主体性説のいずれに従って信託法を解釈するかについては，具体的な解釈における結論，その結論の妥当不当の判断基準，さらには類似法理ないし制度の親近性の濃淡の判断基準に到るまで，極めて大きな差異が生ずる。しかも，この信託法理論の対立は，制定法としての信託法が債権説を採用した後に生じているものであるから，信託法の条文の文言は，必ずしも決定的な判断基準となりえない。

［4］ このように，信託法の解釈に関しては，信託以外の法理ないし制度の解釈と異なり，定義ないし基本構造に関する理論構成それ自体について基本的な観点の対立がある。このため，一般的な分析検討の方法に従って法理の具体的な内容や類似法理ないし制度との相対的な関係を明らかにするだけでは，本論文の目的である信託の法体系における位置づけを考えるための前提がそもそも確立できず，解釈や考察が客観的な妥当性を保てなくなってしまう恐れがあると言わなければならない。

従って，本論文の目的を達成するためには，まず，①信託に対する理論的観点としてどのようなものが存在しているか，次に，②かかる理論的観点がどのような背景の下で対立しているか，そして，③かかる理論的観点の対立が法体系の中でどのような意義を有しているかについて，分析検討考察を加

える必要がある。なお，かかる信託法理論の対立の背景及び意義については，各々の時代ごとに各法体系の中における議論の基本的な前提に関わる問題点が含まれている筈であるから，時代や法体系ごとに異なる結論が導かれる可能性が高いと考えられる。従って，本論文においても，信託法理論の対立の背景や意義について分析検討する場合には，各法体系における各時代ごとの議論の変遷に十分注意する必要がある。

［5］以上の理由により，本論文では，最終的な目的としてわが国の法体系における信託法の位置づけについて考えるために，まず，第1部において，信託法理論の対立の構造とその背景とについて分析検討を加え，信託法理論の対立の理論的意義を明らかにする，という方法を採用する。その際，従来のわが国においては，信託法理論の対立についての理論的な検討が必ずしも十分に行われてこなかったため，議論の素材として十分でないこと，及び，わが国の信託法の立法にあたって主として参照された英国及び米国の信託法理の下でも，わが国の信託法理論の対立と類似した信託法理論の対立状況が見られることから，英国及び米国における信託法理論の対立を主たる分析検討の対象とし（第1章及び第2章），そこから得られた理論的観点を参考として，わが国の信託法の解釈における信託法理論の役割を再検討する（第3章）。そして，第2部においては，信託法理論のわが国における存在意義を再検討するため，日本の信託法に議論の焦点を合わせたうえで，まず，理論モデルとしての信託法理論を再整理した後（第4章），現行信託法の各局面における解釈に各信託法理論を応用してみる（第5章）。そのうえで，信託法理論の対立構造と信託法の解釈との関連について，さらに，信託法の特徴と法体系における信託の位置付けについてそれぞれ考察を加え，最後に本論文での結論を示す（第6章）。

第1部　信託法理論の対立の背景

[1]　第1部では，信託法理論の対立の構造とその理論的背景について考察するため，主として英国及び米国の信託法理論について検討を加える。

[2]　英国及び米国における，信託の基本構造に関する信託法学説の議論は，概ね次のような推移を示している。
　まず，英国においては，19世紀後半の裁判所制度改革によってエクイティ裁判所（Court of Equity; Chancery）とコモン・ロー裁判所（Common-Law Court）とが統合される前と後とで，議論の状況が若干異なる。すなわち，裁判所制度改革前においては，信託財産に関して受託者がコモン・ロー上の所有権（legal ownership）を，受益者がエクイティ上の所有権（equitable ownership）をそれぞれ有しており，信託財産に関して二重領有関係（double ownership）が成立している，とする「信託財産二重領有説」が支配的であり，又，受託者は，信託財産のコモン・ロー上の権原（legal title），及び信託目的に従った管理処分を行うための受託所有権（trust ownership）を有しているにすぎず，受益者の有する受益権は，信託財産に関する物権的権利（jus in rem）である，とする「物権説」も存在していた。これに対して，裁判所制度改革前後においては，信託財産の所有権が受託者に完全に帰属し，受益者は信託目的に従った管理処分を行うことを受託者に対して要求する債権的権利（jus in personam）を有する，とする「債権説」がメイトランド（F. W. Maitland）によって主張され，特に英国外の議論に対して一定の影響力を持つに到った。しかし，現在の英国における信託法学説は，信託の基本構造に関して，必ずしも明確な理論構成を示していない。
　他方，米国においては，19世紀末頃まではそれ程明確な議論が行われて

こず，英国の議論をほぼ忠実に受け入れていたが，19世紀末以降英国と相当異なる議論の推移を示すようになる。すなわち，19世紀末から20世紀初頭にかけては，エイムズ（J. B. Ames），ラングデル（C. C. Langdell）等の主張に係る債権説が通説的見解を構成していたが，後に見るとおり，この米国の債権説は英国の債権説と基本的な部分において異なる点がある。そして，1910年代以降においては，物権説が台頭し始め，1930年代に物権説の代表的論者であるスコット（A. W. Scott）の起草した信託法リステイトメント（RESTATEMENT（1st）OF TRUSTS）が実質上物権説を採用したことによって，現在では物権説が通説的見解を構成するに到っているが，この米国の物権説も英国の物権説とは根本的に異なる特徴を有している。

[3] そして，以上のような英米における信託法理論の対立は，受託者が信託違反（breach of trust）により信託財産を第三者に譲渡した場合における受益者と第三者との利害調整に関する法律構成に関して，最も明確な差異を生じさせているとされる。

英国及び米国の信託法理の中で，受託者の信託違反が行われた場合における受益者と第三者との利害調整に関する法理は，「善意有償取得法理（Purchase for Value without Notice）」と呼ばれる。その内容を要約すると，受託者が信託違反により信託財産を第三者に譲渡した場合に，第三者が受託者の信託違反につき善意（without notice）[1]かつ有償で（for value）信託財産の権原（title）の移転を受けた場合には，受託者の適法な権限行使の結果として第三者が信託財産を取得した場合と同様，第三者は受益者に対して何らの責任を負わない。他方，それ以外の場合，すなわち，第三者が受託者の信託違反につき悪意で（with notice）[2]，又は無償で（for no value）信託財産を譲り受けた場合には，第三者に対する受益権の追及（tracing）として，信託違反処分の取消や，擬制信託関係（constructive trust）の設定により，第三者に対して受益者のためにする信託財産の管理処分を強制し，又は信託財産の返還ないし損害賠償の支払を行わせる，というものである。この善意有償取得法理は，15世紀半ばから16世紀にかけて英国のエクイティ裁判所によって形成された判例法理であり，立法によって伝統的な一般原則が修正されて

いる部分が若干あるが(3)，現在でも英国及び米国を通じて確固とした判例法理を構築している。

　もっとも，上述した善意有償取得法理に基づく利害調整基準の構造からすれば，受益者と第三者との利害調整は，信託違反に対する第三者の善意悪意と，信託財産の譲渡の有償無償に関する判断によって行われるわけであるから，受益権の性質に関する理論構成の差異は，具体的な受益者と第三者との利害調整にあたって，少なくとも表面上は影響してこない。このため，従来のわが国の議論では，上記のような信託の基本構造に関する英国及び米国における信託法理論の対立は，「不毛な概念論争の感が強く,」英国及び米国における善意有償取得法理の分析検討に関しては具体的な利害調整結果を重視すべきである，とされてきた(4)。

　[4]　しかしながら，以下に述べるとおり，仮に善意有償取得法理に基づく受益者と第三者との利害調整基準が，受益権の性質に関する信託法理論の対立に一見中立的であったとしても，そのことを以て信託法理論の対立を「不毛な概念論争」と結論づけてしまうことは妥当でない。

　確かに，英国及び米国における善意有償取得法理は，利害調整基準の基本的な構造としては，信託法理論の対立に一見中立的な基準を採用しているが，利害調整結果の局面においては，信託違反処分を取消すことによって譲渡された信託財産を取戻すことのみならず，信託財産を譲り受けた第三者と受益者との間に擬制信託関係を設定して第三者に財産の管理処分を行わせる等，より多様な利害調整が行われている。受益者と第三者との利害調整に関する解釈指針を考える場合には，受益権が信託関係においてなぜ保護される必要があるかを考える必要があるわけであるが，そのことは結局，受益権の性質に関する理論構成，すなわち信託の基本構造に関する理論構成をどのように考えるべきか，という問題を解決することなくしては対処できない。従って，序で述べたとおり，善意有償取得法理に基づく利害調整結果の詳細を知ることよりも，むしろ，信託法理論の対立の背景や，善意有償取得法理と信託法理論との関係を検討することにより，善意有償取得法理に基づく受益者と第三者との利害調整基準が，信託の理論的特徴とどのような関係にあるのかを，

まず考察する必要がある。

　これに加えて、従来のわが国の議論では、英国と米国とを特に区別せずに信託法理ないし信託法理論について検討を行ってきた傾向があるが[5]、このような議論の仕方についても大いに疑問の余地がある。すなわち、英国の善意有償取得法理と米国の善意有償取得法理とでは、確かに、受託者の信託違反に対して第三者が善意有償であるか否かを以て受益者と第三者との利害調整を行う、という利害調整の基本的な構造自体は同一であるものの、後に述べるとおり、エクイティ上の権利（equitable right）や、証券に表章されていない債権（chose in action）が、信託違反によって譲渡された場合における善意有償取得法理の適用の仕方が異なっている等、善意有償取得法理の内容それ自体について、英国と米国とで差異がある。又、前述のとおり、信託法理論の対立についても、英国における学説と米国における学説とで、議論の内容が同一の推移を示しているわけではない。むしろ、後に述べるとおり、同一の理論構成であるように見える英国と米国の信託法理論は、各々の学説の議論の目的や、前提とする理論的基盤の違いによって、根本的に異なる性格を有しているとさえ言える。

　[5]　以上のことから、英国及び米国における善意有償取得法理の分析検討に際しては、序で述べた方法を採用し、英国及び米国における信託法理論の対立の背景と善意有償取得法理との関係を考察することとする。

　そして、このような分析検討から導かれる結論として、第1部では最終的に次のようなことを主張したい。

　すなわち、第一に、英米における信託法理論の対立は、信託法理の具体的な解釈における結論それ自体の対立というよりも、むしろ、信託法理を法体系の中に位置づけるための基本的前提、すなわち、コモン・ロー及びエクイティーという法体系全体についての把握の仕方、「信託財産」の概念や「財産権」の概念に関する把握の仕方、さらには、信託関係の成立根拠として、信託関係当事者の意思と裁判所による命令との関係をどのように把握するか等、に関する理論的対立を背景とするものであったと考えられる。

　これに対して、第二に、日本法における信託法理論の対立は、日本法に対

第1部　信託法理論の対立の背景

する信託法理の導入が立法によって行われたこと，信託を財産管理法理の一類型としてわが国の契約法体系と整合的に位置づけることが立法段階以来の学説の一致した目的であったことから，英米におけるような議論の基本的前提の対立というよりも，むしろ，制定法としての信託法の存在を議論の前提としたうえでの，信託法の条文解釈の原則ないし基本的な解釈の方向性に関する対立であったと考えられる。しかしながら，英米における信託法理が極めて豊富な判例の蓄積によって各局面における具体的な解釈基準を詳細に示しているのと異なり，日本法における信託法は，判例等による法の欠缺の補充が現在においても極めて不十分であることが明らかであるから，現在のわが国の信託法の解釈に関して，信託法理論を解釈の原則ないし方向性を確立するための理論モデルとして英米と異なる意義を認めることは，必要かつ有益であると考えられる。

　[6]　以下では，まず，英国及び米国における信託法理論の対立の状況とその背景とを，各法体系における信託法理及び信託法理論の特徴に注意しながら，個別に分析検討を加える（第1章及び第2章）。そのうえで，英米における信託法理論の対立の背景と日本法の下での信託法理論の対立の背景との違いを明らかにし，従来のわが国において一般的であった信託法理論の対立に関する観点に含まれていた問題点について述べる（第3章）。

　（1）（2）　善意有償取得法理の適用上，第三者が通常の経済人として期待される程度の調査を行えば受託者の信託違反を知ることが可能であった場合には，第三者は信託違反につき「悪意」であったとされるため，ここでいう「善意」「悪意」の表現は，信託違反に対する単なる知不知を意味しているわけではない。従って厳密には，「善意」「悪意」ではなく，「善意無過失ないし無重過失」「悪意又は過失ないし重過失」と表現する方が正確であるが，このような表現ではかえって混乱を招きかねず，又，他に適切な用語を思いつかなかったため，本論文では，英国及び米国における善意有償取得法理の分析検討に関する限り，第三者の主観的容態を，上述の意味で「善意」「悪意」と表現する。
　（3）　立法による善意有償取得法理の一般原則の修正のうち，最も代表的な

第1部　信託法理論の対立の背景

　　　ものは，財産権の登記登録制度の導入に基づく，受益者と第三者との利害調整基準の修正である。但し，登記登録制度をはじめとする立法による善意有償取得法理の一般原則の修正は，善意有償取得法理の個別的な要件としての，第三者の信託違反に対する善意悪意及び取引の有償無償に関する具体的な判断基準の修正であり，善意有償取得法理に基づく受益者と第三者との利害調整の基本構造それ自体を理論的に改変するものではない。従って，本論文では，かかる立法による善意有償取得法理の修正については，善意有償取得法理と信託法理論との理論的な関係について影響を与える部分について最小限度の説明を行うに留め，かかる善意有償取得法理の修正の具体的内容を詳細に検討することはしない。なお，21世紀に入ってからの英米におけるやや本格的な立法の動向については，樋口範雄『アメリカ信託法ノートⅠ』287頁以下（2000），大塚正民＝樋口範雄編著『現代アメリカ信託法』（2002），樋口範雄「イギリスの二〇〇〇年受託者法に関するノート」NBL739号11頁（2002），ポール・マシューズ（新井誠訳）「英国2000年受託者法」信託210号68頁（2002）樋口範雄『アメリカ信託法ノートⅡ』（2003）参照。又，英米以外の法域も含めた動向について，落合誠一編著『比較投資信託法制研究』（1996），ディヴィッド・ヘイトン（石尾賢二訳）「大陸法法域における信託概念の発展」商大論集53巻2・3号331頁（2001），新井誠編『欧州信託法の基本原理』（2003），ディヴィッド・ヘイトン（石尾賢二訳）「イギリス信託と大陸諸国における類似の商取引方法」商大論集54巻5号657頁（2003）参照。

（4）　木下280頁。
（5）　例えば，池田・信託法論130頁以下，大阪谷・理論編30頁，木下279－280頁など参照。

第1章　英国における信託法理論の対立の背景

　[1]　英国において，信託の前身であるユース（use）に関し，現在の善意有償取得法理の原型となる受益者と第三者との利害調整に係る判例の準則がエクイティ裁判所によって形成されたのは，15世紀後半から16世紀前半にかけてであり，この時代に形成された利害調整の原則は，現在に到るまで変化していない。一方，信託の基本構造に関する学説の議論が盛んに行われるようになるのは，19世紀後半から20世紀初頭にかけてであるが，これは，裁判所制度改革によって，エクイティ裁判所とコモン・ロー裁判所とが統合された時期と実質的に重なっている。
　このようなことからすると，善意有償取得法理と信託法理論との関係について考えるためには，以下の二点を検討することが必要であると思われる。

　[2]　第一に，エクイティ裁判所によって善意有償取得法理が形成されたのが，信託法学説の議論が盛んに行われるよりも相当以前であることからすれば，善意有償取得法理が形成された当時において有していた理論的特徴は，信託法理論の対立とは無関係に存在するものであり，現在において善意有償取得法理が有する特徴と同一でない可能性がある。従って，善意有償取得法理が，エクイティ裁判所によって形成された当時から裁判所制度改革が行われるまでの過程において，いかなる理論的特徴を有していたかを検討してみることが必要である。
　第二に，裁判所制度改革が行われた時期と信託法学説の議論が盛んになった時期とが実質的に重なっていることからすれば，裁判所制度改革によってエクイティ裁判所とコモン・ロー裁判所とが統合されるに到ったことが，善意有償取得法理の伝統的特徴に対して何らかの影響を及ぼし，さらに，善意有償取得法理の伝統的特徴との関係で信託法理論の果たすべき役割を何らかの形で変化させた可能性が高い。従って，裁判所制度改革が行われた原因な

いし背景について分析し，裁判所制度改革の善意有償取得法理の伝統的特徴に対する影響や，善意有償取得法理と信託法理論との関係に係る変化について，検討してみることが必要である。

　[3]　以下，本章では，まず，エクイティ裁判所によって形成された善意有償取得法理の原型である受益者と第三者との利害調整に係る判例の準則について概観したうえで，かかる準則の「判例法理」としての性格や，かかる判例の準則とエクイティ裁判所の歴史的性格との関係について検討を加えることにより，善意有償取得法理及び信託法理の伝統的特徴を考察する（第1節）。次に，19世紀に行われた裁判所制度改革について概観したうえで，かかる改革が行われるに到った原因ないし背景について分析し，善意有償取得法理の伝統的な特徴が，裁判所制度改革によってどのような影響を受けたか，又，かかる状況の下で，善意有償取得法理と信託法理論との関係がどのように変化したかについて考察する（第2節）。

　そして，裁判所制度改革前後にメイトランドによって主張された債権説の議論を中心に，英国における信託法理論の対立の構造を明らかにすることとし，まず，信託の基本構造及び受益者と第三者との利害調整に関する債権説の理論構成を概観する（第3節）。次いで，債権説の理論構成の特徴をより明確に理解するために，債権説が主たる批判の対象とした当時の英国における他の二つの信託法理論，すなわち，信託財産二重領有説の理論構成と物権説の理論構成とをそれぞれ概観したうえで，これらの学説の議論と債権説の議論とを比較検討する（第4節）。そのうえで，英国の信託法理論の対立に関する背景と，かかる対立の構造において債権説が果たした意義について考察する（第5節）。

第1節　善意有償取得法理の伝統的特徴

　[1]　善意有償取得法理の原型となる受益者と第三者との利害調整の準則は，以下に述べるとおり，15世紀ないし16世紀にかけて，エクイティ裁判所（Courts of Equity; Chancery）によって形成されたものである。

第 1 章　英国における信託法理論の対立の背景

　すなわち，1453 年の判例[(1)]では，譲渡人の最終的な意思（last will）に基づいて財産を譲渡（enfeoff）された者が，当該財産をさらに他の者に譲渡した場合，財産の第二の譲受人（the second）に対して，罰則付召喚令状（subpoena）を発することはできない，なぜなら，第二の譲受人は，当初の譲渡人と譲受人との信頼関係と無関係な存在（stranger）であるから，との判示とともに，もし譲渡人から信頼関係に基づいて（in confidence）財産を譲り受けた者が，さらに信頼関係に基づいて当該財産を他の者に譲渡した場合には，当初の譲渡人は財産の第二の譲受人に対する罰則付召喚令状を取得することができるけれども，第二の譲受人が善意有償（bona fide）で財産を譲り受けた場合には，当初の譲渡人には何らの救済手段も存しない，との判示がされている。又，1465 年の判例[(2)]，及び 1471 年の判例[(3)]では，譲渡人から財産のユースを受けた者が，当該財産を他の者に譲渡した際，財産の第二の譲受人に対して当初の譲渡に係るユースの意図（intent）が知らされていた（gave notice to）場合には，第二の譲受人は当初のユースの目的に従うべく，罰則付召喚令状によって拘束される，との判示がある。

　他方，信頼関係に基づき財産を譲渡された者の遺言執行者（executor）や，相続人（heir），さらに，財産を対価なくして（without consideration）譲り受けた者に対し，財産に関するユースを理由に罰則付召喚令状を発することができるかについては，当初，1468 年の判例[(4)]が，遺言執行者に対する罰則付召喚令状の発令につき，この問題は長く議論されてきた，と述べつつ，結論として消極的な見解を示していたものの，1474 年の判例[(5)]で，ユース譲受人の相続人が，罰則付召喚令状によって拘束される旨が明確に判示され，そして，1522 年の判例[(6)]においては，ユース譲受人が死亡した場合に相続人が信頼関係の拘束を受けることはもとより，財産を対価なくして譲り受けた第三者一般に対しても，ユースの効果が及ぶことが判示されている。

　以上のとおり，諸判例が形成したユース受益者と第三者との利害調整に係る準則は，要するに，ユース譲受人（受託者）が，ユースの目的に違反して（信託違反によって），ユースの対象財産（信託財産）を第三者に対して譲渡した場合に，ユース受益者（受益者）とユース譲受人（受託者）との間で存在する信頼関係ないし信認関係に基づく法律効果が，信頼関係ないし信認関係

13

第1部　信託法理論の対立の背景

について悪意で財産を譲り受けた第三者，及び無償で財産を譲り受けた第三者に対して及ぶ，とするものである。そして，この準則に基づく受益者と第三者との利害調整が，受託者の義務違反に対する第三者の善意悪意と，信託財産の譲渡の有償無償に着目して行われていることは明らかである。従って，15世紀ないし16世紀にかけてエクイティ裁判所が形成した受益者と第三者との利害調整に係る準則は，現在の善意有償取得法理と，利害調整の基本的な構造及び原則的な結論において同一である。現代の英国及び米国でも，善意有償取得法理の起源が以上にみたエクイティ裁判所の形成に係る準則であると考える点で，学説の見解は一致している[7]。

[2]　以上のとおり形成された善意有償取得法理は，エクイティ裁判所が従来より一貫して採用してきた，最も重要なエクイティ上の基本原則の一つであると理解されている。そして，受託者の信託違反が行われた場合における受益者と第三者との利害調整を，第三者が信託違反につき善意有償であったか否かを以て判断することは，その後のエクイティ裁判所によって，確固とした判例法理となっている。

すなわち，受託者が信託違反によって信託財産を第三者に譲渡した場合に，第三者が信託違反につき悪意で信託財産を譲り受け，又は無償で信託財産を譲り受けたときは，受益者は第三者に対するエクイティ上の救済を求めることができるが，第三者が善意有償で信託財産を譲り受け，かつ，当該財産のコモン・ロー上の権原の移転を受けたときは，受益者はエクイティ上何らの救済を受けることはできず，従って，第三者に対して受益権の効果を主張することはできない[8]。

但し，第三者が善意有償で信託財産を譲り受けたときであっても，信託財産に関するコモン・ロー上の権原の移転を受けない間に信託違反につき悪意となった場合には，第三者は譲り受けた財産に関する受益権の追及を免れない[9]。又，第三者に譲渡された信託財産がエクイティ上の財産ないし権利であった場合には，エクイティ上の財産ないし権利についてコモン・ロー上の権原の移転を受けることはできない。従って，この場合には，「エクイティ上同等の権利を有する者の間では，先に成立したエクイティ上の権利を

第1章　英国における信託法理論の対立の背景

有する者が優先する（Qui prior est tempore potiorest jure）」との原則に基づき，先に成立したエクイティ上の権利である受益者の権利が優先することになるから，第三者が受託者の信託違反につき善意有償であった場合でも，第三者は受益権の追及を免れない[10]。さらに，譲渡された信託財産がコモン・ロー上の債権（chose in action）であった場合には，債権がコモン・ロー上譲渡不可能とされてきたこととの関係から，第三者が受託者の信託違反につき善意有償で債権を譲り受けたとしても，第三者は譲渡された債権に関するエクイティ上の負担を免れない[11]。

以上みてきたとおり，その後の英国における善意有償取得法理においても，受益者と第三者との利害調整に関する基本的な構造は，15世紀ないし16世紀においてエクイティ裁判所が形成した準則における利害調整と同様，受託者の信託違反に対する第三者の善意悪意と信託財産の譲渡に関する有償無償とに係る判断を以て構成されているということができる。

[3]　しかしながら，裁判所制度改革以前の諸判例における善意有償取得法理は，同時に以下のような特徴を併せ有するものである。従って，上記のとおり，受益者と第三者との利害調整に関する基本的な構造が同一であったとしても，裁判所制度改革以前の善意有償取得法理と現在の善意有償取得法理とが，同一の理論的特徴を一貫して有していると考えることはできない。

第一に，上記に述べた15世紀ないし16世紀のエクイティ裁判所の判例が，後に現在の学説が「信託法理」として一貫して把握することとなる個々の「判例の準則」を形成したものであったとしても，エクイティ裁判所が個々の事件に対する判断において，将来一貫して把握されることとなる体系的な「信託法理」を前提としていたと考えることは妥当ではない。

エクイティ裁判所の発する命令等に関する判例集が，体系的に編集され始めたのは，16世紀半ばないし17世紀以降のことであり[12]，上記の15世紀ないし16世紀前半にかけての善意有償取得法理の原型を形成した諸判例を収録している判例集は，その前駆的業績の一環であると評価されている[13]。しかしながら，エクイティ裁判所の下した数多くの事件に対する判断の蓄積をある一定の観点から体系的に整理して「判例法理」として把握することが

15

第1部　信託法理論の対立の背景

可能でありかつ妥当である，ということから直ちに，エクイティ裁判所が個々の事件に対する判断を下す過程において体系的な「判例法理」の存在を前提としていた，と結論づけることはできない。少なくとも，善意有償取得法理が形成された15世紀後半ないし16世紀前半当時において，エクイティ裁判所が，数百年先の将来にわたって多数蓄積されることとなる「善意有償取得法理」に関する体系的な判断を明確に意識ないし予測して，体系的な「判例法理」の存在を前提としつつ個々の事件に対する判断を下していた，と考えることは，相当無理があるように思われる。

　さらに，善意有償取得法理に関するエクイティ裁判所の判断は，15世紀後半ないし16世紀前半に法理が形成されて以来，多数蓄積されていったわけであるが，19世紀後半における裁判所制度改革の中では，制度改革が必要である理由の一つとして，裁判遅延，費用の高額化等と並んで，エクイティ裁判所の判断が体系としての明確性に欠ける，という点が指摘されている[14]。このような指摘が裁判所制度改革の理由として存在するということは，一方で，裁判所制度改革が行われた19世紀頃において，エクイティ裁判所の個々の事件に対する判断は体系的な判例法理の存在を前提として行われるべきである，と考えられていたことを示すものではある。しかしながら，それと同時に，善意有償取得法理が形成された15世紀ないし16世紀以来，裁判所制度改革前後の時期に到るまで，エクイティ裁判所の個々の事件に対する判断が，体系的な信託法理の存在を特に意識したものではなく，むしろ，当事者間の紛争を個別的に解決することを目的とした「事案限りの判断」の集積であったことを示していることを推測させるものでもある。

　以上のことからすれば，善意有償取得法理は，あくまで個々の事件に対する個別の判断の集積として形成されたものと考える方が妥当であり，エクイティ裁判所が個々の事件に対する判断において体系的な「信託法理」の中での理論的な位置づけを明確に意識していた，と考えることは困難である。

　[4]　第二に，裁判所制度改革以前における学説の議論の仕方からすると，エクイティ裁判所の形成した「善意有償取得法理」と信託法理論との関連は，極めて希薄であったと考えることができる。

第1章　英国における信託法理論の対立の背景

　裁判所制度改革以前においても，エクイティ裁判所ないしエクイティについて議論する学説は，必ず，エクイティ上の最重要法理として信託関係について説明した後，信託関係に関して生ずる紛争解決に係る基本原則の一つとして，善意有償取得法理について述べている。しかしながら，以下に述べるとおり，これらの学説における信託の基本構造及び善意有償取得法理に関する議論が，裁判所制度改革以降の学説の議論と同一の理論的特徴を有すると考えることはできない。

　裁判所制度改革以前における学説の善意有償取得法理に関する議論は，概ね次のとおり展開されている。すなわち，善意有償取得法理は，エクイティ裁判所が形成し，かつ一貫して維持しているエクイティ上の基本法理の一つであり，次の二つのエクイティ上の原則に基づいている。第一に，「エクイティ上同等である者の間では，コモン・ロー上の法律関係が優先する (Where the equities are equal, the law prevails)」。第二に，「エクイティ上同等の権利を有する者の間では，先に成立したエクイティ上の権利を有する者が優先する（qui prior est tempore potior est jure)」。従って，受託者が信託違反によって信託財産を第三者に譲渡した場合，第三者が善意有償であるときは，上記の第一の原則に基づき，受益者は第三者に対して何らの責任も追及することができない。他方，第三者が信託違反につき悪意で信託財産を譲り受けたときや，第三者が無償で信託財産を譲り受けたときは，受益者は第三者に対して受益権の効果を主張することができる。又，信託財産を譲り受けた第三者が信託財産のコモン・ロー上の権原を取得していない場合には，上記の第二の原則に基づき，先に成立しているエクイティ上の権利，すなわち受益権を有している受益者が，後れて成立したエクイティ上の権利を有している第三者に対して優先する[15]。

　このように，裁判所制度改革以前の学説が行う善意有償取得法理に関する議論は，善意有償取得法理に基づく受益者と第三者との利害調整に関するエクイティ裁判所の判断の一般的な傾向が，エクイティ裁判所が依拠しているとされるエクイティに関する二つの原則と共に，具体的な結論として示されているのみである。すなわち，これらの学説の議論の中では，善意有償取得法理は，エクイティ裁判所が形成し，かつ，エクイティ裁判所が適用する判

17

第1部　信託法理論の対立の背景

例法理，という以上の位置づけはなされていない。又，かかる学説において，善意有償取得法理に基づく利害調整基準と信託の基本構造に関する理論構成との関連は，議論の対象とされていない。

　さらに，裁判所制度改革以前における学説が，信託の定義について議論する場合について検討してみても，裁判所制度改革以降の学説の議論と同一の理論的特徴を有しているということはできない。すなわち，裁判所制度改革以前における学説の議論の中では，信託とは，ある財産に関してコモン・ロー上の権原を有する受託者に対し，エクイティ裁判所が善と衡平の理念に基づき，エクイティ上受益者のために財産を管理処分することを命令すること，すなわち，受託者が受益者に対して信託財産に関するエクイティ上の義務と責任を負う関係を指す，とされている[16]。しかし，このように信託を定義するならば，信託関係の成立について重要であるのは，受託者が信託財産に関するエクイティ上の義務と責任を受益者に対して負うことを，エクイティ裁判所が命令によって強制するか否か，という点のみであり，かかる信託関係が成立するに到った原因が，例えば信託関係当事者の意思に基づくのか，あるいは当事者の意思と無関係に裁判所の判断によるのかは，理論的に意味がないこととなる。実際，裁判所制度改革以前における学説は，信託関係の分類として，信託関係当事者の明示の意思に基づき設定される「明示信託（express trust）」，当事者の黙示の意思に基づき設定される「黙示信託（implied trust）」，及び当事者の意思と無関係に裁判所が成立を認める「擬制信託（constructive trust）」とを一応区別しているものの[17]，このような概念の区別と，善意有償取得法理によって受益権の効果が一定範囲の第三者に及ぶこととを，理論的に連動させているわけではない。

　以上のことからすると，裁判所制度改革以前における学説は，エクイティ裁判所が形成した「判例法理」としての善意有償取得法理の存在それ自体を，特に理論的に検討することなく議論の前提としているということができる。従って，当時の学説の議論の主要な目的は，かかる「判例法理」としての善意有償取得法理の内容に関する明快な説明を行うことであり，信託法理論から導かれた理論的観点を以て判例法理に対して何らかの影響を及ぼすことは，基本的に目的とされていなかったと考えることができる。

第1章　英国における信託法理論の対立の背景

[5]　第三に，善意有償取得法理に関するエクイティ裁判所の判断においては，エクイティ裁判所が歴史的に有してきた政治的性格が強い影響を及ぼしており，又，善意有償取得法理に基づく具体的な利害調整の正当性の根拠となっていたのは，エクイティ裁判所自身の有する歴史的政治的権威であったと考えることができる。

エクイティ裁判所は，元来，国王に対する請願に対し，善と衡平の理念に基づいて，請願者個人に事案限りのエクイティ上の救済を与える権限を，国王から与えられていた大法官（Chancellor）が，徐々に裁判所としての機能を有するに到ったものである(18)。そして，エクイティ裁判所によって行われる信託関係の保護，すなわち信託財産に関する受益者の利益の保護は，ある財産に関して「信託関係」が存在すると裁判所が認めた場合に，当該財産に関するコモン・ロー上の権原を有する「受託者」に対して，「受益者」の利益のためにエクイティ上当該財産を保持することを，命令によって強制するものであった(19)。このようなエクイティ裁判所による受益者の利益保護の構造からすると，当該財産に関してコモン・ロー上の権原を有する者が，受託者から財産を譲り受けた第三者であった場合でも，理論的には受託者に対する場合と同一となる筈である。実際，善意有償取得法理に関するエクイティ裁判所の諸判例は，要するに，信託財産のコモン・ロー上の権原を有する第三者に対して，エクイティ裁判所が命令を以て当該財産を受益者のためにエクイティ上保持することを強制することができるか否か，という構造となっている。従って，エクイティ裁判所の命令によって受益者の利益が保護される，という利害調整構造の下では，受益者が受託者に対する関係で利益を保護される場合と，受益者と第三者の利害調整が問題となる場合とが，理論上同一の性格を有するものということができる。

このように，エクイティ裁判所の行う受益者と第三者との利害調整は，エクイティ裁判所の発する命令に基づいて実務上も理論上も解決されていたということができる。これに加えて，前記のとおり，エクイティ裁判所が個々の事案において下す判断は，体系的な整合性を有する一貫した理論構成に基づくものではなく，事案限りの個別の判断の集積と評価すべきものであった。さらに，裁判所制度改革以前における学説の議論では，何らかの理論構成を

第1部　信託法理論の対立の背景

以て信託の基本構造と善意有償取得法理との関係を理論的に分析するというよりも，裁判所の判断の結論とその一般的な傾向を説明することを主たる目的とされていたと考えられる。以上のことを併せ考えれば，エクイティ裁判所の行う受益者と第三者との利害調整に関する判断の正当性の根拠となっていたのは，何らかの理論的観点というよりも，むしろ，エクイティ裁判所自身の有する歴史的政治的権威であったと考える方が妥当である。

　[6]　第四に，裁判所制度改革以前の善意有償取得法理においては，当時の裁判所制度に基づいた法体系の把握が，エクイティ裁判所の行う利害調整の前提として存在していたということができる。

　エクイティ裁判所の発するエクイティ上の命令に基づく救済は，コモン・ロー裁判所における裁判権とは，歴史的にも手続的にも別個独立の存在であり，エクイティ裁判所とコモン・ロー裁判所とで同一事件に対する判断が矛盾抵触することは違法ではなく，又，珍しくもなかった。実際，ある財産に関する「信託関係」の概念それ自体，コモン・ロー裁判所が受託者を以て財産権者と判断し，エクイティ裁判所が受託者に対して受益者のために財産を保持することを命令する，という，両裁判所の「矛盾抵触した判断」の下に生じたものということができる。

　他方，エクイティ裁判所の発する命令にしても，命令の名宛人をエクイティ上個人として拘束するのみであり，コモン・ロー裁判所における手続ないし判断に対して何ら影響を及ぼすものではなかった[20]。そして，このような裁判所相互間における判断の矛盾抵触に対しては，17世紀に到って初めて，エクイティ裁判所の判断がコモン・ロー裁判所の判断に優越する，との解決が示されることとなったが，この解決にしても，エクイティ裁判所とコモン・ロー裁判所との間で発生した政治的抗争を契機とした政治的解決の結果としてなされたものであった[21]。

　以上のことからすると，善意有償取得法理に関するエクイティ裁判所の判断は，コモン・ローとエクイティとが別個の裁判所によって独立に判断されるという，当時の英国における法体系の構造を前提としたうえで，個別の事件に対する事案限りのエクイティ上の判断を示したものであり，コモン・

ローとエクイティとを理論的に整合させた統一的な法体系の構造を判断の前提とするものではなかったということができる。

[7] 第五に，善意有償取得法理は，コモン・ロー上成立している第三者の権原と，エクイティ裁判所によってエクイティ上創設された受益者の権原との調整を図る法理であると考えることができる。

前記のとおり，エクイティ裁判所による受益者と第三者との利害調整は，財産に関してコモン・ロー上の権原を有する第三者に対し，受益者の利益のためにエクイティ上財産を保持することを，エクイティ裁判所が命令により強制するか否かによって左右されるものであった。又，エクイティ裁判所のコモン・ロー上の問題に関する裁判管轄権は極めて限定されたものであり，エクイティ裁判所の判断ないし命令によって，財産のコモン・ロー上の権原の帰属に変動が生ずるわけではなかった。従って，エクイティ裁判所が，信託財産を受益者のために保持すべきであるとの命令を，第三者に対して下す場合には，第三者が当該財産に対してコモン・ロー上の権原を有していることが，判断の前提となっていた[22]。

実際，以下に述べるとおり，第三者が譲り受けた財産のコモン・ロー上の権原を有していない場合，例えば，権原を有しない者から第三者が財産を譲り受けた場合や，譲り受けた財産に関して第三者がエクイティ上の権利しか有していない場合には，受益者と第三者との利害調整は，第三者が善意有償であるか否かとは異なる判断基準によって行われている。

すなわち，信託財産を譲り受けた第三者が未だ信託財産に関するコモン・ロー上の権原の移転を受けていない場合には，第三者と受益者とはともにエクイティ上の権利のみを信託財産に関して有していることとなる。従って，この場合における利害調整としては，「エクイティ上同等の権利を有する者の間では，先に成立したエクイティ上の権利を有する者が優先する」との原則が適用され，第三者が信託違反につき善意有償で財産を取得したときであっても，先に成立したエクイティ上の権利，すなわち受益権を有する受益者が優先し，第三者は受益権による追及を免れない[23]。

又，対象財産に関して譲渡人がコモン・ロー上の権原を有していない場合

に，当該譲渡人から財産を取得した譲受人と当該財産のコモン・ロー上の権原を有する者との利害調整に対しても，善意有償取得法理は原則として適用されない。この場合には，「売主は，自己の有する権原以上の権原を，買主に対して付与できない（Nemo plus juris ad alium tranferre potest quam ipse habet）」との原則に基づき，譲受人が当該財産に関するコモン・ロー上の権原を取得することはない。従って，財産を取得した譲受人は，譲渡人が財産に関するコモン・ロー上の権原を有しないことにつき善意有償であるか否かを問わず，当該財産に関するコモン・ロー上の権原を有する者の行う財産の引渡等の請求を拒絶できない[24]。

[8] 但し，譲渡人が対象財産に関するコモン・ロー上の権原を有していない場合でも，公開市場（market overt）において行われた動産（goods）の取引については，財産の権原を有する者と財産の譲受人との利害調整に関して，上記の原則に対する例外が認められている。すなわち，公開市場で動産の取引が行われた場合において，譲渡人が財産の権原を有していないことにつき，譲受人が善意有償で財産を譲り受けた場合には，譲受人は譲り受けた動産に関して，当該動産のコモン・ロー上の権原を有する者からの引渡請求等を拒絶することができる[25]。このように，公開市場における動産の取引に関しては，善意有償で財産を譲り受けた者が，当該財産に関する他者からの責任追及を免れる，という点に関する限り，信託違反が行われた場合における第三者と受益者との利害調整基準と，その要件効果において一致した解決が行われているということができる。

しかしながら，信託違反が行われた場合における善意有償取得法理と，公開市場における動産取引に関する善意有償取得者の保護法理とは，理論上の意義を大きく異にするものというべきである。

前記のとおり，信託違反が行われた場合における善意有償取得法理に基づく利害調整においては，受益者が信託財産に関するエクイティ上の権利，すなわち受益権を取得しており，他方で，第三者が譲り受けた信託財産に関するコモン・ロー上の権原を取得していることが，法理を適用するための前提とされている。そして，第三者が信託財産を善意有償で取得したか否かは，

かかる前提の下において，初めて判断の対象とされることとなる。

　これに対して，公開市場における善意有償取得者の保護法理は，譲渡人が財産に関するコモン・ロー上の権原を有していない場合における譲受人の保護を問題とするものであり，譲受人が譲り受けた財産のコモン・ロー上の権原を取得しているか否かは，法理の適用の前提となっていない。むしろ，この公開市場における善意有償取得者の保護法理は，譲受人が善意有償で財産を取得したことそれ自体を以て，取引の対象となった財産に関するコモン・ロー上の権原を譲受人に付与する，という法理である。従って，この公開市場における善意有償取得者の保護法理は，信託違反が行われた場合における善意有償取得法理と，その理論的前提が完全に異なっている。

　さらに，公開市場における善意有償取得者の保護法理においては，譲受人が善意有償で財産を取得したことのみならず，取引が「公開市場」において行われ，かつ，対象財産が「動産」であることが，譲受人を保護する要件とされている。従って，取引の対象動産が，船舶等の公開市場で取引されない動産であった場合や[26]，見本取引等の公開市場における取引に該当しない取引によって動産が譲渡された場合には[27]，上記の判例法理の適用はなく，譲受人は財産に関するコモン・ロー上の権原を取得できない。

　以上のことからすれば，公開市場において権原を有しない者から動産を善意有償で取得した譲受人が，当該動産のコモン・ロー上の権原を取得することが認められるのは，公開市場における取引の非反復性と即時完結性という特徴から，公開市場における取引の安全を図ろうとする，一種の政策的判断に基づくものと考えられる。従って，公開市場における動産の善意有償取得者の保護法理は，コモン・ローとエクイティとが別個独立に存在する法体系を判断の前提とするものではなく，又，コモン・ローとエクイティとで別個独立に成立したコモン・ロー上の財産権とエクイティ上の財産権との調整を図るものでもない以上，受託者の信託違反が行われた場合における受益者と第三者との利害調整に関する善意有償取得法理とは，理論上の意義を全く異にするというべきである。

　[9]　これまでの分析検討により，エクイティ裁判所によって形成された

第1部 信託法理論の対立の背景

善意有償取得法理の伝統的特徴，さらに，善意有償取得法理と信託法理論との関係については，次のように要約することができる。

まず，信託違反が行われた場合における善意有償取得法理は，第三者が信託財産に関してコモン・ロー上の権原を有していることを判断の前提としつつ，エクイティ裁判所の有する歴史的政治的権威を背景としてエクイティ上受益者の財産権を創設し，第三者と受益者とが各々有するコモン・ロー上の財産権とエクイティ上の財産権との調整を図る法理であったと考えられる。又，この観点に基づく信託法理の特徴は，コモン・ローにおける権利関係と全く別個独立のエクイティにおける権利関係を，エクイティ裁判所の善と衡平の理念に従った個別具体的な判断によって形成することを可能とさせる法理であったと考えることができる。

さらに，この時代における学説の主たる目的は，エクイティ裁判所の個別の判断の集積としての「判例法理」の正当性を議論の前提としたうえで，判例法理の内容を具体的に説明することにあったということができる。従って，その反面，裁判所制度改革以前における信託法学説の議論の中では，信託の基本構造と善意有償取得法理との理論上の関連や，裁判所の判断の正当性の理論的根拠を提示することが学説の重要な役割であるとの意識は，極めて希薄であったものと考えられる。

（1） Note (1453), FITZHERBERT'S ABRIDGEMENT, fol. 129 pl. 19, translated in AMES, CASES ON TRUSTS, p. 282; SCOTT, CASES ON TRUSTS, p. 614.
（2） Anonymous (1465), Y. B. 5 Edw. IV, fol. 7 pl. 16, FITZHERBERT'S ABRIDGEMENT, fol. 128 pl. 2, translated in AMES, CASES ON TRUSTS, p. 351; SCOTT, CASES ON TRUSTS, p. 614.
（3） Anonymous (1471), Y. B. 11 Edw. IV, fol. 8 pl. 13, translated in MAITLAND, COLLECTED PAPERS, vol. 3 p. 345.
（4） Anonymous (1468), Y. B. 8 Edw. IV, fol. 6 pl. 1, FITZHERBERT'S ABRIDGEMENT, fol. 129 pl. 8, translated in AMES, CASES ON TRUSTS, p. 345; SCOTT, CASES ON TRUSTS, p. 615.
（5） Anonymous (1474), FITZHERBERT'S ABRIDGEMENT, fol. 129 pl.

第1章 英国における信託法理論の対立の背景

14, translated in SCOTT, CASES ON TRUSTS, p. 615.
(6) Anonymous (1522), Y. B. 14 Hen. Ⅷ, fol. 4 pl. 5, translated in AMES, CASES ON TRUSTS, p. 283; SCOTT, CASES ON TRUSTS, p. 615.
(7) MAITLAND, EQUITY, pp. 117-119; HOLDSWORTH, HISTORY OF ENGLISH LAW, vol. 1 p. 432; SCOTT ON TRUSTS, s. 284 pp. 36-37.
(8) Harding v. Hardrett, Rep. Temp. Finch, 9, 23 Eng. Rep. 5, 6 (1673); Basset v. Nosworthy, Rep. Temp. Finch, 102, 103, 23 Eng. Rep. 55, 56 (1673); Stanhope v. Verney, 2 Eden. 81, 85, 28 Eng. Rep. 826, 828 (1761); Jerrard v. Saunders, 2 Ves. Jun. 454, 457, 30 Eng. Rep. 721, 723 (1794); Wallwyn v. Lee, 9 Ves. Jun. 25, 34, 32 Eng. Rep. 509, 513 (180); Payne v. Compton, 2 Y. & C. Ex. 457, 461, 160 Eng. Rep. 476, 477 (1837); Attorney-General v. Wilkins, 17 Beav. 285, 292, 51 Eng. Rep. 1043, 1046 (1853).
(9) Tourville v. Naish, 3 P. Wms. 307, 24 Eng. Rep. 1077 (1734); Wigg v. Wigg, 1 Atk. 382, 384, 26 Eng. Rep. 244, 245 (1739); Mackreth v. Symmons, 15 Ves. Jun. 329, 335, 33 Eng. Rep. 778, 781 (1808); Whitworth v. Gaugain, 3 Hare 416, 428, 67 Eng. Rep. 444, 448 (1844).
(10) Brace v. Marlborough, 2 P. Wms. 491, 496, 24 Eng. Rep. 829, 831 (1728); Rice v. Rice, 2 Drewry 73, 77, 61 Eng. Rep. 646, 647 (1853); Rooper v. Harrison, 2 K. & J. 86, 108, 69 Eng.Rep. 704, 713 (1855); Phillips v. Phillips, 4 De G. F. & J. 208, 215, 45 Eng.Rep. 1164, 1166 (1861); Stackhouse v. Jersey, 1 J. & H. 721, 730, 70 Eng. Rep. 933, 937 (1861); Cory v. Eyre, 1 De G. J. & S. 149, 167, 46 Eng. Rep. 58, 65 (1863); Thorpe v. Holdsworth, 7 Eq.Cas. 139, 147 (1868).
(11) Tourville v. Naish, 3 P. Wms. 307, 308, 24 Eng. Rep. 1077 (1734); Ord v. White, 3 Beav. 357, 366, 49 Eng. Rep. 140, 143 (1840); Mangles v. Dixon, 1 Mac. & G. 437, 443, 41 Eng. Rep. 1334, 1336 (1849), 3 H. L. C. 702, 731, 10 Eng. Rep. 278, 290 (1852); Cockell v. Taylor, 15 Beav. 103, 118, 51 Eng. Rep. 475, 481 (1852); Clack v. Holland, 19 Beav. 262, 274, 52 Eng. Rep. 350, 355 (1854); Athenaeum Life Assurance Society v. Pooley, 3 De. G. & J. 294, 302, 44 Eng. Rep. 1281, 1284 (1858).
(12) HOLDSWORTH, HISTORY OF ENGLISH LAW, vol. 1 p. 468; MAIT-

25

第 1 部　信託法理論の対立の背景

LAND, EQUITY, p. 8. 1220 年以降の英国の各種判例集を総集成したとされる English Reports においても，最も古いエクイティ裁判所の判例集は，1557 年のものである。INDEX CHART ISSUED FOR THE ENGLISH REPORTS, pp. 5-11.

(13)　HOLDSWORTH, HISTORY OF ENGLISH LAW, vol. 2 pp. 544-545; BOERSMA, INTRODUCTION TO FITZHERBERT'S ABRIDGEMENT, pp. 15-17, p. 31 et seq.

(14)　KERLY, HISTORICAL SKETCH OF CHANCERY, p. 266 et seq.; BAKER, INTRODUCTION TO ENGLISH LEGAL HISTORY, pp. 109-111; HOLDSWORTH, HISTORY OF ENGLISH LAW, vol. 1 pp. 467-469. 裁判所制度改革及びその背景となったエクイティ裁判所の「弊害」については，第 1 章第 2 節 [2] 以下参照。

(15)　FRANSIS, MAXIMS OF EQUITY, p. 61 et seq.; SPENCE, EQUITABLE JURISDICTION OF CHANCERY, vol. 2 p. 733; GILBERT ON USES AND TRUSTS, p. 14 n. 6; FONBLANQUE, TREATISE OF EQUITY, vol. 1 p. 320, vol. 2 p. 147 et seq.; ROBERTS'S PRINCIPLES OF EQUITY, pp. 164-167; SANDERS'S ESSAY ON USES AND TRUSTS, vol. 1 p. 319 et seq.

(16)　SPENCE, EQUITABLE JURISDICTION OF CHANCERY, vol. 2 p. 875; GILBERT ON USES AND TRUSTS, pp. 1-4; FONBLANQUE, TREATISE OF EQUITY, vol. 2 pp. 7-9; ROBERTS'S PRINCIPLES OF EQUITY, pp. 132-133; SANDERS'S ESSAY ON USES AND TRUSTS, vol. 1 p. 267.

(17)　SPENCE, EQUITABLE JURISDICTION OF CHANCERY, vol. 2 p. 193 et seq.; GILBERT ON USES AND TRUSTS, p. 11 et seq.; FONBLANQUE, TREATISE OF EQUITY, vol. 2 p. 116 et seq.; ROBERTS'S PRINCIPLES OF EQUITY, p. 136; SANDERS'S ESSAY ON USES AND TRUSTS, vol. 1 p. 319.

(18)　KERLY, HISTORICAL SKETCH OF CHANCERY, pp. 23-25; HOLDSWORTH, HISTORY OF ENGLISH LAW, vol. 1 p. 395 et seq.; BAKER, INTRODUCTION TO ENGLISH LEGAL HISTORY, p. 97 et seq.

(19)　KERLY, HISTORICAL SKETCH OF CHANCERY, p. 78 et seq.; HOLDSWORTH, HISTORY OF ENGLISH LAW, vol. 1 pp. 454-455; BAKER, INTRODUCTION TO ENGLISH LEGAL HISTORY, p. 103.

第1章　英国における信託法理論の対立の背景

(20) KERLY, HISTORICAL SKETCH OF CHANCERY, p. 107 et seq.; HOLDSWORTH, HISTORY OF ENGLISH LAW, vol. 1 p. 459 et seq.; MAITLAND, EQUITY, p. 2 et seq.; BAKER, INTRODUCTION TO ENGLISH LEGAL HISTORY, p. 108 et seq.
(21) KERLY, HISTORICAL SKETCH OF CHANCERY, p. 113 et seq.; HOLDSWORTH, HISTORY OF ENGLISH LAW, vol. 5 pp. 236-238; MAITLAND, EQUITY, p. 9; BAKER, INTRODUCTION TO ENGLISH LEGAL HISTORY, pp. 108-109.
(22) KERLY, HISTORICAL SKETCH OF CHANCERY, pp. 49-50; HOLDSWORTH, HISTORY OF ENGLISH LAW, vol. 1 pp. 452-453.
(23) Tourville v. Naish, 3 P. Wms. 307, 24 Eng. Rep. 1077 (1734); Wigg v. Wigg, 1 Atk. 382, 384, 26 Eng. Rep. 244, 245 (1739); Mackreth v. Symmons, 15 Ves. Jun. 329, 335, 33 Eng. Rep. 778, 781 (1808); Whitworth v. Gaugain, 3 Hare 416, 428, 67 Eng. Rep. 444, 448 (1844).
(24) Farrant v. Thompson, 5 B. & Ald. 826, 828, 106 Eng. Rep. 1392, 1393 (1822); Load v. Green, 15 M. & W. 216, 221, 153 Eng. Rep. 828, 830 (1846).
(25) Parker v. Patrick, 5 T. R. 175, 176, 101 Eng. Rep. 99 (1793); Bailiffs, Burgesses, & c. of Tewkesbury v. Diston, 6 East. 438, 451, 102 Eng. Rep. 1355, 1360 (1805); Irving v. Motly, 7 Bing. 543, 551, 131 Eng. Rep. 210, 214 (1831); Crane v. London Dock Company, 5 B. & S. 313, 319, 122 Eng. Rep. 847, 849 (1864). cf. JONES, BONA FIDE PURCHASER OF GOODS, p. 33 et seq.
(26) Hooper v. Gumm, [1866] 2 Ch. 282, 290.
(27) Hill v. Smith, 4 Taunt. 520, 533, 128 Eng. Rep. 432, 437 (1812).

第2節　裁判所制度改革と債権説の登場

[１]　エクイティ裁判所は，特に19世紀以降，その審理や判断に関する弊害に対して強い批判を受けるようになり，一連の裁判所制度改革の結果，最終的には1873年裁判所法（Supreme Court of Judicature Act of 1873）[1]によってコモン・ロー裁判所と統合され，消滅するに到った。

第1部　信託法理論の対立の背景

以下では，まず，裁判所制度改革の内容それ自体について概観したうえで，かかる改革が行われる原因であるエクイティ裁判所の「弊害」として批判されたものの具体的内容を検討することにより，前節で検討した善意有償取得法理の伝統的特徴や，善意有償取得法理と信託法理論との関係に対して，裁判所制度改革が及ぼした影響について考察する。

［2］　19世紀におけるエクイティ裁判所に関する制度改革は，大別して以下の二つの局面，すなわち，裁判所ないし裁判官の増設ないし増員と，エクイティ裁判所の組織ないし機構の改正とによって行われた。

まず，1813年に，これまで大法官が単独でエクイティに関する全事件を審理判断してきたことを改め，副大法官（Vice-Chancellor）が任命された[2]。次いで，1831年，破産事件に関する管轄権が，大法官から破産裁判所首席裁判官（Chief Judge in Bankruptcy）に移転した[3]。又，1833年には，記録長官（Master of Rolls）の審理に関する権限が拡張された[4]。さらに，1842年には，財務裁判所（Court of Exchequer）の管轄権がエクイティ裁判所に移転したことに伴い，新たに2名の副大法官が任命された[5]。そして，1851年に，大法官控訴裁判所（Court of Appeal in Chancery）が新設され，副大法官や記録長官が第一審として行った審理判断に対する上訴事件等を取扱うこととなり[6]，又，1869年には，破産事件に関する第一審裁判所としてロンドン破産裁判所（London Bankruptcy Court）が設置された[7]。

他方，1833年には，裁判所主事（Masters）の任命権限が国王に移転し，俸給が固定化され，俸給以外の収入を審理判断に関して得ることが禁止された。又，裁判所における審理判断に係る手数料も固定化され，かつ，低額化された。さらに，訴訟当事者は，裁判所書記の作成に係る訴訟書類（Copies）の使用を法律上強制されることがなくなった[8]。又，6名配置されていた裁判所書記（Six Clerks）は2名に減員されたうえ，1842年には他の不要な役職と共に廃止されるに到った[9]。さらに，1852年になると，エクイティ裁判所の改革に関する委員会の報告書を承けて，エクイティ裁判所の組織に関する実質的な改正が行われ，裁判所の事務は原則として副大法官や記録長官等の裁判官の監督の下に行われることとなった[10]。

以上のとおり，エクイティ裁判所に関する制度改革立法は，第一には，裁判所の増設ないし裁判官の増員によって大法官の負担軽減を図ること，第二には，エクイティ裁判所の組織ないし機構の改正によって審理判断の合理化を促進することを，直接の目的とするものであった。そして，このような制度改革が必要とされた原因は，エクイティ裁判所に関して従来から存在してきた「弊害」が，19世紀に入って特に顕著となったためであった。

　[3]　エクイティ裁判所の「弊害」として，一般に挙げられる事情としては，審理判断の遅延，手続費用の高額化，手続の繁雑化，エクイティの不明確性等がある。そして，以下に述べるとおり，これらの諸事情は，互いに別個独立の要因というわけではなく，相互に密接な関連を有しており，エクイティ裁判所の弊害を，結果としてさらに増悪させるものとなっていた。
　まず第一に挙げられるべき弊害は，エクイティ裁判所における審理判断の遅延である。エクイティ裁判所における審理判断の建前は，およそ事件に関する全ての事情を勘案したうえで，善と衡平の理念に従ってなされるべきものであった。このため，エクイティ裁判所における審理判断は，事件の解決にとって重要でない諸事情についてまで考慮の対象とされることが少なくなく，審理判断に係る遅延は元来避けることができない状況にあった。
　そもそもこのような状況が存在する中で，時代の推移とともにエクイティ裁判所に対して提起される事件数が増大していったにもかかわらず，審理判断を行う大法官の員数は，前記のとおり1813年に副大法官が任命されるまで増員されなかったことから，エクイティ裁判所の審理判断は，回復し難い遅延を生じさせることとなった。特に，エルドン卿（Lord Eldon）が大法官に就任していた19世紀初頭においては，審理判断の遅延が極度に達し[11]，本来なら迅速な審理判断を行うべき存在であるエクイティ裁判所は，「審理判断を行う巡回裁判所（Oyer and terminer）」ならぬ「判断なき審理を行う堂々巡り裁判所（Oyer sans terminer）」と酷評されるほどであった[12]。
　しかし，大法官エルドン卿を委員長として，1824年に結成されたエクイティ裁判所の改革に関する委員会は，かかる審理判断の遅延の原因として，裁判所ないしエクイティ自体に問題があるのではなく，一部の訴訟当事者及

第1部　信託法理論の対立の背景

びその代理人の訴訟行動ないし訴訟に対する考え方に原因がある，との報告を行った[13]。この報告は，エクイティ裁判所の審理判断における欠陥に対する弁解であって，改革の必要性を不当に無視するものである，と厳しく批判されることとなり[14]，1850年に再度結成されたエクイティ裁判所改革に関する委員会報告書では，エクイティ裁判所における審理判断の遅延はエクイティ裁判所の構造上の欠陥に起因するものであり，かかる欠陥を除去するためには，エクイティ裁判所とコモン・ロー裁判所との統合を含む抜本的な改革が必要である，とされている[15]。

［4］　エクイティ裁判所の「弊害」として挙げられる第二の点は，エクイティ裁判所における手続自体の繁雑さである。エクイティ裁判所は，本来，コモン・ローの厳格な手続によっては救済が与えられない者に対し，善と衡平の理念に従ってエクイティ上の救済を与えるものであったから，エクイティ裁判所における手続は，コモン・ロー裁判所の手続よりも，はるかに簡略なものであった[16]。しかしながら，時代の推移とともに，エクイティ裁判所の手続は，場合によってはコモン・ロー裁判所の手続以上に繁雑なものとなり，その当然の結果として，前述したエクイティ裁判所の審理判断の遅延に拍車をかけることとなった。この点に関し，1852年に提出されたエクイティ裁判所改革に関する委員会報告書では，訴状（bills），訴答（pleadings），証拠（evidence），命令（decree or order）の全ての局面において，実務上の弊害ないし欠陥が存在しており，法制度それ自体及び法制度の運用に関する改革が必要であることが述べられている[17]。

［5］　さらに，第三に，上記の二点と密接に関連する「弊害」として，エクイティ裁判所における手続費用の問題があった。当時のエクイティ裁判所における手続費用は，個別の手続ごとに当事者から費用を徴収するものとされ，かつ，この費用によって裁判所の運営が行われていた[18]。このため，手続が繁雑になることや，審理判断が遅延することは，訴訟の当事者が莫大な手続費用を負担することとなる反面，裁判所の運営にとっては手続費用に基づく収入が大幅に増加し，反射的な利益がもたらされる仕組みとなってい

第1章　英国における信託法理論の対立の背景

た。このような事情の下，裁判所の書記は，紛争の解決にとって必ずしも重要でなく，かつ，実質的に内容の重複した冗長な表現で記載された，数多くの「手続書類」を山積させた。このようにして作成された，「金のかかる無意味の山（mountains of costly nonsence）[19]」と文豪ディケンズに酷評された膨大な手続書類によって，審理判断の対象となる事実関係は限りなく複雑になり，結果として裁判所の審理判断はさらに遅延していった[20]。

又，このような手続費用制度は，裁判所職員による不正の温床ともなるものであった。実際，裁判所職員による収賄は相当頻繁に行われ，裁判所職員職の売官も決して珍しくなかったと言われている[21]。さらに，1725年に起こった大規模経済恐慌である南海泡沫事件（South Sea Babble）に到って，当時の額で10万ポンド以上の金員が裁判所職員によって投機目的に不正流用されていたという衝撃的な事件が判明した[22]。

[6]　以上の事情に加えて，エクイティ裁判所の第四の「弊害」として，エクイティ裁判所が審理判断にあたって依拠するエクイティそれ自体が，必ずしも明確でなかったという問題がある。既に検討したとおり，エクイティに関する「判例法理」それ自体は，何らかの理論構成に依拠した明確な体系性を有するものでなく，エクイティ裁判所，より正確には，個々の事案における個々の大法官の「個人的な善と衡平」の理念に，判断の正当性の根拠を有するものであった。従って，エクイティ裁判所によって下される判例の数が時代とともに蓄積していく過程において，エクイティに関する判例法理の内容に深刻な矛盾と混乱が生ずることは，到底回避できない状況であった。

エクイティ裁判所の判断に判例法理としての一貫性がなく，個々の大法官の足の大きさが各々異なるように，エクイティ裁判所の判断における「善と衡平」の理念が個々の大法官によって変化する，ということは，既に17世紀において，セルデン（John Selden）によって指摘されていたことである[23]。又，19世紀前半に約20年の長期にわたって大法官に就任し，エクイティ裁判所の審理判断の遅延を増幅させる一因を形成したエルドン卿自身も，ある事件における判決文の中で，エクイティに関する過去の大法官の判断に一貫性がないことを，同様の表現を用いて慨嘆している[24]。

31

第 1 部　信託法理論の対立の背景

このように，エクイティ裁判所が判断にあたって依拠すべき「判例」自体が，体系性を備えた明確な判例法理でなかったとすれば，エクイティ裁判所が事件の解決を行う場合には，前述のような繁雑極まる事案審理の手続に加え，当該事案を解決するために必要な法律上の判断に関しても，過去の判例をどのように解釈するかについて，さらに審理判断を行う必要が生ずることとなるのは明らかである。このようにして，エクイティ裁判所の審理判断は，事実関係の認定以外に，法律問題の判断についても，さらに審理判断を行う必要が生じ，その結果さらなる手続書類の提出が要求され，その全ての手続書類に関して手続費用が各々加算され，さらに審理判断が遅延していく，といった悪循環が生み出されていた[25]。

[7]　以上のことから明らかなとおり，エクイティ裁判所に関する「弊害」の要因を構成した諸事情は，互いに密接に関連して悪循環を繰り返し，弊害をさらに増悪させていったということができる。そうすると，次に問題となるのは，裁判所制度改革における基本的な観点，すなわち，上述したエクイティ裁判所の「弊害」の本質をどのように考えるべきかである。

エクイティ裁判所の制度改革の本質として，従来から指摘されてきた観点は，裁判所制度改革は裁判制度全体の効率性を向上させることを目的として行われた，とするものである。すなわち，上記に述べたエクイティ裁判所の「弊害」は，裁判官不足による審理判断の遅延にしても，手続の繁雑さにしても，手続費用の高額化にしても，エクイティの不明確性にしても，いずれも裁判における予測可能性と効率的な審理判断とを妨げる要因ということができる。これに加えて，19 世紀の英国においては，フランスで成文の民法典及び商法典が制定されたことに触発され，さらに，商業の発展に伴って増大した商人間の紛争に対する明確な判断基準の存在が要求されたことから，紛争解決規範としての判例法理の予測可能性の向上と紛争自体の迅速な解決とが要請された。このため，裁判制度全体の効率的な運営，すなわち，判例法理としてのエクイティをより明確なものとすること，及び，エクイティ裁判所の審理判断の遅延を解消することが要請され，その結果として一連の裁判所制度改革が行われた，というものである[26]。

第1章　英国における信託法理論の対立の背景

　確かに，裁判所制度改革は，具体的には，エクイティ裁判所の組織ないし機構，エクイティ裁判所の管轄権，エクイティ裁判所における手続を規律する法律の制定によって行われたものである。そして，このような法律の制定は，紛争解決の予測可能性を向上させ，訴訟遅延を一定程度解消させる効果を期待されていたことが明らかである。従って，裁判所制度改革は裁判制度全体の効率性の向上のために行われた，とする従来の学説が指摘してきた観点は，そのような要請が裁判所制度改革における一つの大きな原動力となっていたことを的確にとらえていると評価することができる。

　[8]　しかしながら，裁判所制度改革の目的が，裁判制度の効率性の向上のみであったなら，エクイティに関する判例集等を整備して従来の諸判例を体系的に整理することにより，エクイティの内容を明確なものとして，紛争解決の予測可能性を向上させることも，対処として十分可能であった筈である。又，事件数の増大によって大法官の負担が過剰なものとなり，迅速な審理判断が妨げられていただけであれば，裁判官をはじめとする裁判所の職員を大幅に増員することによって審理の迅速化を図ることも，十分可能であった筈である。ところが，現実の裁判所制度改革においては，確かに判例集の整備や裁判官等の職員の増員も行われたけれども，改革の内容はそれのみにとどまらず，エクイティ裁判所の存在自体をコモン・ロー裁判所と統合することが強硬に主張され[27]，最終的には1873年裁判所法によって，エクイティ裁判所自体が消滅するに到っている。

　このことについて，従来の学説は，一連の裁判所制度改革の結果，1873年裁判所法が制定される頃には，エクイティとコモン・ローとが，実体的にも手続的にもほぼ均一なものとなっていたため，裁判制度の効率的運営の観点から両者の統合が行われたものである，と説明する[28]。しかし，この説明は，1873年裁判所法の施行によってエクイティ裁判所とコモン・ロー裁判所とが統合されたことが，英国における法体系の構造を決定的に変化させなかったことに対する説明とはなり得ても，エクイティ裁判所をコモン・ロー裁判所と統合して消滅させる必要が，裁判所制度改革の結果として生じたことについては，必ずしも十分な説明となっていないように思われる。

33

第1部　信託法理論の対立の背景

　信託法理及び善意有償取得法理に関して前節で検討したとおり，エクイティは，元来，エクイティ裁判所が善と衡平の理念に従って個別当事者の救済を行ったことの集積によって形成されてきた。そして，エクイティの正当性の根拠となっていたのは，エクイティ裁判所の有する歴史的政治的権威であった。そうすると，エクイティ裁判所の存在自体を立法によって消滅させるということは，エクイティに関する正当性の根拠を消滅させることにほかならず，エクイティとエクイティ裁判所との関係に係る考え方を，根本的に変化させることを意味している。

　すなわち，「裁判制度の効率的運営」の要請によって，エクイティ裁判所とコモン・ロー裁判所との統合の必要性を説明しようとするためには，エクイティの正当性の根拠を，エクイティ裁判所の権威に求めるのではなく，それ以外の何らかの抽象的な正義に求めることが，理論上の前提として必要である。しかしながら，このような前提に従うと，裁判所制度改革以前においても，エクイティ裁判所の権威以外の何らかの正義の観点に従った判断が一貫して行われていたこと，すなわち，エクイティ裁判所が数百年先の判例法理の形成を目指して予定調和的に個々の事案の判断を下した，という説明をせざるを得なくなり，エクイティに関する伝統的な特徴との関係で，理論的な不整合が生じてしまうこととなる。

　以上述べてきたとおり，従来の学説が指摘してきた，紛争解決規範に対する当事者の予測可能性の向上と裁判制度の効率的運営の要請，との観点は，裁判所制度改革における原動力の一部を的確に説明するものではあっても，裁判所制度改革が行われたことの理論的な本質について，必ずしも十分な説明をしていないものと考えざるを得ない。

　[9]　むしろ，エクイティ裁判所の「弊害」に対して批判が加えられ，裁判所制度全体の根本的な改革が要請されるに到った本質的な原因は，上述したエクイティ裁判所の「弊害」が，エクイティ裁判所の法体系における存在意義，すなわち，善と衡平の理念に従って個々の事案に対する具体的妥当な解決を図る，という本来の目的に実質的に背馳するものであり，エクイティ裁判所が歴史的に有してきた判断の正当性に係る権威を大きく動揺させた点

にあったと考える方が適切である。

　前述のとおり，エクイティ裁判所の「弊害」として挙げられている諸事情は，審理判断の著しい遅延，手続の繁雑さ，手続費用の高額化，及びエクイティ自体の不明確性であり，かつ，これらの諸事情は，互いに密接な関連を有するものであった。そして，以下に述べるとおり，これらの諸事情はいずれも，エクイティ裁判所の本来の目的，すなわち，善と衡平の理念に従って個々の事案における具体的妥当な解決を図ることに対する，重大な阻害要因となっていることが明らかである。

　まず，審理判断に遅延が生ずることは，迅速な紛争の解決を必要とする当事者に対して明らかな不利益を生じさせ，又，手続費用を高額とさせる原因となる。そして，当事者が紛争の迅速な解決を必要とするのは，多くの場合，長期にわたる紛争状態に耐えうる経済的余裕がないためであるから，結局，審理判断の遅延は，手続費用の高額化と連動して，経済的余裕のない当事者に，事実上の不利益を与える結果をもたらす。要するに，エクイティ裁判所における審理判断の遅延は，現実の紛争に対して，善と衡平の理念に従った妥当な解決ではなく，当事者の経済力の有無に事実上従った解決を導くことになる。このような状況が，前述したエクイティ裁判所の本来の目的に背馳する結果となることは明らかである。

　次に，エクイティ裁判所における手続が繁雑であることは，審理判断の遅延に直結するものであるうえ，当事者にとっては，手続の履行を専門家に依頼せざるを得なくなることを意味する。従って，紛争の当事者が負わなければならない経済的負担は，この専門家への依存の必要性という理由によって，さらに増大する結果となる。これに加えて，手続費用の高額化と当時の手続費用制度とが連動し，裁判所職員による不正の温床となったことは，既に指摘されているとおりである。このように，手続費用が高額であることのみならず，職員の不正が横行しているという状況が，エクイティ裁判所の判断の正当性に対して不信感を招来するのは，当然であると考えられる。

　さらに，判例法理としてのエクイティの不明確性が，審理判断の遅延と手続の複雑化，及び手続費用の高額化の原因となっていたことは前述のとおりである。しかも，エクイティ裁判所の判断が必ずしも体系的な一貫性を有す

第1部　信託法理論の対立の背景

るものでなく，個々の大法官によって「善と衡平」の理念が異なるということは，事案の実情に応じた柔軟な解決が図られるというよりも，むしろ，類似した事案相互の解決の間に不均衡が生ずる恐れが高いことを意味している。従って，エクイティ裁判所の判断の正当性に対する不信感とエクイティの不明確性とは，密接に関連するものと考えることができる。

　これらの事情に加えて，前述のとおり，19世紀を通じた一連の裁判所制度改革は，裁判所の自助努力や判例法理自身を変更することによって行われたわけではなく，いずれも，議会の制定する立法によって，裁判所の機構ないし組織，管轄権，及び手続等を規律することによって行われている。このように，裁判所制度改革が，議会の立法によって，すなわち，裁判所の外部からの強制によって行われたという事実からも，エクイティ裁判所を含む裁判所の「弊害」が，裁判所の判断の正当性に係る権威を大きく動揺させ，裁判所に対する不信感を招来したこと，かつ，かかる不信感を除去するために，裁判所の自浄作用を待つのではなく，裁判所の外部から立法による規制を行う必要があったことが，証明されているということができる。

　[10]　以上のとおり，エクイティ裁判所の「弊害」として挙げられる諸事情は，エクイティに関する判例法理の正当性の実質的な根拠となってきたエクイティ裁判所の歴史的政治的権威を，大きく動揺させるものであったということができる。そして，以下に述べるとおり，このような裁判所に対する不信感は，裁判所制度改革の結果としてエクイティ裁判所とコモン・ロー裁判所とが統合されたことのみによっては，直ちに払拭されなかった可能性が高いものと考えられる。

　第一に，前述のとおり，裁判所制度改革は，裁判所の自助努力によって行われたわけではなく，議会の制定した立法により行われたものである。このように，裁判所制度改革が裁判所の外部からの規制によって行われたことからすれば，仮にエクイティ裁判所がコモン・ロー裁判所と統合されて消滅するに到ったとしても，制度改革後の裁判所が，かつてのエクイティ裁判所と同様に，その権威を背景として直ちにエクイティの正当性の根拠となる可能性は，むしろ低いものと考えることが自然である。

第1章　英国における信託法理論の対立の背景

　第二に，1873年裁判所法によるコモン・ロー裁判所とエクイティ裁判所との統合は，特に制度改革直後においては，手続の円滑な進行というよりも，かえって裁判所制度改革前と別種類の混乱をもたらした可能性すらある。すなわち，制度改革後の裁判所においては，コモン・ローに関する判断とエクイティに関する判断とを同一の裁判所が行うわけであるから，審理に係る手続においても，紛争解決のための実体的判断においても，コモン・ローとエクイティとの双方に精通していることが，個々の裁判官に対して要求される。しかしながら，制度改革直後における裁判官は，多くの場合，それまでの実務上の経験に基づき，コモン・ローとエクイティとのいずれか一方の審理判断に精通し，他方についてはそれほど精通していなかったと考えて差し支えない。そうであるとすれば，制度改革によってコモン・ロー上の問題とエクイティ上の問題とを同時に審理判断するに際して，ある程度の混乱が生ずることは，事実上避けられなかった筈である。実際，制度改革当時に裁判官の職にあったアンダーヒル（Sir Arthur Underhill）の回顧録では，事実上全ての裁判官が新たな裁判所における手続を学習し直す必要があったこと，及び，コモン・ローとエクイティとに関する手続や判断の差異に基づく混乱が生じていたことが述べられている[29]。

　[11]　さらに，裁判所制度改革の根拠法令である1873年裁判所法それ自体に，コモン・ローとエクイティとの関係について，裁判所の判断を混乱させかねない規定が含まれていたことが，問題をより複雑にしている。
　1873年裁判所法25条11項には，次のような規定が置かれていた。
　　「一般に（Generally），……同一の事項について，エクイティ上の規範（Rules of Equity）とコモン・ロー上の規範（Rules of Common Law）との間で対立ないし衝突（conflict or variance）が存在した場合には，エクイティ上の規範が優先する（prevails）[30]。」
　この規定について問題となるのは，いうまでもなく「規範（Rules）」の語の解釈である。すなわち，この規定にいう「規範」が，制度改革後の裁判所における手続規範（procedural rules）のみを指しているとすれば，例えば，善意有償取得法理に基づく受益者と第三者との利害調整において，第三者の

37

有する権利がコモン・ロー上の権利であるかエクイティ上の権利であるかによって理論構成及び結論が左右される従来からの判例法理は，手続規範に関するものでない以上，コモン・ローとエクイティとが「対立ないし衝突」しているわけではないから，制度改革後においてもなお維持されるべきこととなる[31]。これに対して，この規定にいう「規範」が，手続規範のみならず実体規範（substansive rules）をも含むと考えるのであれば，善意有償取得法理に基づく利害調整に関する理論構成は，根本的に変化することを避けられない。すなわち，受益者と第三者との利害調整において，受益者がエクイティ上の権利を，第三者がコモン・ロー上の権利を，各々信託財産に関して有している場合には，信託財産に関する権利関係においてコモン・ロー上の権利とエクイティ上の権利との「対立ないし衝突」が生じていることになり，1873年裁判所法の規定に基づき「エクイティ上の規範」が優先する結果，受益者の有するエクイティ上の権利が第三者の有するコモン・ロー上の権利に対して優先する，と解釈すべきことになるからである。

[12]　この点に関して，裁判所制度改革後における判例を見ると，善意有償取得法理に基づく受益者と第三者との利害調整は，1873年裁判所法25条11項におけるエクイティ上の規範とコモン・ロー上の規範との調整の問題としてはとらえられていない。例えば，Cave v. Cave[32]では，信託財産の受益者とコモン・ロー上の譲渡抵当権者（legal mortgagee），及びエクイティ上の譲渡抵当権者（equitable mortgagee）との利害調整に関して，1873年裁判所法25条11項について言及することなく，善意有償のコモン・ロー上の譲渡抵当権者は受益者に優先するが，エクイティ上の譲渡抵当権者は善意有償であっても受益者に優先しない，と判示されている[33]。すなわち，第三者の権利がコモン・ロー上の権利であるかエクイティ上の権利であるかが認定されたうえで，受益者の有するエクイティ上の権利，すなわち受益権との優先劣後関係が，伝統的な善意有償取得法理の結論に則って下されているわけである。又，善意有償取得法理に関する他の判例でも，1873年裁判所法25条11項は，受益者と第三者との利害調整に際して適用ないし言及されてはいない[34]。従って，これらの判例では，1873年裁判所法25条11項の規定

第1章 英国における信託法理論の対立の背景

を実体規範に適用していないものと考えられる。

　これに対して，善意有償取得法理以外の判例の中には，1873年裁判所法25条11項におけるエクイティ上の規範とコモン・ロー上の規範との調整を，実体規範の調整を含めて解釈しているものが存在する。例えば，Walsh v. Lonsdale[35]では，土地に関するリース (lease) 関係の成否に関して，土地に関するリース関係には，リース料を年ごとに支払うことによって成立するコモン・ロー上のリース関係と，合意によって成立するエクイティ上のリース関係とがあるところ，1873年裁判所法が施行された以上，土地に関して二重に財産権が存在することは許されず，合意に基づくエクイティ上のリース関係のみが成立している，との判示がされている[36]。すなわち，この判例では，コモン・ロー上の財産権とエクイティ上の財産権とが並列的に対比されたうえで，エクイティ上の財産権のみが法の認める唯一の財産権であると判断しているわけであり，1873年裁判所法25条11項が実体規範に対しても適用されることが，判断の前提となっている。前記のとおり，この判例自体は善意有償取得法理に関する事例ではないが，この判例の採用している前提と利害調整に関する理論構成が，善意有償取得法理に基づく利害調整に対しても，応用可能なことは明らかである。

　以上のとおり，裁判所制度改革が立法によって行われ，エクイティ裁判所の存在自体が立法によって消滅するに到った以上，制度改革直後の裁判所が，かつてのエクイティ裁判所と同様の，判断の正当性の根拠となるような権威を直ちに獲得することは，相当困難であったと考えられる。又，制度改革直後の裁判所の手続ないし判断において，制度改革以前と別種類の混乱が若干であっても生じたこと，さらに，1873年裁判所法25条11項の規定の解釈によっては，エクイティ上の実体規範とコモン・ロー上の実体規範との関係について，判例の理論構成の前提が一貫しなくなる恐れがあったことを併せ考えても，制度改革直後の裁判所が，直ちに判断の正当性に関する権威を獲得することは，必ずしも容易でなかったと考えることができる。

　[13]　以上のことを前提とすると，エクイティ裁判所に対する批判と改革の要請は，実質的には，エクイティ裁判所の形成した判例法理の正当性に対

する根本的な不信感を意味していたと考えることができる。又，コモン・ローの上の規範とエクイティ上の規範との関係に係る1873年裁判所法の解釈に必ずしも明確でない部分があったことや，改革後の裁判所における手続が必ずしも円滑に行われなかった可能性が高いことは，いずれも前述のとおりである。このようなことからすれば，裁判所制度改革により裁判所の統合が行われたことのみで，エクイティ裁判所の弊害に基づいて生じた裁判所に対する不信感が，完全に払拭されたわけではなく，改革後の裁判所が，法理の正当性の根拠となるべき歴史的政治的権威を獲得することは，必ずしも容易でなかったものと考えられる。そうであるとすれば，信託法理及び善意有償取得法理が，裁判所制度改革前後において，エクイティ裁判所の歴史的政治的権威という伝統的な法理の正当性の基盤を従来のままの形で維持することも，相当困難となっていたと考える方が自然である。

[14] そして，このような信託法理及び善意有償取得法理の正当性の基盤をめぐる状況の変遷は，他方で，判例法理の正当性を前提としてその要約を行うのみであった学説に対し，新たな役割を意識させる重要な契機となったものと考えることができる。

前述のとおり，判例法理としての信託法理及び善意有償取得法理は，従来のようにエクイティ裁判所の歴史的政治的権威のみによって法理の正当性を維持することが相当困難となっていた。他方で，制度改革直後における裁判所は，1873年裁判所法25条11項の解釈をめぐる問題や，改革直後の手続の混乱等により，判例法理の正当性の基盤となりうるような権威を獲得することが必ずしも容易ではなかった。このような状況の下で，判例法理の正当性に対する信頼や，法体系全体の安定性と整合性を維持するためには，裁判所の権威のみに依拠して判例法理を解説するだけでは不十分であり，信託法理論によって判例法理の正当性を一貫した観点から説明すること，及び，信託の基本構造と善意有償取得法理との関連とを明確にすることによって，今後の裁判所の判断を合理的に予測可能なものとすることが必要であることが，新たに意識されるようになったものと考えられる。

そして，次節以下で検討するとおり，裁判所制度改革前後の英国において，

第1章　英国における信託法理論の対立の背景

このような信託法理論の新たな役割，すなわち，信託の基本構造と善意有償取得法理との関係を一貫した観点に基づいて説明することに，最も成功した信託法理論が，メイトランド（F. W. Maitland）によって主張され，わが国における信託法の制定に対しても極めて大きな影響を与えることとなった「債権説」であったということができる。

（1）Act for the constitution of a Supreme Court, and for other purposes relating to better Administration of Justice in England; and to authorise the transfer to the Appellate Division of such Supreme Court of the Jurisdiction of the Judicial Committee of Her Majesty's Privy Council, 36 & 37 Vict. c. 66, 8 L. R. Stat. 306（1873）.
（2）Act to facilitate the Administration of Justice, 53 Geo. III c. 24, 53 Stat. at Large 120, 121（1813）.
（3）Act to establish a Court in Bankruptcy, 1 & 2 Will. IV c. 56 s. 1, 71 Stat. at Large 363（1831）.
（4）Act for the Regulation of the Proceedings and Practice of certain Offices of the High Court of Chancery in England, 3 & 4 Will. IV c. 94 ss. 13, 24, 73 Stat. at Large 905, 909, 911（1833）.
（5）Act to make further Provisions for the Administration of Justice, 5 Vict. c. 5 s. 19, 82 Stat. at Large 6, 11（1841）.
（6）Act to improve the Administration of Justice in the Court of Chancery and in the Judicial Committee of the Privy Council, 14 & 15 Vict. c. 83 s. 1, 91 Stat. at Large 467（1851）.
（7）Act to consolidate and amend the Law of Bankruptcy（The Bankruptcy Act of 1869）, 32 & 33 Vict. c. 71, 109 Stat. at Large 277（1869）.
（8）3 & 4 Will. IV c. 94 ss. 16, 19, 33, 41, 73 Stat. at Large 905, 909, 910, 913, 916（1833）.
（9）3 & 4 Will. IV c. 94 s. 28, 73 Stat.at Large 905, 912（1833）; Act for abolishing certain Offices of the High Court of Chancery in England, 5 & 6 Vict. c. 103, 82 Stat. at Large 691（1842）.
（10）Act to abolish the Office of Master in Ordinary of the High Court of Cahncery, and to make Provision for the more speedy and efficient Despatch of Business in the said Court, 15 & 16 Vict. c. 80, 92 Stat. at

41

第1部　信託法理論の対立の背景

Large 363 (1852); Act to amend the Practice and Course of Proceeding in the High Court of Chancery, 15 & 16 Vict. c. 86, 92 Stat. at Large 454 (1852); Act for the Relief of the Suitors of the High Court of Chancery, 15 & 16 Vict. c. 87, 92 Stat. at Large 471 (1852).

(11) HOLDSWORTH, HISTORY OF ENGLISH LAW, vol. 1 pp. 437-438; KERLY, HISTORICAL SKETCH OF CHANCERY, pp. 264, 270-272; BAKER, INTRODUCTION TO ENGLISH LEGAL HISTORY, pp. 112-113.

(12) KERLY, HISTORICAL SKETCH OF CHANCERY, p. 183; BAKER, INTRODUCTION TO ENGLISH LEGAL HISTORY, p. 113.

(13) REPORT OF THE CHANCERY COMMISION OF 1826, p. 113, cited in HOLDSWORTH, HISTORY OF ENGLISH LAW, vol. 1 p. 438.

(14) PARKES, HISTORY OF THE COURT OF CHANCERY, p. 359 et seq.; Times, September 14, 1826, cited in PARKES, HISTORY OF THE COURT OF CHANCERY, p. 530; KERLY, HISTORICAL SKETCH OF CHANCERY, p. 274.

(15) BRITISH PARLIAMENTARY PAPERS, pp. 14, 45-47, 58.

(16) KERLY, HISTORICAL SKETCH OF CHANCERY, p. 48 et seq.; HOLDSWORTH, HISTORY OF ENGLISH LAW, vol. 9 pp. 336-337; BAKER, INTRODUCTION TO ENGLISH LEGAL HISTORY, pp. 103-104.

(17) BRITISH PARLIAMENTARY PAPERS, pp. 16-29, p. 47 et seq.

(18) BRITISH PARLIAMENTARY PAPERS, p. 74; KERLY, HISTORICAL SKETCH OF CHANCERY, pp. 267-268; BAKER, INTRODUCTION TO ENGLISH LEGAL HISTORY, p. 112.

(19) DICKENS, BLEAK HOUSE, p. 19. cf. Holdsworth, Bleak House and the Procedure of the Court of Chancery, in HOLDSWORTH, CHARLES DICKENS AS LEGAL HISTORIAN, p. 79 et seq.

(20) BRITISH PARLIAMENTARY PAPERS, p. 49.

(21) BAKER, INTRODUCTION TO ENGLISH LEGAL HISTORY, p. 112; HOLDSWORTH, HISTORY OF ENGLISH LAW, vol. 1 p. 439.

(22) BAKER, INTRODUCTION TO ENGLISH LEGAL HISTORY, p. 112; HOLDSWORTH, HISTORY OF ENGLISH LAW, vol. 1 p. 440.

(23) SELDEN'S TABLE TALK, 37. Equity, p. 61 n. 1.

(24) Gee v. Pritchard, 2 Swans. 402, 414, 36 Eng. Rep. 670, 674 (1818).

(25) BRITSH PARLIAMENTARY PAPERS, pp. 45-46; HOLDSWORTH, HISTORY OF ENGLISH LAW, vol. 9 pp. 347-348.
(26) KERLY, HISTORICAL SKETCH OF CHANCERY, pp. 264-265.
(27) BRITISH PARLIAMENTARY PAPERS, pp. 45-47.
(28) KERLY, HISTORICAL SKETCH OF CHANCERY, p. 292.
(29) UNDERHILL, CHANGE AND DECAY, p. 76 et seq.
(30) 36 & 37 Vict. c. 66 s. 25 (11), 8 L. R. Stat. 306, 321 (1873).
(31) CHUTE, EQUITY UNDER THE JUDICATURE ACT, pp. 1-2, 64.
(32) 15 Ch. D. 639 (1880).
(33) Id. pp. 646-647.
(34) In re Vernon, Ewens, & Co., 32 Ch. D. 165, 191 (1886), affr'd, 33Ch. D. 402, 411 (1886); Carritt v. Real and Personal Advance Company, 42 Ch. D. 263, 269 (1889); Taylor v. London & County Banking Co., [1901] 2 Ch. 231, 262.
(35) 21 Ch. D. 9 (1882).
(36) Id. at 14.

第3節　英国の債権説の理論構成

［1］「債権説」とは，信託の基本構造に関して，信託財産の所有者としての地位（ownership）は受託者に帰属し，受益者は信託財産に関する物権的権利（jus in rem）を有しているのではなく，受益者の有する受益権は，受託者に対する債権的権利（jus in personam）である[1]，とする考え方であり，裁判所制度改革によってエクイティ裁判所とコモン・ロー裁判所とが統合されたのとほぼ同時代に，メイトランド（F. W. Maitland）によって主張された見解である[2]。前節で検討してきたとおり，裁判所制度改革前後の英国においては，判例法理の正当性の根拠であった裁判所の歴史的政治的権威を従来と同様に通用させることが必ずしも容易でなかったという状況の下で，信託法理論の新たな役割として，判例法理の正当性を一貫した観点に基づいて説明し，信託の基本構造と善意有償取得法理との関係を明確にするための理論構成を提示することが必要である，との意識が生じていた。債権説は，

第1部　信託法理論の対立の背景

信託関係の基盤を信託関係当事者の合意（agreement）に求めることによって，信託の基本構造と善意有償取得法理との関係について，ほぼ一貫した理論構成を提示するものであり，このような信託法理論の新たな役割に最も適合する議論を展開した学説であった。

　[2]　債権説は，信託の定義につき，ある目的に従って，ある者が財産ないし利益を他人の利益のために保持するとき，この者を「受託者」と呼び，かかる財産管理処分関係を「信託関係」という，とする[3]。信託関係は，委託者が自己の財産の一部を信託財産として受益者の利益のために管理処分する，いわゆる「信託宣言（declaration of trust）」の場合を除き，委託者が受託者に対して信託関係設定の申込（proposal）を行い，受託者がこの申込を承諾し（acceptance），又は信託関係の引受（undertaking）をすること，すなわち，委託者と受託者との信託関係設定の合意（agreement）によって成立する[4]。但し，メイトランドは，信託関係の成立を信託関係当事者の合意を軸として構成する一方で，この信託関係設定に係る委託者と受託者との合意を，両者の契約（contract）と構成すべきか否かについては，信託と契約とは親近性を有すると述べつつも，信託は専らエクイティ裁判所によって強制され，コモン・ロー裁判所により強制される契約と歴史的に区別されてきたうえ，信託宣言による信託の成立が説明困難となるとして，結論としては消極的な見解を示している[5]。いずれにせよ，委託者と受託者との合意により信託関係が設定された場合でも，信託宣言により信託関係が形成された場合でも，信託財産の管理処分に係る信頼ないし信認（confidence）は，受益者と受託者との間ではなく，信託設定者である委託者と受託者との間において形成されるわけであるから，受益者による受益の意思表示は，信託関係の成立ないし存続にとって，必要不可欠なものではない[6]。

　次に，信託財産に関する受託者と受益者との関係について，債権説は，まず，信託財産を構成する財産に関する権原ないし利益は，全て受託者に帰属しているため，受託者の行う信託財産の管理処分は，それが信託目的との関係で信託違反を構成するか否かを問わず，財産の権原を有する者が行う有効な管理処分である，とする。すなわち，受託者が，受益者の利益のために信

44

第1章 英国における信託法理論の対立の背景

託財産の管理処分を行うべく，財産の管理処分に係る権原の行使を制限されていることは，受益者の利益のために財産を管理処分することを信託目的が受託者に対して命じていることの結果であって，受託者の保持する権原自体に内在的な制限が加えられているわけではない[7]。従って，受託者が信託違反により財産を第三者に譲渡した場合でも，権原のない者によって財産が譲渡された場合のように譲渡が無効となるのではなく，善意有償取得法理の適用によって，受益者と第三者との利害調整が図られる。又，受託者の行う財産の管理処分が基本的に有効であることからすれば，受託者が信託違反によって信託財産を第三者に譲渡したり，信託財産を費消したりする行為は，信託目的に違反して受益者に損害を与えたことに基づく背任となることはあっても，信託財産の窃盗ないし横領を構成するものではない[8]。

　他方，信託関係における受益者の権利は，外形的には信託財産に関する物権的権利 (jus in rem) に近似しているようにみえるが，理論的には受託者に対する債権的権利 (jus in personam) である。すなわち，受益者は，設定された信託関係における信託目的に従って信託財産を管理処分することを，受託者に対して要求することができるが，この受託者に対する要求を行う債権的権利が，受益者の有する受益権である[9]。受益権は，委託者と受託者との間における信託設定に関する合意ないしは委託者兼受託者の行う信託宣言によって成立し，その具体的な内容は，信託設定に係る合意ないし信託宣言において定められた信託目的及び信託条項によって決定される[10]。

　[3]　しかし，以上の債権説の理論構成からすると，受益権は，信託関係当事者間における信託設定に係る合意[11]によって成立するものであり，その効果も信託関係当事者の合意に基づくものである以上，受益者が信託財産の管理処分につき信託目的に従うことを強制できる相手方は，理論的には，信託設定の合意において受益権の強制を受けることの承諾ないし引受を行った受託者自身に限られる筈である。従って，一定範囲の第三者，すなわち，受託者の信託違反につき悪意で信託財産を譲り受けた第三者や，無償で信託財産を譲り受けた第三者，さらに，譲り受けた信託財産に関するコモン・ロー上の権原を取得していない第三者に対しても，受益者が受益権の効果を

45

第1部　信託法理論の対立の背景

主張することを認める判例法理を，どのように説明するかが問題となる。

　この点につき，債権説は，以下に述べる理論構成に基づいて，受託者の信託違反が行われた場合における受益者と第三者との利害調整を図ろうとする。すなわち，受益者と第三者との利害調整基準は，次の二つのエクイティ上の原則に基く[12]。第一に，「エクイティ上同等である者の間では，コモン・ロー上の法律関係が優先する」。従って，コモン・ロー上の権利関係とエクイティ上の権利関係との間では，コモン・ロー上の権利関係がエクイティ上の権利関係に対して優先する。第二に，「エクイティ上同等の権利を有する者の間では，先に成立したエクイティ上の権利を有する者が優先する」。すなわち，互いに相容れないエクイティ上の権利相互間での対立抵触については，先に成立したエクイティ上の権利が後れて成立したエクイティ上の権利に対して優先する。この二つの原則を組み合わせた受益者と第三者との利害調整に関する基本的な理論構成は，以下に述べるとおりである。

　前述のとおり，受託者は，信託財産に関する所有者としての地位，すなわち，信託財産に関するコモン・ロー上の権原を有しており，受益者は，受託者に対する受益権，すなわち，信託目的に従った信託財産の管理処分を行うことを受託者に要求するエクイティ上の権利を有している。この状況の下で，受託者が信託違反により信託財産を第三者に譲渡した場合には，まず第一に，信託財産に関するコモン・ロー上の権原について，第三者が既に権原の移転を受けているか，それとも受託者が権原を保持したままであるか，が判断の対象となる。この段階において，受託者が未だコモン・ロー上の権原を保持しており，従って，第三者の有する権利が受託者に対して譲り受けた信託財産の引渡を求める等のエクイティ上の権利であった場合における，受益者と第三者との利害対立は，要するに，互いに相容れないエクイティ上の権利相互間の対立抵触である。従って，上記の第二の原則が適用され，先に成立したエクイティ上の権利を有する受益者が，後れて成立したエクイティ上の権利を有する第三者に対して優先する。

　これに対して，信託財産に関するコモン・ロー上の権原が第三者に既に移転している場合には，信託財産に関して，受託者と第三者との関係でコモン・ロー上の法律関係に変動が生ずる一方，受託者と受益者との関係である

第1章　英国における信託法理論の対立の背景

エクイティ上の権利関係が受託者と受益者との間における法律関係として存続しているから，上記の第一の原則が適用され，コモン・ロー上の権利関係，すなわち，信託財産が第三者にコモン・ロー上移転していることについて，受益者が受託者との間のエクイティ上の権利関係の存在を根拠として争う余地はない。従って，受益者が，自己が受託者に対して有するエクイティ上の権利を，信託財産に関してコモン・ロー上の権利を有する第三者に対してどのように主張するかが問題となる。

　債権説は，この段階において，信託財産を譲り受けた第三者を受託者と同一視することが可能であるか否か，すなわち，受託者が受益者に対して信託関係に基づき負っていた義務と責任を第三者が承継したと評価することが妥当であるか否か，について判断する。そして，第三者と受託者とを同一視することが肯定された場合には，第三者は，譲り受けた財産に関して，受託者が受益者に対して負っていた信託関係に基づく義務と責任を承継し，受託者に代わって受益者に対して信託関係上の義務と責任を負う，とする。ここでいう，第三者を受託者と同一視することが肯定される場合とは，第三者が無償で信託財産を譲り受けた場合，及び第三者が信託違反につき悪意で信託財産を譲り受けた場合を指している。

　以上の次第で，信託財産を無償で譲り受けた第三者と信託違反につき悪意で信託財産を譲り受けた第三者，さらに譲り受けた信託財産に関するコモン・ロー上の権原の移転を受けていない第三者は，受益者から受益権の効果を主張されることになる。

［4］　このように，信託財産を譲り受けた第三者に対して受益権の効果が及ぶのは，受託者が受益者に対して負っていた信託関係に基づく義務と責任を第三者が承継したためである，とする債権説の理論構成に，最も整合する局面は，「第三者が原受託者（original trustee）の「人格（persona）」を承継した場合[13]」，すなわち，第三者が受託者の権利義務を一般承継した場合，例えば，受託者が死亡して信託財産が相続人や遺言執行者に移転した場合であり，次いで，受託者の意思にかかわらず信託財産が第三者に移転した場合，すなわち，受託者個人の債権者等によって信託財産が差し押えられ，信託財

産が差押債権者等の第三者に移転した場合である。これに対して、第三者が受託者から無償で信託財産を譲り受けた場合は、受託者に信託財産を譲渡する意思が存在しているから、前二者の局面におけるもう一つの共通点である対価の無償性によって、受益権による追及が可能である第三者の範囲の拡張が肯定されることになる。

　他方、信託違反につき悪意で信託財産を譲り受けた第三者については、受託者に信託財産譲渡の意思が不存在であることや対価が無償であることが、受益権による追及の根拠とはならない。この場合には、受託者の受益者に対する悪性ある行為（wrongdoing）である信託違反に対して悪意である第三者は、受託者と共同して受益者に対して信託違反を行ったものと評価できること、すなわち、信託違反行為の共同性に基づいて第三者と受託者とが同一視され、第三者が信託違反を行った受託者としての義務と責任を受益者に対して負うことが肯定される[14]。より厳密に言えば、信託違反につき悪意である第三者は、受託者が受益者に対して負っていた信託関係上の義務と責任を「承継」するのではなく、受託者と共同して信託違反行為を行ったことにより、受託者の負っている義務と責任とは別に、受託者と同等の義務と責任を受益者に対して新たに引き受けた、と説明する方が正確である。

　もっとも、悪意の第三者が受益者に対して義務と責任を負う根拠として信託違反行為の共同性を挙げる以上、信託違反を過失により知らずに信託財産を譲り受けた第三者が信託違反につき「擬制悪意（constructive notice）」とされた場合については、第三者と受託者との間における行為の共同性を認定することに困難が伴うことは否定できない。従って、債権説の理論構成からすれば、かかる第三者に対しても受益権による追及が可能とされているのは、エクイティ裁判所が受益者の利益をより一層保護するために、政策的判断によって受益権による追及が可能な第三者の範囲を拡張させたものである、と説明せざるを得ないことになる[15]。メイトランドは、この点につき、エクイティ裁判所が、第三者の行うべき調査の程度を高度なものとしているために、現実の利害調整においては、第三者が悪意であると擬制されることが多くなる結果、受益権があたかも信託財産に関する物権的権利であるかのような外観を呈しているのである、と結論づけている[16]。

第1章　英国における信託法理論の対立の背景

　一方，メイトランドは，善意有償取得法理に関する判例の歴史的経緯について説明する際に，まず第一段階として，相続人や遺言執行者に対する受益権による追及を挙げ，次いで，差押債権者，無償の譲受人，信託違反につき現実悪意（actual notice）の第三者，過失により信託違反につき悪意とされた第三者，という順で受益権による追及が第三者に拡張されていった，と説明し(17)，善意有償取得法理に関するエクイティ裁判所の判例が現実に形成された時間的な先後関係を逆転させているが(18)，この説明の順序は，上述した善意有償取得法理に基づく受益者と第三者との利害調整に係る債権説の理論構成に整合する順序と一致するものであり，善意有償取得法理の形成に関する一貫した説明を試みたものと評価することが可能である。

　[5]　以上のとおり，善意有償取得法理に関する債権説の理論構成は，基本的には，信託財産を譲り受けた第三者を受託者と同一視することが可能であるか否かによって，受益権の第三者に対する追及が可能か否かを決定するものである。そして，第三者と受託者とを同一視することが可能であるとされた場合には，第三者は受託者と共に，あるいは受託者に代わって，受託者が受益者に対して負っていた信託関係上の義務と責任を，受益者に対して負うことになる。このように，債権説の理論構成において，受益者が第三者に対して受益権の効果を主張することが可能となるのは，第三者と受託者とが同一視され，受託者が受けていた信託関係に係る合意の効果を，第三者が法律上の信託関係当事者の一として新たに受けることに基づくものであり，信託関係当事者間の合意の効果が第三者に対する関係でも例外的に認められる，というように，第三者に対する受益権の追及効が創設的に付与されるものではない。従って，受益権の効果が一定範囲の第三者に及ぶことは，信託関係を信託関係当事者間の合意に基づいて成立すると考える債権説の理論構成と，理論的に矛盾するものではないわけである。

　このように，受益者に対する信託関係上の義務と責任が第三者に課されることは，第三者が自らの意思で信託関係設定の承諾ないし引受を行ったためではなく，善意有償取得法理の適用によって，受益者と第三者との間に，信託関係と同様の効果を生ずる関係，すなわち擬制信託関係（constructive trust）が成立していることになる[19]。従って，善意有償取得法理に基づく利害調整の結果，第三者が譲り受けた信託財産に関して受益権の追及を受け，受益者ないし信託財産に対して譲り受けた財産を返還し，又は受益者ないし信託財産に対して損害賠償を支払うべきこととされるのは，善意有償取得法理に基づき受益者と第三者との間に成立した擬制信託関係の効果として，かかる責任を第三者が負ったためである，と説明することができる。

さらに，善意有償取得法理が，第三者と受益者との間の擬制信託関係の成否に関する判断基準である，との観点からすれば，擬制信託法理は，信託法理の最も重要な特徴の一つである信託関係と第三者との利害調整基準に関する理論構成の根幹を形成するものとなる。従って，擬制信託法理は，明示信託法理と密接不可分の関係を有することはもとより，信託法理の最重要部分を構成する部分法理として位置づけられるべきことになる[20]。

（1）「物権的権利（jus in rem）」と「債権的権利（jus in personam）」の概念区分については，AUSTIN, LECTURES ON JURISPRUDENCE, p. 175 et seq. 参照。

（2）メイトランドの信託法理論に関する従来のわが国における紹介としては，森泉章ほか『イギリス信託法原理の研究』(1992) がある。なお，本論文におけるメイトランドの議論に関しては，星野豊「債権説から見た信託法第31条」信託198号53頁（1999）参照。

（3）MAITLAND, EQUITY, pp. 43-44.

（4）MAITLAND, EQUITY, pp. 53-54.

（5）MAITLAND, EQUITY, pp. 54, 115-116. なお，最近の米国の学説で，信託関係を，自益信託については通常の契約関係，他益信託については第三者契約，信託宣言については本来信託に該当しない無償処分の一種，と把握することを主張する見解があり，メイトランドの債権説を，信託を契約と構成する理論的基盤を形成したもの，と位置づけている。Langbein, Contractarian Basis of the Law of Trusts, 105 Yale L. J. 625, 644-645 (1995). この見解に対する評価については，第2章第5節 **[5]** 参照。

（6）MAITLAND, EQUITY, p. 54.

（7）MAITLAND, EQUITY, p. 45.

（8）MAITLAND, EQUITY, pp. 46-48. もっとも，現在では，判例及び立法に

第 1 章　英国における信託法理論の対立の背景

　　よって，受託者の害意ある信託違反は，背任のほか，横領ないし窃盗を構成するとされている。UNDERHILL & HAYTON, TRUSTS AND TRUSTEES, p. 907 et seq.
(9)　MAITLAND, EQUITY, pp. 111-112.
(10)　従って，受益者の個人的利益の追求が信託目的の遂行と合致しない場合には，信託目的の遂行が優先する。MAITLAND, EQUITY, pp. 50-51.
(11)　信託宣言によって信託が設定される場合には，「合意」ではなく「信託設定に係る意思」という方が適当であるが，信託関係が合意によって成立したか信託宣言によって成立したかは，受益者と第三者との利害調整に関する局面には特に影響しないため，以下では一括してこのように表現する。
(12)　MAITLAND, EQUITY, pp. 130-131.
(13)　MAITLAND, EQUITY, p. 117.
(14)　MAITLAND, EQUITY, p. 118.
(15)　MAITLAND, EQUITY, pp. 118-119.
(16)　MAITLAND, EQUITY, p. 122 et seq. なお，この点に関し，森泉ほか97頁は，「現在では 1972 年の土地負担法（Land Charges Act［1972, c. 61,［1972］2 L. R. Stat. 1805］）により受益権の登記が許され，登記は notice に等しいと定められたことにより，推定悪意［擬制悪意］の有効性というものが多少減じられることになった。」と述べる。しかし，信託財産ないし受益権が登記登録の対象とされていたとしても，例えば「投機的な取引を禁止する」等，受託者に与えられた権限の内容によっては，受託者の具体的な行為が信託違反を構成するか否かが常に明らかになるとは限らない。又，例えば擬制信託関係における受益権等，登記登録の対象となりえない受益権がある可能性は常に存在する。従って，信託財産ないし受益権に関する登記登録制度それ自体は，信託財産と取引を行う第三者が受託者の信託違反の有無を調査するための手段に事実上の変更を加えるものであっても，擬制悪意により受益権の追及を受ける危険性を減じることにはならないと考えられる。
(17)　MAITLAND, EQUITY, pp. 117-118.
(18)　判例においては，信託財産を無償で譲り受けた第三者に対する受益権による追及よりも，信託違反につき悪意である第三者に対する受益権の追及が認められた方が早い。第 1 章第 1 節［1］参照。
(19)　MAITLAND, EQUITY, pp. 83-84.

51

(20) もっとも，擬制信託法理と明示信託法理との関係をどのように考えるべきかは，信託法学の最重要課題の一つであり，将来別途研究を行うことが必要である。しかし，受益者と第三者との利害調整に関する債権説の理論構成の下で，善意有償取得法理と擬制信託法理との関係が密接不可分であることは，本論文での分析検討から十分説明が可能であると思う。

第4節　債権説以外の学説の理論構成

[1]　債権説の理論的意義について考えるための一つの有益な方法は，他の信託法学説と対比した場合における，債権説の特徴を検討することである。そこで以下では，メイトランドが信託の基本構造について議論する際，債権説に対立する学説として議論の対象とした，当時の英国における二つの信託法理論である「信託財産二重領有説」と「物権説」とをとりあげ，各学説における信託の基本構造及び善意有償取得法理に関する理論構成を概観して債権説との比較検討を行い，債権説の理論的意義について考察する。

[2]　「信託財産二重領有説」は，裁判所制度改革以前における英国の信託法学説が一般的に採用してきた見解である。この学説における，信託の基本構造及び善意有償取得法理に関する理論構成は，概ね次のとおりである。
　まず，ある財産に関して信託関係が形成されている，ということは，当該財産に対して，受託者がコモン・ロー上の所有権（legal ownership）等の財産権を有する一方，受益者が，受託者の有する権利ないし権原とは独立に，当該財産に対してエクイティ上の所有権（equitable ownership）等の財産権を有している，という，信託財産がいわゆる「二重領有（double ownership）」の状態にあることを指す[1]。そして，ある財産に関して二重領有関係が形成されている場合，エクイティ裁判所は，受託者に対して，信託財産を受益者のために管理処分すること，すなわち，受託者が信託財産に関して有するコモン・ロー上の財産権を受益者のために行使することを，命令（decree）によって強制（enforce）する。このように，エクイティ裁判所が，信託財産に関して形成されている二重領有関係に対して，善と衡平の理念に

第1章　英国における信託法理論の対立の背景

従って，受託者の有する財産権の保持ないし行使のあり方を命令により強制することが，信託の基本的な特徴である(2)。

　この観点からすれば，受託者と受益者とが信託財産に関して各々有する財産権が，別個の権利ないし権原である以上，受託者が第三者に対して，信託財産，すなわち，受託者が信託財産に関して有するコモン・ロー上の財産権を譲渡することは，受益者に対する信託違反を構成するか否かを問わず，有効な財産権の処分となる。但し，信託財産に関するコモン・ロー上の財産権を受託者から譲り受けた第三者に対して，エクイティ裁判所が，譲り受けた財産を受益者のために管理処分すること，すなわち，第三者が受託者から譲り受けたコモン・ロー上の財産権を受益者のために行使することを，命令によって強制することがある。

　このように，エクイティ裁判所の命令による強制が第三者に対して行われた場合が，要するに，受益権の効果が第三者に対して及ぶ場合である。そして，エクイティ裁判所の従来の判例を検討すると，エクイティ裁判所は，信託関係につき悪意で信託財産に関するコモン・ロー上の財産権を譲り受けた第三者，及び無償で信託財産に関するコモン・ロー上の財産権を譲り受けた第三者に対して信託関係を強制する一方，第三者が善意有償で信託財産に関するコモン・ロー上の財産権を譲り受けた場合には，受益者に何の救済も与えていない(3)。又，第三者が信託財産に関するコモン・ロー上の財産権を取得しておらず，信託財産に関するエクイティ上の財産権しか有していない場合には，第三者に対して常に信託関係が強制されている(4)。以上の次第で，第三者が信託違反につき悪意であるとき，及び第三者が無償で信託財産を譲り受けたときは，第三者は受益者から受益権による追及を受ける一方，第三者が善意有償で信託財産を譲り受けた場合には，受益者には何の救済も与えられない結果となる。

　[3]　このように，信託財産二重領有説における受益者と第三者との利害調整は，受託者から信託財産に関するコモン・ロー上の財産権を譲り受けた第三者に対して，エクイティ裁判所が当該財産権を受益者の利益のために行使することを，命令により強制するか否かによって決定される。又，第1節

53

第1部　信託法理論の対立の背景

で善意有償取得法理の形成に関して検討したとおり，裁判所制度改革以前における信託法学説，すなわち信託財産二重領有説は，善意有償取得法理と信託の基本構造との関係について特に議論をしておらず，善意有償取得法理をエクイティ裁判所によって形成された法理，と位置づけ，上記に示した善意有償取得法理に基づく利害調整の結論を，判例の一般的な傾向として説明しているのみである[5]。

　以上のことからすると，信託財産二重領有説では，受益権の効果が一定範囲の第三者に及ぶことについて，債権説に関して前節で検討してきたような，何らかの規範ないし原則に従って受益権が第三者に対して効果を及ぼし，エクイティ裁判所によってその効果に実効性が与えられる，という考え方が，そもそも採用されていないことがわかる。むしろ，信託財産二重領有説の行う説明は，エクイティ裁判所の命令によって一定範囲の第三者に対する関係で信託関係が強制され，その結果として受益権が保護されている，との事実が前提とされているわけであり，要するに，エクイティ裁判所による信託関係の強制それ自体によって，受益権の効果が一定範囲の第三者に及ぶことが正当化されていると考えることができる。

　そして，信託財産二重領有説のこのような前提は，受益者と第三者との関係のみならず，信託関係当事者である受託者と受益者との関係についても等しく妥当する。すなわち，前述した信託財産二重領有説の行う信託の基本構造に関する把握からすれば，信託財産に関して，受託者の有するコモン・ロー上の財産権と受益者の有するエクイティ上の受益権とは，法体系を異にする別個独立の財産権であるから，受託者と受益者との間に信託財産に関して信頼関係ないし信認関係が存在していることそれ自体によっては，受託者の有する財産権にコモン・ロー上何らの制限も加えられることがない。受益権が受託者との関係で保護されるのは，エクイティ裁判所が受託者に対して，受託者の有するコモン・ロー上の財産権を受益者のために行使することを，命令によって強制するためである。このように，そもそも受益者と受託者との関係においても，エクイティ裁判所が受託者に対して信託関係を強制することそれ自体が，受益権保護の根拠となっているということができる。

第1章　英国における信託法理論の対立の背景

　[4]　このように，信託財産二重領有説は，エクイティ裁判所が第三者に対して信託関係を強制することそれ自体を以て，善意有償取得法理の正当性の根拠としているわけであるが，このことからすれば，信託財産二重領有説の議論の前提となる法体系の把握や，信託法理及び善意有償取得法理の理論的特徴に関する考え方も，第1節で検討した裁判所制度改革以前におけるエクイティ裁判所の性格によって基礎づけられる筈である。

　すなわち，裁判所制度改革以前におけるエクイティ裁判所の管轄は，専らエクイティに関する事案に対してのみ及ぶものであり，コモン・ロー上の法律問題はコモン・ロー裁判所の管轄に属していた。又，エクイティ裁判所の判断とコモン・ロー裁判所の判断とは別個独立に行われ，コモン・ロー裁判所の判断がエクイティ裁判所を拘束することがない一方，エクイティ裁判所の判断もあくまで当該訴訟の当事者を個別に拘束するにすぎなかった。さらに，かかるエクイティ裁判所とコモン・ロー裁判所の判断の間で生じた矛盾抵触の解決は，理論上の解決というよりも，17世紀初頭に生じた裁判所間の抗争を契機とした政治的解決によって行われた。以上のような事実からすれば，裁判所制度改革以前においては，コモン・ローとエクイティとが互いに別個の法体系として存在しており，信託関係の形成はエクイティ裁判所の命令それ自体を正当性の根拠としていたということができる[6]。従って，信託財産二重領有説の議論においても，法体系の把握に関しては，コモン・ローとエクイティとが互いに別個の法体系として存在している，との考え方が当然の前提とされており，又，かかる法体系の把握の下で，エクイティ裁判所が第三者に対して信託関係を強制することそれ自体によって受益者の保護が正当化される，との考え方が，信託法理及び善意有償取得法理に関する理論構成の基盤を形成していると考えることができる。

　[5]　信託財産二重領有説における，善意有償取得法理に関する理論構成の前提や考え方の基盤が以上のとおりであるとすると，信託財産二重領有説と債権説とが，解釈の前提となる理論的基盤において，完全に相容れない関係にあることは明らかである。すなわち，債権説が前提とする法体系について考えてみると，債権説における受益者と第三者との利害調整は，コモン・

55

第1部　信託法理論の対立の背景

ロー上の財産権とエクイティ上の権利，あるいはエクイティ上の権利相互間における優先劣後の関係を，一般的に規律する原則ないし準則の組み合わせによって構成されている。従って，債権説の理論構成の下では，コモン・ローとエクイティとが別個独立の法体系であるとの前提はとられておらず，むしろ，コモン・ローとエクイティとが相互に補完しあう関係にある一体的な法体系が，議論の前提とされているということができる。又，信託の基本構造に関する理論構成についても，前節で検討したとおり，債権説は，信託関係当事者間の合意に基づいて信託関係が設定されることを理論構成の中心としている。このような考え方からすると，裁判所が受託者ないし第三者に対して信託関係を強制することは，裁判所の命令それ自体が信託関係強制の根拠となっているわけではなく，信託設定に関する合意の効果が，合意の当事者である受託者，及び合意の当事者と同一視することが肯定される第三者に対して及んでいることを裁判所が確認し，かつ合意の強制に実効性を与えているにすぎない。債権説がこのような考え方に基づいて議論していることは，メイトランドが，裁判所制度改革によって信託関係等のエクイティ上の権利関係を強制する「エクイティ裁判所」が存在しなくなり，裁判所による強制が行われることを以てエクイティの根拠とすることが不可能となった以上，コモン・ローとエクイティとの関係全体について，新たな理論を構築すべきである，と述べていることから明らかである[7]。

［6］　以上のことからすると，債権説は，裁判所制度改革以前における一般的な信託法学説であった信託財産二重領有説に対する関係で，次のような理論的意義を有するものということができる。

第一に，債権説は，コモン・ローとエクイティとを別個独立の法体系とする信託財産二重領有説の前提を否定し，コモン・ローとエクイティとが相互に補完しあう関係にある一体的な法体系を議論の前提としている。第二に，信託の基本構造に関する理論構成についても，債権説は，エクイティ裁判所による信託関係の強制それ自体が受益権の保護を正当化するとの信託財産二重領有説の前提に反対し，信託関係当事者間における信託設定に係る合意の効果こそが受益権の保護を正当化するものであり，裁判所による信託関係の

第 1 章　英国における信託法理論の対立の背景

強制は，裁判所がかかる合意の効果を確認し，かつ合意の強制に対して実効性を付与するにすぎない，と位置づけている。このように，善意有償取得法理及び信託の基本構造に関する債権説の理論構成は，コモン・ローとエクイティとの関係をはじめとする法体系の基本的な把握の仕方や，信託関係当事者間の合意と裁判所の命令による強制との根本的な関係について発想の転換を図ろうとする，極めて雄大な試みであったと考えることができる。

第 2 節で検討したとおり，裁判所制度改革前後の英国においては，信託財産二重領有説の理論的基盤を構成していた，エクイティ裁判所の歴史的政治的権威に基づいて判例法理の正当性を説明することが必ずしも強い説得力を持たなくなり，裁判所の権威以外の一貫した理論構成によって判例法理の正当性を説明することが必要であるという，信託法理論の新たな役割が意識されつつあった。そして，前節で述べた債権説の理論構成は，議論の前提ないし基盤において，信託関係当事者間の合意の効果を軸として信託法理及び善意有償取得法理の正当性を理論的に一貫して説明することにより，裁判所制度改革後の裁判所の判断に対する，信託法理論からの一つの理論的観点を示したものであったということができる。

[7]　債権説が批判の対象とするもう一つの学説は，受益権を信託財産に関する物権的権利であると主張する「物権説」である。この学説は，信託の基本構造に関して，信託財産の実質的な所有権が受益者に帰属し，受託者は信託財産に関する「受託所有権 (trust-ownership)」，すなわち，受益者のために信託財産を管理処分し，第三者との関係で擬制的に信託財産を代表する権利を有しているにすぎない，と考え，このように実質所有権の帰属と受託所有権の帰属とが分離していることが信託の特徴である，とする[8]。このような理論構成からすれば，この学説は，「物権説」というよりも，むしろ，「受益者実質所有権説」と呼ぶ方が正確である[9]。

信託の基本構造に関する以上の説明から明らかなとおり，物権説（受益者実質所有権説）の理論構成の下で受託者が受益者に対して信託関係上の義務と責任を負うのは，信託財産に関して受託者が有する信託財産の受託所有権の性質それ自体に由来している。すなわち，受託者は，第三者に対する関係

第1部　信託法理論の対立の背景

では擬制的に信託財産に関する権利義務の主体となるが、受益者との関係では信託財産の所有者ではないため、信託財産の実質所有者である受益者に対して、信託関係上の義務と責任を負うこととなる[10]。

　他方、物権説（受益者実質所有権説）の下における善意有償取得法理に関する理論構成は、概ね次のとおりである。すなわち、受託者が信託違反により信託財産を第三者に譲渡した場合に、第三者が受託者から譲り受ける権利は、信託財産に関する所有権ではなく、受託者が有していた信託財産に関する受託所有権にすぎない。従って、受益者の有する信託財産の実質所有権の効果は、第三者が受託所有権を譲り受けたことによっては何の変化もせず、第三者は原則として受益権の追及を受ける。但し、信託違反につき善意有償で信託財産を譲り受けた第三者に対しては、受託所有権が第三者に対する関係で擬制的な信託財産の所有権であることから、例外的に、受益権による追及、すなわち受益者の実質所有権の効果が及ばなくなる[11]。以上の次第で、信託違反につき善意有償である第三者は受益権の追及を免れ、それ以外の第三者、すなわち信託違反につき悪意又は信託財産を無償で譲り受けた第三者は、受益権の追及を受ける結果となる。

　[8]　しかしながら、以上に述べた物権説（受益者実質所有権説）の信託の基本構造及び善意有償取得法理に関する理論構成には、必ずしも論理的に明確でない部分がある。すなわち、物権説（受益者実質所有権説）は、信託宣言に関する説明として、ある財産の直接所有権（direct ownership）を有する者は、当該財産につき自由に信託関係を設定することが可能である、と述べている[12]。このことから推測する限り、物権説（受益者実質所有権説）は、信託関係の設定に係る理論構成として、債権説と同じく、信託関係当事者の合意によって、信託関係、すなわち、受託所有権と実質所有権との帰属が分離する状態が形成される、との説明を採用していると考えられる。

　しかし、この説明を前提とすると、信託関係当事者間における信託財産に関する権利の帰属に係る合意の効果は、債権説と同様、原則として合意の当事者以外の第三者には及ばない筈である。従って、受託者の有する信託財産に関する受託所有権が第三者に対する関係で信託財産の擬制的な所有権であ

る以上，信託財産を譲り受けた第三者は，信託違反につき善意有償であるか否かにかかわらず，信託財産の所有権を取得することとなり，一定範囲の第三者に対して受益権の効果が及ぶことについては，さらに説明が必要となる。他方，この問題点を回避するために，受益権が対世効を有するコモン・ロー上の財産権であるとした場合には，今度はコモン・ロー上の権利の救済についてエクイティ裁判所が管轄を有しないにもかかわらず，エクイティ裁判所によって実質所有権の効果が受託者や第三者に対して強制されることが説明困難となってしまう。しかしながら，物権説（受益者実質所有権説）は，このような問題点について，特に議論をしていない。

　以上のことからすると，物権説（受益者実質所有権説）の議論は，何らかの理論的観点に基づくものというよりも，既に形成された判例法理における，信託関係当事者相互間及び受益者と第三者との利害調整に関する結論から，前述した「信託の基本構造」に関する議論，すなわち，信託関係においては，受託者は，信託財産の受託所有権を有するにすぎず，他方で受益者は，信託財産の実質所有権を有しており，受託者から信託財産を譲り受けた第三者は，信託違反につき善意有償であった場合を除き，受益者の有する実質所有権の効果を受ける，との結論を，いわば逆推知したと考える方が，説明として無理がないように思われる。

　[9]　以上のような物権説（受益者実質所有権説）の議論に対して，メイトランドは，二つの方向から批判を加える。第一に，受益権の第三者に対する効果についての判例の歴史的経緯に照らせば，受益権の効果は当初受託者のみに及ぶものとされ，後に徐々に第三者に対しても効果が及ぶとされていったのであり，受益権の効果が原則的に第三者に対して及ぶとする物権説（受益者実質所有権説）の説明は，かかる歴史的経緯を無視している[13]。第二に，物権説（受益者実質所有権説）の主張する「受益者の実質所有権」という概念は，1873年裁判所法25条11項の規定する，コモン・ローとエクイティとの調整準則との関係で不都合を生ずる[14]。

　このメイトランドの二つの批判のうち，第一の批判，すなわち善意有償取得法理の歴史的経緯については，確かに歴史的事実として，当初受託者以外

第1部　信託法理論の対立の背景

の第三者に対して効果の及ばなかった受益権が，徐々に第三者に対しても効果が及ぶとされていったことが明らかであるものの[15]，このことから直ちに，物権説（受益者実質所有権説）の理論構成が善意有償取得法理の形成に係る歴史的経緯を無視している，と結論づけることはできない。すなわち，15世紀ないし16世紀における善意有償取得法理の形成に係る歴史的経緯に対しては，当初受益権の効果が第三者に及ばないとされていた事実を以て，受益権の効果は第三者に対して及ばないことが理論上の原則であるとの債権説の主張に沿う説明が成り立つ一方，受益権の効果が及ぶ第三者の範囲が徐々に拡大していったとの事実を以て，受益権の効果は原則として第三者に及ぶのが本来の法のあり方であるとする物権説（受益者実質所有権説）の主張に沿う説明も同様に成り立つからである。このように，善意有償取得法理の形成に係る歴史的経緯について，各信託法学説の主張に沿う説明が各々成り立つ以上，メイトランドの前記の第一の批判が，物権説（受益者実質所有権説）に対する決定的な批判とならないことが明らかであるから，問題となるのは上記の第二の批判である。

[10]　メイトランドは，1873年裁判所法25条11項[16]が，コモン・ロー上の規範とエクイティ上の規範との間で対立衝突が生じたときはエクイティ上の規範が優先する，と規定していることを指摘し，次のように議論する。
　すなわち，1873年裁判所法は，改革後の裁判所における手続規範の調整を定めたものにすぎず，実体規範としてのコモン・ローやエクイティを変容させる規定ではない。従って，信託財産に関する受託者と受益者との権利関係の解釈についても，コモン・ロー上の規範とエクイティ上の規範との対立衝突が生じないような理論構成を考えるべきである。仮に，信託財産に関して受益者の有するエクイティ上の実質所有権が受託者の有するコモン・ロー上の受託所有権を制限していると考えたり，あるいは，エクイティ上の所有権とコモン・ロー上の所有権とが独立に存在していると考えるのであれば，信託財産に関して受託者の有するコモン・ロー上の権利と受益者の有するエクイティ上の権利との「対立衝突」が生じていることとなり，1873年裁判所法25条11項が適用される。その結果，受益者の有するエクイティ上の権

利が，信託財産に関して法が認める唯一の権利となり，これに対立衝突する関係にある受託者のコモン・ロー上の権利は存在しないこととなって，信託関係それ自体の存在が否定されるという，1873年裁判所法のおよそ予定しない結果が招来される。従って，物権説（受益者実質所有権説）の主張する信託の基本構造に関する理論構成は，到底支持し難いものである[17]。

しかしながら，仮にメイトランドの主張するように，1873年裁判所法25条11項の規定が実体規範を変容させないものと前提するのであれば，同条同項にいう「規範（rule）」の文言を，裁判上の手続規範と限定解釈し，信託関係における実体規範の「対立衝突」である受託者のコモン・ロー上の権利と受益者のエクイティ上の権利との関係について同条同項は適用されない，と主張することも不可能ではなく，信託の基本構造それ自体について，あえて同条同項に抵触しないような理論構成を模索する必要は必ずしもない。従って，物権説（受益者実質所有権説）に対するメイトランドの前記の第二の批判には，1873年裁判所法の整合的な解釈の必要性というよりも，むしろ別の目的があるものと考えられる。

[11] そこで，メイトランドの前記の第二の批判をもう一度検討してみると，メイトランドは，物権説（受益者実質所有権説）ないし信託財産二重領有説の理論構成が，1873年裁判所法25条11項との関係で不都合を生ずる理由として，次のような議論を展開している。すなわち，信託財産二重領有説や物権説（受益者実質所有権説）の下では，受託者の有するコモン・ロー上の財産権と受益者の有するエクイティ上の財産権とが信託財産に関して並存することにより，信託財産に関してコモン・ロー上の財産権とエクイティ上の財産権との「対立衝突」が生ずる。これに対して，債権説の下では，信託財産に関する財産権は受託者のみに帰属しており，受益者の有する権利は受託者個人に対する債権的権利であって信託財産に関する権利ではないから，信託財産に関してコモン・ローとエクイティとの対立衝突は生じない[18]。

このように，エクイティ上の権利の性質に関するメイトランドの議論は，債権説における法体系の把握，すなわち，コモン・ローとエクイティとは互いに補完しつつ一体となった法体系を構成するものではあるが，なお両者の

理論上の差異は維持されるべきである,との考え方に,完全に合致していることが明らかである。これに対して,上記の議論から明らかなとおり,物権説(受益者実質所有権説)の理論構成は,具体的事案における受益者と第三者との利害調整の結果から利害調整基準を逆推知する過程において,従来のエクイティ裁判所が形成してきた利害調整基準の結果を示した判例法理の存在を当然の前提としたうえで,その内容の整理を目的としたものということができるから,裁判所の権威に依拠することなく判例法理を理論的に正当化しようとする債権説とは,議論の目的自体が根本的に異なっている。

　従って,メイトランドの物権説(受益者実質所有権説)に対する前記の第二の批判が目的としていたものは,1873年裁判所法25条11項の文言を手掛かりとして,信託財産に関する「エクイティ上の財産権(equitable property)」という概念を否定し,受益者の有するエクイティ上の権利を受託者に対する債権的権利と考えることにより,エクイティとコモン・ローとが一体となって一つの法体系を構成している,という法体系の把握に関する正当性を論証することにあったものと考えることができる。

　[12]　以上のことからすると,債権説と物権説(受益者実質所有権説)とが根本的に相容れない点は,具体的な問題点の解釈というよりも,やはり法体系の把握や議論の基本的な前提にあるというべきである。すなわち,債権説は,コモン・ローとエクイティとを,互いに一つの法体系として補完しあう関係にはあるものの,両者の差異をなお維持すべきであると考え,かかる法体系の把握に合致するような,信託の基本構造及び善意有償取得法理に関する理論構成を模索している。これに対して,物権説(受益者実質所有権説)は,具体的事案の解決を基に形成された伝統的な判例法理の存在を議論の前提としたうえで,かかる判例法理における具体的な結論から,善意有償取得法理や信託の基本構造に関する「理論構成」を逆推知している。

　このように,両学説の理論構成や議論の前提に決定的な違いがある以上,裁判所の権威以外の観点からコモン・ローとエクイティとの関係を理論的整合的に説明しようとする債権説の立場からすれば,受益者が信託財産に実質所有権を有しているとの物権説(受益者実質所有権説)の理論構成は,比喩

第1章　英国における信託法理論の対立の背景

としてはともかく，およそ理論的な説明ではありえないわけである。

（1）　SPENCE, EQUITABLE JURISDICTION OF CHANCERY, vol. 2 p. 875; GILBERT ON USES AND TRUSTS, p. 1; FONBLANQUE, TREATISE OF EQUITY, vol. 2 p. 7; ROBERTS'S PRINCIPLES OF EQUITY, pp. 132-133; SANDERS'S ESSAY ON USES AND TRUSTS, vol. 1 p. 267.
（2）　SPENCE, EQUITABLE JURISDICTION OF CHANCERY, vol. 2 p. 25; GILBERT ON USES AND TRUSTS, pp. 2-3; FONBLANQUE, TREATISE OF EQUITY, vol. 2 pp. 7-9; ROBERTS'S PRINCIPLES OF EQUITY, p. 133; SANDERS'S ESSAY ON USES AND TRUSTS, vol. 1 pp. 265-267.
（3）　SPENCE, EQUITABLE JURISDICTION OF CHANCERY, vol. 2 p. 733; GILBERT ON USES AND TRUSTS, p. 13 et seq.; FONBLANQUE, TREATISE OF EQUITY, vol. 2 p. 147 et seq.; ROBERTS'S PRINCIPLES OF EQUITY, pp. 164-167; SANDERS'S ESSAY ON USES AND TRUSTS, vol. 1 p. 319 et seq.
（4）　SPENCE, EQUITABLE JURISDICTION OF CHANCERY, vol. 2 p. 745; GILBERT ON USES AND TRUSTS, p. 13 n. 5; FONBLANQUE, TREATISE OF EQUITY, vol. 1 p. 320; ROBERTS'S PRINCIPLES OF EQUITY, p. 163.
（5）　SPENCE, EQUITABLE JURISDICTION OF CHANCERY, vol. 2 p. 733; GILBERT ON USES AND TRUSTS, p. 14 n. 6; FONBLANQUE, TREATISE OF EQUITY, vol. 2 pp. 147-155; ROBERTS'S PRINCIPLES OF EQUITY, pp. 164-167; SANDERS'S ESSAY ON USES AND TRUSTS, vol. 1 p. 319 et seq. 第1章第1節 [4] 参照。
（6）　第1章第1節 [5] [6] 参照。
（7）　MAITLAND, EQUITY, pp. 1-2.
（8）　SALMOND ON JURISPRUDENCE, pp. 230-233.
（9）　従来のわが国において，英国の物権説と米国の物権説とは，特に区別されることなく議論されてきた。池田・信託法論130頁以下，大阪谷・理論編30頁，木下279-280頁など参照。しかし，本文で述べたとおり，英国の物権説は，「受益者実質所有権説」と呼ぶ方が正確であることに加え，第2章第3節で詳述するとおり，英国の物権説と米国の物権説とは，信託の基本構造や善意有償取得法理に関する理論構成についても，議論の前提な

第1部 信託法理論の対立の背景

いし基盤についても，相当異なる性格を持っているということができる。従って，本論文では，両学説の理論的特徴の違いを明確にするため，単に「物権説」と言った場合は米国の物権説を指すこととし，英国の物権説については，「物権説（受益者実質所有権説）」と表現する。

(10) SALMOND ON JURISPRUDENCE, p. 230.
(11) SALMOND ON JURISPRUDENCE, pp. 230, 232-233.
(12) SALMOND ON JURISPRUDENCE, p. 230 n. 1.
(13) MAITLAND, EQUITY, pp. 117-121.
(14) MAITLAND, EQUITY, pp. 16-18, 151-154.
(15) 第1章第1節 [1] 参照。
(16) 36 & 37 Vict. c. 66 s. 25 (11), 8 L. R. Stat. 306, 321 (1873).
(17) MAITLAND, EQUITY, pp. 16-18, 151-154.
(18) MAITLAND, EQUITY, pp. 16-18.

第5節　英国における債権説の理論的意義

[1] 前節までの分析検討から，債権説の有する理論的意義については，次のようにまとめることができる。

第一に，債権説は，信託の基本構造に関する理論構成について，信託関係を信託関係当事者間の合意によって成立するとし，受益権が受託者のみならず一定範囲の第三者に対して強制されることの根拠についても，信託設定に係る合意の効果が受託者及び受託者と同一視することの可能な第三者に対して及ぶことの結果である，との考え方を示した。このように，債権説は，信託の基本構造及び善意有償取得法理を信託関係当事者の合意の効果を中心に再構成することによって，従来の信託法学説によって採用されてきた一般的な考え方，すなわち，エクイティ裁判所による強制それ自体に基づき信託関係が観念され，かつ，受益権の保護が正当化される，との考え方に対する根本的な発想の転換を図ったものであり，極めて重要な理論的意義を有するものということができる。

第二に，債権説は，従来別個独立の法体系と考えられてきたエクイティとコモン・ローとの関係について，両者は法体系として各々異なる歴史的経緯

第1章 英国における信託法理論の対立の背景

を有するものではあるが，互いに補完しあい一体的な法体系を構成するものであるとしつつ，なお両者の差異を理論上維持すべきである，との考え方を示した。そのうえで，債権説は，かかる法体系の把握を基礎として，信託の基本構造や善意有償取得法理に関しても，コモン・ロー上の財産権とエクイティ上の財産権との調整を，一貫した観点の下にほぼ整合的に説明することに成功した。このように，債権説は，コモン・ローとエクイティとの関係一般に関わる法体系全体の把握についても，従来の信託法学説が前提としてきた法体系の把握に対する根本的な発想の転換を図った点において，重要な理論的意義を有するものということができる。

　しかしながら，第三に，債権説は，エクイティ裁判所が形成してきた善意有償取得法理の具体的な結論を変化させようとしたわけではない。むしろ，債権説の議論では，上記のような議論の前提に関わる発想の転換にもかかわらず，善意有償の第三者に対しては受益権の追及が及ばず，無償で信託財産を譲り受けた第三者，信託違反につき悪意の第三者，さらに財産の権原の移転を受けていない第三者は各々受益権の追及を受ける，という善意有償取得法理の解決基準が，従来どおり維持されている。従って，債権説の議論の主たる目的は，裁判所制度改革前後の英国において，裁判所の権威を正当性の根拠とすることなく判例法理としての信託法理を一貫した観点の下に整合的に説明するための，信託の基本構造や善意有償取得法理に関する理論構成を提示することにあったものと考えられる。メイトランドは，コモン・ローとエクイティとの関係について，将来においてはコモン・ロー上の権利とエクイティ上の権利とを特に区別することのない，完全に一体的な法体系が構築されることが望ましいけれども，現時点では両者の差異を理論上前提として解釈を行う，と述べているが[1]，このようなメイトランドの議論は，上記のような債権説の主要な目的を端的に示したものということができる。

[2]　もっとも，債権説の議論が，上記のような背景と目的とを基盤とするものであった以上，債権説の理論構成には，かかる理論的背景に基づく制約が存在することが明らかである。

　第一に，債権説の理論構成は，従来の判例法理に対して一貫した観点から

第1部　信託法理論の対立の背景

整合的な説明を行うことを目的とするものであったため，エクイティ裁判所が下してきた善意有償取得法理に関する具体的な利害調整の結論を，原則的に維持することが必要であった。又，従来の法体系の構造や財産権等の基本概念についても，これらを一応正当性のあるものとして理論構成に内包することが必要であった。メイトランドが，コモン・ローとエクイティとの実質的な一体性を主張しつつ，なお両者の差異を理論上の前提とする，という過渡的な理論構成を示していることは，債権説の理論構成に対して，上記のような理論的背景に基づく制約が存在したためと考えることができる。

　第二に，債権説は，裁判所制度改革前後におけるエクイティ裁判所の権威の動揺を背景として，裁判所の権威によって判例法理の正当性を基礎づけることはしない，との前提を以て主張されたものであった。従って，制度改革後の裁判所の権威ないし社会からの信頼が確固たるものとなり，判例法理の正当性の根拠を裁判所の権威に依拠することが議論の前提として疑われない，という状況が再度生じた場合には，債権説の理論構成はそれ程重要な意義を有しなくなる。かかる状況の下においては，信託関係当事者の合意の効果という理論的観点から信託法理及び善意有償取得法理を一貫して説明する債権説の議論は，裁判所の判断に対して一定の制約を加えることとなるうえ，裁判所にとっても，自らの判断それ自体が信託法理ないし善意有償取得法理の正当性の根拠と考えられている状況の下では，具体的な判断に際して信託法学説に依拠する必要性がないからである。

[3]　実際，裁判所制度改革以降の判例は，善意有償取得法理に基づく利害調整を行うに際し，債権説の理論構成に依拠していない。

　例えば，In re Diplock[2]は，信託違反によって第三者に移転した財産が，第三者の財産に混入したうえ一部が費消された場合における受益者と第三者との利害調整に関し，従来の判例のみを引用しつつ，次のように判示する。

　第一に，第三者が受益者と信認関係にある場合，及び第三者が信託違反につき悪意であった場合には，受益者の権利が完全に優先し，受益者は混和した財産から信託違反によって移転した財産全部を取り戻すことができる。第二に，信託違反によって移転した複数の財産が混和した場合には，双方の信

託関係における受益者の権利は按分される。第三に，善意有償の第三者に対して財産が移転した場合には，受益者は第三者に対して何の責任も追及できない。第四に，第三者が無償で，しかし信託違反につき善意で財産を譲り受け，かつ，譲渡された信託財産が第三者の財産と混和していない場合には，第三者は受益者に対して譲り受けた財産を返還しなければならない。第五に，第三者が無償で，しかし信託違反につき善意で信託財産を譲り受け，かつ，譲渡された信託財産が第三者の財産と混和した場合には，第三者と受益者とは，いずれも混和した財産に対して相手方に対する優先的地位を主張できず，結果として両者の権利は按分される[3]。

　債権説によれば，善意有償取得法理に基づく利害調整において，無償で信託財産を譲り受けた第三者が受益者に対して責任を負うことは，受託者が受益者に対して負う義務と責任を第三者が擬制的に引受け，第三者と受託者とを同一視することが肯定されるためである。従って，第三者が無償で信託財産を譲り受けた後，譲り受けた財産を自己の財産と混和させる行為は，受託者が信託財産と自己の財産とを混和させる行為と同視される行為であり，これ自体が受益者に対する信託違反を構成する以上，第三者が信託違反につき善意か悪意かを問わず，混和した財産について，受益者からの責任追及を免れないことになる筈である。

　これに対して，前記の判例は，従来の判例のみを引用しつつ，第三者が無償で，かつ信託違反につき善意で信託財産を譲り受けた後，譲り受けた財産を自己の財産と混和させたか否かによって受益者との利害調整を異なるものとしており，債権説の理論構成に従っていないことが明らかである。

　[4] 又，現在の信託法学説が信託の基本構造及び善意有償取得法理を議論する場合にも，債権説に明確に従っているわけではない。
　例えば，裁判所制度改革前後における債権説以外の学説は，信託の定義や善意有償取得法理に関する説明として，裁判所制度改革以前から存在する学説と，特に議論の仕方が異なるわけではない。すなわち，裁判所制度改革前後における学説は，信託の定義として，エクイティ上の権利義務関係を信託財産に関して発生させる法理，と説明するのみであり[4]，信託が信託関係

第1部　信託法理論の対立の背景

当事者の合意を中心として成立する法律関係であるとか，信託財産に関する権利が受託者に完全に帰属し，受益権は受託者に対する債権的権利である，といった説明はしていない。又，これらの学説は，善意有償取得法理に関しても，信託違反が行われた場合には，判例は第三者が善意有償であるか否かによって受益者と第三者との利害調整を行っている，と述べるのみで(5)，善意有償取得法理に関する理論構成や，信託の基本構造と善意有償取得法理との関係は，検討の対象とされていない。

　他方，メイトランド以降に登場した信託法学説の議論では，信託の定義について，裁判所制度改革以前から存在している信託法学説の議論と共に，債権説の議論が紹介されているものの，信託の基本構造に関する理論構成について，信託が信託関係当事者の合意を中心として成立するか否か，あるいは，受益権が信託財産に関する物権的権利であるか受託者に対する債権的権利であるかについては，特に議論がなされていない(6)。又，これらの学説では，善意有償取得法理に関しても，エクイティ裁判所が依拠する二つのエクイティ上の原則が示され，具体的な局面における判例が詳細に紹介されているものの，債権説のように，善意有償取得法理と信託の基本構造とを理論的に連動させて議論しているわけではない(7)。

　以上のことからすると，信託法理及び善意有償取得法理の伝統的特徴は，裁判所制度改革や債権説の議論によって消滅したわけではなく，現在の英国においてもなお存続していると考える方が妥当である。すなわち，コモン・ローの下で成立している受託者と第三者との財産関係と別個独立のエクイティ上の権利関係を，裁判所の判断の下で成立することを可能とさせる，という信託法理の伝統的特徴や，コモン・ローとエクイティとで各々独立に成立した，第三者の有するコモン・ロー上の財産権と受益者の有するエクイティ上の財産権との調整を図る，という善意有償取得法理の伝統的特徴は，裁判所制度改革以前におけると同様，現在の英国においても基本的に維持されていると考えることができる。

　[5]　しかしながら，信託法理及び善意有償取得法理の伝統的特徴が現在においてなお維持されているとしても，債権説の議論が，判例法理としての

善意有償取得法理及び信託法理に対して，何の影響をも与えなかったと結論づけることは早計である。むしろ，債権説が，信託の基本構造に関して信託関係当事者の合意を軸とした議論を展開したことは，英国の法体系の中における信託法理の位置づけに関して，理論的に重要な影響を及ぼしたものと考えるべきである。

　既に述べたとおり，エクイティ裁判所の命令による個別の事案における強制を信託関係の前提とした場合には，コモン・ローとエクイティとで各々独立に成立したコモン・ロー上の財産権とエクイティ上の財産権との調整を図るという点に関する限り，信託関係を強制されるべきコモン・ロー上の財産権を有する者が，第三者であった場合でも受託者であった場合でも，理論上は差異がない。これに対して，債権説の理論構成によれば，信託関係は信託関係当事者の合意により成立し，受託者が受益者との関係で信託関係上の義務と責任を負うのは，信託関係成立に係る合意の直接の効果，すなわち，受託者自らが信託関係を引受けたことの効果である。これに対して，受託者から信託財産を譲り受けた第三者が受益権の追及を受けるのは，第三者が信託関係を引受けたためではなく，受託者と第三者との理論上の同一性を擬制するか否かという法的判断に基づくものである。従って，債権説の下では，受託者が受益者に対して信託関係上の義務と責任を負う場合と，第三者が受益権による追及を受ける場合とで，理論上差異があることが明らかである。

　[6]　もっとも，債権説の理論構成を別の観点からみれば，第三者が受益者から受益権による追及を受けることは，信託関係当事者の合意の効果が第三者に対して拡張されたもの，と考えることも不可能でない。かかる観点の下では，第三者と受託者とが受益者に対して信託関係上の義務と責任を負うことに，理論上の連続性が一応存在している。

　しかしながら，ここで強調されるべき点は，債権説の下では，信託関係における受託者と受益者との権利義務関係，すなわち「信託の内部関係」と，受益者と第三者との利害調整基準，すなわち「信託の外部関係」との間に，理論上明確な区別が存在していることである。言い換えれば，債権説の理論構成においては，信託の内部関係，すなわち受託者と受益者との利害調整は，

第1部 信託法理論の対立の背景

信託関係設定に関する合意の効果のみによって解決される。これに対して，信託の外部関係，すなわち受益者と第三者との利害調整は，第三者と受託者との同一視可能性に関する法的判断を経たうえで，初めて信託の内部関係と同様の利害調整が行われる。

このように，信託の内部関係と外部関係とで，関係当事者の利害調整に係る理論構成が異なるということは，法体系における信託法理の位置づけについて考える場合にも，信託関係の内部関係と外部関係とを分断して，各々の理論的特徴を別々に考える余地が生ずることを意味している。すなわち，債権説の下では，信託法理と信託以外の財産管理法理との関係について考える場合に，受託者と受益者との間の信認関係の有する特徴と，善意有償取得法理の有する特徴とを，不可分一体として議論する必要はない。むしろ，債権説の下では，善意有償取得法理の特徴を議論の対象外としたうえで，財産管理の内部関係としての信認関係の特徴のみを以て，信託法理と信託以外の財産管理法理との関係を考えることも，理論的に可能となるわけである。

以上を要するに，裁判所制度改革とほぼ同時代に登場した債権説は，コモン・ローとエクイティとの関係や，判例法理と信託法理論との関係等，議論の基本的な前提の部分において，信託法理及び善意有償取得法理の有する伝統的特徴に対して理論的な再考を迫る，という重要な役割を果たしたものということができる。同時に，債権説の理論構成は，信託法理ないし善意有償取得法理の有する特徴や，法体系における信託法理の位置づけに関する議論において，様々な理論的発展の可能性を生じさせたものであり，この点においても，極めて重要な意義を有していると考えることができる。

（1） MAITLAND, EQUITY, pp. 19-20, 43.
（2） [1948] Ch. 465.
（3） In re Diplock, [1948] Ch. 465, 533 et seq. 同判決が引用する先例として，In re Hallett's Estate, 13 Ch. D. 696 (1880); In re Guardian Permanent Benefit Building Society, 23 Ch. D. 440 (1882); Sinclair v. Brougham, [1914] A. C. 398, 441.
（4） GODEFROI ON TRUSTS AND TRUSTEES, pp. 1-3; SNELL, PRINCIPLES OF EQUITY, pp. 40, 44-45, 48; UNDERHILL, TRUSTS AND TRUS-

第1章 英国における信託法理論の対立の背景

TEES, pp. 1-2; LEWIN ON TRUSTS, pp. 13-16; SMITH, PRINCIPLES OF EQUITY, pp. 23-24.
(5) GODEFROI ON TRUSTS AND TRUSTEES, p. 576 et seq.; SNELL, PRINCIPLES OF EQUITY, pp. 16-33; UNDERHILL, TRUSTS AND TRUS-TEES, p. 411 et seq.; LEWIN ON TRUSTS, p. 556 et seq.; SMITH, PRIN-CIPLES OF EQUITY, p. 356 et seq.; SUG DEN, VENDORS AND PURCHASERS, p. 736 et seq. なお，LEWIN ON TRUSTS は，善意有償取得法理に基づく利害調整を信託関係（privity）の成否の問題であると説明するが，同時に，かかる信託関係はエクイティ裁判所の命令に基づいて強制されるとしており，信託関係当事者間の合意を理論構成の中心とする債権説とは，議論の前提が大きく異なっている。Id. pp. 15-16.
(6) HANBURY AND MARTIN, MODERN EQUITY, p. 17 et seq., p. 601 et seq.; KEETON, LAW OF TRUSTS, pp. 2-6; PARKER & MELLOWS, MOD-ERN LAW OF TRUSTS, p. 12 et seq.; RIDDALL, LAW OF TRUSTS, p. 1 et seq., pp. 291-293; PETIT, EQUITY AND THE LAW OF TRUSTS, pp. 25-26; TODD & LOWRIE, pp. 47-48; TODD & WATT, p. 1.; UNDERHILL & HAYTON, p. 3 et seq. 又，そもそも「債権的権利」と「物権的権利」という概念区分を行うこと自体に対して否定的な見解もある。TURNER, EQ-UITY OF REDEMPTION, p. 152.
(7) HANBURY AND MARTIN, MODERN EQUITY, p. 31 et seq., p. 682 et seq.; KEETON, LAW OF TRUSTS, p. 394 et seq.; PARKER & MEL-LOWS, MODERN LAW OF TRUSTS, p. 794 et seq.; RIDDALL, LAW OF TRUSTS, p. 432 et seq.; PETIT, EQUITY AND THE LAW OF TRUSTS, p. 529 et seq; TODD & LOWRIE, p. 422 et seq.; TODD & WATT, p. 481 et seq.; UNDERHILL & HAYTON, p. 983 et seq.

第2章　米国における信託法理論の対立の背景

　[1]　米国における善意有償取得法理は，英国と同様，15世紀ないし16世紀における英国のエクイティ裁判所によって形成された，受益者と第三者との利害調整に係る判例法理を起源とするもの，と考えられている[1]。又，現在の米国における善意有償取得法理に基づく受益者と第三者との利害調整の基本的な構造，すなわち，第三者が受託者の信託違反につき善意有償で信託財産を譲り受けた場合には受益者からの責任追及を免れる一方，第三者が信託違反につき悪意であった場合や無償で信託財産を譲り受けた場合には受益者に対する責任を免れない，とする利害調整の構造は，英国における善意有償取得法理と同一である[2]。

　[2]　しかしながら，米国の善意有償取得法理に基づく受益者と第三者との利害調整は，本章で検討するとおり，いくつかの重要な局面で，英国の善意有償取得法理に基づく利害調整と異なっている部分がある。そして，この利害調整における米国独自の結論は，信託法リステイトメント（RESTATEMENT OF TRUSTS）によって，現在の米国における善意有償取得法理の内容として確定されるに到っている。

　他方，米国における信託法学説の動向についてみると，19世紀末から20世紀初頭にかけては，英国においてメイトランドが主張したものと同一の理論構成を有する「債権説」が，エイムズ（J. B. Ames），ラングデル（C. C. Langdell）によって主張され，通説的見解を構成していた。しかし，1910年代以降，受益権は信託財産に関する物権的権利であるとする「物権説」が，譲渡抵当（mortgage）の優先順位取得（tacking）に関する議論や，エクイティ裁判所の命令（decree）の法的性質に関する議論を媒介として，徐々に主張されるようになった。そして，1930年代に到り，物権説の代表的論者であるスコット（A. W. Scott）によって起草された信託法リステイトメント

が実質上物権説の理論構成を採用した後においては，物権説が債権説に代わって通説的見解を構成している。このように，米国の善意有償取得法理に基づく利害調整において米国独自の変容が生じた時期と，善意有償取得法理ないし信託の基本構造に関する議論が盛んに行われた時期とが，極めて近接していることからすると，米国における善意有償取得法理の変容と信託法学説の対立との間には，何らかの関連ないし影響が存在している可能性がある。

さらに，第3節以下で検討するとおり，米国の物権説の議論では，善意有償取得法理に基づく伝統的な判例の利害調整基準に対して，修正ないし変更の必要を主張している局面が存在する。このことを併せ考えると，米国の善意有償取得法理に係る判例法理と信託法学説との関係においては，判例の蓄積としての「判例法理」が，信託法学説の絶対的な前提として存在しているというよりも，むしろ，信託法学説の方が，判例法理としての善意有償取得法理に対して何らかの影響を及ぼしている可能性もある。

[3] このように考えてみると，善意有償取得法理に基づく利害調整の結果に英国と米国とで異なる部分があることも，単に両国の裁判所における判断の傾向に違いがあるということ以上の意味を有している可能性がある。

すなわち，英国と米国とでかかる差異が生じている原因は，両国における信託法理ないし善意有償取得法理に関する議論の前提の違い，具体的には，信託法理と善意有償取得法理との関係や，判例法理としての善意有償取得法理と信託法学説との関係，法体系における信託法理の位置づけ，信託財産に関する把握の仕方，さらにはコモン・ローとエクイティとの関係等における違いが存するためである，と考える余地が生ずるわけである。

要するに，米国における善意有償取得法理は，法理の起源や利害調整の基本的な構造において英国の善意有償取得法理とほとんど同一の法理であるように見えるが，議論の前提の点で，米国独自の特徴を有している可能性が高い。従って，米国における善意有償取得法理の特徴や，判例法理と信託法学説との関係については，英国の議論の単なる承継ないし延長として捉えることは妥当ではなく，独立して分析検討を行う必要がある。

第1部　信託法理論の対立の背景

　[4]　本章では，まず，米国の善意有償取得法理に基づく受益者と第三者との利害調整が，英国の善意有償取得法理に基づく利害調整と異なっている局面を中心に，米国において生じた善意有償取得法理の変容について概観する（第1節）。次に，米国の信託法学説のうち，19世紀末から20世紀初頭にかけて，英国と時期をほぼ同じくしてエイムズ，ラングデルによって主張された債権説の議論を検討することにより，米国の信託法学説における議論の前提ないし基盤に関する特徴が，米国における善意有償取得法理の変容とどのような関係を有しているかについて考察する（第2節）。

　その後，米国の信託法学説の対立の構造と背景とを明らかにするために，米国の物権説の議論を検討することとし，まず，米国の物権説が採用している信託の基本構造及び善意有償取得法理に関する理論構成につき，物権説の代表的論者であるスコットの議論を検討し，その外形的な説明としての理論構成と実質的に採用されている理論構成とを対比して，両者が相当程度異なることを示す（第3節）。そして，かかる観点を前提として，債権説をはじめとする他の信託法学説との比較を行うことにより，米国の物権説が議論の前提としている基本的な概念の把握や議論の目的について検討し，米国において物権説が通説的見解を構成するに到った理由を検討する（第4節）。そのうえで，米国における信託法学説の対立の背景と，かかる対立において米国の物権説が果たした意義とについて考察する（第5節）。

　（1）　SCOTT ON TRUSTS, s. 284 p. 36.
　（2）　RESTATEMENT (2d) OF TRUSTS, ss. 284-326; SCOTT ON TRUSTS, ss. 284-326.6 pp. 35-320.

第1節　善意有償取得法理の変容

　[1]　前述のとおり，米国における善意有償取得法理に基づく受益者と第三者との利害調整は，英国の善意有償取得法理とほぼ同一の内容であるが，善意有償取得法理と信託法学説との関係に重要な影響を及ぼす可能性のある若干の局面で，米国における独自の特徴を反映した変容が生じている。

第2章 米国における信託法理論の対立の背景

すなわち，流通証券（negotiable instruments）に表章されていない債権（chose in action），あるいは，エクイティ上の権利（equitable interests）が，信託財産を構成していた場合に，これらの権利が受託者の信託違反によって第三者に譲渡された際の受益者と第三者との利害調整に関して，米国の善意有償取得法理は，英国と異なる利害調整を行っている。

以下では，この両局面について米国の具体的な判例を概観し，米国における善意有償取得法理の変容について検討する。

[2] 流通証券ないし捺印証書契約（specialty）に表章されていない債権が信託財産となっており，かかる債権が信託違反によって第三者に譲渡された場合，英国の判例は，債権がコモン・ロー上譲渡不可能とされてきたことを理由に，第三者が善意有償で債権を取得した場合であっても，受益権による追及を免れないとする[1]。しかし，米国の判例は，この点について必ずしも一致していない。

[3] 初期の代表的判例である Murray v. Lylburn[2] は，受託者が信託財産である土地を売却して債券（bond）及び譲渡抵当（mortgage）を取得したことにつき受益者から訴えられていたところ，当該訴訟の相被告にこの債券等を譲渡した事案である。ケント裁判官（Chancellor Kent）は，当該事案の具体的解決については，譲受人が信託の存在につき悪意であったと認定し，譲受人の責任を肯定したものの，一般論としては，債務者が譲渡人に対して有する抗弁を譲受人が調査することは可能であるが，それ以外の者が譲渡人に対して有する「隠れたエクイティ上の権利（latent equity）」を譲受人が調査することは不可能であるとして，信託の存在につき譲受人が善意であった場合には責任を負わない旨を強調した[3]。

もっとも，その他のニューヨーク州の判例は，ケント裁判官のいう「隠れたエクイティ上の権利」と「明白なエクイティ上の権利（patent equity）」との概念区分を採用していない[4]。例えば，Murray v. Lylburn 以前に下された Bebee v. Bank of New York[5] は，債権の譲受人は債務者の財産に関するコモン・ロー上の先取特権（legal lien）を取得するものではなく，エクイティ

75

第1部 信託法理論の対立の背景

上の権利を債務者に対して有するにすぎないから,債権に関してエクイティ上同等の権利を有する者に対し,コモン・ロー上優先すべき権利を有している者に当たらない,としている[6]。又,Bush v. Lathrop[7]は,流通証券に表章されていない債券と譲渡抵当が,善意有償の第三者に担保目的で譲渡された事案について,債権の譲受人が債権に関するエクイティ上の権利に対する負担を免れないことは判例の一般的な原則であるとし,Murray v. Lylburn をはじめとする過去のニューヨーク州の判例を通覧したうえで,「隠れたエクイティ上の権利」と「明白なエクイティ上の権利」とを区分するケント裁判官の見解は,ニューヨーク州の判例として採用されていないといわざるを得ず,この区分に依拠することはできない,と判示している[8]。なお,ニューヨーク州以外の州でも,流通証券に表章されていない債権を譲り受けた譲受人は,債務者が譲渡人に対して有していたエクイティ上の抗弁のみならず,債務者以外の者が債権に対して有するエクイティ上の権利に関する負担も受けるとする判例がある[9]。例えば,Downer v. South Royalton Bank[10]は,エクイティ上同等の権利を有する者の間ではコモン・ロー上の権利を有する者が優先し,双方ともコモン・ロー上の権利を有していない場合には先に成立したエクイティ上の権利を有する者が優先する,との一般論を述べたうえで,英国の判例を引用しつつ,債権の譲受人は善意有償でコモン・ロー上の権利を取得した者に当たらず,債権に関するエクイティ上の負担について調査を行う義務がある,としている[11]。

これに対して,ケント裁判官の区分に従い,譲り受けた債権に関する受益権等について善意有償であった者はかかるエクイティ上の負担を免れる,とする判例もある[12]。例えば,Losey v. Simpson[13]は,債権の譲受人が債権に関するエクイティ上の権利の負担を受けるとの判例法理の合理性は,かかるエクイティ上の権利が債権の譲渡人と債務者との間のものである限り何ら問題でない,とする一方で,債務者以外の者が債権に関して有する隠れたエクイティ上の権利に関しては,善意有償で債権を譲り受けた第三者は責任を負わない,と判示している[14]。

[4] 以上のような判例の対立に対して,信託法リステイトメントは,債

第2章 米国における信託法理論の対立の背景

権を譲り受けた第三者が隠れたエクイティ上の権利につき善意有償であった場合には，かかるエクイティ上の負担を免れるとするのが米国の一般的な判例の傾向である，として，流通証券に表章されていない債権が信託違反により第三者に譲渡された場合についても，善意有償取得法理が適用される旨を規定している(15)。又，契約法リステイトメントも，信託法リステイトメントを引用し，信託財産である債権が第三者に譲渡された場合に，第三者がかかるエクイティ上の負担につき善意有償であったときは，当該負担を受けない旨を規定している(16)。

[5] 善意有償取得法理に基づく利害調整の原則からすれば，受託者から信託財産を譲り受けた第三者は，信託財産に関するコモン・ロー上の権原を取得しなければ，信託違反につき善意有償であった場合でも受益権の追及を免れない。この原則をエクイティ上の権利が信託財産となっていた場合に対してそのまま適用すると，受託者からエクイティ上の権利を譲り受けた第三者は，エクイティ上の権利に関してコモン・ロー上の権原を取得することがない以上，エクイティ上の権利しか取得していない。従って，エクイティ上の権利が信託違反によって第三者に譲渡された場合には，エクイティ上同等の権利を有する者の間では先に成立した権利を有する者が優先する，との原則に基づき，先に成立したエクイティ上の権利である受益権が，第三者が受託者から取得したエクイティ上の権利に対して常に優先する筈である。実際，英国の判例では，信託財産であるエクイティ上の権利が第三者に対して譲渡された場合には，第三者が受託者の信託違反につき善意有償であるか否かを問わず，受益権による追及を免れないとされている(17)。

[6] これに対して，この点に関する米国の判例は一致していない。信託法リステイトメント制定前の若干の判例では，英国の判例と同様，エクイティ上の権利の譲渡に係る受益者と第三者との利害調整に関しては，善意有償取得法理が適用されない，と判示したものがある(18)。例えば，Briscoe v. Ashby(19)は，「売主は，自己の有する権原以上の権原を買主に対して付与することはできない（Nemo plus juris ad alium tranferre potest quam ipse

habet)」との原則を引用し，エクイティ上の権利を譲り受けた第三者は，譲渡人である受託者が受益者に対してエクイティ上の義務と責任を負っていた以上，譲り受けたエクイティ上の権利に関する受益権の負担を免れない，と判示している[20]。

しかしながら，逆に，エクイティ上の権利が信託財産となっており，信託違反によって第三者に譲渡された場合，第三者が善意有償であったときは，受益者に対する責任を負わない，とした判例もある[21]。例えば，Luckel v. Phillips Petroleum Co.[22]は，信託財産を構成していたエクイティ上の権利，具体的には天然資源開発を目的とする土地の使用許可権（permit）に係る持分が，信託違反によって善意有償の第三者に譲渡された事案に関して，本件における受益者と第三者との利害調整は，コモン・ロー上の権原を有する者とエクイティ上の権利を有する者との利害調整ではなく，エクイティ上の権利を有する者相互間の利害調整である，としたうえで，第三者が業界慣行に従って善意有償で権利を取得した際に有していた取引の適正さに対する信頼を保護すべきであることを強調し，取得した権利がエクイティ上の権利にすぎないとして第三者の利益を保護しないことは，正義と衡平に反するものである（unjust and unequitable），と判示している[23]。

[7] 以上のような判例の対立に対して，信託法リステイトメントは，エクイティ上の権利も信託財産となる以上，信託財産であるエクイティ上の権利が信託違反によって第三者に譲渡された場合にも，第三者が信託違反につき善意有償であったときは信託関係の負担を免れる，と規定した[24]。

なお，信託法リステイトメントがこのように規定した結果，第三者が受託者から善意有償でエクイティ上の権利を取得したとしても受益者からの責任追及を免れない場合は，実質上以下の局面に限定された。第一に，受託者が第三者に信託財産を引き渡さず，将来これを譲渡する旨約した結果，第三者がエクイティ上の権利を取得した場合，あるいは，受託者が信託財産について第三者のために別個の信託関係を設定した結果，第三者がエクイティ上の権利を取得した場合[25]。第二に，詐欺によって成立した権利や，手続上瑕疵のある判決によって成立した権利等，強制できない権利が譲渡された結果，

第三者がエクイティ上の権利を取得した場合(26)。そして第三に，エクイティ上の権利を有する受託者が，当該エクイティ上の権利を二重譲渡（successive conveyance）した結果，第三者がエクイティ上の権利を取得した場合(27)。信託法リステイトメントは，これらの局面における善意有償の第三者が保護されない理由について，これの局面はいずれも第三者が受託者からエクイティ上の権利を取得した局面ではあるものの，エクイティ上の権利ないし財産が信託財産となっている場合と異なり，信託財産に関して第三者が取得したエクイティ上の権利に優先する受益者等のエクイティ上の権利が存在しているため，第三者が他の権利の存在につき善意有償であっても受益権が優先する，と説明している(28)。

[8] このように，米国における善意有償取得法理に基づく受益者と第三者との利害調整には，英国における善意有償取得法理と，結論において差異が生じている部分がある。そして，この米国と英国との差異は，受益者と第三者との利害調整が行われる局面のうち，特定の局面に対する善意有償取得法理の適用基準，すなわち，流通証券に表章されていない債権やエクイティ上の権利が信託違反によって譲渡された場合に，善意有償で信託財産を譲り受けた第三者の保護を肯定するか否か，という点に関するものである。そうすると，米国と英国との善意有償取得法理の差異は，法理の適用の前提となる「信託財産」の概念や，コモン・ロー上の権原とエクイティ上の権利との関係等，議論の前提に関する英国と米国との考え方の違いに基づくものと考える余地があると思われる。

これに加えて，米国における善意有償取得法理の変容は，米国の裁判所が個々の事案の解決に際して善意有償取得法理の変容を一致して肯定したことによって生じたわけではない。むしろ，諸判例を概観したことから明らかなとおり，判例の中で必ずしも見解の一致が見られなかった状況に対して，信託法リステイトメントが英国の善意有償取得法理を変容させる結論を採用したことが，法理の変容を決定づけるものとなっている。このことからすると，米国と英国とで善意有償取得法理に の差異が生じたことには，信託の基本構造ないし善意有償取得法理に関する議論の前提となる基本的な考え方の違い

が，何らかの影響を及ぼしている可能性が高いように思われる。

[9] 以上のことからすれば，米国における善意有償取得法理の変容の背景ないし原因について検討を行い，米国における善意有償取得法理の特徴について考察するためには，法理の具体的な内容を判例に即して詳細に検討することよりも，米国の信託法学説の中で，信託財産の概念やコモン・ロー上の権原とエクイティ上の権利との関係等がどのように取り扱われているかを分析する方が，むしろ有益であると考えられる。

本章の冒頭で述べたとおり，米国の信託法学説においては，19世紀末から20世紀初頭にかけて債権説が通説的見解を構成していたが，1910年代以降は物権説が徐々に台頭し，現在では物権説が債権説に代わって通説的見解を構成するに到っている。又，信託法リステイトメントは，物権説の代表的論者であるスコットによって起草されたものであり，かつ，実質上物権説の理論構成に基づいて体系が構成されている[29]。従って，米国の善意有償取得法理の変容と信託法学説との関係について考える場合には，信託の基本構造や善意有償取得法理に関する物権説の理論構成を検討することが，最も重要であることは明らかである。

しかしながら，上記のとおり，米国における善意有償取得法理の変容に対して，米国の信託法学説が何らかの影響を及ぼしている可能性があるとすると，かかる可能性については，物権説の議論のみならず，債権説の議論についても同様に検討を行う必要がある。従って，以下に続く第2節では，物権説の理論構成及び理論的意義について検討を行うための前段階として，米国における債権説の議論についてまず検討を行い，債権説の理論構成及び議論の前提となる基本的な考え方が，米国において生じた善意有償取得法理の変容に対してどのような影響を及ぼした可能性があるかを考察する。

(1) Tourville v. Naish, 3 P.Wms. 307, 308, 24 Eng.Rep. 1077 (1734); Ord v. White, 3 Beav. 357, 366, 49 Eng.Rep. 140, 143 (1840); Mangles v. Dixon, 1 Mac. & G. 437, 443, 41 Eng.Rep. 1334, 1336 (1849), 3 H. L.C. 702, 731, 10 Eng.Rep. 278, 290 (1852); Cockell v. Taylor, 15 Beav.

第2章　米国における信託法理論の対立の背景

103, 118, 51 Eng.Rep. 475, 481（1852）; Clack v. Holland, 19 Beav. 262, 274, 52 Eng.Rep. 350, 355（1854）; Athenaeum Life Assurance Society v. Pooley, 3 De.G.& J. 294, 302, 44 Eng.Rep. 1281, 1284（1858）.
（ 2 ）　2 Johns. Ch. 441（N.Y. 1817）.
（ 3 ）　Id. at 443.
（ 4 ）　Bebee v. Bank of New York, 1 Johns. 529（N.Y. 1806）; Bush v. Lathrop, 22 N.Y. 535（1860）; David Stevenson Brewing Co. v. Iba, 155 N.Y. 224, 49 N.E. 677, 678（1898）; In re McClancy's Estate, 182 Misc. 866, 45 N.Y.S.2d 917, 922（1943）, aff'd, 268 A. D. 876, 51 N.Y.S. 2d 90（1944）, aff'd, 294 N.Y. 760, 61 N.E.2d 752（1945）; In re Knowlton's Will, 17 Misc.2d 333, 185 N.Y.S. 2d 843, 844（1959）.
（ 5 ）　1 Johns. 529（N.Y. 1806）.
（ 6 ）　Id. at 548.
（ 7 ）　22 N.Y. 535（1860）.
（ 8 ）　Id. at 547.
（ 9 ）　Downer v. South Royalton Bank, 39 Vt. 25（1866）; State exrel. Rice v. Hearn, 109 N.C. 150, 13 S.E. 895（1891）; Patterson v. Rabb, 38 S.C. 138, 17 S.E. 463, 465（1893）.
（10）　39 Vt. 25（1866）.
（11）　Id. at 30-31.
（12）　Losey v. Simpson, 11 N.J.Eq. 246（1856）; People's Banking Co. v. Fidelity & Deposit Co., 171 A. 345（Md. 1934）; Lasser v. Philadelphia Nat. Bank, 183 A. 791, 792（Pa. 1936）; Getz v. City of Harvey, 118 F.2d 817, 821（7th Cir. 1941）, cert. denied, City of Harvey v. Getz, 314 U.S. 628, 62 S.Ct. 59（1941）.
（13）　11 N.J. Eq. 246（1856）.
（14）　Id. at 254.
（15）　RESTATEMENT（2d）OF TRUSTS, s. 284 cmt. b; SCOTT ON TRUSTS, s. 284. 1 pp. 42-43.
（16）　RESTATEMENT（1st）OF CONTRACTS, s. 174; RESTATEMENT（2d）OF CONTRACTS, s. 343. これに従う判例として，Peoples Banking Co. v. Fidelity & Deposit Co., 171 A. 345, 346（Md. 1934）; Maryland Casualty Co. v. Bank of Germantown & Trust Co., 320 Pa. 129, 182 A.

81

第1部　信託法理論の対立の背景

362, 364（1936）; Lasser v. Philadelphia Nat. Bank v. 183 A. 791, 792 (Pa. 1936); First Nat. Bank v. Mayor and City Council of Baltimore, 27 F. Supp. 444, 452（D.C.D. Md. 1939）, aff'd, 108 F.2d 600, 602（4th Cir. 1940）.

(17) Brace v. Marlborough, 2 P.Wms. 491, 496, 24 Eng.Rep. 829, 831（1728）; Rice v. Rice, 2 Drewry 73, 77, 61 Eng.Rep. 646, 647（1853）; Rooper v. Harrison, 2 K.& J. 86, 108, 69 Eng.Rep. 704, 713（1855）; Phillips v. Phillips, 4 De G.F. & J. 208, 215, 45 Eng.Rep. 1164, 1166（1861）; Stackhouse v. Jersey, 1 J. & H. 721, 730, 70 Eng.Rep. 933, 937（1861）; Cory v. Eyre, 1 De G.J. & S. 149, 167, 46 Eng.Rep. 58, 65（1863）; Thorpe v. Holdsworth, 7 Eq.Cas. 139, 147（1868）; Spencer v. Clarke, 9 Ch.D. 137, 140（1878）; Cave v. Cave, 15 Ch.D. 639, 647（1880）; Carritt v. Real and Personal Advance Company, 42 Ch.D. 263, 269（1889）; Isaac v. Worstencroft, 67 L.T. 351, 352（1892）; Taylor v. London & County Banking Co., [1901] 2 Ch. 231, 262; Cloutte v. Storey, [1911] 1 Ch. 18, 24（1910）; Hill v. Peters, [1918] 2 Ch. 273, 280; Assaf v. Fuwa, [1955] A. C. 215, 229（1954）.

(18) Woods v. Dille, 11 Ohio 455, 458（1842）; Briscoe v. Ashby, 65 Va. (24 Gratt.) 454（1874）; Henry v. Black, 213 Pa. 620, 63 A. 250, 253（1906）; Wasserman v. Metzger, 105 Va. 744, 54 S. E. 893, 895（1906）; Hendrick v. Lown, 132 Misc. 498, 230 N.Y.S. 141, 142（1928）.

(19) 65 Va. (24 Gratt.) 454（1874）.

(20) Id. pp. 475, 478.

(21) Preston's Adm'r v. Nash, 76 Va. (1 Hans.) 1, 10（1881）; Luckel v. Phillips Petroleum Co., 243 S.W. 1068（Tex.Com.App. 1922）; Loring v. Goodhue, 259 Mass. 495, 156 N.E. 704, 705（1927）; Goodhue v. State Street Trust Co., 267 Mass. 28, 165 N.E. 701, 705（1929）.

(22) 243 S. W. 1068（Tex. Com. App. 1922）.

(23) Id. at 1069.

(24) RESTATEMENT (2d) OF TRUSTS, s. 285 cmt. a; SCOTT ON TRUSTS, s. 285 pp. 50-51. エクイティ上の権利を信託財産とする信託関係を設定できることについては, RESTATEMENT (2d) OF TRUSTS, s. 83; SCOTT ON TRUSTS, s. 83.

第2章　米国における信託法理論の対立の背景

(25) Villa v. Rodriguez, 79 U.S. (12 Wall.) 323, 338 (1870); Bergengren v. Aldrich, 139 Mass. 259, 29 N. E. 667, 668 (1885); Peay v. Seigler, 48 S. C. 496, 26 S. E. 885, 892 (1897); Johnson v. Hayward, 74 Neb. 157, 103 N. W. 1058, 1060 (1905); Wenz v. Pastene, 209 Mass.359, 95 N. E. 793, (1911); Bisbee v. Mackay, 215 Mass. 21, 102 N. E.327, 329 (1913); Long Lake Lumber Co. v. Stewart, 88 P. 2d 414, 416 (Wash. 1939); Hartford National Bank and Trust Company v. Westchester Federal Savings & Loan Association, 422 F. Supp. 203, 204 (S. D. N. Y. 1976), rev'd on other grounds, 555 F. 2d 1122, 1124 (2d Cir. 1977); RESTATEMENT (2d) OF TRUSTS, s. 286.

(26) United States v. Laam, 149 F. 581, 585 (C. C. N. D. Cal. 1906); La Belle Coke Co. v. Smith, 221 Pa. 642, 70 A. 894, 896 (1908); Duncan Townsite Co. v. Lane, 245 U. S. 308, 312, 38 S. Ct. 99, 101 (1917); Starck v. Goodman, 288 Ill. App. 347, 6 N. E. 2d 503, 506 (1937).

(27) RESTATEMENT (2d) OF TRUSTS, s. 285 cmt. b 3.; SCOTT ON TRUSTS, s. 285 p. 47. 受益者が受益権を二重譲渡した場合における譲受人相互間の利害調整に関する判例として，Putnam v. Story, 132 Mass. 205, 211 (1882); Tingle v. Fisher, 20 W. Va. 497, 510 (1882); Meier v. Hess, 32 P. 755, 756 (Or. 1893); Central Trust Co. of New York v. West India Imp. Co., 169 N. Y. 314, 62 N. E. 387, 392 (1901); Moorestown Trust Co. v. Buzby, 157 A. 663, 664 (N. J. Ch. 1931); RESTATEMENT (1st) OF CONTRACTS, s. 173; RESTATEMENT (2d) OF CONTRACTS, s. 342; RESTATEMENT (2d) OF TRUSTS, s. 163. 契約上の権利の二重譲渡における譲受人相互間の利害調整に関し，先に権利を譲り受けた者が優先する，とした米国の代表的判例としては，Salem Trust Co. v. Manufactures' Fin. Co., 264 U. S. 182, 197, 44 S. Ct. 266, 270 (1924). 但し，20世紀初頭までは，英国の代表的判例である Dearle v. Hall, 3 Russ. 1, 24, 38 Eng.Rep. 475, 484, 3 Russ. 48, 58, 38 Eng.Rep. 492, 495 (1828) に従い，債務者（受益者が受益権を二重譲渡した局面では受託者）に対する通知を先に行った譲受人が優先する，とした判例も少なくない。Judson v. Corcoran, 58 U. S. (17 How.) 612, 615 (1854); Spain v. Hamilton's Administrator, 68 U. S. (1 Wall.) 604, 624 (1863); Graham Paper Co. v. Pembroke, 124 Cal. 117, 56 P. 627, 628 (1899); In re Phillips' Estate, 205 Pa. 515, 55

83

A. 213, 215 (1903); Lambert v. Morgan, 110 Md. 1, 72 A. 407, 408 (1909); Jenkinson v. New York Finance Co., 79 N. J. Eq. 247, 82 A. 36, 39 (1911); In re Hawley Down-Draft Furnace Co., 233 F. 451, 453 (E. D. Pa. 1916).
(28) RESTATEMENT (2d) OF TRUSTS, s. 285 cmt. b.; SCOTT ON TRUSTS, s. 285 pp. 44-47.
(29) RESTATEMENT (1st) OF TRUSTS, s. 130 (b); RESTATEMENT (2d) OF TRUSTS, s. 130 (b); SCOTT ON TRUSTS, s. 130.

第2節 米国の債権説の理論構成

［1］ 米国においても，19世紀末までにおける信託法学説の議論では，信託法理を英国及び米国を通じた判例法理として要約ないし概説することに力点が置かれている。すなわち，19世紀末までの米国の信託法学説の議論では，信託法理はエクイティ裁判所の専属管轄に属するエクイティ上の法理であり，信託関係とは，エクイティ裁判所が命令を以て強制することにより，信託財産に関して受託者が受益者に対してエクイティ上の義務と責任を負う関係をいい，受益権は受託者が有するコモン・ロー上の財産権とは異なるエクイティ上の財産権である，と説明されるのみである[1]。

又，善意有償取得法理に関しても，信託違反による信託財産の譲渡に際して，第三者が善意有償であれば受益権による追及を免れ，第三者が信託違反につき悪意であるか無償で信託財産を譲り受けたときは受益者に対する責任を負う，との利害調整基準が示された後，第三者の信託違反に対する善意悪意及び取引の有償無償に係る要件が，具体的な事案に即して詳細に説明されるのみであり[2]，善意有償取得法理と信託の基本構造との関係は，議論の対象とされていない。

これに対して，19世紀末から20世紀初頭にかけて，エイムズ（J. B. Ames），ラングデル（C. C. Langdell）によって主張された債権説の議論では，信託の基本構造と善意有償取得法理との関係が，重要な意味を有するに到っている。又，後述のとおり，米国の債権説は，メイトランドの主張した英国

第2章 米国における信託法理論の対立の背景

の債権説とほぼ同一の理論構成を採用しているが，議論の前提となる概念の把握の仕方において，米国独自の特徴を有している。

以下では，信託の基本構造及び善意有償取得法理に関する米国の債権説の議論を概観し，その議論の前提に係る特徴を検討することにより，米国において生じた善意有償取得法理の変容に対して，米国の債権説の議論がどのような影響を及ぼした可能性があるかを考察する。

[2] 信託の基本構造や善意有償取得法理に関する米国の債権説の理論構成は，概ね次のとおりである。

すなわち，信託関係は，原則として信託関係当事者の合意によって設定される。このようにして設定された信託関係において，受益者は自ら信託財産の管理処分を行う権利ないし権限を有しているわけではなく，ただ受託者に対して信託財産を自己の利益のために管理処分することを請求できるのみである。従って，受益権は受託者に対する債権的権利であり，信託財産に関する物権的権利ではない。又，信託関係が原則として信託関係当事者間の合意に基づいて設定されるものである以上，私人間の合意により財産に関する物権的権利を新たに創設することはできないから，受益権は受託者に対する債権的権利であり，信託財産に関する物権的権利ではない[3]。

このように，信託関係は，信託関係当事者の合意の効果として受益者と受託者との間に存在するものであるから，この合意に基づいて成立している受益権の効果を強制される者は，原則として合意の当事者である受託者のみである。従って，第三者が信託違反につき善意有償で財産を譲り受けた場合には，第三者は信託関係の効果を受けることはなく，受益者には何らの救済も与えられない。しかし，信託財産を譲り受けた第三者が信託違反につき悪意であった場合には，第三者は信託関係に関する合意の擬制的な当事者として信託関係（privity）の効果を受け，受益権による追及を免れない。又，第三者が無償で信託財産を譲り受けた場合には，信託違反に対する悪意が推定される結果，信託違反につき悪意である第三者と同様，信託関係の効果を受ける。以上の次第で，信託違反につき善意有償である第三者は受益権による追及を免れる一方，信託違反につき悪意の第三者や無償で信託財産を譲り受け

85

第1部　信託法理論の対立の背景

た第三者は受益権による追及を受けることとなる[4]。

　このように，善意有償取得法理に関する米国の債権説の理論構成は，第1章でみてきた英国の債権説と基本的に同一である。しかしながら，米国の債権説は，以下に述べるとおり，議論の前提となる概念の把握や，議論の主要な目的において，英国の債権説と異なる特徴を有するものと考えられる。

　[3]　第1章において検討したとおり，善意有償取得法理に関する英国の債権説の理論構成は，信託財産を譲り受けた第三者が信託財産に関するコモン・ロー上の権原を取得していない場合，すなわち受益者と第三者とが共に受託者に対してエクイティ上の権利を有している場合には，先に成立したエクイティ上の権利，すなわち受益権を有している受益者が優先し，他方，第三者が信託財産に関するコモン・ロー上の権原を取得している場合には，第三者と受益者とを同一視することが肯定されるか否か，すなわち第三者が信託違反につき善意有償であるか否かによって受益者との利害調整を行う，とするものであった[5]。このように，英国の債権説では，受益者と第三者との利害調整に際して第三者と受託者との同一視可能性を問題とするため，第三者が受託者から譲り受けた信託財産に関するコモン・ロー上の権原を取得していることが，議論の前提とされている。

　そうすると，第三者が受託者から譲り受けた財産が，流通証券に表章されていない債権やエクイティ上の権利であった場合における，善意有償取得法理の適用のあり方が問題となる。すなわち，流通証券に表章されていない債権は，コモン・ロー上譲渡不可能であるとされてきたことから，債権を譲り受けた第三者は債権に関するコモン・ロー上の権原を取得できない[6]。又，エクイティ上の権利はコモン・ロー上の権利関係と独立に成立するものであって，エクイティ上の権利についてコモン・ロー上の権原を観念することはできないから，第三者がエクイティ上の権利を譲り受けたとしても，譲り受けた権利に関するコモン・ロー上の権原を取得することはない[7]。

　以上のことからすると，第三者が譲り受けた財産が，流通証券に表章されていない債権やエクイティ上の権利であった場合には，第三者が受託者の信託違反につき善意有償で信託財産を譲り受けたときであっても，受益権によ

第2章　米国における信託法理論の対立の背景

る追及を免れない筈である。従って，前節でみてきた米国における善意有償取得法理の変容，すなわち，流通証券に表章されていない債権やエクイティ上の権利が信託違反により譲渡された場合についても，第三者がエクイティ上の権利しか取得していないものとして常に受益権による追及を受けるのではなく，第三者が受託者の信託違反につき善意有償であった場合には受益権による追及を免れる，とされていることを[8]，債権説の理論構成の下でどのように説明するかが問題となる。

[4]　この問題に関して，米国の債権説の代表的論者であるエイムズの議論は，概ね次のように展開されている。

すなわち，信託違反によって信託財産が受託者から第三者に譲渡された場合に，受託者から第三者に対して譲渡された「信託財産」は，厳密に言えば，「信託財産を構成する物としての財産に関する所有権等の権利」である。この考え方からすれば，受託者から第三者に譲渡された所有権等の対象となっている「物としての財産」が，コモン・ロー上の財産であっても，エクイティ上の権利であっても，さらには，土地であっても，債権であっても，金銭であっても，善意有償取得法理に基づく受益者と第三者との利害調整において，理論上の差異は存在しない。従って，流通証券に表章されていない債権やエクイティ上の権利が信託違反によって第三者に譲渡された場合についても，これらの状況は要するに，「信託財産を構成する物としての財産に関する所有権等の権利」が，第三者に対して譲渡された場合の一と考えることができる。従って，かかる状況における受益者と第三者との利害調整に関しても，第三者が受託者の信託違反につき善意有償であった場合には受益権による追及が及ばないとすることが，実務上の解決の妥当性の観点からも理論的な整合性の観点からも，望ましい結果を導くこととなる[9]。

[5]　米国において生じた善意有償取得法理の変容に関する，エイムズに代表される債権説の上記の議論には，議論の前提となる財産権ないし法体系全体の把握に関して，以下のような特徴があるということができる。

第一に，米国の債権説では，受託者が信託財産に関して有しているコモ

87

第1部　信託法理論の対立の背景

ン・ロー上の権原が,「信託財産に係る様々な内容の権利ないし権限」として把握されている(10)。そして,受託者の有する権利ないし権限は,かかる権利等の対象である「物としての財産それ自体」と理論上区別されている。すなわち,米国の債権説では,善意有償取得法理に基づく受益者と第三者との利害調整に際して,第三者が「信託財産に係る権利ないし権限」を譲り受けたか否かが考慮の対象とされており,信託財産を構成する「物としての財産」の性質については,必ずしも重視されていない。

「信託財産」の概念をこのように把握すると,第三者がエクイティ上の権利を善意有償で取得した場合における受益者との利害調整に関しても,米国の債権説の下では一貫した説明が可能となる。

すなわち,善意有償取得法理の変容に関して前節でみてきたとおり,信託財産を構成していたエクイティ上の権利が信託違反によって善意有償の第三者に譲渡された場合には,第三者は譲り受けた権利に係る受益権の追及を免れる。他方,受託者が信託違反によって善意有償の第三者に信託財産を譲渡し,第三者が未だ信託財産のコモン・ロー上の権原を取得していない場合には,第三者はエクイティ上の権利を善意有償で取得しているにもかかわらず,受益権による追及を免れない(11)。これら二つの局面を,共に善意有償の第三者がエクイティ上の権利を受託者から取得した場合,と考えると,両局面における利害調整結果は同一となるべきこととなり,善意有償取得法理の変容によって生ずる上記の差異を理論的に説明することは困難となる。

しかしながら,米国の債権説のように,「信託財産に係る権利ないし権限」と「信託財産を構成する物としての財産」とを理論上区別する,との前提に従うと,第三者が受託者から取得したエクイティ上の権利が,「信託財産を構成する物としてのエクイティ上の権利」である場合と「信託財産に係る権利ないし権限としてのエクイティ上の権利」である場合とは,利害調整に際して理論上区別されるべきこととなり,善意有償取得法理の適用の有無に関して一貫した結論を導くことが可能となる。すなわち,信託財産を構成していたエクイティ上の権利が信託違反によって第三者に譲渡された場合には,コモン・ロー上の権利ないし財産が信託財産を構成していた場合と同様,善意有償でエクイティ上の権利を取得した第三者は受益権による追及を免れる。

他方，信託財産に係る権利ないし権限としてのエクイティ上の権利を取得したにすぎない第三者については，善意有償でエクイティ上の権利を取得した場合であっても，受益権による追及を免れない。

さらに，受託者が譲渡する「信託財産」を，物としての信託財産それ自体ではなく，信託財産に係る抽象的な利益として考えると，受託者と第三者との間における信託財産に関する取引は，物としての財産それ自体を現実に把握するというよりも，むしろ，信託財産に係る抽象的な利益の移転ないし取得を目的として行われることになる。従って，米国の債権説においては，信託財産に関する「財産権」の概念それ自体についても，「対象となる物としての財産それ自体を現実に把握すること」というよりも，むしろ，「対象となる財産に内在する価値（value）を収受することを目的とする権利」として把握されている，と考える方が，理論的に一貫していることになる。

以上のとおり，米国の債権説の議論においては，「信託財産」ないし「財産権」の把握について，英国の債権説と異なる前提が採用されており，かつ，そのことが善意有償取得法理に基づく具体的な利害調整結果に反映していると考えることができる。

[6]　第二に，米国の債権説では，コモン・ローとエクイティとの関係についても，英国の債権説と異なる前提が採用されていると考えられる。

第1章でみてきたとおり，英国の債権説の議論におけるコモン・ローとエクイティとの関係は，両者が互いに補完しあうことにより一体的な法体系を構成していると考えつつ，両者の理論上の差異をなお維持する，というものであった[12]。このような前提からすれば，英国の債権説の下では，善意有償取得法理に基づく利害調整に際して，ある財産ないし権利がコモン・ロー上のものかエクイティ上のものかが常に理論上区別され，具体的な利害調整結果における解釈についても，両者の差異が常に強調されることとなる。

これに対して，米国の債権説では，善意有償取得法理に関する理論構成においても，具体的な利害調整結果においても，コモン・ローとエクイティとの区別が必ずしも絶対的な前提とされていない。

例えば，エイムズは，信託財産がコモン・ロー上の財産権ないし権利であ

る場合とエクイティ上の財産権ないし権利である場合とで，善意有償取得法理に基づく利害調整に理論上の差異を設けるべきでない，と主張する(13)。前記のとおり，このエイムズの主張は，信託違反によって譲渡される「信託財産」の概念に関して，「信託財産に係る権利ないし権限」と「信託財産を構成する物としての財産」とを理論上区別することを前提としている。そして，エイムズは，かかる前提の下で，「信託財産を構成する物としての財産」に関して，コモン・ロー上のものとエクイティ上のものとを区別することは，善意有償取得法理に基づく利害調整にとって理論上も実務上も妥当でない結果を導く，と主張するわけである。

　もっとも，「信託財産を構成する物としての財産」に関してコモン・ローとエクイティとの区別を行うことが，米国の債権説の議論にとって無価値であるとしても，そのことから直ちに，この両者の区別を行うことが善意有償取得法理に基づく利害調整に対して有害であるということはできない。実際，米国の債権説の議論でも，「信託財産に係る権利ないし権限」に関してコモン・ロー上の権利ないし権限とエクイティ上の権利ないし権限とを理論上区別することは，善意有償取得法理に基づく利害調整結果において，重要な差異を生じさせるものとなる。このように，エイムズの主張にもかかわらず，米国の債権説におけるコモン・ローとエクイティとの区別は，理論上完全に消滅してしまっているわけではない。

　しかしながら，米国の債権説の前提となっている法体系の把握の仕方は，財産権概念の把握との関係で，コモン・ローとエクイティとの区別を実質的に希薄にしていくものである。すなわち，信託財産及び財産権の把握について，米国の債権説の考え方を前提とすると，かかる財産権の対象となる具体的な物としての財産がコモン・ロー上のものかエクイティ上のものかは，財産に内在する価値を収受することを目的とする財産権の本質に対して，理論上影響を及ぼさないからである。

　［7］　さらに，米国の債権説が，他の信託法学説，例えば物権説に対する批判を行う場合における議論の仕方をみても，コモン・ローとエクイティとの区別を絶対的なものと考えていないことが窺える。

第2章　米国における信託法理論の対立の背景

　第1章でみてきたとおり，英国の債権説が他の信託法学説に対して加えた批判は，要するに，コモン・ローとエクイティとの理論的な差異を前提とした法体系の理論的整合性という観点からの批判であった[14]。これに対して，米国の債権説が他の信託法学説に対して加えている批判の中に，かかる法体系の理論的整合性は挙げられていない。むしろ，受益権が債権的権利であることの論拠として米国の債権説が挙げる理由は，受益権が信託関係設定に係る私人間の合意によって成立する権利であり，私人間の合意のみによって物権的権利を創設することはできないとされていること[15]，あるいは，受益者には信託財産を直接管理処分する権利ないし権限がなく，ただ受託者に対して自己の利益のために信託財産を管理処分することを要求する権利を有しているにすぎないことである[16]。要するに，米国の債権説における議論の正当性の根拠は，私人間の合意によって創設される権利ないし権限の第三者に対する効果の解釈と，信託関係設定に係る合意の解釈であり，これらの根拠において，コモン・ローとエクイティとの理論上の区別が議論の前提とされていないことは明らかである。

　以上のとおり，米国の債権説は，コモン・ローとエクイティとを理論上区別するとの法体系の把握を，必ずしも前提としていないと考えられる。

［8］　第三に，信託法学説としての議論の目的についても，米国の債権説は英国の債権説と異なる独自の特徴を有している。

　第1章でみてきたとおり，英国の債権説は，裁判所制度改革前後において，エクイティ裁判所が伝統的に有してきた歴史的政治的権威が動揺したことを契機に，裁判所の権威以外の一貫した観点から判例法理としての信託法理及び善意有償取得法理の正当性を説明し，併せて改革後の裁判所の判断に対して合理的な基準を示すことを目的とするものであった。同時に，英国の債権説は，このような目的を有していたため，判例法理の具体的な利害調整結果や，コモン・ローとエクイティとの関係をはじめとする法体系の把握についても，伝統的な考え方を理論構成に内在させることが必要であった[17]。

　これに対して，米国の債権説は，判例の示した具体的な利害調整結果に対して整合的な説明を与えることを，必ずしも議論の目的としていない。確か

91

に，米国の債権説は，米国における善意有償取得法理の変容をも取り込んだうえで，米国における判例法理としての善意有償取得法理を一貫した観点から説明するものとなっている。しかしながら，既に検討してきたとおり，米国の債権説の議論が，その前提としての信託財産ないし財産権の概念やコモン・ローとエクイティとの関係について，必ずしも伝統的な概念に従っていないことは明らかである。

そもそも，米国の債権説がエイムズやラングデルによって主張された19世紀末から20世紀初頭においては，流通証券に表章されていない債権やエクイティ上の権利が信託違反によって譲渡された場合における受益者と第三者との利害調整について，米国の判例は必ずしも一致しておらず[18]，これらの問題解決基準が米国における判例法理として確立するに到ったのは，1930年代になって，信託法リステイトメントが，英国と異なる解決基準を採用したことに基づくものである[19]。

[9] このようなことからすると，主として19世紀末から20世紀初頭にかけて議論を展開していた米国の債権説が，1930年代に到って信託法リステイトメントにより採用されることとなる善意有償取得法理の変容を予め取り込んだうえで理論構成を提示している，と考えることは，妥当でないというべきである。むしろ，米国の債権説が，後に信託法リステイトメントによって採用される善意有償取得法理の変容と合致した理論構成を提示したことは，判例が必ずしも一致しない状況の中で，財産権の本質を価値の集積と考えるという新たな観点を提示することにより，現状の具体的な紛争に対する妥当な解決と将来の判例法理のあるべき方向を示そうとしたものと考えられる。実際，エイムズの議論に対する他の学説からの批判の中に，エイムズの議論は伝統的な判例法理と合致していない，とするものが存在すること[20]，さらに，エイムズが，自己の議論の妥当性に関して，理論的な明快さとともに実務上の紛争解決における結論の妥当性を挙げていることからも[21]，米国の債権説の議論の主要な目的は，実務上の具体的な紛争に対する妥当な解決基準を提示することにあったものということができる。

そもそも，英国のような裁判所制度改革前後における判例法理の正当性の

第2章　米国における信託法理論の対立の背景

動揺という背景が存在しなかった米国においては，むしろ，利益追求を目的とする商事信託の隆盛に伴って発生する受益者と第三者との具体的な利害対立に対して実務上妥当な解決を導くことが，より重要であったと考えられる。米国の信託法学説がこのような目的を有する以上，伝統的な判例法理における利害調整結果の集積は，現実に発生している紛争の解決にとって妥当なものでない限り，必ずしも維持する必要はない。又，コモン・ローとエクイティとを区別する伝統的な法体系の把握についても，かかる把握の仕方が現実の紛争解決にとって妥当な基準を提示できないのであれば，新たな信託財産ないし財産権の概念を前提として，異なる法体系の把握を考えるべきこととなる。さらに，債権説の理論構成それ自体が，法体系の把握や財産権概念の把握に関して，必ずしも伝統的な概念の把握に従うことを論理必然的に要求するものでなく，議論の前提に関して柔軟な対応が可能であったことも，議論の妥当性を補強したものと考えることができる。

[10]　以上のとおり，米国の債権説は，英国の債権説とほぼ同一の理論構成ではあるが，財産権概念や法体系の把握に関して新たな前提を採用することにより，英国と異なる独自の特徴を有するものということができる。これは，米国の債権説が，英国の債権説と異なり，既存の判例法理に必ずしも拘束されることなく，実務上の問題に対する妥当な解決をも考慮した，米国の判例法理のあり方を示すことを目的とし，米国において生じつつあった善意有償取得法理の変容を，新たな前提に基づき理論的に補強ないし推進する役割を担うものであったことによるものと考えられる。

そして，第3節以下で詳細に検討するとおり，米国の債権説によって提示された議論の新たな前提や議論の目的をより徹底させた信託法学説が，米国の物権説であったということができる。

（1） STORY'S EQUITY JURISPRUDENCE, vol. 2 s. 964 p. 165; POMEROY'S EQUITY JURISPRUDENCE, vol. 1 ss. 151-155 pp. 133-138; PERRY, TRUSTS AND TRUSTEES, vol. 1 s. 13 pp. 10-11; BIGELOW ON EQUITY, p. 13.

93

第1部　信託法理論の対立の背景

(2) STORY'S EQUITY JURISPRUDENCE, vol. 1 s. 64c pp. 56-57, vol. 2 s. 977 p. 177; POMEROY'S EQUITY JURISPRUDENCE, vol. 2ss. 677-785 pp. 126-243; PERRY, TRUSTS AND TRUSTEES, vol. 1 ss. 14, 217-226 pp. 11-12, 313-335, vol. 2 ss. 815c, 828-834 pp. 498-499,513-522; BIGELOW ON EQUITY, pp. 180-193.

(3) AMES, LECTURES ON LEGAL HISTORY, p. 262; LANGDELL, BRIEF SURVEY OF EQUITY JURISDICTION, pp. 5-7.

(4) LANGDELL, SUMMARY OF EQUITY PLEADING, pp. 210-211.

(5) 第1章第3節 [3] 以下参照。

(6) Tourville v. Naish, 3 P. Wms. 307, 308, 24 Eng.Rep. 1077 (1734); Ord v. White, 3 Beav. 357, 366, 49 Eng.Rep. 140, 143 (1840); Mangles v. Dixon, 1 Mac. & G. 437, 443, 41 Eng.Rep. 1334, 1336 (1849), 3 H. L. C. 702, 731, 10 Eng.Rep. 278, 290 (1852); Cockell v. Taylor, 15 Beav. 103, 118, 51 Eng.Rep. 475, 481 (1852); Clack v. Holland, 19 Beav. 262, 274, 52 Eng.Rep. 350, 355 (1854); Athenaeum Life Assurance Society v. Pooley, 3 De.G.& J. 294, 302, 44 Eng.Rep. 1281, 1284 (1858).

(7) Brace v. Marlborough, 2 P. Wms. 491, 496, 24 Eng.Rep. 829, 831 (1728); Rice v. Rice, 2 Drewry 73, 77, 61 Eng.Rep. 646, 647 (1853); Rooper v. Harrison, 2 K. & J. 86, 108, 69 Eng.Rep. 704, 713 (1855); Phillips v. Phillips, 4 De G. F. & J. 208, 215, 45 Eng.Rep. 1164, 1166 (1861); Stackhouse v. Jersey, 1 J. & H. 721, 730, 70 Eng.Rep. 933, 937 (1861); Cory v. Eyre, 1 De G. J. & S. 149, 167, 46 Eng.Rep. 58, 65 (1863); Thorpe v. Holdsworth, 7 Eq. Cas. 139, 147 (1868); Spencer v. Clarke, 9 Ch.D. 137, 140 (1878); Cave v. Cave, 15 Ch. D. 639, 647 (1880); Carritt v. Real and Personal Advance Company, 42 Ch. D. 263, 269 (1889); Isaac v. Worstencroft, 67 L. T. 351, 352 (1892); Taylor v. London & County Banking Co., [1901] 2 Ch. 231, 262; Cloutte v. Storey, [1911] 1 Ch. 18, 24 (1910); Hill v. Peters, [1918] 2 Ch. 273, 280; Assaf v. Fuwa, [1955] A. C. 215, 229 (1954).

(8) 第2章第1節 [2] 以下参照。

(9) AMES, LECTURES ON LEGAL HISTORY, pp. 262-264.

(10) AMES, LECTURES ON LEGAL HISTORY, pp. 263-264.

(11) 第2章第1節 [6] 以下参照。

(12) MAITLAND, EQUITY, pp. 19-20, 43. 第1章第4節 [6] 参照。
(13) AMES, LECTURES ON LEGAL HISTORY, pp. 262-264.
(14) 第1章第4節 [9] 以下参照。
(15) LANGDELL, BRIEF SURVEY OF EQUITY JURISDICTION, pp. 5-7.
(16) AMES, LECTURES ON LEGAL HISTORY, p. 262.
(17) 第1章第5節 [1] [2] 参照。
(18) 第2章第1節 [2] 以下及び [6] 以下参照。
(19) 第2章第1節 [4] [7] 参照。
(20) Kenneson, Purchase for Value without Notice, 23 Yale L. J. 193 (1914). このようなエイムズへの批判に対し，理論構成としては多様なものがあるべきだとする再反論として，Seavey, Purchase for Value without Notice, 23 Yale L. J. 447 (1914).
(21) AMES, LECTURES ON LEGAL HISTORY, p. 269.

第3節　米国の物権説の理論構成

[1]　1910年代以降，米国においては，受益権を信託財産に関する物権的権利であると主張する「物権説」が，譲渡抵当（mortgage）における優先劣後関係（tacking）に関する議論や(1)，裁判所の発するエクイティ上の救済命令（equitable decree）の性質に関する議論(2)を媒介として，本格的に議論され始めた。その後，物権説は，1917年に提唱されたスコット（A. W. Scott）の受益権に関する一般論を経て(3)，1930年代に第1次信託法リステイトメントの中で実質上採用された結果(4)，債権説に代わって米国における通説的見解を構成するに到った。

　もっとも，債権説と物権説との議論の対立においては，善意有償取得法理の形成経緯，すなわち，かつては受益権の効果を主張できる相手方は受託者のみであったものが，徐々に第三者に対しても受益権の効果を主張することが認められるようになったことを示したうえで，現在における判例法理の把握の仕方としての自説の妥当性ないし優位性を，やや一方的に主張しているにすぎない。又，そもそも米国における債権説と物権説とは，信託の基本構造や善意有償取得法理に関する理論構成について，ほぼ同一の説明を行って

いる。このようなことからすると，米国の信託法学説における債権説と物権説との対立を「不毛な概念論争」と評価する見解が生ずることは[5]，全く理由がないわけではない。

しかしながら，以下で詳述するとおり，米国の物権説における受益者と第三者との利害調整は，債権説の理論構成の外形を借用しているものの，債権説とは全く異なる利害調整基準を採用している。さらに，米国の物権説は，英国の債権説が批判の対象とした英国の物権説（受益者実質所有権説）と比較しても，議論の前提において根本的に異なるものと考えられる。

[2]　物権説は[6]，信託の基本構造を次のように定義する。すなわち，信託とは，ある特定の財産に関するコモン・ロー上の権原（legal title）を有する受託者が，当該財産に関してエクイティ上の利益（equitable interest）を有する受益者に対し，エクイティ上の義務（equitable duty）を負っている関係である。この信託関係は，信託財産に関して，信託関係当事者の意思表示（manifestation of intention）によって成立する信認関係（fiduciary relationship）である[7]。そして，ある財産について信託関係が形成され，受託者が受益者に対して信託関係上の義務と責任を負うのは，受託者が当該義務及び責任の引受（undertaking）を行ったためである[8]。なお，信託関係を以上のように定義した場合には，信託関係設定の合意と第三者のためにする契約（contract for the benefit of third party）との異同が問題となるが，この点についてスコットは，実体的な要件効果においては両者の差異は事実上存在しないが，信託の受益者と第三者のためにする契約の受益者とでは，各々の権利の救済に関する裁判上の手続面で信託と契約との伝統的な区別から生ずる差異が若干存在する，と説明している[9]。

他方，信託の基本構造に関して，物権説が債権説と明らかに異なっている点は，受益権の性質を，受託者に対する債権的権利（jus in personam）ではなく信託財産に関するエクイティ上の利益（equitable interest），すなわち，信託財産に関する物権的権利（jus in rem）と考える点である[10]。但し，物権説は，受益権が信託財産に関する物権的権利であるとしても，かかる権利を「エクイティ上の財産権（equitable property）」とすることなく，「エクイ

第2章　米国における信託法理論の対立の背景

ティ上の利益」と表現することによって，英国における信託財産二重領有説や物権説（受益者実質所有権説）との理論構成の差異を強調している[11]。この理由は，英国の債権説が信託財産二重領有説や物権説（受益者実質所有権説）に対して加えた批判，すなわち，受益権を物権的権利と考えることは信託財産に関する所有権の帰属につき法体系の内部で理論的な矛盾ないし混乱が生ずる，との批判を，物権説が意識しているためである。従って，物権説においても，債権説と同様，信託財産の所有権（ownership）は受託者に帰属するものとされており，受益者が信託財産に関して有する物権的権利としての受益権は，信託財産二重領有説が主張する信託財産に関するエクイティ上の所有権でも，物権説（受益者実質所有権説）が主張する信託財産の実質所有権でもないから，信託財産の所有権の帰属に関する理論上の混乱はない，と説明されている[12]。

次に，善意有償取得法理に関する物権説の議論は，概ね次のとおりである。まず，善意有償取得法理に基づく利害調整の原則については，債権説と基本的に同一である。すなわち，受託者の信託違反によって信託財産が第三者に譲渡された場合に，第三者が信託違反につき善意かつ有償で財産のコモン・ロー上の権原を取得したときは，第三者は受益権の追及を免れ，信託関係の負担のない財産を取得する[13]。これに対して，第三者が信託違反につき悪意であるとき[14]，第三者が無償で信託財産を譲り受けたとき[15]，及び第三者が信託財産のコモン・ロー上の権原を取得していないときは[16]，受益者は第三者に対して受益権の効果を主張することができる。

又，善意有償取得法理が次の二つのエクイティ上の原則を基盤としていることについても，物権説は債権説と同一の説明を行っている。すなわち，第一に，エクイティ上同等の権利を有する者の間では，コモン・ロー上の権利を有する者が優先する。第二に，エクイティ上同等の権利を有する者の間では，先に成立したエクイティ上の権利を有する者が優先する[17]。

［3］　以上のとおり，信託の基本構造に関する物権説の議論は，受益権の性質について，受託者に対する債権的権利ではなく信託財産に関する物権的権利である，と主張する点を除けば，信託関係を信託関係当事者の合意を基

97

礎として把握する点，及び，受託者が信託関係上の義務と責任を負うことの根拠を受託者による義務と責任の引受に求めている点において，債権説と基本的に同一である。又，善意有償取得法理に関しても，利害調整の基本的な構造や，法理の基盤となるエクイティ上の原則の把握に関して，物権説は債権説と同一の説明を行っている。さらに，善意有償取得法理に基づく利害調整が行われるに際して判断の対象とされる要件も，受託者の信託違反に対する第三者の善意悪意，取引の有償無償，及び第三者に対するコモン・ロー上の権原の移転の有無であり，受益権の性質は特に問題とされていない。このように，信託の基本構造及び善意有償取得法理に関する物権説の理論構成は，債権説と基本的に同一であり，物権説の議論と債権説の議論とを理論上区別する意義は，ほとんど存在しないように見える。

しかしながら，信託の基本構造や善意有償取得法理に関する物権説の理論構成が，債権説と基本的に同一であったとしても，それは以下に述べるとおり，米国の物権説と米国の債権説とが，財産権概念やコモン・ローとエクイティとの関係についての把握等の議論の前提を共有しているうえ，物権説が債権説の理論構成の外形を借用しているためと考えられる。しかも，後に詳述するとおり，物権説の理論構成における受益者と第三者との実質的な利害調整基準は，上記の外形的な説明と大きく異なっていると考えられる。

[4] まず，議論の前提となる信託財産ないし財産権の概念の把握に関して検討してみると，物権説の理論構成は，米国の債権説と考え方を共有しており，英国の債権説とは異なる前提に立つものということができる。

第1章で検討したとおり，英国の債権説の理論構成は，善意有償取得法理を，第三者と受益者との間の擬制信託の成否の問題として把握するものである[18]。すなわち，英国の債権説の下では，信託違反によって譲渡された対象物である信託財産を第三者が受託者に代わって受益者のために管理処分すべきか否かが，議論の中核となっている。従って，英国の債権説においては，受託者によって譲渡された信託財産それ自体が誰に帰属すべきかを決定することが，受益者と第三者との利害調整に当たって必ず判断の対象とされることとなる。そして，かかる理論構成における「信託財産」としては，「譲渡

の対象となった，物としての個性を有する，個々の財産」が，原則として念頭に置かれていると考えられる。

これに対して，前節で検討したとおり，米国の債権説は，受託者が第三者に対して譲渡する「信託財産に関する権利ないし権限」と「信託財産を構成する物としての財産それ自体」とを理論上区別し，かかる理論上の区別は，「財産権」の概念を，「物としての財産それ自体の把握」から「物としての財産からの価値収受を目的とする利益」へと変容させる可能性を有するものであった。そして，米国の物権説は，以下に述べるとおり，米国の債権説の議論と基本的に同一の前提に立つことに加え，善意有償取得法理に基づく利害調整を，「物としての個性を有する信託財産それ自体の帰属」ではなく，「受託者の信託違反によって変動した，信託財産に関する価値（value）の配分」の修正ないし調整として位置づけているものと考えられる。

[5] 第一に，第1節で検討したとおり，米国の善意有償取得法理においては，法理の基盤とされる二つのエクイティ上の原則の適用に関して，重要な修正が行われている。まず，信託財産となっているエクイティ上の権利が信託違反によって第三者に譲渡された場合には，第三者が譲り受けたエクイティ上の権利に関するコモン・ロー上の権原を取得することはなく，第三者は譲り受けた権利に関してコモン・ロー上の権原を取得していないから，この場合に適用されるエクイティ上の原則は，「エクイティ上同等の権利を有する者の間では先に成立したエクイティ上の権利を有する者が優先する」との原則のみとなる筈である。

しかしながら，米国の善意有償取得法理では，「エクイティ上同等の権利」の概念を限定的に考え，信託財産を構成しているエクイティ上の権利が譲渡された場合には，信託財産を構成しているコモン・ロー上の権利が譲渡された場合と同様，第三者が受託者の信託違反につき善意有償であるときは受益権の追及を免れる[19]。このような解釈は，コモン・ローとエクイティとの差異を意識しつつ両者の調整を図ることを目的とする英国の債権説の解釈と，議論の前提が大きく異なっていることが明らかである。

すなわち，米国の物権説は，米国の債権説の前提と同様，コモン・ロー上

の権利とエクイティ上の権利との区別を，善意有償取得法理の適用上，必ずしも前提としていない。むしろ，米国の物権説の議論では，信託違反によって譲渡される信託財産が，コモン・ロー上のものであるとエクイティ上のものであるとを問わず，取引の対象となっている財産ないし権利を，共に「取引（transaction）の対象となるべき価値（value）を有する権利」として把握することが理論構成の基盤となっている，と考える余地が生じてくる。

　[6]　第二に，信託財産を無償で譲り受けた第三者が受益者に対して責任を負うことの根拠及び負うべき責任の範囲についても，物権説は，英国の債権説と根本的に異なる前提に立つものということができる。
　すなわち，英国の債権説の下では，信託財産を無償で譲り受けた第三者は，善意有償取得法理の適用上受託者と同一視することが可能であるため，受益者との間で擬制信託関係が成立し，その結果として受益権の効果を受けることとなる[20]。従って，無償で信託財産を譲り受けた第三者が受益者に対して責任を負う根拠は，信託財産の譲受に関して第三者が利益を得ているか否かを問わず，第三者が受託者と同一視されるような態様を以て信託財産を保持することに求められる。
　これに対して，物権説は，信託財産を無償で譲り受けた第三者は，信託違反という受託者の悪性ある行為（wrongdoing）によって，受益者の被った損失において信託財産を取得し，当該財産から利益を享受していることを以て，第三者に不当利得（unjust enrichment）が成立しているとし，このことを第三者の受益者に対する責任の根拠と考える[21]。この観点からすれば，無償で信託財産を譲り受けた第三者が受益者に対して負うべき責任の範囲は，第三者が受託者の信託違反につき善意である場合には，第三者が現に保持する利益の範囲に限定されるため，第三者が譲り受けた財産それ自体を保持していたとしても，受益者に対する責任を免れる場合が生じてくる[22]。
　以上のことからしても，米国の物権説は，善意有償取得法理に基づく受益者と第三者との利害調整によって，「物としての個性を有する信託財産それ自体の帰属」を決定するのではなく，「受託者の信託違反によって変動した価値の配分を修正ないし調整すること」を目的としていると考えられる。

[7] 第三に、善意有償取得法理に基づく利害調整結果についても、物権説の議論は、英国の債権説と大きく異なる目的を有していると考えられる。

英国の債権説の下では、二つのエクイティ上の原則の組み合わせによって受益者と第三者との利害調整を行う以上、原則としていずれか一方の当事者が他方に対して完全に優先する結果が導かれる。すなわち、信託違反によって受託者が信託財産を第三者に譲渡する、ということは、譲渡された財産に関して既に信託関係が成立しており、受益権が既に成立していることを意味している。従って、受託者がある財産を取得して受益者のための信託関係が成立したところ、受託者による財産の取得それ自体を原因として他の者に対しても同時に当該受託者との間で擬制信託関係が成立した場合のような例外的状況を除き、エクイティ上の権利の先後関係は必ず存在するわけであるから、いずれか一方の当事者が他の当事者に対して完全に優先する結果となる。そして、このような結論は、英国の債権説の下で、譲渡された信託財産それ自体の帰属を決定するとの観点から利害調整が行われることと、論理的に一貫しているということができる。

これに対して、物権説の議論では、第三者と受益者との利害調整に関して、一方の当事者が完全に他方に対して優先する結果のみならず、いわゆる中間的な解決が妥当とされる場合も存在することが主張されている。

例えば、第三者が譲り受けた信託財産の対価の一部を支払った後に信託違反につき悪意となった場合には、伝統的な判例法理の下では、かかる場合の第三者は信託財産を有償で取得したことにはならず、善意有償の第三者に該当しないから受益権の追及を免れない、とされている[23]。この判例法理に対して、物権説は、かかる解決は取引の実情に照らして第三者に一方的な不利益を負わせるものである、と批判する。そして、譲渡された信託財産が分割可能である場合には、第三者が対価を支払った部分について割合的な（pro tanto）解決を行うべきである、とする。又、利害調整の方法に関しても、Durst v. Daugherty[24]を引用し、個々の事案における具体的な事情を考慮して、例えば、譲渡された財産を分割した一部分のみを第三者が保持することを認めるとか、譲渡された財産の返還と引換に第三者が支払った対価を保全するための先取特権を設定するとか、あるいは第三者が対価の残額を支

払うことと引換に譲渡された財産全部を第三者が保持することを認める等の柔軟な解決を図ることが、エクイティ上の調整を行う規範の目的達成のため必要である、と中間的解決の妥当性を主張する[25]。

又、第三者が譲り受けた信託財産の対価として流通証券を振り出した場合等、対価の支払を約束（promise）したのみで現実に対価の支払いを行っていない場合、あるいは、譲渡の対価として第三者が受託者に対して有していた債権を消滅させた場合についても、伝統的な判例法理では、かかる第三者は信託財産を有償で取得したとはいえず、善意有償の第三者に当たらない、とされている[26]。この判例法理に対しても、物権説は、譲渡された信託財産が、例えば有価証券等、価値が不規則に変動する財産であった場合には、第三者に対して信託財産の価格変動のリスク（risk）を一方的に負わせる結果となって不当である、と批判する。そして、例えば、信託財産を受益者に返還するか、あるいは、対価を現実に支払うことによって受益権の追及を免れるか、を第三者の側に選択させる等、取引におけるリスク配分を考慮して第三者の利益を一定限度保護すべきである、と主張する[27]。

このように、物権説は、判例法理としての善意有償取得法理を絶対的な正当性のあるものとは考えておらず、むしろ、伝統的な判例法理に対して、より柔軟な利害調整を行うべきであるとの批判を加えている。そして、物権説の主張するより柔軟な利害調整とは、要するに、取引におけるリスク配分を考慮した中間的解決である。以上のことからすると、物権説の議論の前提には、信託財産を「物としての個性を有する財産」としてではなく、「取引の対象となる価値の集積」として把握するという考え方が存在している。そして、この観点の下で、物権説は、善意有償取得法理を、「物としての個性を有する信託財産それ自体の帰属」を決定することではなく、「信託違反によって変動した価値の配分の修正ないし調整を図ること」を目的とする法理と位置づけている考えることができる。

このように、米国の物権説は、議論の前提となる概念の把握や、議論の主要な目的において、英国の債権説と大きく異なるものということができる。

[8] 以上のとおり、米国の物権説は、米国の債権説と議論の前提を共有

第2章　米国における信託法理論の対立の背景

しており，かつ，米国の債権説の議論の主要な目的をさらに徹底させた議論であるということができる。従って，信託の基本構造及び善意有償取得法理に関して，物権説が米国の債権説と基本的に同一の説明を行うことは，物権説にとって理論的な障害を生じさせるものではなく，むしろ，物権説の議論の主要な目的や議論の前提に照らして当然であると考えられる。

しかしながら，このことから逆に，善意有償取得法理に基づく利害調整基準に関して，物権説と債権説とが完全に同一の意義を有する学説であると考えることはできない。むしろ，以下で検討するとおり，善意有償取得法理に関する物権説の理論構成は，債権説の理論構成の外形を借用しているのみであり，実質的な利害調整基準において，債権説と大きく異なるものと考えられるからである。

前述のとおり，受益権の性質に関する物権説の議論は，受益権を信託財産に関する物権的権利とする点で債権説と根本的に異なっている。しかしながら，同時に，物権説の主張する受益権は，英国の信託財産二重領有説の主張するエクイティ上の財産権ではなく，又，英国の物権説（受益者実質所有権説）の主張する信託財産の実質所有権でもない。むしろ，物権説の主張する受益権は，信託財産が受益者の財産からも受託者の財産からも独立の存在であることを前提とした，「信託財産から価値を収受する権利」として構成されているものと考えられる。

第一に，前述のとおり，米国の物権説では，受益権が信託財産に関する「エクイティ上の財産権（equitable property）」ではなく，信託財産に対する「エクイティ上の利益（equitable interest）」と構成され，英国の物権説（受益者実質所有権説）との差異が強調されている[28]。この議論は，英国の物権説（受益者実質所有権説）に対して英国の債権説が法体系の把握等につき理論的な批判を加えたことにより[29]，受益権をエクイティ上の財産権と構成することが困難であったため，と考えることも不可能ではない。

しかしながら，前述のとおり，米国の物権説の下では，物としての個性を有する信託財産それ自体の帰属を決定することではなく，受託者の信託違反によって変動した価値配分の修正ないし調整を行うことが，善意有償取得法理の主要な目的と位置づけられている。このことからすれば，米国の物権説

第1部　信託法理論の対立の背景

の下で，受益権が信託財産に関する「エクイティ上の利益」とされていることは，物権説が受益権の性質を，信託財産の実質所有権，すなわち，「物としての個性を有する信託財産の帰属を目的とする権利」と考えているのではなく，むしろ，「信託財産から価値の収受を行うことを目的とする権利」と把握していると考えることも，理論的に十分成り立つものと考えられる。

[9]　第二に，善意有償取得法理の適用によって第三者が受益権の追及を受けた場合における，受益者が行使可能な救済手段について考えてみても，物権説は，受益権を信託財産の実質所有権ではなく，信託財産から価値収受を行う権利と考えているということができる。

　すなわち，仮に受益権が信託財産の実質所有権であると考えるなら，信託違反により信託財産が第三者に譲渡された場合に受益者に与えられる原則的な救済手段は，受益者の有する実質所有権の最も直接的な実現手段，すなわち，譲渡された信託財産の受益者自身に対する引渡請求となる筈である。

　しかしながら，物権説の下で，信託違反の責任追及を行う受益者が，自己に直接財産を引渡すことを第三者に対して請求できる場合は，財産の現実の引渡が受益権の内容を構成している等，例外的な場合に限られている(30)。この場合，受益者に与えられている救済手段の原則は，譲渡された信託財産又はそれと同等の利益を，受益者自身に対してではなく，信託財産に対して返還させることである。さらに，責任追及の履行確保のために受益者が第三者に対して有する手段としても，信託財産の実質所有権に基づき財産を取り戻す権利は，原則として受益者には与えられていない。受益者は，ただ，譲渡された信託財産に関して，エクイティ上の先取特権（equitable lien），すなわち，譲渡された信託財産から生ずる利益を優先的に収受する権利を与えられるのみである(31)。

　以上のことと，物権説が善意有償取得法理を，受託者の信託違反によって変動した価値配分の修正ないし調整を行うものと位置づけていることとを併せ考えれば，物権説の下では，信託財産は受益者の財産からも受託者の財産からも独立した存在であることが前提とされ，かつ，受益権は信託財産から価値を収受することを目的とした権利として構成されている，と考えること

第2章 米国における信託法理論の対立の背景

ができる。そして，かかる理論構成における受益権は，信託関係設定の合意において形成されるエクイティ上の権利であるが，受託者に対する権利ではなく，いわゆる「信託財産に対する権利」として位置づけられる。従って，信託違反によって信託財産が第三者に譲渡された場合でも，受益権は信託財産に対する権利としてなお存続し，信託財産から生ずる利益を収受することが可能であるため，「信託財産に関する物権的権利」と構成されているものと考えることができる。

[10] 以上の検討からすると，物権説は，債権説のように信託関係当事者の合意の効果をどこまで第三者に対して拡張することか可能か，という観点ではなく，それと全く異なった，以下に述べるような観点に基づいて，受益者と第三者との実質的な利害調整を行っているものと考えられる。

まず，受託者が信託財産のコモン・ロー上の権原を有していることから，受託者が第三者に対して自己の有する権利を譲渡することは一応適法な譲渡であり，第三者は譲り受けた信託財産に関する物権的権利を取得する。しかし，譲渡された信託財産には，受託者が信託関係上の義務と責任を引き受けたことによって，受益者がエクイティ上の利益を享受する物権的権利を有している。従って，譲渡された信託財産には，受益者と第三者とが共に物権的権利を有していることになる。物権説は，この状況において，受益者の有する物権的権利と，第三者の取得した物権的権利とを，諸般の事情に基づいて比較衡量し，受益者と第三者とのどちらがより優先されるべき権利（better title）を信託財産に関して有しているかを判断することによって，受益者と第三者との利害調整を図ろうとする。

前述のとおり，善意有償取得法理に基づく利害調整の基本的な結論は，信託違反につき悪意である第三者，信託財産を無償で譲り受けた第三者，及び譲り受けた財産のコモン・ロー上の権原の移転を受けていない第三者は譲り受けた信託財産に関する受益権の負担を免れない，というものである。物権説の実質的な利害調整基準の下では，この善意有償取得法理に基づく受益者と第三者との利害調整結果は，受益者と第三者とが信託財産に関して各々有している物権的権利の比較衡量の結果を示したもの，と理解される。又，こ

105

のような比較衡量を行うために考慮されるべき諸般の事情としては，受託者の信託違反に対する第三者の善意悪意，譲渡の有償無償のほか，禁反言の原則（doctrine of estoppel）に反する言動が受益者側に存在したか否か，譲渡された信託財産に係る権利関係に関して登記登録制度（recording statutes）が存在するか否か等，およそ権利関係の優先劣後に反映されるべき一切の事情が含まれる。そして，受益者と第三者との利害調整，すなわち，信託財産に関して受益者と第三者とが各々有する物権的権利の比較衡量は，かかる諸事情を総合考慮して判断される。

　[11]　このように，物権説における受益者と第三者との実質的な利害調整基準は，債権説と異なり，譲渡された信託財産に関して受益者と第三者とが各々有する物権的権利の比較衡量によって行われる。従って，以下に述べるとおり，物権説の実質的な利害調整基準の下では，個々の局面における利害調整結果の解釈についても，債権説とは理解が異なってくる。

　例えば，第三者が受益権の追及を受ける理由について，債権説の解釈は，各局面毎に異なる。すなわち，信託財産の権原の移転を受けていない第三者は，第三者が受益権よりも後れて成立したエクイティ上の権利しか有していないため，受益権の追及を免れない。又，無償で信託財産を譲り受けた第三者は，信託関係上の義務と責任に関して第三者と受託者とを同一視することが肯定されるため，受益権の追及が認められる。そして，悪意で信託財産を譲り受けた第三者は，受託者の信託違反に共同したと評価されるため受益権による追及を免れない[32]。

　これに対して，物権説の実質的な理論構成の下では，受益権の追及を受ける第三者がどのような者である場合でも，利害調整結果に関する説明が異なることはない。すなわち，信託違反につき悪意で信託財産を譲り受けた第三者，無償で信託財産を譲り受けた第三者，及び，譲り受けた信託財産の権原の移転を受けていない第三者のいずれについても，第三者が受益権の追及を免れない理由は，第三者が信託財産に関して有する権利が受益権と比較衡量された結果，受益権に対して劣後すべき権利であるとされるためである。

　但し，物権説の実質的な理論構成の下においても，受益権の追及を受ける

第2章　米国における信託法理論の対立の背景

第三者の権利の優先性の程度は，個々の局面毎に相対的に異なる。

例えば，信託違反につき悪意である第三者と無償で信託財産を譲り受けた第三者とでは，信託財産に関して有する権利の優先性が異なる。従って，同じく受益者から受益権の追及を受けた場合においても，悪意の第三者が受益者に対して負う責任の範囲は，譲り受けた信託財産の返還，譲り受けた財産に関する擬制信託関係の設定，あるいは価値相当額の損害賠償のうち，受益者が選択したもの，とされるが[33]，無償で信託財産を譲り受けた第三者が受益者に対して負うべき責任の範囲は，悪意の第三者と必ずしも同一でない。すなわち，信託財産を無償で譲り受けた第三者が信託違反につき善意であった場合には，第三者は受託者の信託違反によって得られた利益が現存する範囲内で，受益者の選択ではなく自らの選択に従い，信託財産の返還ないし損害賠償を行えば足りる[34]。他方，信託財産を無償で譲り受けた第三者が，当初信託違反につき善意であった場合でも，後に悪意となったときは，悪意の第三者と同一の責任を負う[35]。このように，第三者の主観的容態によって負うべき責任の範囲に差があるのは，物権説の実質的な理論構成の下で，第三者の有する権利の優先性に相対的な差異があるためである。

同様に，信託違反につき悪意である第三者についても，現実悪意（actual notice），すなわち信託違反を現実に知っていた第三者と，擬制悪意（constructive notice），すなわち過失により悪意を擬制される第三者とでは，各々有する権利の優先性に差異を設けることが妥当である。従って，信託違反につき悪意の第三者に対して受益権の追及が行われた場合に，例えば，現実悪意の第三者に対してのみ受益権の追及が認められ，擬制悪意の第三者は受益者に対する責任を免れる等，責任の成否や責任の範囲ないし程度について，現実悪意の第三者と擬制悪意の第三者とで差異を設けることを規定する立法は[36]，物権説の実質的な理論構成と矛盾していない。

さらに，物権説の実質的な理論構成の下では，いずれか一方の当事者の権利が完全に優先する結果ばかりでなく，取引におけるリスク配分を考慮した，いわゆる中間的解決を行うことも可能となる。例えば，対価を支払ったが財産の権原の移転を受けていない第三者について，譲渡された財産を信託財産に対して返還させることを第三者に強制することと引換に，第三者が受託者

107

に対して既に支払った対価を受益者が第三者に対して補償すること，又，対価の支払のみを約束した第三者について，受益者の選択ではなく第三者の側に，取引を有効とするか無効とするかを選択させること，さらに，対価の一部を支払った第三者について，財産が可分である場合には第三者が譲り受けた財産の一部を返還することによって残余の財産について受益権の追及を免れること等の解決を主張することは[37]，いずれも，物権説の実質的な理論構成に合致するものである。

このほか，現在の善意有償取得法理において，譲渡された信託財産の返還を第三者に対して強制することが衡平の原則に反すると評価されるような状況の変化があった場合や[38]，信託財産の譲渡に関する第三者自身の行為が既に完結していた場合等につき[39]，第三者が譲り受けた財産の権原の移転を受けていなくても受益権の追及を免れる，とされていることに対しても，受益者と第三者の権利を比較衡量して柔軟な利害調整を行うとする物権説の理論構成からは，一貫した説明を行うことが可能となる。

以上述べてきたとおり，物権説の議論における受益者と第三者との実質的な利害調整は，受益者と第三者が信託財産に関して各々有する物権的権利を比較衡量することによって行われると考えることができる。従って，物権説の実質的な理論構成の下では，具体的な局面における利害調整に関する判断は，個々の事案における具体的な事実関係の評価によって結論が左右されることになる筈であり，このことは，米国の信託法学説の説明する善意有償取得法理の内容が，極めて詳細であることと合致している[40]。

[12]　しかしながら，このように，物権説の実質的な理論構成の下における善意有償取得法理に基づく利害調整が，具体的な状況ないし個々の事案における事情によって判断が左右されることは，同時に，物権説の実質的な利害調整に係る理論構成の限界を示しているということができる。

すなわち，物権説の議論における善意有償取得法理は，信託財産に関する受益権と第三者の有する権利との比較衡量によって判断されたもの，と説明される。しかしながら，この物権説の提示する実質的な「利害調整基準」は，判例法理として確立している善意有償取得法理の存在を前提とした，全ての

第2章 米国における信託法理論の対立の背景

利害調整結果に対して一貫した説明を行うための,極めて抽象的な基準であるにすぎない。受益者の権利と第三者の権利とを比較衡量する,ということ自体は,善意有償で信託財産を譲り受けた第三者の権利がなぜ受益権に対して優先し,信託違反につき悪意の第三者や無償で信託財産を譲り受けた第三者の権利が受益権に劣後すると評価されるのか,という点について,何らの理論的根拠ないし理由を示すものではないからである。

前述のとおり,物権説は,外形的な理論構成として,債権説と基本的に同一の説明をしている。しかしながら,既に検討してきたとおり,物権説の理論構成は,善意有償取得法理に関する実質的な利害調整基準において,債権説と全く異なる理論構成であり,具体的な事案に対する利害調整の過程については,自説の前提に合致した実質的な利害調整基準に従っている。

このように,物権説の議論が理論構成の外形と実質とで著しい相違が存在する原因は,上記のとおり,物権説の実質的な利害調整基準である権利の比較衡量のみでは,具体的な利害調整結果の正当性を理論的に説明することが不可能であるためと考えられる。さらに,これも既に検討してきたとおり,米国の物権説と米国の債権説とは,議論の前提となる財産権概念,特に受託者が信託財産に対して有していた権利の内容を,「信託財産を構成する物としての財産」と理論上区別した「信託財産に係る権利ないし権限」と把握している点で,議論の前提を共有している。従って,米国の物権説が理論構成の外形として米国の債権説の理論構成を借用したとしても,理論的な不整合を来すことはないのみならず,むしろ,物権説にとっては,債権説の理論構成に可能な限り一致ないし類似した理論構成を採用することこそが,自説の採用する実質的な利害調整基準を理論的に正当化するために,必要かつ有益であったものと考えることができる。

(1)　WILLOUGHBY, THE LEGAL ESTATE, pp. 94-95. これに対する書評として, Pound, Book Review, 26 Harv. L. Rev. 462, 463 (1913).
(2)　HUSTON, ENFORCEMENT OF DECREE IN EQUITY, p. 115 et seq. これを紹介して支持するものとして, Durfee, Equity in Rem, 14 Mich. L. Rev. 219 (1916).

第1部　信託法理論の対立の背景

(3) Scott, Nature of the Rights of Cestui Que Trust, 17 Colum. L. Rev. 269, 275, 289-290 (1917). これに対する反論として，Stone, Nature of the Rights of Cestui Que Trust, 17 Colum. L. Rev. 467, 500 (1917).

(4) RESTATEMENT (1st) OF TRUSTS, s. 130 (b). 同条は，第131条の規定するエクイティ上の転換 (equitable conversion) が行われる場合を除いて，物的財産 (real property) を信託財産とする受益権は物的財産となる，とするものであり，この規定は第2次信託法リステイトメントでもそのままの形で維持されている。RESTATEMENT (2d) OF TRUSTS, s. 130 (b). もっとも，このリステイトメントの条文は物権説と債権説との論争とは厳密には異なるとの見解もある。樋口範雄『フィデュシャリー［信認］の時代』57頁以下 (1999)，樋口範雄『アメリカ信託法ノートⅠ』137頁以下 (2000)。

(5) 木下280頁。

(6) 以下で単に「物権説」「債権説」と述べる場合には，米国の物権説及び債権説を指すものとする。なお，英国の物権説を「物権説（受益者実質所有権説）」と表現することについては，第1章第4節注9参照。

(7) RESTATEMENT (2d) OF TRUSTS, s. 2; SCOTT ON TRUSTS, ss. 2.4-2.8.

(8) Scott, Fiduciary Principle, 37 Calif. L. Rev. 539, 540 (1937).

(9) SCOTT ON TRUSTS, s. 14. 3 pp. 193-194.

(10) SCOTT ON TRUSTS, s. 130.

(11) SCOTT ON TRUSTS, s. 1 p. 4.

(12) Ibid.

(13) RESTATEMENT (2d) OF TRUSTS, s. 284; SCOTT ON TRUSTS, s. 284.

(14) RESTATEMENT (2d) OF TRUSTS, s. 288; SCOTT ON TRUSTS, s. 288.

(15) RESTATEMENT (2d) OF TRUSTS, s. 289; SCOTT ON TRUSTS, s. 289.

(16) RESTATEMENT (2d) OF TRUSTS, s. 311; SCOTT ON TRUSTS, s. 311.

(17) SCOTT ON TRUSTS, s.286 pp. 53-54.

(18) 第1章第3節 [5] 参照。

第2章　米国における信託法理論の対立の背景

(19) RESTATEMENT (2d) OF TRUSTS, s. 285; SCOTT ON TRUSTS, s. 285. 第2章第1節 [5] 以下参照。
(20) 第1章第3節 [3] 参照。
(21) SCOTT ON TRUSTS, s. 289. p. 70.
(22) RESTATEMENT (2d) OF TRUSTS, s. 292.
(23) Bush v. Collins, 11 P. 425, 429 (Kan. 1886); Macauley v. Smith, 132 N.Y. 524, 30 N. E. 997, 998 (1892); Davis v. Ward, 41 P. 1010, 1011 (Cal. 1895); Mackey v. Bowles, 98 Ga. 730, 25 S. E. 834, 835 (1896); Yarnell v. Brown, 170 Ill. 362, 48 N. E. 909, 911 (1897); Spiers v. Whitesell, 27 Ind. App. 204, 61 N. E. 28 (1901); Wiles v. Shaffer, 175 Mich. 704, 141 N. W. 599, 600 (1913); Gleaton v. Wright, 149 Ga. 220, 100 S. E. 72, 73 (1919); Schwarz v. Munson, 121 A. 619, 620 (N. J. 1923); Ross v. Rambo, 23 S. E. 2d 687, 695 (Ga. 1942); RESTATEMENT (2d) OF TRUSTS, s. 303.
(24) 81 Tex. 650, 17 S. W. 388, 389 (1891).
(25) SCOTT ON TRUSTS, s. 303 pp. 164-165.
(26) Rush v. Mitchel, 71 Iowa 333, 32 N. W. 367, 369 (1887); Hayden v. Charter Oak Driving Park, 63 Conn. 142, 27 A. 232, 234 (1893); Reed v. Brown, 89 Iowa 454, 56 N. W. 661, 663 (1893); Halloran v. Holmes, 13 N. D. 411, 101 N. W. 310, 313 (1904); Bridgewater v. Ocean City Ass'n, 85 N. J. Eq. 379, 96 A. 905, 908 (1915), aff'd, 88 N. J. Eq. 351, 102 A. 1052 (1917); Gleaton v. Wright, 149 Ga. 220, 100 S. E. 72, 74 (1919); Falk v. Fulton, 262 P. 1025, 1027 (Kan. 1928); Ringo v. McFarland, 24 S. W. 2d 265, 268 (Ky. 1930); First Nat. Bank of Union City v. Leslie, 151 A. 501, 502 (N. J. Ch. 1930); Coastal Transit Co. v. Springfield Bus Terminal Co., 20 N. E. 2d 1, 4 (Mass. 1939); Biondo v. Biondo, 179 S. W. 2d 734, 738 (Mo. 1944); Fraser v. Lewis, 187 So. 2d 684, 688 (Fla.App. 1966); RESTATEMENT (2d) OF TRUSTS, s. 302.
(27) SCOTT ON TRUSTS, s. 302 pp. 152-153.
(28) SCOTT ON TRUSTS, s. 1 p. 4.
(29) 第1章第4節 [9] 以下参照。
(30) RESTATEMENT (2d) OF TRUSTS, s. 294 cmt. b; SCOTT ON TRUSTS, s. 294. 1 pp. 100-101.

(31) RESTATEMENT (2d) OF TRUSTS, s.291 (2) cmt.n; SCOTT ON TRUSTS, s. 291. 4 pp. 82.
(32) 第1章第3節 [3] 及び第2章第2節 [2] 参照。
(33) RESTATEMENT (2d) OF TRUSTS, s. 291; SCOTT ON TRUSTS, ss. 291-291. 9.
(34) RESTATEMENT (2d) OF TRUSTS, s. 292 (1)(2); SCOTT ON TRUSTS, ss. 292-292. 2.
(35) RESTATEMENT (2d) OF TRUSTS, s. 292 (3) cmt. l; SCOTT ON TRUSTS, s. 292. 3.
(36) 受託者の一定範囲の行為に関しては，取引の相手方である第三者は何らの調査なくして受託者の権限行使が適法であることを推定できるが，現実悪意の第三者についてはこの限りでない，とする統一受託者権限法7条が典型例である。Uniform Trustees' Powers Act, s. 7.
(37) 前記 [7] 参照。
(38) RESTATEMENT (2d) OF TRUSTS, s. 302 (3) cmt. l, s. 304 (2)(c) cmt. d, s. 305 (2)(c) cmt. f; SCOTT ON TRUSTS, ss. 302.6, 304. 3, 305. 5.
(39) RESTATEMENT (2d) OF TRUSTS, s. 302 cmt. d; SCOTT ON TRUSTS, s. 302. 5.
(40) SCOTT ON TRUSTS, ss. 284-326. 6 pp. 35-320; BOGERT, TRUSTS AND TRUSTEES, ss. 881-956 pp. 158-604.

第4節　米国における物権説の台頭の背景

[1]　第1章で英国の債権説の理論的意義を検討する際に述べたように，米国の物権説の理論的意義について検討する場合にも，他の信託法学説の議論との比較検討を行うことが有益である。前節でみてきたとおり，米国の物権説の議論は，議論の目的や基本的な概念把握について，債権説と議論の前提を共有しているし，又，債権説の理論構成の外形を借用していることから考えても，債権説の議論の影響を極めて強く受けていると考えられる。

従って，以下では，特に債権説との比較検討を行うことにより，当初債権説が支配的であった米国において，物権説が通説としての地位を占めるに

第2章　米国における信託法理論の対立の背景

到った事情ないし背景を分析し，物権説の理論的意義について検討する。

　[２]　前述のとおり，物権説の理論構成は，外形的な説明としては債権説の理論構成を借用しつつ，具体的な事案における受益者と第三者との利害調整の過程では受益者と第三者とが各々有する権利を比較衡量する，という，債権説と根本的に異なる利害調整基準を採用するものであった[1]。従って，次に検討すべきであるのは，このような外形的な説明と実質的な利害調整基準との間に差異が生ずるに到った事情ないし背景についてである。

　第２節及び前節で検討してきたとおり，物権説の議論の主要な目的は，米国の債権説と同様，議論の前提となる法体系全体の把握や財産権概念を柔軟に考えることによって，実務上の妥当な紛争解決を図るための理論構成を提示することにあった。従って，善意有償取得法理に関して物権説の外形的な説明と実質的な利害調整基準が大きく異なっていることは，信託法理に内在する理論的な問題点というよりも，むしろ，具体的な紛争解決の過程で生ずる，いわゆる実務上の問題点が背景となっている可能性が高い。

　実際，以下に述べるとおり，米国において受益者と第三者との利害調整が問題となる局面の中には，信託財産に関する受益者の物権的権利の存在を考える必要や，債権説の理論構成に基づく利害調整基準をそのまま採用すると衡平に反する疑いがある結果が生ずるような局面が存在している。

　[３]　第一に，信託財産が州を超えて第三者に譲渡された場合における，裁判所の管轄権の問題がある。すなわち，ある州内に所在していた信託財産が，信託違反によって州外に居住する第三者に譲渡された場合に，州裁判所が，原則として対人管轄権の及ばない非居住者（non-resident）[2]である第三者に対し，対人的に効力を生ずるエクイティ上の救済命令（equitable decree）を発することができるか，という問題である。州裁判所の対人管轄権の原則を貫徹させれば，この場合にエクイティ上の救済命令を発することはできない筈であるが，これでは，信託違反によって侵害された受益者の利益が単なる地理的要因のみによって保護を与えられないという結果を生じさせてしまうことになる[3]。

第1部　信託法理論の対立の背景

　この点に関して米国では19世紀後半以降，判例及び立法によって，信託財産が州内に存在し，信託財産の譲渡に係る主要な行為が州内で行われた場合には，非居住者に対しても裁判所はエクイティ上の命令を発することができるとされている[4]。例えば，Wait v. Kern River Mining, Milling & Developing Co.[5]は，州内に存在する財産の引渡が訴訟の主たる目的であることを理由に，州外に居住する受託者に対して特定履行（specific performance）を命じている[6]。

　このような判例及び立法からすれば，信託違反が行われた場合における受益者と第三者との利害調整に際しては，受益者と第三者との間での擬制信託関係の成否が問題とされているというよりも，むしろ，受益者と第三者が各々有している権利が利害調整において比較衡量されていると考える余地が生じてくる。すなわち，受益者と第三者との利害調整を擬制信託の成否の問題として考えるとすると，州裁判所の管轄権の及ばない第三者との関係で擬制信託の成否を判断することそれ自体についてはともかく，当該第三者に対してエクイティ上の命令を発することはできない。これに対して，受益者と第三者との利害調整を両者の各々有する権利の比較衡量の問題と考えるのであれば，州裁判所の対物管轄権が信託財産に対して及ぶ場合には，受益者の権利が第三者の権利に優先するとして受益者の保護を図ることは，理論上も実務上も可能である[7]。

　[4]　第二に，信託財産に関する利益追求目的の取引における，エクイティ上の権利の取扱いの問題がある。すなわち，投資信託（investment trust）をはじめとする，信託財産を原資として取引を行い，利益の追求を目的とする信託においては，取引の対象となる権利ないし財産が，エクイティ上の権利であることは珍しくない[8]。又，取引の対象となる財産それ自体はコモン・ロー上の財産権であったとしても，取引に基づく利益をより拡大するために，信託条項によってコモン・ロー上の財産権は名義人（nominee）に帰属させておき，投資家にはエクイティ上の権利のみが帰属するとして，権原の移転に係る費用や手続の回避を行うことは，頻繁に行われている[9]。このように，エクイティ上の権利を取引対象とすることが信託目的に合致し

第2章 米国における信託法理論の対立の背景

ている状況の下で，受益者と第三者との利害調整を行う場合に，受益権を受託者に対する債権的権利と考えることや，エクイティ上の権利に関する伝統的な利害調整基準をそのまま適用することは，以下に述べるとおり，取引当事者間の衡平に反する結果を生じさせる恐れがある。

[5] 物権説の外形的な説明によれば，受益者相互間，及び信託財産に関するエクイティ上の権利を取得した第三者と受益者との利害調整は，先に成立したエクイティ上の権利が後れて成立したエクイティ上の権利に対して優先する，とのエクイティ上の原則により規律される[10]。従って，信託条項に別段の定めが存在したとか，受益者が特別の約定をしていた等の事情がない限り，受益者と第三者との利害調整は，各々の有する権利の成立の先後によって定まる筈である。

しかしながら，利益追求目的の信託関係においては，信託財産自体が投資活動その他の取引活動を行う一方，当該信託関係の受益者や，かかる信託財産と取引する第三者の側も，信託財産に対して一種の投資を行っていると考えることができる。そして，かかる信託関係において，受益権をはじめとするエクイティ上の権利の成立の先後が意味するものは，いわゆる投資家としての個々の受益者ないし第三者が，その投資対象である信託財産に対して投資を開始した時期の先後であるにすぎない。しかも，信託財産に対する追加投資が行われることは，一般には配分対象原資である信託財産に価値の増加を生じさせるものであるから，当該信託財産に対して既に投資を行っていた受益者や第三者に対して利益をもたらす可能性の方が，損失を与える可能性よりも大きいと考えることができる。

従って，後れて受益権を取得した受益者や後れて取引を開始した第三者が，先に受益権を取得していた受益者や既に信託財産と取引を行っていた第三者に対して劣後的な地位に置かれる等，エクイティ上の権利の成立の先後のみを理由として利害調整を行うことは，取引当事者間における衡平の観点からみて妥当でない結果を導くことになる。さらに，前述のとおり，このような信託関係における「受託者」が，信託財産に関する管理処分権限を実質的に有しない，単なる「名義人」であることが少なくないとすると，そもそもか

115

かる信託関係において，受益権が受託者に対して信託財産の管理処分を行うことを請求する債権的権利であると考えること自体，信託関係当事者の意思に合致しない可能性もある。

このように，利益追求目的の信託において，受益者と第三者との投資家としての利害調整が行われる場合には，投資対象である信託財産に関して各投資家が有する権利を比較衡量する方が，取引当事者間の衡平の観点からみて妥当な結果を導くということができる。又，このような信託関係において，受益者や第三者が有している権利がエクイティ上の権利である場合には，かかるエクイティ上の権利を投資対象としての信託財産に関する物権的権利であると考える方が，当事者の意思に合致するものということができる。

［6］　判例の中にも，利益追求目的の信託に関し，取引当事者間の衡平を強調して，本来なら優先しない後れて成立したエクイティ上の権利を有する当事者の利益を保護した事例がある。

例えば，Luckel v. Phillips Petroleum Co.[11]は，信託財産となっていた天然資源の開発許可権（permit）に関するエクイティ上の持分が善意有償の第三者に譲渡された場合につき，取引の適正さに対する取引当事者の信頼を保護しないことは正義と衡平に反する（unjust and unequitable）として，善意有償の第三者の責任を否定している。又，より優先的なエクイティ上の権利が存在することに対し善意有償で，第三者が譲渡抵当権を譲り受けた事案であるWicklein v. Kidd[12]は，当該取引に関する具体的な事情を検討したうえで，かかる状況の下における利害調整は，「ある者の詐欺的行為によって二当事者のいずれか一方が損害を被るという状況においては，かかる損害は当該詐欺的行為を可能とさせる状況を形成させた者が負うべきである（when one of two persons must suffer loss by action of a third person, the loss should fall on him who has enabled the third person to occasion such loss）」との原則に従い，善意有償の第三者の権利が優先する，と判示している。このように，利益追求目的の信託に関して，信託違反が行われた場合における受益者と第三者との利害調整を，エクイティ上の権利の成立の先後のみによって判断することなく，受益者と第三者とが共に受託者の詐欺的行為の被害者

第2章　米国における信託法理論の対立の背景

であるとして，取引における衡平の観点から善意有償の第三者を保護しようとする判例は少なくない[13]。

[7]　もっとも，この投資家相互間の利害調整については，上記と反対の考え方も十分成り立ちうる。

例えば，利益追求目的の信託における取引当事者間の「衡平」とは，取引に関して生ずるリスクが取引当事者にとって明らかであることを意味する，と前提すれば，取引の対象となる権利がエクイティ上の権利であることと，エクイティ上の権利に関する利害調整基準の原則の存在とが，共に取引当事者にとって明確である以上，他人に後れてエクイティ上の権利を取得しようとする受益者ないし第三者は，自己の取得する権利が他人の権利に対して優先しないことのリスクを当然考慮して取引を行うべきことになる。従って，この考え方の下では，エクイティ上の権利を有する者の間での利害調整において，むしろ，当事者の予測する善意有償取得法理の原則に忠実に従うことこそが，「衡平」な結果を導くものとなる。実際，この考え方に立って，伝統的な利害調整基準に則り，先に成立したエクイティ上の権利が優先する，と判示する判例も少なくない[14]。

但し，現在の米国において，信託財産となっているエクイティ上の権利が信託違反によって譲渡された場合に，善意有償の第三者が受益権の追及を免れるとされていることは，本章第1節で述べたとおりである[15]。

[8]　以上述べてきたとおり，米国においては，信託の基本構造や善意有償取得法理に関する理論構成として，物権説の実質的な利害調整基準を採用することにより，取引当事者間の衡平からみて妥当な結果を導かれるような，実務上の問題点が存在している。そして，前述のとおり，物権説の理論構成は，受益者が信託財産に関して権利を有すると考えるわけであるから，かかる実務上の問題点に対して，ある観点からみて妥当と評価される結論を取り込むことが，可能であることが明らかである。従って，次に検討すべきであるのは，物権説が通説的地位を占めるに到った理論上の原因ないし背景，すなわち，米国の信託法学説が担ってきた主要な目的は何か，又，議論の前提

第1部　信託法理論の対立の背景

となる法体系の構造や基本的な概念把握に関する米国の信託法学説の特徴は何か，という点である。

[9]　まず，米国の信託法学説の主要な目的について考えてみると，以下に述べるとおり，現在及び将来における具体的な紛争に対する柔軟な解決規範を提示することにあるということができる。

第一に，米国の信託法学説においては，具体的な利害調整に際して，コモン・ローとエクイティとの理論上の区別が必ずしも前提とされていない。

米国の債権説は，善意有償取得法理の適用に関して，信託財産がコモン・ロー上の財産権であるかエクイティ上の権利であるかによる区別をすべきでないとする[16]。実際，債権説は，財産権に関する議論自体においても，コモン・ロー上の財産権ないし権利とエクイティ上の財産権ないし権利とを，必ずしも明確に区別しておらず，コモン・ローとエクイティとを理論上区別することは，議論の前提とされていないということができる。

又，物権説の議論においても，善意有償取得法理に関する実質的な利害調整に際して，受益者が有するエクイティ上の権利と第三者が有するコモン・ロー上の権利とが直接比較衡量の対象とされている[17]。従って，物権説においても，ある財産権ないし権利がコモン・ロー上のものであるかエクイティ上のものであるかの区別は，議論の前提とされていないということができる。又，受託者の信託違反によって変動した信託財産に関する価値配分の修正ないし調整として善意有償取得法理を位置づけていることからみても，米国の物権説の議論では，英国における伝統的なコモン・ローとエクイティとの関係や伝統的な財産権概念について，外形的な表現においてはともかく，実質的な利害調整の局面では何の考慮もしていないということができる。

以上のことからすると，米国の信託法学説においては，受益者と第三者との利害調整に際して，伝統的なコモン・ローとエクイティとの区別を議論の前提とせず，現実に発生した具体的な利害対立に応じた柔軟な解決規範を提示しようとするものと考えることができる。

[10]　第二に，米国の信託法学説においては，信託財産ないし財産権等の

第2章　米国における信託法理論の対立の背景

基本的な概念を，伝統的な概念と異なるものとして把握することにより，伝統的な判例法理と異なる結論を導いている部分が存在する。

第2節で検討したとおり，米国の債権説は，信託財産の概念を「信託財産を構成する物としての財産それ自体」と「信託財産に関する権利ないし権限」とに理論上区別することにより，流通証券に表章されていない債権やエクイティ上の権利が信託財産となっていた場合において，伝統的な判例法理の結論と異なり，信託違反につき善意有償の第三者は受益権の追及を免れる，とする結論を妥当であると議論している[18]。

又，前節で検討したとおり，米国の物権説も，善意有償取得法理に関する外形的な表現としては債権説の理論構成を借用しているが，実質的な利害調整基準としては，上記に述べた流通証券に表章されていない債権やエクイティ上の権利が信託財産となっていた場合のほか，第三者が対価の一部のみを支払った場合や第三者が対価の支払を約束したのみである場合等の局面に対して，取引の有償性の概念や信託財産ないし財産権の概念を柔軟に考えることにより，善意有償取得法理の実質的な修正を主張している[19]。

このように，米国の信託法学説は，多種多様に生じうる事案の柔軟な解決にとって，取引当事者間における衡平の観点から困難ないし不都合を生じさせる局面に関し，議論の前提となる概念を柔軟に考えることにより，伝統的な善意有償取得法理に基づく利害調整結果に対して実質的な修正を加えてきたということができる。特に，物権説の議論は，受益者と第三者との実質的な利害調整を，諸般の事情を総合考慮して両者が信託財産に関して有する権利を比較衡量することによって行うものであるから，債権説の議論以上に，具体的な紛争に対する柔軟な解決基準を提示することが可能な理論構成であるということができる。

（1）　第2章第3節 **[10]** 参照。
（2）　RESTATEMENT（1st）OF JUDGMENTS, s. 15 参照。但し，現在では，非居住者であっても，州内における行為ないし営業活動については州裁判所の管轄権が及ぶとされている。RESTATEMENT（2d）OF JUDGMENTS, s. 5（1）(g)(h).

第1部　信託法理論の対立の背景

(3) HUSTON, ENFORCEMENT OF DECREE IN EQUITY, p. 16.
(4) Rourke v. McLaughlin, 38 Cal. 196, 200 (1869); Young v. South Tredeger Co., 85 Tenn. 189, 2 S. W. 202, 205 (1886); Dyer v. Leach, 27 P.598, 599 (Cal. 1891); Wait v. Kern River Mining, Milling & Developing Co., 106 P. 98 (Cal. 1909); RESTATEMENT OF JUDGMENTS, s. 32; RESTATEMENT (2d) OF JUDGMENTS, s.6. 19世紀後半以降相次いで制定された立法については, HUSTON, ENFORCEMENT OF DECREE IN EQUITY, p. 17 et seq. 参照。
(5) 106 P. 98 (Cal. 1909).
(6) Id. at 100.
(7) HUSTON, ENFORCEMENT OF DECREE IN EQUITY, pp. 148-154.
(8) FOWLER, AMERICAN INVESTMENT TRUSTS, p. 68.
(9) SCOTT ON TRUSTS, s. 179. 5 p. 521 et seq.
(10) SCOTT ON TRUSTS, s. 286 p. 54.
(11) 243 S. W. 1068, 1069 (Tex. Com. App. 1922).
(12) 131 A. 780, 784 (Md. 1926).
(13) Ward v. Trustees of New England Southern Conference of M. E. Church, 27 R. I. 262, 61 A. 651, 652 (1905); National Hardwood Co. v. Sherwood, 130 P. 881, 885 (Cal. 1913); Security Mortgage Co. v. Delfs, 191 P. 53, 54 (al. App. 1920); First Nat. Bank of Antioch v. Fickert, 196 P. 112, 114 (Cal. App. 1921); Missouri Pac. R. Co. v. M. M. Cohn Co., 261 S. W. 895, 896 (Ark. 1924), cert. denied, 266 U. S. 627, 45 S. Ct. 126 (1924); Goodwin v. Boutin, 155 A. 738, 739 (Me. 1931); North Detroit Land Co. v. Rominiecki, 257 Mich. 239, 241 N. W. 221 (1932); Counselman v. Pitzer, 79F. 2d 707, 710 (App. D. C. 1935), cert. denied, 296 U. S. 650, 56 S. Ct. 310 (1935); Greenbaum v. Werner, 251 App. Div. 891, 297 N. Y. S. 300, 301 (1937); Ava Hardware Co. v. Christensen, 122 S. W. 2d 92, 93 (Mo. App. 1938); Keegan v. Kaufman Bros., 156 P. 2d 261, 264 (Cal. App. 1945).
(14) Woods v. Dille, 11 Ohio 455, 458 (1842); Briscoe v. Ashby, 65 Va. (24 Gratt.) 454, 478 (1874); Henry v. Black, 213 Pa. 620, 63 A. 250, 253 (1906); Wasserman v. Metzger, 105 Va. 744, 54 S. E. 893, 895 (1906); Hendrick v. Lown, 132 Misc. 498, 230 N. Y. S. 141, 142 (1928).

(15) RESTATEMENT (2d) OF TRUSTS, s. 285. 第2章第1節［7］参照。
(16) 第2章第2節［4］参照。
(17) 第2章第3節［10］参照。
(18) 第2章第2節［5］参照。
(19) 第2章第3節［7］参照。

第5節　米国における物権説の理論的意義

　［1］　前節までの検討から，債権説，物権説を通じた米国の信託法学説の主要な目的は，英国の信託法学説のように既存の判例法理に対して整合的な説明を行うことではなく，現在及び将来において生じうる多種多様な紛争を解決するための柔軟かつ具体的な規範を定立することにあったということができる。そして，債権説と物権説とを比較してみると，債権説が，コモン・ローとエクイティとの調整に関する伝統的なエクイティ上の原則の適用と，第三者と受託者との同一視可能性の判断との組み合わせによって利害調整を行い，受益者の権利と第三者の権利との優先劣後関係を画一的に定めることを原則とするのに対し，物権説は，利害対立が生じた個々の事案について個別に優先劣後関係を衡量することにより，中間的解決を含む多様な利害調整を行うことを可能とするものである。

　従って，米国の信託法学説の中で，債権説に代わって物権説が通説的見解を構成するに到った原因は，米国における信託法学説の主要な目的が，前記のとおり実務上の紛争に対する柔軟な解決規範を提示することにあり，物権説の実質的な利害調整基準の方が，債権説の理論構成よりもかかる目的に対してより適合していたためであると考えることができる。

　［2］　もっとも，前述のとおり，物権説の実質的な利害調整基準は，受益者と第三者との利害調整に関する全ての局面に適用可能な極めて抽象的な基準を提示しているにすぎず，具体的な利害調整結果については，判例法理の結論に多くの局面において依拠していることが明らかである。そして，物権説が，実質的な利害調整基準を正当化するための理論構成として，債権説の

121

第1部　信託法理論の対立の背景

理論構成を借用していることも，既に指摘したとおりである[1]。

以上のことからすると，米国の物権説は，コモン・ローとエクイティとの関係や信託財産ないし財産権の概念について，英国の伝統的な考え方と異なる把握をすることによって，米国の信託法学説の主要な目的に対してより適合する理論構成を提示するものであった反面，従来から存在する判例法理を完全に無視して利害調整結果を正当化することは，その理論構成の性格上不可能であったと考えることができる。すなわち，物権説の理論構成は，多種多様な利害対立に対して柔軟な規範を提示する反面，利害調整基準が極めて抽象的であるため，自説の理論構成の内部で自説の利害調整結果を正当化することが不可能となり，伝統的な判例法理や債権説の理論構成に依存せざるを得なかったわけである。従って，物権説によって提示された規範が具体的な事件の解決にとってどれほど「柔軟性」に富んだものであったとしても，かかる規範の正当性に対して伝統的な判例法理が及ぼす影響力と制約とが，厳然として及んでいることは否定できない。

[3]　しかしながら，前記のとおり，物権説が既存の判例法理ないし債権説から制約を受けている原因は，物権説の理論構成それ自体から具体的な権利の比較衡量の結果の正当性を論証できないためである。従って，何らかの一貫した観点に基づいて既存の判例法理と異なる結論を導くことが，物権説の目的や物権説の実質的な利害調整基準との関係で，何ら矛盾を生じさせないことも明らかである。

以上の観点からすれば，物権説の代表的論者であるスコットの議論は，既存の判例法理から受ける制約に甘んずることなく，むしろ，新たなの観点の下に善意有償取得法理を再構成しようとする試みであると考えられる。

例えば，スコットは，第三者が譲り受けた信託財産の対価の一部を支払った場合や第三者が譲り受けた信託財産の対価の支払を約束したのみである場合に関して，伝統的な判例法理に基づく画一的な利害調整を不当であると批判し，取引の安全の保護と取引上のリスクの妥当な配分という理念の下に，従来の判例法理や債権説の理論構成からは直ちに導くことができない柔軟な利害調整を主張している[2]。このようなスコットの議論は，米国の物権説

第2章　米国における信託法理論の対立の背景

が，既存の判例法理による利害調整結果の正当性に関する制約から脱却し，取引におけるリスク配分という新たな正当性の観点に基づいて善意有償取得法理を再構成するための，意欲的な試みと理解することができる。

[4]　米国の物権説の有する理論的意義とその現状における限界とについては，以上検討してきたとおりであるが，物権説の理論構成，及び議論の前提となる法体系や信託財産に対する把握の仕方が，米国の信託法理の特徴に対して与えた影響についても，若干考察しておく必要がある。

前述のとおり，物権説の実質的な利害調整基準の下では，受益者と第三者とが信託財産に関して各々有する権利がコモン・ロー上のものかエクイティ上のものかは，権利の優先性を比較衡量する際の諸般の事情の一であるにすぎず，利害調整における決定的な判断要因ではない。このことを逆に考えると，物権説の下では，利害調整の対象となる権利がコモン・ロー上の権利であるかエクイティ上の権利であるかを問わず，善意有償取得法理に基づく利害調整を行うことが可能であることになる。例えば，コモン・ロー上の権利相互間の利害調整は，善意有償取得法理が本来なら適用されることのない局面であるが，物権説の議論の下では，かかる局面に対しても善意有償取得法理を応用ないし類推して利害調整を行うことが理論上可能となってくる。

さらに，コモン・ローとエクイティ上との理論上の区別を重視しない考え方は，個々の権利についてだけでなく権利関係を体系化した法理全体についても，その法理がコモン・ローを起源とするかエクイティを起源とするかの区別を解釈にあたって重視しない，という考え方を導き出す。そうすると，エクイティ上の権利関係とコモン・ロー上の権利関係とを理論上厳格に区分し，信託財産に関して第三者が有するコモン・ロー上の権利関係と受益者の有するエクイティ上の権利関係との調整を行う，という英国における伝統的な善意有償取得法理の特徴は，米国の物権説の議論では，その重要性が極めて希薄となることが明らかである。

このように考えると，米国の物権説の下で，英国における信託法理の「理論的特徴」であった，コモン・ロー上の権利関係と別個独立のエクイティ上の権利関係の形成，という点に信託法理の特徴を求めることが，困難となる

第1部　信託法理論の対立の背景

ことは明らかである。このため，信託関係の構造的な特徴，すなわち，「財産の名義及び管理権限を有する受託者が他人である受益者の利益のために財産を管理処分する」という構造的な特徴が，「信託の理論的特徴」として強調されるに到ったものと考えることができる。実際，米国の物権説が採用する信託の定義も，このような構造的な特徴に着目したものである(3)。

そして，信託の「理論的特徴」を信託の構造的な特徴に求めることと，ある法理がコモン・ロー起源かエクイティ起源かを解釈にあたって重視しない考え方とを融合させることにより，信託と信託以外の財産管理に関する法理とを理論上厳格に区別することは，必ずしも必要でないことになる。

[5]　以上のことからすれば，現在の米国において，信託の理論的特徴について議論する際，財産管理者が利益享受者の利益のために財産管理を行う，相互の信頼関係に基づいて形成される全ての法律関係を総合的に把握すること，すなわち，法理の起源がコモン・ローであるとエクイティであるとを問わず，信託のほか，代理（agency），寄託（bailment），パートナーシップ（partnership）等を含めた，信認関係（fiduciary relationship）という上位概念が形成されていることは(4)，極めて自然なものということができる。しかも，善意有償取得法理が適用される局面，すなわち，受託者が信託違反を行い，受益者と第三者との利害調整が必要となる局面においては，受託者と受益者との間に存在していた信認関係が，受託者の信託違反によって破壊され消失している状況にあるから，残された「信託の理論的特徴」である受託者と受益者との間の信認関係の存在を考える余地もないわけである。

さらに，法体系の把握に関してコモン・ローとエクイティとが理論的に区別されることなく，かつ，具体的な事案における受益者と第三者との利害調整が諸般の事情を総合考慮した比較衡量によって行われるのであれば，かかる比較衡量の対象となるべき「権利」についても，善意有償取得法理が伝統的な要件としてきたコモン・ローとエクイティとにおいて各々成立している「権原（title）」ないし「権利（right）」に限定する論理的必然性はない。すなわち，利害対立の各当事者が有する「権利」が，厳密には「財産権（property）」といえない状態にある一種の「利益（interest）」にすぎないもの

第2章　米国における信託法理論の対立の背景

であったとしても、かかる利益を権利ないし財産権と同じ次元で比較衡量の対象として利害調整を行うことが、理論上可能となるわけである。このように考えると、善意有償取得法理に基づく利害調整が行われる局面を、信託違反によって信託財産が第三者に譲渡された場合における受益者と第三者との利害調整に限ることなく、ある財産ないし権利関係に関する権利者ないし利益享受者と第三者との利害調整一般に対して応用類推すべきである、との結論は、比較的容易に導かれることになる。

[6]　米国における物権説の議論が米国の信託法理の特徴に対して与えた影響を以上のように考えるのであれば、現代の米国における物権説とその他の信託法学説との関係についても、一貫した説明を行うことが可能となる。

債権説、物権説以外の米国における信託法学説としては、信託関係当事者の財産から独立した信託財産が存在することが信託の基本的特徴であるとする、ルポール (Pierre Lepaulle) によって提唱された「信託財産独立性説」がある。この学説は、明示信託 (express trust) から擬制信託 (constructive trust) までの全ての「信託関係」にとって、常に成立要件とされているのが信託財産の独立性であることを根拠として立論され、受託者からも受益者からも独立した信託財産が存在することが議論の前提となっている[5]。これに対して、物権説は、明示信託法理と擬制信託法理とは別個の法理と考えるべきであり、擬制信託まで含めて信託の一般的特徴を導き出すことは到底支持できない、と批判している[6]。

しかし、信託財産独立性説と物権説とは、その理論構成においてそれほど大きな差があるわけではない。例えば、信託財産独立性説では、受益者の財産と信託財産は別個独立の財産であり、受益権はかかる独立性を有する信託財産に対する受益者の権利であるとされている[7]。このような受益権の把握の仕方は、本章において検討してきた物権説の実質的な理論構成における受益権の把握と基本的に合致している[8]。又、信託財産独立性説は、善意有償取得法理に関しても、受益者と第三者との利害調整を、独立性を有する信託財産に関する、受益者の追及権 (Droit de suite) に基づく優先権 (privilege) の範囲の問題と把握する[9]。すなわち、信託財産独立性説における受

益者と第三者との利害調整は，信託財産に関して両者が各々有する権利を比較衡量することによって行われるわけであり，この点でも物権説の実質的な利害調整基準と合致している(10)。

[7] 以上のことからすると，物権説と信託財産独立性説とが完全に相容れない唯一の点は，信託の基本構造に関して，明示信託と擬制信託との関係をどう把握するかにあるということができる。

すなわち，信託財産独立性説は，明示信託と擬制信託とを同一次元の法理と考える以上，信託関係の設定にかかる理論構成を信託の特徴として考慮しない。従って，信託財産独立性説は，伝統的に形成されている判例法理を前提として，ある財産に関する関係当事者の財産管理に係る法律関係がどのような状態になったときに「信託法理」が適用されるか，という，現実の紛争に対する具体的な判断基準を示したものと考えられる。要するに，信託財産独立性説においては，伝統的な判例法理としての信託法理の存在を，その正当性を含めて是認することが，議論の前提となっているわけである。

これに対して，既に検討してきたとおり，物権説にとって，伝統的な判例法理の存在は，理論構成の正当性の基礎づけの一つではあるものの，判例法理の正当性を前提とすることなく，取引における衡平の観点から現実の紛争解決に対する柔軟な規範を提示することが目的とされている。この点において，信託財産独立性説と物権説とは，議論の前提が完全に異なっている。

以上を要するに，物権説と信託財産独立性説とが，信託の基本構造や善意有償取得法理に関する理論構成として極めて近似しているにもかかわらず完全に相容れない原因は，伝統的な判例法理の位置づけに関する，議論の前提となる考え方の相違に起因するものということができる。

[8] なお，最近の米国における見解としては，「信託契約説」も主張されている。この学説の主張は，信託と契約との関係につき，歴史的には両者は別々の法理であったが，英国及び米国における信託法理の進化によって現在では極めて近似した法理となっているから，端的に信託を契約（contract）と考えるべきである，とするものである(11)。

第2章 米国における信託法理論の対立の背景

　確かに，米国の物権説の理論的意義に関して前述したとおり，物権説が前提とする法体系の把握や財産権概念の下では，米国における信託の理論的特徴は，伝統的な特徴が極めて希薄となった，財産管理に関する抽象的な一般法理として理解することができる。従って，信託と契約とをあえて区別する必要は，少なくとも実務上はほとんど存在せず，信託関係の設定を契約と構成するか否かは単なる説明の違いにすぎない。このような点からみれば，信託契約説の前記のような主張が登場することも，ある意味で自然な議論の推移と考えることができる。

　しかしながら，信託契約説の見解は，既に述べてきた法体系の把握や財産権概念の歴史的な変遷を取り込んだうえで，初めて主張することが可能となるものである。すなわち，信託契約説の主張は，現在の米国の信託法理の置かれた状況を当然の前提としたうえで，英国及び米国における信託法理の理論的特徴に関する歴史的変遷を，現状を最高善ないしその途上とする判断基準に従って把握しているにすぎない。例えば，信託契約説は，メイトランドが信託を契約と構成することの先鞭をつけたにもかかわらず，スコットが議論の方向を誤った，と断言する[12]。しかしながら，英国及び米国における信託法学説の対立が，各々の時代及び地域における前提の下で各々独自な目的を追求してきたことは，本論文でのこれまでの検討によって明らかである。従って，信託契約説の前記のような断言は，信託の基本構造に関する各信託法学説の理論的意義の検討が，自説の前提に対する分析を含め，表面的かつ不十分であるといわなければならない。

　もっとも，本論文で検討してきたとおり，米国における信託法学説の主要な目的は，伝統的な法体系の把握や財産権等の概念把握に拘束されることなく，現在及び将来において発生しうる多種多様な事案に対する柔軟な解決規範を提示することにあったわけであるから，信託契約説についても，このような米国における信託法学説の目的に合致した，一つの現代的な試みと理解することは可能である。

　[9]　以上を要するに，米国の物権説の議論では，コモン・ローとエクイティとの区別を前提とした善意有償取得法理の伝統的特徴が完全に希薄と

第1部　信託法理論の対立の背景

なっているということができる。しかしながら，このことが同時に，善意有償取得法理がより一般的な利害調整法理，すなわち，信託以外の局面における利害対立全般に対する，利害対立当事者間の一般的な調整基準として，応用類推することが可能となる基盤を形成していることになる[13]。従って，米国の物権説の理論的意義は，信託法理及び善意有償取得法理に関して，英国における伝統的特徴を希薄とさせ，代わって米国独自の理論的特徴を形成した点にあるということができる。

(1)　第2章第3節 **[12]** 参照。
(2)　第2章第3節 **[7]** 参照。
(3)　RESTATEMENT (2d) OF TRUSTS, s. 2; SCOTT ON TRUSTS, ss. 2-2.8.
(4)　RESTATEMENT (2d) OF TRUSTS, s. 2 cmt. b; SCOTT ON TRUSTS, s. 2.5.
(5)　Lepaulle, Outsider's View Point of the Nature of Trusts, 14 Corn. L. Q. 52, 55 (1928); LEPAULLE, TRUSTS, pp. 30-31. 最近の研究として，大村敦志「フランス信託学説史一斑」信託研究奨励金論集22号91頁 (2001)。
(6)　SCOTT ON TRUSTS, s.462. 1 pp. 312-313.
(7)　LEPAULLE, TRUSTS, pp. 44-45.
(8)　第2章第3節 **[8]** 参照。
(9)　LEPAULLE, TRUSTS, pp. 94, 308.
(10)　第2章第3節 **[10]** 参照。
(11)　Langbein, Contractarian Basis of the Law of Trusts, 105 Yale L. J. 625 (1995). 紹介として，樋口範雄「信託と契約」信託法研究21号57頁 (1997)。又，その後の議論として，タマール・フランケル＝樋口範雄「信託モデルと契約モデル」法協115巻2号147頁 (1998)，樋口範雄『フィデュシャリー [信認] の時代』71頁以下 (1999)。
(12)　Langbein, Contractarian Basis of the Law of Trusts, p. 644 et seq.
(13)　もっとも，このことについては，本来なら善意有償取得法理が応用，類推されている各局面，各法理における議論全般について信託法理との関係を検討することが必要であり，善意有償取得法理に関する本論文での分析検討のみを以て断言することはできない。又，本論文で行った分析のみ

第2章　米国における信託法理論の対立の背景

では，信託法理を含めた信認関係全般について統一的に把握しようとする見解が英国においても存在することを，必ずしも十分に説明できない。結局，この問題については，信認関係法理に含まれるとされる各法理の特徴や，信託法理の応用，類推を行ったとされる判例における認定事実と理論構成との関係について多様な観点から検討を行うのでなければ，結論を出すことが不可能である。従って，これについては，本文で述べた視点を一つの手掛かりにして，今後研究を行っていくこととしたい。

第3章　信託法理論の対立の意義

　[1]　前章までの分析検討によって，英国及び米国における善意有償取得法理と信託法理論との関係については，議論の前提となる基本的概念の把握や，両国における善意有償取得法理の特徴をも含め，概ね明らかにすることができた。さらに，英国及び米国における信託法理論の対立の背景についても，次のような一つの視点を提示することが可能となった。

　すなわち，信託の基本構造に関する信託法理論の対立は，英国においても米国においても，善意有償取得法理を含む信託法理全体に関する，それぞれの時代に応じた判例法理と信託法理論との基本的な関係が反映されている。従って，善意有償取得法理に基づく利害調整の基本的な構造や多くの局面における具体的な利害調整結果が，法理が形成されて以来現在までほとんど変化していないとしても，英国及び米国における信託法理論の対立を単なる概念論争と考えることは，妥当でないというべきである。むしろ，信託法理論の対立は，信託法理論自体の存在意義にとっても，あるいは現実の社会の中で生ずる受益者と第三者との具体的な利害対立の解決にとっても，極めて重要な意味をもっていたと考えられる。

　[2]　この観点を基にして，次に議論すべきであるのは，わが国における信託法理論の対立の構造とその背景とについて分析を加えることにより，信託法の解釈における信託法理論の役割を再検討することである。

　わが国の信託法が，信託の基本構造として債権説を範としていることは，条文上，受益権が「債権」，受託者が受益者に対して負う義務が「債務」と表現されていることから明らかである[1]。そして，本論文の冒頭で述べたとおり，信託法の制定以来現在に到るまで，債権説はわが国の信託法学説における通説的見解を構成している。しかしながら，これも本論文冒頭で述べたとおり，信託の基本構造に関しては，物権説と信託財産実質法主体性説と

いう，債権説に対立する有力な学説が存在している。

　他方，信託法の中には，受託者の信託違反が行われた場合における受益者と第三者との利害調整を扱う条文として，信託法31条以下の規定があるが，同条の採用する利害調整基準は，いずれの信託法理論とも特に理論的には不整合を来さないようになっている。すなわち，信託法が一般に債権説を範として制定されていたとしても，信託法理論の対立が最も鮮明に現れる筈の信託法31条についてみる限り，債権説が他の信託法理論に対して理論的な優位性を確立しているとは，必ずしも言えない状況にあるわけである。

　従って，わが国における信託法31条と信託法理論との関係を明らかにするためには，債権説の議論のみに依拠して信託法の条文の文言解釈を行うのでは不十分である。むしろ，起草者が債権説を範として信託法を制定した理由を明らかにしたうえで，各信託法学説の採用する受益者と第三者との利害調整に関する理論構成の対立構造を，わが国における信託の特徴との関係で，再検討する必要がある。そのうえで，英国及び米国の信託法理論に関して得られた観点に照らし，わが国における信託法理論の対立の構造と信託法31条の解釈との関係を明らかにして，信託法理論の実践的な応用に向けての視点を提示しなければならない。

　[3]　本章では，まず，信託法理論の対立の構造とその背景について，英国及び米国に関して行ってきたこれまでの検討結果を整理する（第1節）。次に，信託法が立法されて以来現在に到るまでのわが国における信託法学説の議論を分析検討し，わが国における信託法理論の対立の構造を明らかにする（第2節）。そのうえで，従来のわが国における信託法理論の対立に関する議論が抱えていた問題点を指摘し，本論文の第2部における議論への観点を提示する（第3節）。

　（1）　信託法19条，25条，52条1項など参照。

第1部　信託法理論の対立の背景

第1節　英米における信託法理論の対立の意義

[1]　信託法理論の対立の背景について検討するためには，英国と米国とにおける議論を，以下の観点から比較検討することが有益である。

[2]　第一に，英国と米国とでは，判例法理と信託法理論との関係，及び信託法理論の主要な目的について，大きく異なる部分がある。すなわち，英国における善意有償取得法理は，エクイティ裁判所の「判例」の集積によって形成された判例法理であり，信託法理論の主要な目的は，かかる判例法理の存在を前提として，その一般的な傾向を説明ないし要約することにあった。すなわち，善意有償取得法理は，エクイティ裁判所が伝統的に有してきた歴史的政治的権威を主たる正当性の根拠として形成ないし維持され，かつ，この判例法理の正当性が信託法理論の前提となっていた。

但し，エクイティ裁判所に対して批判ないし改革の要請が高まり，エクイティ裁判所の権威が動揺した裁判所制度改革前後においては，信託法理論の新たな役割，すなわち，裁判所の権威以外の理論的観点に基づいて判例法理を再構成することにより，現在の判例法理が歴史的に正当性を維持していることを説明し，併せて改革後の裁判所に対して判断基準を提示する，という新たな役割が意識されることとなった。そして，この信託法理論の新たな役割に最も適合する議論を展開したのが，信託関係当事者間の合意を軸として信託の基本構造及び善意有償取得法理を再構成し，コモン・ローとエクイティとの整合的な位置づけに着目して善意有償取得法理の特徴を説明した，債権説であったということができる。

もっとも，現在の英国では，債権説の提唱したような信託法理論の役割が，それ程重視されているわけではない。従って，現在の英国における信託法理論の主要な目的は，やはり，判例法理の存在及びその正当性を前提としたうえで，判例法理としての善意有償取得法理及び信託法理に対して整合的な説明を行うことにあると考える方が妥当である。

[3]　他方，米国における善意有償取得法理は，英国の判例法理を基本的に継受したものであり，米国においてさらに多数の判例が蓄積しているが，米国における信託法理論は，必ずしも判例法理の存在とその正当性とを議論の前提としていない。むしろ，米国においては，善意有償取得法理の「変容」に係る判例の対立について，信託法理論がかかる法理の変容を理論的に支持し，信託法リステイトメントの制定によってかかる変容を米国における善意有償取得法理の内容として認知したことに象徴されるとおり，信託法理論の提示する観点に基づいた具体的な利害調整基準の方が，判例法理の正当性を判断している側面があるということができる。

　従って，米国における信託法理論の主要な目的は，伝統的な判例法理を維持することではなく，一貫した正当性の観点から善意有償取得法理を理論的に構成し，現在及び将来において生じうる多種多様な紛争に対する妥当な解決を図るための柔軟な規範を提示することにあると考えられる。そして，この目的に最も適合する理論構成を提示しているのは，コモン・ローとエクイティとの差異を実質的な利害調整基準において相対化し，受益者と第三者との利害調整を信託財産に関して両者が各々有する権利の比較衡量によって行う，とする物権説であるということができる。

　以上のとおり，信託の基本構造や善意有償取得法理に関する信託法理論の主要な目的は，英国と米国とで大きく異なっている。そして，このような両国における目的の差異は，判例法理と信託法理論との関係や，判例法理の正当性の根拠や法体系の構造をどのように考えるか，という，議論の前提となる基本的な考え方の違いによって生じているということができる。

　[4]　第二に，上記と密接に関連する点として，英国の議論と米国の議論とでは，議論の前提となる法体系の把握の仕方や利害調整の対象となるべき信託財産の把握の仕方について，明らかな差異が存在している。

　すなわち，英国における信託法理論は，コモン・ローとエクイティとが別個独立に存在してきた伝統的な法体系を前提とし，善意有償取得法理をコモン・ローとエクイティとで各々独立して成立した権利ないし権原相互間の調整を図る法理と考えてきた。このことは，英国の信託法理論の主要な目的が，

133

第1部　信託法理論の対立の背景

特に債権説以外の信託法理論にあっては，判例法理の正当性を前提として，その内容を整合的に説明するものであったことと関連がある。すなわち，英国の信託法理論は，判例法理の存在とその正当性を議論の前提とする以上，判例法理の形成にあたって前提とされているコモン・ローとエクイティとが区別された法体系の存在についても，これを当然に受け入れることが議論の前提となるわけである。

なお，この特徴は，裁判所の権威を議論の出発点としない債権説の議論においても，基本的には異ならない。すなわち，債権説の議論の目的の一つは，伝統的な判例法理に対して，その正当性を裁判所の権威以外の観点の下に説明することであったから，議論の前提としての法体系の把握に関しても，判例法理の正当性を維持するために，コモン・ローとエクイティとを区別する考え方を，理論上維持することが必要とされていたわけである。

このように，英国の議論における法体系の把握の仕方は，英国の信託法理論の目的と密接な関係を有している。又，議論の前提となる基本的な概念の把握，例えば，信託財産ないし財産権の概念把握は，伝統的な概念把握と矛盾しない考え方，すなわち，受益者と第三者との利害調整については物としての個性を有する信託財産それ自体の帰属を両者の間で決定する，とする考え方が，当然の前提として採用されていたということができる。

[5]　これに対して，米国の信託法理論は，コモン・ローとエクイティとの差異を，説明の外形としてはともかく，実質的にはほとんど考慮していない。このような法体系の把握の仕方は，米国の信託法理論の主要な目的が，現在及び将来において生じうる多種多様な紛争に対する柔軟な解決基準を提示するものであったことと，密接に関連しているということができる。

すなわち，米国の信託法理論の目的に照らせば，伝統的なコモン・ローとエクイティとの区分を理論上維持する必要はなく，むしろ，両体系が実質上一体となった法体系を前提とすることが，可能であり有益であったと考えられる。又，議論の前提となる信託財産ないし財産権の概念把握についても，伝統的な概念把握との整合性を考慮する必要はないこととなる。従って，米国の信託法理論では，「信託財産に関する権利ないし権限」と「信託財産を

第3章 信託法理論の対立の意義

構成する物としての財産それ自体」とを理論上区別すること，又，取引の対象となる「価値の集積」として信託財産を把握すること，さらに，受益者と第三者との利害調整を受託者の信託違反によって変動した価値配分の修正ないし是正と考えることが，議論の主要な目的との関係で可能であり，かつ有益であったということができる。

　以上のとおり，英国の信託法理論と米国の信託法理論とでは，議論の前提となる法体系や信託財産の把握の仕方について明らかな差異が存在しているということができる。そして，このような差異が生ずる最も重要な原因は，両国における信託法理論の主要な目的の差異であると考えられる。

　[6]　第三に，善意有償取得法理の具体的な内容に関する英国と米国との差異についても，両国における信託法理論の目的の違いや基本的な概念把握の違いと，密接な関連があるということができる。

　両国における善意有償取得法理は，受益者と第三者との利害調整の基本的な構造，すなわち，信託違反によって受託者から信託財産を譲り受けた第三者が信託違反につき善意有償であった場合には受益権の追及を免れ，信託違反につき悪意の第三者又は無償で信託財産を譲り受けた第三者については受益権の追及が及ぶ，とする利害調整の基本的な構造に関して一致している。この利害調整の基本構造は，15世紀ないし16世紀の英国において善意有償取得法理が形成されて以来，一貫して維持されており，具体的な利害調整結果についても，現在の両国における法理は概ね一致している。

　しかしながら，流通証券に表章されていない債権やエクイティ上の権利が譲渡された場合における利害調整に関して，両国の法理の結論は異なっている。又，米国の物権説は，第三者が譲り受けた信託財産の対価の支払を約束したのみである場合や第三者が譲り受けた信託財産の対価の一部を支払った場合における受益者と第三者との利害調整に関しても，伝統的な判例法理の結論が妥当でないと批判を加え，取引におけるリスク配分を考慮した中間的解決を主張している。

　[7]　上記のような善意有償取得法理の具体的な内容における英国と米国

第1部 信託法理論の対立の背景

との異同については，次のように考えることができる。

　まず，英国における善意有償取得法理は，エクイティ裁判所の歴史的政治的権威を背景として形成され，現在でも判例法理として存続している。そして，英国の信託法理論の目的は，伝統的な判例法理の存在とその正当性とを議論の前提として，判例法理の内容を整合的に説明することにあった。

　従って，英国における善意有償取得法理が，エクイティ裁判所によって形成されて以来現在に到るまで，利害調整の基本構造を維持しているということは，その前提としての英国の判例法理の正当性が一貫して維持されていることを象徴するものということができる。実際，英国の信託法理論は，判例法理の存在とその正当性とを議論の前提とする以上，判例変更や立法による修正が行われた場合でない限り，信託法理論によって判例法理の内容としての具体的な利害調整結果の修正がなされることは，理論上ありえないわけである。さらに，このような判例法理と信託法理論との関係においては，前提となる法体系や基本的な概念の把握においても，伝統的な判例法理を形成する背景となった伝統的な概念把握を現在においても維持することが，望ましいと考えられることになる。

　[8]　他方，米国の善意有償取得法理は，基本的には英国の判例法理を継受したものであり，米国でのさらなる判例の蓄積により構成されている。しかし，米国の信託法理論は，裁判所の権威を前提として判例法理の内容を説明することをせず，むしろ，一貫した観点に基づいて判例法理の正当性を判断しようとする側面がある。このことは，米国の信託法理論の目的が，現在及び将来において生じうる多種多様な事案に対する柔軟な解決規範の提示にあることと合致している。

　従って，米国の善意有償取得法理における受益者と第三者との具体的な利害調整結果が英国の伝統的な判例法理と一致しないことは，利害調整基準としての正当性を損なうものではなく，むしろ，伝統的な判例法理を信託法理論の提示する観点に従って変更すべきこととなる。物権説が，伝統的な善意有償取得法理の適用結果を一部修正すべきであると主張することは，このことに沿うものと考えられる。

第3章　信託法理論の対立の意義

又，米国の信託法理論の目的からすれば，法体系の把握や基本的な概念把握についても，具体的な利害調整において妥当な結果を導くことが可能となるような修正を適宜行うべきであり，伝統的な概念把握に忠実に従う必要はない。物権説が，コモン・ローとエクイティとを区別しない一体的な法体系や信託財産を価値の集積として把握する考え方を前提としていることは，かかる議論の目的と合致している。さらに，物権説が，取引におけるリスクの妥当な配分という新たな正当性の観点に基づき善意有償取得法理を再構成しようとすることも，議論の目的に整合しているということができる。

[9]　以上のことから，英国及び米国における信託法理論の対立の背景について考えてみると，まず，英国における伝統的な信託法理論は，判例法理の存在とその正当性を前提とし，判例法理の具体的内容を整合的に説明することを議論の主要な目的としていたわけであるから，かかる信託法理論と善意有償取得法理との関連は，基本的に希薄であったということができる。

これに対して，裁判所制度改革前後においては，裁判所の権威が動揺していたため，裁判所の権威以外の正当性根拠を以て信託法理全体を再構成すべきであるとの信託法理論の新たな役割が意識されることとなった。そして，この新たな役割に最も適合していた債権説の議論では，信託の基本構造をどのように再構成し，善意有償取得法理との関係をどう理論的に説明するかが，重要な課題となったということができる。従って，この時代における信託法理論，すなわち，信託財産二重領有説，債権説，物権説（受益者実質所有権説）の対立は，以上のような，判例法理と信託法理論との関係をどのように考えるべきか，すなわち，裁判所の権威が一時的に動揺したことを契機として，判例法理の正当性を理論的に再構成することが信託法理論の新たな役割として必要であるか，という信託法理論の基本的な役割に関する理論的対立を背景としていたものということができる。

しかし，このような裁判所制度改革前後における信託法理論の対立は，以上のような背景を持つものであったため，裁判所の権威が再度強固となることにより，判例法理の正当性を信託法理論に基づいて説明する必要性が希薄になり，従って，信託法理論の対立それ自体の理論的な重要性も希薄となっ

たものと考えられる。

　[10]　一方，米国における信託法理論の対立の背景については，英国の場合と異なり，次のように考えることができる。
　すなわち，米国の信託法理論の目的は，現在及び将来において生じうる多種多様な事案に対する柔軟な解決規範を提示することにあったから，信託の基本構造と善意有償取得法理とを一貫した理論構成に基づいて説明することは，正に議論の中心的部分である。この観点からすれば，20世紀初頭の米国における信託法理論の対立，すなわち，信託の基本構造に関する債権説と物権説との対立は，より柔軟な解決を導くことが可能な基準を提示することを目的とした，善意有償取得法理を含めた信託法理全体の特徴に関わる対立であったということができる。又，現在の米国において物権説が通説的見解を構成していることは，物権説が債権説以上に柔軟な解決規範を提示するものであったことを意味していると考えられる。
　さらに，物権説が，取引におけるリスクの妥当な配分という新たな正当性の観点に基づいて善意有償取得法理を再構成し，伝統的な判例法理の制約から脱却しようとしていること，あるいは，信託の基本構造に関して信託関係設定の合意を端的に契約と同一視すべきであるとの信託契約説の見解が生じていることからすれば，信託の基本構造に関する米国における信託法理論の対立は，現在においてもなお重要性を喪失していないということができる。そして，米国における信託法理論の目的からすれば，どのような状況の下においても，より柔軟な解決規範の模索が信託法理論によって常に行われるべきであるから，米国において信託法理論の対立の重要性がなお存在していることは，上記のような理論的背景と合致するものと考えられる。

第2節　わが国における信託法理論の対立の構造

　[1]　これまでの分析検討によって，英国及び米国における善意有償取得法理と信託法理論との関係については，各学説の議論の主要な目的，議論の前提となる基本的な概念の把握の仕方等を含め，概ね明らかにすることがで

第3章 信託法理論の対立の意義

きた。又，両国における善意有償取得法理及び信託法理の特徴についても，各信託法理論の各法体系における意義との関連から，一つの説明を行うことが可能となった。

そうすると，次に問題となるのは，英米とほぼ同様の外形を示しているわが国における信託法理論の対立を，どのように考えるべきかである。

以下では，まず，わが国における各信託法理論を検討するための前段階の作業として，信託法の起草者の議論を分析し，信託法が債権説を範として制定された事情を分析する。そのうえで，わが国における信託法学説の議論の主要な目的と，議論の前提となる法体系の把握や基本的な概念の把握の仕方について検討し，わが国の信託法学説の議論の対立の意義を考察する。

[2] わが国において信託法理を導入した最初の立法は，明治38年（1905年）に制定された担保付社債信託法であり，同法において信託法理が限定的に導入されたことが，後の信託法制定の契機となったとされている[1]。そして，信託法における信託の基本構造に関する理論的基盤を形成しているのは，担保付社債信託法の立法に参画し，後に信託法の起草者となった，池田寅二郎の見解である。

他方，信託法現行31条の規定について，草案段階での規定内容の変遷をみてみると，信託違反によって信託財産が第三者に処分された場合における受益者の救済手段としては，当初の草案では，受益者が第三者に対して信託を対抗することや第三者を受託者とみなして管理処分を行わせること等，第三者と受益者との間に擬制信託関係を設定することが規定されていた。これに対して，大正8年12月以降の草案においては，現行31条と同様，受益者による信託違反処分の取消を認めることが規定されており，受益者と第三者との利害調整に関する理論構成が明らかに変化している[2]。しかし，規定内容に上記のような変化が生じた事情ないし経緯については，信託法の立法過程に関する山田昭の詳細な調査においても，これを明らかにする史料が得られなかったとされている[3]。

[3] 以上のことからすると，信託法現行31条の規定する受益者と第三

第1部　信託法理論の対立の背景

者との利害調整は，起草者が信託の基本構造に関して採用していた理論構成を正確に反映したものというよりも，むしろ，起草者の見解に基づく利害調整の結論のみが，信託法の立法過程で何らかの理由によって修正された結果であると考えられる。従って，起草者が債権説を範として信託法を制定した理由について検討する場合には，現行31条を含んだ信託法案に対する起草者の説明よりも，むしろ，信託法制定以前における信託の一般法理に関する起草者の見解を分析検討する方が，起草者の信託に対する考え方をより正確に反映している可能性が高い。このため，以下では，信託法制定以前に公表された信託の一般理論に関する起草者の見解を，専ら分析の対象とする。

　起草者は，まず，これまでのわが国において信託制度は存在しなかった，としたうえで，信託の起源につき，英国におけるコモン・ローとエクイティとの二重存在により生じたエクイティ上の財産制度である，とする[4]。そして，信託はまず英国において発達し，次に米国において行われたもの，として，専ら英国及び米国の信託法理及び信託法制を概観している[5]。

　次に，「信託ノ本質」について，起草者は，信託とは信任に基づき他人のために財産権を領有する財産制度である，と定義する[6]。そして，信託が信任を基礎とする制度であること，信託が財産権を基本として存在することを述べたうえで，信託が他人のために財産権を領有する制度であることを強調する。そして，信託の基本構造に関する理論構成としては，受託者が信託財産に関する財産権を領有し，受益者に対して信託財産の管理処分を行う義務を負担するとの考え方，すなわち債権説を以て最も妥当な考え方である，と結論づけている[7]。

　以上のような起草者の見解は，信託法1条における信託の定義や，信託法の条文において受益権が「債権」，受託者の受益者に対する義務が「債務」と表現されていることと，ほぼ完全に対応している。

[4]　このように，わが国の信託法における信託の定義及び信託の基本構造については，英国及び米国の信託法理の素養を基礎とした起草者の見解が，強く影響していることが明らかである。わが国の信託法が債権説を範として制定されていることも，起草者が，信託の基本構造について債権説を以て最

も妥当な理論構成と考えたことに基づいているものと考えられる。

　そうすると，次に検討する必要があるのは，起草者が信託の基本構造について債権説を以て妥当であると考えた理由は何か，である。起草者が英国及び米国の信託法理をわが国に紹介した時期が20世紀初めであることからすれば，起草者が参照した英国及び米国の信託法理は，概ね19世紀末頃より20世紀初頭のものと推測できる。そして，本論文で検討してきたとおり，その当時の英国及び米国では，信託の基本構造に関して，複数の信託法理論が明らかな対立を示している最中であった[8]。従って，起草者が債権説を以て妥当な理論構成と考えた背景には，当時の英国及び米国における信託法理論の対立が，強く影響している可能性がある。このため，英国及び米国における信託の基本構造に関する信託法理論の対立を起草者がどのように把握したうえで債権説を以て妥当な理論構成と考えたかについて，さらに検討してみる必要がある。

　[5]　起草者は，英米における信託の基本構造に関する信託法理論の対立について，概ね次のように説明している[9]。

　信託の本質，すなわち信託の基本構造に関する学説は，大別して二つある。その一つは，「信託基礎権」，すなわち信託財産に関する財産権を，受託者と受益者とが二重に領有する，との見解であり，仮に「信託基礎権説」と呼ぶ。代表的な学者としては，サルモンド（Salmond），ポメロイ（Pomeroy）等がいる。サルモンドの説は，受益者が信託財産の受益領有権を有し，受託者が受託領有権を有する，とするものであり，ポメロイの説は，信託財産に関して受託者がコモン・ロー上の財産権を保持し，受益者がエクイティ上の財産権を有する，とするものである。しかし，信託基礎権説は，エクイティ上の財産権のみに関する議論であり，他の財産権，あるいは他の法理との関係について言及しておらず，理論構成としては未熟というべきである[10]。もう一つの見解は，受託者のみが信託財産に関する財産権を有し，受益者が受託者に対する債権を有する，との見解であり，仮に「債権説」と呼ぶ。この見解を採る代表的な学者は，アンダーヒル（Underhill），ポロック（Pollock），エイムズ（Ames）等であり，彼らの主張は要するに，信託関係を，信託関

第1部　信託法理論の対立の背景

係当事者間の合意によって，受託者が受益者に対して義務と責任を負う関係であり，合意の効果が当事者以外にも拡張されることのある特殊な契約と観念することも可能である，と理解するものである[11]。

　起草者は，英国及び米国における信託法理論の対立をこのように説明したうえで，近時の諸外国の立法では債権説が採用されていること[12]，及び，信託基礎権説の主張する信託財産の二重領有という理論構成は，英国においてコモン・ローとエクイティとが並存するという「法律ノ二重制度」の下に生じた「異例ノ産出物」であるから，現在の法制度の下における信託の説明としては不適切であることを挙げ，現在における信託の本質に関する説明としては債権説を以て妥当と考える，と結論づけている[13]。

　[6]　以上に述べた起草者の議論は，本論文のこれまでの分析検討からすると，次のような特徴を有するものということができる。

　第一に，起草者が議論の前提としている法体系は，コモン・ローとエクイティとが区別されない一体的な法体系である。このことは，起草者が，信託財産二重領有説と物権説（受益者実質所有権説）とを併せた「信託基礎権説」を妥当としない理由として，信託基礎権説の理論構成がコモン・ローとエクイティとの並存という状況の下に信託が生じたことを説明するものであり，現在の法体系における信託の説明としては不適切である，と主張していることから明らかである。

　第二に，起草者は，信託法理と他の法理，特に信託と契約との整合的な関係を重視している。このことは，起草者が，信託基礎権説の議論に対して，エクイティ上の財産権のみを議論し他の財産権ないし他の法理との関係を議論しないことは理論構成の未熟を示すものである，と批判していること，他方，債権説の議論を紹介する際に，信託が関係当事者間の合意によって成立するものであり，契約と考える余地もある点を強調していることから考えて明らかである。

　第三に，起草者の議論では，英国及び米国の信託法理論が，わが国の法体系にとって最も整合的に信託を位置づけるための，抽象的な理論モデルとして把握されている。このことは，起草者の議論の中で，英国及び米国におけ

第3章　信託法理論の対立の意義

る信託法理論の対立が，英国の議論と米国の議論とを区別することなく，信託基礎権説と債権説との対立として一括されていること，又，起草者が，英国におけるコモン・ローとエクイティとの並存の下で信託法理が生成したことを認めつつ，現在の法体系における信託の説明としてコモン・ローとエクイティとの並存を前提とする議論は不適切であると述べていることから明らかである。すなわち，起草者にとっては，英国及び米国において伝統的に存在してきた判例法理としての信託法理の正当性を，理論構成の前提となる法体系のあり方まで考慮して一貫した観点から説明することは，議論の目的でないわけである。

　[7]　以上のとおり，起草者の議論の主要な目的は，わが国の契約法体系の中に信託法理を整合的に位置づけるための理論構成を模索することにあったということができる。又，このような起草者の目的からすれば，議論の前提とされている法体系は，コモン・ローとエクイティとの区別のないわが国の法体系であるということができる。さらに，起草者は直接言及していないが，信託をわが国の契約法体系に整合的に位置づけようとする以上，信託財産ないし財産権等の概念についても，わが国の法体系における概念把握が，当然の前提となっていると考えられる。

　このように，起草者の議論は，英国及び米国の信託法理論を抽象的な理論モデルとして把握し，英国及び米国と大きく異なるわが国の法体系の構造や概念把握を前提とするものである。しかしながら，本論文で検討したとおり，英国及び米国における債権説は，コモン・ローとエクイティとを区別することを必ずしも議論の前提としておらず，又，信託の基本構造を信託関係当事者の合意を軸として構成し，契約との整合的な理解を可能とさせる議論であった。従って，わが国の信託法の起草者が，法体系の構造や概念把握に関して英米と異なるわが国の議論を前提としたとしても，債権説を範として制定された信託法が，わが国の法体系の中で理論的な不整合を来すことはなかったものと考えることができる。

　[8]　このように，わが国の信託法立法において起草者が債権説を選択し

143

第1部　信託法理論の対立の背景

た理由は，信託法理をわが国の契約法体系と整合的に位置づけるために，債権説が理論モデルとして最も適当であったためということができる。そして，信託法の立案過程において，全ての局面における条文ないし解釈を債権説によって徹底させる必要は，起草者にとってそれほど重要な意味を有していなかったと考えられる。なぜなら，ある特定の局面において，信託法理をわが国の契約法体系と整合させる観点からして，債権説よりも適切な理論構成が他に存在する場合には，かかる理論構成が債権説を一応範とするわが国の信託の基本構造にとって決定的な矛盾を来さない限り，その理論構成を当該局面について信託法に取り入れることは，前記のような起草者の議論の目的に何ら反するものでないからである。

　従って，信託法31条が，債権説以外の信託法理論と特に不整合を来すものでないことは，信託法が債権説を一応範としていることと理論上矛盾するものではない。又，信託法が立案されていく過程において，信託財産の実質的な独立性を認める根拠となる条文等，受託者を完全権者とする債権説の理論構成と必ずしも理論上合致しない条文が組み込まれていったことも[14]，起草者が債権説を妥当であると考えたことと矛盾するわけではない。むしろ，起草者の議論の目的は，債権説の理論構成に忠実に従って信託法を立法することではなく，わが国の契約法体系に信託法理を整合的に位置づけるために，より適切な理論モデルが債権説以外に存在した場合には，そのような理論モデルに基づく条文ないし解釈を，信託法の中に柔軟に取り込んでいくことにあったものと考えられる。

　以上のとおり，わが国の信託法の制定にあたって起草者が最も重視したことは，わが国の契約法体系の中に信託法理を整合的に位置づけるために最も適切な理論モデルを，柔軟に模索することにあったということができる。そして，以下に述べるとおり，このような起草者の議論の主要な目的，及び議論の前提となる法体系や基本的な概念の把握は，信託法制定後のわが国における信託法学説の中でも，一貫して共有されていると考えられる。

　[9]　例えば，わが国の債権説が行う信託の定義ないし基本構造に関する議論は，概ね次のとおり展開されている。

第3章　信託法理論の対立の意義

　まず，信託の定義については，信託法1条に則り，受託者をして受益者のために信託財産の管理処分を行わせる法制度である[15]。又，信託の起源については，信託は，英国におけるコモン・ローとエクイティとの並存の下で生成した法制度であるが，現代ではコモン・ローとエクイティとの差異をそれほど重視すべきではなく，信託の本質は，財産権を有する者が他人のために財産の管理処分を行う法制度である点にある[16]。そして，信託の基本構造は，信託財産に関する財産権が受託者に帰属し，受益者は受託者に対して信託目的に従った信託財産の管理処分を行うことを要求する債権を有するものである[17]。さらに，以上の議論のほか，特に譲渡担保（売渡担保）を中心として，代理，間接代理，委任，寄託等，わが国の法体系の中に既に存在している信託以外の法制度と信託とが相対的に比較されている[18]。

　以上のようなわが国の債権説の議論には，次のような特徴があると考えられる。まず，上記の議論では，英国におけるコモン・ローとエクイティとの並存の下で信託が生成したと説明されているものの，かかるコモン・ローとエクイティとの並存する状況をわが国の信託法の解釈の中で反映させるべきである，との主張はなされていない。むしろ，上記の議論における信託の定義は，信託を以て他人のために財産権を管理処分する信託財産に関する法制度である，と定義する起草者の見解と，信託とは財産権の移転等をなし他人をして財産の管理処分をさせることをいう，と定義する信託法1条とに依拠したものである。又，信託の基本構造についても，起草者の説明に基本的に従ったものであるうえ，信託法の条文の存在が議論の正当性の一つの基礎づけとなっている。さらに，信託以外の法制度と信託とを比較している議論の内容は，要するにわが国の契約法体系における信託以外の制度と信託との要件効果の異同であり，本論文でこれまで分析検討の対象としてきた「信託の特徴」とは質的に異なるものである。そして，制度相互間の要件効果の異同の検討は，制度相互間の外形における整合的な関係を模索するために行われる作業である以上，このような議論の目的は，結局，信託をわが国の契約法体系の中に整合的に位置づけることにある筈である。

　以上のとおり，わが国の債権説の議論の主要な目的は，起草者と同様，制定法としての信託法に規定されている信託を，わが国の契約法体系の中に整

145

第1部　信託法理論の対立の背景

合的に位置づけようとすることにあると考えられる。そして，債権説の議論がわが国の法体系の存在を前提とする以上，法体系の構造や基本的な概念把握についても，起草者と同様，わが国の法体系の構造やわが国における概念把握を前提としていると考えることが妥当である。

[10]　又，債権説以外の信託法学説，すなわち，物権説や信託財産実質法主体性説においても，議論の主要な目的は，わが国の契約法体系の中に信託を整合的に位置づけることにあると考えられる。

信託の基本構造に関する物権説の議論は，概ね以下のとおりである。

まず，信託法1条における信託の定義は，必ずしも債権説以外の理論構成に基づいて信託の基本構造を把握することを排斥していない[19]。かえって，信託財産の独立性に関する規定や受託者の義務に関する規定の解釈から考えて，信託財産の目的物の所有権は，実質的には受益者にあると考えるべきであり，信託財産の財産権が受託者に帰属するという債権説の理論構成は不適切である[20]。なお，物権説は，以上のような議論を展開するに際し，譲渡担保（売渡担保）は信託の一種であると結論づける一方で，信託の受益者と第三者契約における受益者とは異なることを主張している[21]。

以上のような物権説の議論については，次のような特徴を考えることができる。まず，物権説の上記の議論は，要するに，受益者が信託財産の実質所有権を有するとの物権説の理論構成が，信託法の条文との関係でも，譲渡担保や第三者契約等の他の制度との関係でも，理論的な不整合を来さないことを主張するものである。又，信託法理の起源が英国であることについては一応言及がなされているものの，英国における二重領有関係はわが国においては解釈上の価値に乏しいと説明していることからして[22]，英国の信託法理に関する議論が直接の論拠となっているわけではない。むしろ，物権説の上記の議論は，わが国の法体系と信託法の条文の存在とを前提として，わが国における信託の基本構造としてより優れた理論モデルが，債権説ではなく物権説であることを主張するものということができる。そして，譲渡担保や第三者契約と信託との要件効果の異同が議論されていることからすれば，物権説においても，契約法体系における信託の整合的な位置づけが議論の主要な

第3章　信託法理論の対立の意義

目的となっていると考えることができる。

　以上のとおり、わが国の物権説の議論は、債権説の議論と一見対立しているようではあるが、議論の主要な目的である、わが国の契約法体系の中に信託を整合的に位置づけようとする点において、債権説と一致しているということができる。又、議論の前提となる法体系の構造や基本的な概念の把握に関しても、物権説と債権説とは共通の基盤に立って議論を行っているものと考えることができる。

　[11]　次に、信託財産実質法主体性説における信託の基本構造に関する議論は、概ね以下のとおりとなっている。

　信託法は、一応債権説を範として制定されているが、信託財産の独立性に関する規定や、信託の承継に関する規定においては、信託財産の実質的法主体性が事実上認められている[23]。従って、信託は、実質的な法主体性を有する信託財産と、信託財産の名義及び排他的な管理権限を有する受託者、そして、信託財産に関して物的相関関係を有する受益権を保持する受益者との三者関係、すなわち、実質的な法主体性を有する信託財産に関する財産管理制度の一種である[24]。又、信託以外の財産管理制度である委任、間接代理、寄託等と対比した信託の特徴は、受託者に財産の名義と排他的な管理権が属することである[25]。

　以上のような信託財産実質法主体性説の議論の特徴については、次のように考えることができる。まず、信託財産実質法主体性説の議論は、実質的な独立性を有する信託財産の存在を議論の出発点とし、受託者を信託財産の管理者、受益者を信託財産からの利益享受者とそれぞれ位置づけ、信託を以て財産管理制度の一種と把握している。このように、信託関係当事者と信託財産の関係を分析的に検討し、信託を以て財産管理制度の一種と位置づけていることは、信託財産実質法主体性説の議論の目的が、信託をわが国の法体系の中に整合的に位置づけることにあることを示すものである。又、信託財産実質法主体性説の議論は、信託法の条文が一応債権説を範として制定されているとしても、信託財産に実質的な法主体性があると考えることや、信託を財産管理制度の一種であると把握することが、信託法の解釈としてむしろ望

147

第1部　信託法理論の対立の背景

ましいと主張しており，制定法としての信託法の存在が議論の前提となっている。従って，信託財産実質法主体性説においても，債権説や物権説の議論と同様，わが国の法体系の存在や制定法としての信託法の存在が議論の前提となっていると考えられる。

　以上のとおり，信託財産実質法主体性説においても，議論の主要な目的は，わが国の契約法体系の中に信託を整合的に位置づけることにあり，かつ，他の信託法理論と同様，わが国の法体系の構造とわが国の法体系における基本的な概念把握が前提となっているということができる。

[12]　以上の検討からすると，信託の基本構造に関するわが国の信託法理論の対立の構造は，英国及び米国における信託法理論の対立と全く異なる性格を持つものであると考えられる。

　すなわち，わが国の信託法理論は，債権説であると物権説であると信託財産実質法主体性説であるとを問わず，わが国の契約法体系の中に信託法理を整合的に位置づけることを議論の主要な目的として共有している。又，わが国の信託法理論は，いずれも，わが国の法体系の存在や制定法としての信託法の存在を議論の前提とし，かつ，わが国の法体系の構造やわが国の法体系における基本的な概念把握を議論の前提としている。さらに，わが国における信託の基本構造に関しては，上記の各学説と同様の目的及び議論の前提を有する起草者によって，債権説の理論構成を一応範としつつ，他の学説の理論構成をも柔軟に取り込んだ条文としての信託法が，各信託法理論の前提として存在している。そして，各信託法理論は，要するに，制定法としての信託法を契約法体系に最も適合させることが可能な理論モデルが自説である旨を，互いに主張しているものと考えられる。

　このように，わが国における信託法理論の対立は，上記に述べた議論の目的に最も適合する理論モデルを模索する過程における対立であって，議論の前提となる法体系の構造や財産権等の基本的な概念の把握に関しては，実質的対立が存在しないものと考えることができる。

　　（1）　山田・研究3-6頁。

第 3 章　信託法理論の対立の意義

（ 2 ）　山田・資料 90-93 頁参照。
（ 3 ）　山田・研究 153 頁。
（ 4 ）　池田・信託法論 78，83 頁。
（ 5 ）　池田・信託法論 108 頁以下。
（ 6 ）　池田・信託法論 115 頁。
（ 7 ）　池田・信託法論 115-120 頁
（ 8 ）　この時期は，英国においては裁判所制度改革直後にあたるし，米国においては債権説と物権説とが激しく対立する直前に該当している。
（ 9 ）　池田・信託法論 130 頁以下。
（10）　池田・信託法論 137 頁。
（11）　池田・信託法論 139-141 頁。
（12）　池田・信託法論 141-143 頁。
（13）　池田・信託法論 144-152 頁。
（14）　山田・研究 137 頁以下。
（15）　青木 9 頁以下，入江 94 頁以下，細矢・法理 9 頁以下，三淵 17 頁以下，遊佐・評論 10 頁以下，遊佐・提要 18 頁以下。
（16）　青木 16-19 頁及び附録 1-3 頁，入江 1 頁以下，細矢・法理 41 頁以下，三淵 1 頁以下，遊佐・提要 120 頁以下。
（17）　青木 299-301 頁，入江 150 頁以下及び 353-355 頁，細矢・法理 513 頁以下，遊佐・評論 11-13 頁，遊佐・提要 24-25 頁。なお，三淵 18-19 頁は，信託には物権法の性質と債権法の性質とを併有している，とする。
（18）　青木 353 頁以下，入江 120 頁以下，細矢・法理 253 頁以下，三淵 20 頁以下，遊佐・評論 11 頁以下。
（19）　岩田 1 頁以下。
（20）　岩田 57 頁以下及び 97 頁以下。
（21）　岩田 93-96 頁及び 101-105 頁。
（22）　岩田 101 頁。
（23）　四宮・信託法 65 頁以下。
（24）　四宮・信託法 7-8 頁及び 63 頁以下，四宮・民法論集 43 頁。
（25）　四宮・信託法 8-9 頁，四宮・民法論集 47 頁以下。

149

第1部　信託法理論の対立の背景

第3節　信託法理論の対立と信託法31条

[1]　英米の信託法理と同様，わが国の信託法でも，受託者が信託違反により信託財産を第三者に譲渡した場合の受益者と第三者との利害調整は，信託法の中心的問題であり，31条以下に利害調整に関する規定が置かれている。そして，英米と同様，わが国の議論でも，信託法理論の対立は，受益者と第三者との利害調整，すなわち31条の解釈をめぐって展開されてきた。

従って，わが国の信託法理論の対立の意義について考察するためには，かかる信託法理論の対立が信託法31条の解釈との関係でどのように位置づけられるべきかを検討する必要がある。以下では，31条に関する従来の議論を概観したうえで，同条に基づく利害調整と各信託法理論の議論とを比較検討し，わが国における信託法理論の対立の意義について考察する。

[2]　信託法31条は，受託者が与えられた権限に違反して信託財産を第三者に処分した場合に，受益者が，以下に述べる一定の要件の下に，当該信託違反処分を取消すことができる旨を規定する。

すなわち，不動産等，信託の登記登録をすべき財産（信託法3条1項参照）については，譲渡された信託財産に信託の登記登録のある場合，その他の財産については，信託財産を譲り受けた第三者に悪意又は重過失のある場合，受益者は受託者の行った信託違反処分を取消すことができる（信託法31条）。信託の登記登録をすべき財産とその他の財産とで利害調整基準が異なっているのは，信託の登記登録をすべき財産については，登記簿ないし登録簿に信託目的が記載されるのに対して[1]，その他の財産については，そのような信託目的の公示方法がないためである[2]。そして，信託の登記登録をすべき財産については，登記簿等の記載によって信託目的を公示すべきである以上，信託の登記登録がなかった場合には，第三者が受託者の信託違反につき悪意又は重過失で信託財産を譲り受けたときでも，第三者がいわゆる背信的悪意者でない限り，受益者は取消権を行使できない[3]。

この取消権は，取消権者である受益者等が取消原因の存在することを知っ

第3章　信託法理論の対立の意義

てから1カ月以内，又は受託者の信託違反処分が行われたときから1年以内に行使されなかった場合には消滅する（信託法33条）[4]。このように取消権が極めて短期間で消滅することについては，従来から，受益者の保護に欠けるとの批判が加えられているが[5]，受託者の信託違反処分が同時に債権者詐害行為（民法424条）の要件をみたしている場合には，信託法上の取消権が消滅した後においても，受益者は受託者に対する債権者の資格で，債権者取消権を行使することができる[6]。

受益者は，受託者の信託違反処分に対して常に取消権を行使する必要はなく，受託者が信託財産の譲渡によって相手方から取得した代位物につき，信託法14条に基づき代位を主張することもできる。但し，受益者が複数であった場合には，各受益者のした取消権行使の効果が全受益者に及ぶため（信託法32条），複数受益者の一人が取消権を行使したときは，後に他の受益者が代位を主張することはできない[7]。又，受託者の信託違反処分に対して同意ないし追認を与えた受益者は，取消権を行使することができない[8]。

取り消された信託違反処分は遡って無効となり，受託者は第三者に対して目的物の返還や代償の返還を請求しなければならない[9]。受託者がこれを怠った場合には，受益者は債権者代位権（民法423条）に基づき，第三者に対して目的物の返還請求等を行うことができる[10]。

以上のように，信託法31条は，信託目的の公示制度が存在する信託財産にあっては信託目的の公示の有無，かかる公示制度が存在しない信託財産にあっては受託者の信託違反に対する第三者の主観的容態を基準として，受益者と第三者との利害調整を行うものである。

[3]　前述のとおり，債権説は，信託は信託関係設定に係る委託者と受託者との契約ないし合意によって成立し，受託者が信託財産の完全権を有する一方，受益者は受託者に対して信託目的に従って信託財産を管理処分することを要求する債権を有する，と考えている[11]。この理論構成の下で，信託違反が行われた場合における受益者と第三者との利害調整は，従来次のように説明されてきた。

債権説の下では，受益権は受託者に対する債権であって，第三者に対する

151

債権ではない。又，受託者は信託財産に対して完全権を有しているから，受託者が信託財産の処分を行うことは，受託者の有する権利の範囲内に属する有効な処分である。従って，受託者の第三者に対する信託財産の処分は，仮にかかる処分が信託違反であったとしても，その信託違反は受益者に対する債務不履行ないし不法行為となるにすぎず，第三者は信託財産を有効に譲り受ける。このため，受益者が第三者に対して，受託者の信託違反処分を理由に信託財産の返還や損害の賠償を請求することは，第三者が信託財産の処分を受けたことが受益権に対する債権侵害を構成するか，受託者の信託違反処分が債権者詐害行為を構成する等の場合でない限り，原則として許されない。受益者はただ受託者個人に対して，信託財産の復旧填補を請求し，又は損害賠償を請求できるのみである（信託法27条）。従って，一定範囲の受託者の信託違反処分を受益者が取消し，譲渡された信託財産を第三者から返還させることを可能とする信託法31条は，信託の特質に鑑み，法律による特別の保護を受益者に与えたものである[12]。

[4] このように，わが国の債権説は，受益権の効果が第三者に対して及ばないことを絶対的な原則と考えて，受益権の効果が第三者に対して及ぶ場合のあることを法律の規定に基づく政策的判断と位置づけている。しかしながら，受益権の効果が一定範囲の第三者に対しても及ぶことは，受益者と第三者との利害調整に関する信託法理論の中核となるものであるから，これを政策的判断として理論的な説明を行わないことは，信託法理論としての役割を事実上放棄するに等しい。本論文で検討してきたとおり，英国及び米国の債権説は，受託者と第三者とを信託関係上同一視して信託関係設定に係る合意の効果を拡張する，という考え方に基づき，信託違反につき悪意である第三者や信託財産を無償で譲り受けた第三者に対する受益権の追及を，理論的に説明しているのである[13]。

わが国の債権説が上記のような説明を行う理由は，信託関係が信託関係当事者の合意によって形成されることを重視し，合意の効果が当事者間でしか及ばないことを強調しているためであると考えられる。しかしながら，受託者が受益者に対して負っている信託関係上の義務と責任の性質を考えてみる

第3章　信託法理論の対立の意義

と，それは受益者個人に対する道徳的な忠実性というよりも，むしろ信託目的に従った信託財産の管理処分を行う義務と責任であると考えられる。従って，受託者の負う信託関係上の義務と責任に関する合意の効果を一定範囲の第三者に対して拡張することは，わが国の債権説の理論構成に必ずしも反するものでないと思われる。

　そうであるとすれば，わが国の債権説の下でも，英国及び米国の債権説のように，一定範囲の第三者に対して信託関係設定に係る合意の効果を拡張する，との考え方に基づき，受益権の効果が第三者に対して及ぶ場合のあることを，理論構成の中に取り込む必要がある。すなわち，第三者が受託者の信託違反につき悪意で財産を譲り受けた場合等，受託者と第三者とを同一視することが可能であるときは，受託者と受益者との間に成立している信託関係上の契約ないし合意の効果が信託財産を譲り受けた第三者に対して及び，第三者が受託者に代わって受益者に対する信託関係上の義務と責任を負うと考えることは，わが国の債権説の下でも十分可能であると考えられる。

　[5]　以上のことからすると，債権説の下における受益者の第三者に対する追及は，信託財産を譲り受けた第三者と受益者との間に，信託関係当事者間の合意を拡張すること，すなわち，受益者と第三者との間に擬制信託関係を設定することによって行われることとなる。従って，受益権の効果が第三者に対して及ぶ場合に受益者に与えられる救済手段は，原則として，受益者と第三者との間に成立している擬制信託関係の直接の効果，すなわち，第三者を擬制信託受託者として譲渡された信託財産を管理処分させることになる筈である[14]。この観点からすると，受益者が信託違反処分を取消し，信託財産を受託者に返還するよう第三者に対して請求するという信託法31条の規定は，政策的判断に基づく受益者の特別の保護ではなく，受益者と第三者との間に成立した擬制信託関係の効果と，受益者と受託者との間の信託関係上の契約ないし合意の効果とを複合させた，受益者の選択に従って行われる救済手段の一形態のみを規定したものと考えられる。

　このように，わが国の債権説が従来行ってきた受益者と第三者との利害調整に関する説明は，債権説の議論から理論的に導かれる筈である観点からす

153

れば，必ずしも適切でなかったということができる。

　[6]　次に，わが国の物権説は，信託財産の名義が受託者に移転するのは信託財産の管理処分を行うための外形的な財産権が移転しているのみであり，信託財産に関する実質的な財産権は信託財産に関して受益権を有する受益者に帰属している，と主張する[15]。そして，受託者による信託違反処分が行われた場合における受益者と第三者との利害調整について，物権説は従来，次のような説明を行ってきた。
　物権説の下では，受益権は信託財産に関する物権であって対世的な効力を有している。一方，受託者は信託目的に従って信託財産を管理処分する権限を与えられているにすぎない。従って，信託違反処分は受託者の権限の範囲に属しない無効な行為であり，信託財産が第三者に譲渡されたとしても，第三者は受益者から処分の無効を主張され，譲り受けた財産に関して受益権の負担を受けることを免れない。これに対して，信託法31条は，信託違反行為を当然に無効とせず，受益者の取消権行使によって受託者の信託違反処分が初めて無効となる，いわゆる相対的無効を認めたものである[16]。

　[7]　しかしながら，このような説明は，物権説の主張する受益権の性質と理論的に連動していない。すなわち，上記の説明は，受託者が信託財産に関して限定的な権利ないし権限を有するのみであることから，信託違反処分を権限に属しない無効な行為であると考え，受益者による第三者からの信託財産の取戻を肯定するものであるが，この権限外行為による無効という考え方の下では，受益権の性質が物権であると債権であるとを問わず，信託財産の取戻は肯定される筈である。又，無効な信託違反処分が受益者の選択によって有効となることを，受益権が物権であることから直ちに導くことはできないから，上記の説明はそもそも，信託法31条に基づく利害調整基準を整合的に位置づけることができていない。
　むしろ，物権説の議論からすれば，受益権の効果が第三者に対して及ぶのは，受益権が信託財産に関する物権であって対世的効力を有しているためである。この理論構成に従うならば，信託違反処分が行われた場合に受益者に

第3章　信託法理論の対立の意義

対して与えられる救済手段の原則は，譲渡された信託財産に受益権の効果がそのまま及ぶものである以上，第三者に対して当該信託財産を信託目的に従って管理処分すべき義務と責任を負わせること，すなわち，受益者と第三者との間に擬制信託関係を設定することになる筈である。そして，受益者が信託違反処分を取消し，信託財産を返還するよう第三者に対して請求することは，かかる擬制信託関係の効果として，受益者の選択に従って行われる救済手段の一形態であり，信託法31条は，この一つの救済手段のみを規定したものと考えることとなる。

以上のとおり，受益者と第三者との利害調整に関する物権説の従来の説明は，信託の基本構造に関する物権説の理論構成と理論的に関連のない，受託者の権限外行為が無効であることを以て信託法31条の規定に基づく利害調整基準を説明してきたものであり，受益者と第三者との利害調整基準に関する説明としては必ずしも適切でないということができる。

[8]　さらに，信託財産実質法主体性説における信託の基本構造は，概ね次のとおりである。すなわち，ある財産に関する信託関係は，基本的には，委託者と受託者との合意によって設定される。信託関係が設定されると，信託財産は受託者からも受益者からも独立した実質的な法主体性を有する存在となる。このような信託財産に関して，受託者は信託財産の名義及び排他的な管理権を有し，他方，受益者は信託財産に関する受益権を有している。この受益権は，基本的には実質的な法主体性を有する信託財産に対する一種の債権であるが，信託財産と物的相関関係を有する物的権利でもある[17]。この信託財産実質法主体性説の下で，受益者と第三者との利害調整は，次のように説明されてきた。

信託財産実質法主体性説の下では，信託財産は受託者からも受益者からも独立した実質的な法主体性を有する存在であり，受益権は，かかる実質法主体性を有する信託財産に対する一種の債権的権利である。一方，受託者は信託財産の名義を保持しているものの，実質的には，信託目的に従って信託財産の管理処分を行う権限を有する信託財産の機関としての地位を有しているにすぎない。そうすると，受託者が信託違反により信託財産を第三者に処分

155

したとしても，かかる権限違反の処分は，原則として信託財産に効果の帰属しない無効な行為である。従って，第三者が受託者の権限違反に対して善意無過失である等，管理権者の権限違反行為に関する第三者保護の要件をみたしている場合には，第三者は処分の効果を譲り受けた信託財産に関して主張することができ，その反射的効果として受益権は当該財産との物的相関関係を失い，第三者は受益権の負担を免れる。他方，第三者が受託者の信託違反に対して悪意である等，第三者保護の要件をみたしていない場合には，信託違反処分の効果は信託財産には帰属せず，従って第三者は譲り受けた信託財産に対して物的相関関係を有する受益権の効果を受益者から主張される。

以上のことから，信託法31条は，受託者の信託違反処分が行われた場合に，処分の対象となる信託財産が名義上受託者に帰属しており，受託者のどのような行為が信託違反を構成するかは不明確であることが少なくないため，既に行われた処分については「取引の安全」を保護し，かつ，受益者に対して信託違反処分を取消すか追認するかの選択権を与えたものである[18]。

[9] しかしながら，この信託財産実質法主体性説の説明も，物権説と同様，自らの主張する受益権の性質と理論的に連動していない。

信託財産実質法主体性説も，物権説と同様，信託違反処分が受託者の権限に属しない無効な行為であることを前提とする。そして，取引安全の保護に基づく第三者の利益と受益者による取消権行使の選択とを以て信託法31条を説明していることからすれば，信託違反処分が行われた場合における受益者と第三者との利害調整を，財産管理者の権限違反行為が行われた場合における利益享受者と第三者との利害調整という，より一般的な議論として把握するものと考えられる。しかしながら，この説明は，物権説について前述したとおり，信託違反処分が受託者の権限外行為として無効であることのみを前提とするものであるから，受益権の性質と無関係に受益者と第三者との利害調整基準を考えていることになる。又，信託法31条の位置づけについても，要するに，第三者の要保護性の判断の反射的効果として受益者の利益を判断している反面，受益者の選択権を強調するなど，議論が必ずしも一貫していないものと言わざるを得ない。

第3章 信託法理論の対立の意義

前述のとおり，信託財産実質法主体性説は，信託財産が受託者からも受益者からも独立した存在である一方，受益権を，信託財産の実質的な所有権ではなく，信託財産に対して物的相関関係を有する債権的権利，すなわち，信託財産からの価値収受を目的とする信託財産に関する権利である，と位置づける。このような受益権の位置づけからすると，信託財産実質法主体性説の理論構成は，米国の物権説の実質的な理論構成[19]と信託財産中心説の理論構成[20]とを複合させたものにほぼ等しいと考えられる。

[10] そうすると，信託財産実質法主体性説の下における受益者と第三者との利害調整については，次のような説明が成り立つことになる筈である。

すなわち，受益権は，信託財産からの価値収受を行う信託財産に関する権利であるから，受託者の信託違反によって信託財産が第三者に譲渡された場合にも，受益権と信託財産との物的相関関係が切断されることはない。従って，第三者が譲り受けた信託財産に関して受託者との取引に基づく権利を取得する一方，受益者も信託財産との物的相関関係を有する受益権をなお保持している。そして，この状況における受益者と第三者との利害調整は，受益者が受益権に基づく信託財産からの価値収受を行うことを，第三者が受託者との取引に基づき取得した信託財産に関する権利に対して優先させるべきか否かという判断，すなわち，受益者と第三者とが信託財産に関して各々有する権利を，諸般の事情を考慮して比較衡量することによって行われる[21]。すなわち，信託財産実質法主体性説の下で，受益権の効果が第三者に対して及ぶのは，受益権と第三者の有する権利とが比較衡量された結果，受益権に基づく信託財産からの価値収受が，第三者が信託財産に関して有する権利に対して優先する，と判断されたためである[22]。

以上のことからすると，信託財産実質法主体性説の下における受益権の第三者に対する追及は，受益権に基づく信託財産からの価値収受を第三者が信託財産に関して有する権利に優先させることによって行われるわけであるから，受益者に対して与えられる救済手段は，受益者が受益権に基づき信託財産からの価値収受を行うことを可能ないし容易とする状況を形成させることとなる。この状況の形成は，具体的には，第三者を擬制信託受託者として信

第1部　信託法理論の対立の背景

託目的に従った信託財産の管理処分を行わせること，あるいは，第三者が譲り受けた財産を信託財産に返還させ，受託者に信託財産の管理処分を行わせること，あるいは，譲り受けた信託財産に相当する価値を第三者から信託財産に対して賠償させること，のいずれかのうち，受益者によって選択された手段によって行われる。なお，受益者が信託財産から価値収受を行う具体的権利を有している場合には，信託財産を受託者に返還させて受益権に基づく価値収受が可能な状況を形成させるまでもなく，受益者による直接の価値収受を認める方が合理的であるから，第三者が保持している信託財産から価値収受を直接行うことを受益者が選択することも可能である。

このように，信託財産実質法主体性説の下では，受益権に基づく信託財産からの利益享受を可能ないし容易にさせるあらゆる手段が受益者に与えられる救済手段となる筈であるから，信託違反処分を取消し，信託財産を受託者に返還することを第三者に請求することのみを規定した信託法31条は，種々の救済手段のうちの一形態のみを規定したものと考えることになる。

以上のとおり，信託財産実質法主体性説の説明は，物権説の説明と同様，受益者と第三者との利害調整に関して，受益権の性質と理論的に関連のない，受託者の権限外行為の効果として信託法31条の規定を位置づけており，説明として必ずしも適切でないということができる。

[11]　以上のとおり，従来のわが国の信託法学説が，信託法31条に対して行ってきた説明は，受益者と第三者との利害調整に関する各信託法学説の理論構成との関係で，必ずしも適切でなかったということができる。

すなわち，債権説は，信託関係が信託関係当事者間の合意によって設定されることを強調するあまり，信託の本質的特徴である受益権の第三者に対する効力を必要以上に限定的なものと考えたため，受益者と第三者との利害調整に関する理論構成を事実上提示してこなかったということができる。

又，物権説及び信託財産実質法主体性説は，信託法31条について説明する際，受益権の性質と理論的に関連のない，信託違反処分が受託者の権限に属しない無効な行為であることに基づき，受益者による信託違反処分の取消と信託財産の取戻を肯定するにとどまり，受益者と第三者との利害調整と信

託の基本構造との関連を，実質的に議論してこなかったということができる。

このように，わが国の従来の信託法学説は，信託法31条に関して議論する際，受益者と第三者との利害調整に関する理論構成との関係を実質上議論せず，受益権の性質とは理論的に関連しない，信託違反処分の効果が受託者の権限に照らして有効か無効かのみを専ら議論し，同条の規定と自説の議論との整合性を考えてきたものと言わざるを得ない。このようなことからすれば，信託法31条の解釈に関して，従来のわが国における信託法理論の対立，すなわち，受益権の性質に関する信託法理論の対立が，単なる「説明の違い」となっていたことは，半ば当然であると考えられる。

[12] そうすると，次に検討しなければならないことは，信託法31条の規定する受益者と第三者との利害調整基準を，本論文のこれまでの検討によって得られた観点からどのように位置づけるべきかである。

まず，わが国における信託法理論と信託法31条との関係については，前述した各学説の理論構成からすると，次のように考えることができる。

すなわち，債権説の下では，受益権の第三者に対する追及は，信託関係設定に係る合意の効果を第三者に拡張することによって行われるから，信託違反処分が行われた場合に受益者に対して与えられる救済手段は，第三者を擬制信託受託者として信託財産の管理処分を行わせることである。そして，信託違反処分の取消と信託財産の受託者に対する返還は，第三者と受益者との間における擬制信託関係の効果の一形態である。他方，信託法31条は，受益者による信託違反処分の取消を規定しているのみであり，第三者を擬制信託受託者として信託財産の管理処分を行うことを，条文上予定していない。従って，信託法31条は，債権説の下において受益者に与えられるべき救済手段の一形態を，限定的に規定したものである。

次に，物権説の下で，第三者に対して受益権の効果が及ぶのは，信託財産に関する物権である受益権の原則的な効果であるから，信託違反処分が行われた場合に受益者に与えられる救済手段は，債権説と同様，第三者と受益者との間に擬制信託関係を設定することである。従って，物権説との関係においても，信託法31条の規定は，受益者に与えられるべき救済手段を，信託

第1部　信託法理論の対立の背景

違反処分の取消と信託財産の取戻に限定したものと考えられる。

　さらに，信託財産実質法主体性説の下で，受益権の効果が第三者に対して及ぶのは，受益権と第三者の権利とが比較衡量された結果，受益権に基づく信託財産からの価値収受が第三者が信託財産に関して有する権利に対して優先するためであるから，信託違反が行われた場合に受益者に与えられる救済手段は，受益権に基づく信託財産からの価値収受を可能ないし容易とさせる手段，すなわち，第三者と受益者との間における擬制信託関係の設定，信託違反処分の取消と譲渡された財産の信託財産に対する返還，又は信託財産に対する損害賠償の支払等のうち，受益者が選択した手段である。従って，信託法31条は，信託財産実質法主体性説との関係においても，受益者に対して与えられる救済手段を限定したものである。

　[13]　前節で説明したとおり，信託法の立法過程における現行31条は，当初の段階では，受益者が第三者に対して信託を対抗することや，第三者を受託者とみなして管理処分を行わせること等，第三者と受益者との間に擬制信託関係を設定することが規定されていたが，大正8年12月の草案以降は，現行31条と同様，信託違反処分の取消のみが規定されるに到っている[23]。そして，わが国の従来の議論では，このような規定内容の変更につき，擬制信託関係の設定は物権説の帰結であるため債権説を範とする信託法に合致しないと考えられたから，との解釈論[24]と，英国の信託法理の下で受益者に対して与えられる救済手段は擬制信託関係の設定であるから，現行31条の規定をそれに合わせて改正し，受益者の救済は擬制信託関係の設定によるべきである，とする立法論[25]とが対立してきた。

　しかしながら，上記の検討から明らかなとおり，擬制信託関係の設定による受益権の第三者に対する追及は，物権説のみならず，債権説及び信託財産実質法主体性説の下においても，その理論的根拠が異なるものの，等しく認められる救済手段である。そして，各信託法理論の下において，信託違反処分の取消は，擬制信託関係の設定による受益権の追及の一形態となっている。従って，当初擬制信託関係の設定によって受益権の効果を第三者に及ぼすとしていた信託法の草案が，現行31条のように信託違反処分の取消のみを規

第3章　信託法理論の対立の意義

定する旨内容を変更したことは，制定法としての信託法が信託の基本構造に関してどのような理論構成を範としていたかではなく，信託違反処分が行われた場合に受益者に対して与えられる救済手段を，信託違反処分の取消のみに限定したものということができる。

そして，本節で検討してきたとおり，この信託違反処分の取消は，いずれの信託法理論においても，救済手段の一形態として認められるものであったため，従来のわが国の信託法学説が行ってきた 31 条に関する議論の仕方が適切であったか否かにかかわらず，同条の規定する利害調整基準は，いずれの信託法理論とも決定的な不整合を来さないものとなっているわけである。

[14]　以上のとおり，わが国における信託法理論の対立は，英米の信託法理論の対立が主に対象としてきた受益者と第三者との利害調整に関して，必ずしも明確な対立を生じさせていない。そして，その原因は，信託法 31 条が，受益者の救済手段に関していずれの理論構成にも不整合を来さない，信託違反処分の取消のみを規定しているためであるということができる。

そもそも，英米の信託法理論に関して分析検討してきたとおり，英米両国における信託法理論の対立は，善意有償取得法理の具体的な結論それ自体に関する対立ではなく，法体系全体の把握の仕方や，信託法理論の目的，あるいは議論の前提となる基本的な概念把握等，解釈の前提となる基本的な概念ないし理念に関する対立と評価すべきものであった。このような信託法理論の対立の背景からすれば，英米における信託法理論の対立が具体的な解釈論の段階で展開されるのではなく，信託の基本構造と善意有償取得法理に関する抽象的な理論構成をめぐって専ら展開されてきたことには，十分な理由があるということができる。

これに対して，わが国における信託法理論の対立は，解釈の前提となる基本的な概念ないし理念については一致しており，制定法としての信託法に関する解釈の原則ないし方向性をめぐって展開されてきたと評価すべきものである。従って，わが国における信託法理論の対立の意義について考えようとする場合には，信託法 31 条のみならず，信託法の各条文や，信託関係に関する多様な局面の解釈について，信託法理論の対立状況を具体的に検討して

第 1 部　信託法理論の対立の背景

いくことが必要である。要するに，わが国の従来の議論では，信託法31条以外の局面に関して信託法理論の対立の構造を検討することが，必ずしも十分でなかったため，わが国における信託法理論の対立の意義を明らかにできなかったものと考えざるを得ない。

[15]　以上を要するに，第1部において得られた観点としては，第一に，信託法理論の対立の意義が，英米と日本とで大きく異なるものであること，第二に，日本法における信託法理論の対立は，具体的な解釈の原則ないし方向性を考えるための理論モデルの対立としての現代的意義を有する可能性があること，がそれぞれ挙げられる。そして，この観点を現行信託法の解釈に関して具体的に応用することが，第2部においてなされなければならない。

(1)　ここでいう「登記簿ないし登録簿の記載」とは，厳密には，「信託の登記ないし登録の際に添付書面として提出すべき信託契約書の記載」を指す。藤原勇喜『信託登記の理論と実務』30-31頁（1994）参照。
(2)　従って，有価証券等の「信託ナルコトノ表示」を行うべき財産（信託法3条2項参照）も，かかる信託の表示には信託目的が公示されないため，31条の解釈に関しては，上記の「その他の財産」に含まれる。青木237頁，入江398頁注14，細矢・信託論338頁，遊佐・評論99頁，四宮・信託法254頁。反対，永井261-262頁，三淵156-157頁。
(3)　四宮・信託法255頁。この点に関して，宇佐見雅彦「信託の公示とその効力について」信託法研究19号131頁（1995）は，背信的悪意者の解釈を柔軟に行うことにより，信託違反につき悪意の第三者に対して受益者の取消権行使を認めるべきである，と主張する。
(4)　この取消権の消滅に係る期間の性質については学説が分かれ，青木239-240頁，入江404頁，永井268-269頁，三淵164頁は除斥期間と解しているが，細矢・信託論342頁は消滅時効とし，四宮・信託法256頁は，短期の期間は消滅時効，長期の期間は除斥期間であるとする。
(5)　入江404頁，大阪谷・理論編171頁以下，遊佐・評論101-102頁，四宮・信託法256頁。
(6)　青木240頁，入江404頁注19，遊佐・評論102頁，四宮・信託法256頁。

第 3 章　信託法理論の対立の意義

(7)　入江 403 頁，永井 267－268 頁，遊佐・評論 100 頁，四宮・信託法 256 頁。
(8)　入江 404 頁，遊佐・評論 98 頁，四宮・信託法 256 頁。
(9)　青木 236 頁，入江 403 頁，永井 266-267 頁，細矢・信託論 339 頁，細矢・法理 758 頁，三淵 160-161 頁，遊佐・評論 98 頁，四宮・信託法 256 頁。
(10)　四宮・信託法 256 頁及び 258 頁注 21。
(11)　青木 299 頁，入江 150 頁以下，永井 230 頁，細矢・法理 539 頁，遊佐・評論 10 頁以下，米倉 125 頁以下。厳密には異なるが，新井・信託法 51 頁以下も，一応ここに含めて差し支えないであろう。
(12)　青木 235 頁，入江 394-395 頁，細矢・信託論 392-393 頁，三淵 154 頁，遊佐・評論 96 頁，米倉 126-127 頁，道垣内・信託法理 223 頁。
(13)　第 1 章第 3 節 [3] 及び第 2 章第 2 節 [2] 参照。
(14)　大阪谷・理論編 99 頁以下は，英国における議論を参照して，信託法第 31 条を追及効主義に改正すべきであると主張している。
(15)　岩田 97 頁以下。
(16)　岩田 181 頁。新井・信託法 227 頁は，この局面ではこの立場をとる。
(17)　四宮・信託法 76-77 頁。
(18)　四宮・信託法 252 頁。
(19)　第 2 章第 3 節 [8] 参照。
(20)　第 2 章第 5 節 [6] 参照。
(21)　第 2 章第 3 節 [10] 参照。
(22)　第 2 章第 3 節 [10] 参照。
(23)　第 3 章第 1 節 [2]，山田・資料 90-93 頁参照。
(24)　山田・研究 152 頁以下
(25)　大阪谷・理論編 99 頁以下。

第2部　信託法理論の解釈への応用

　[1]　第1部での分析検討によって得られた，各法体系における信託法理論の対立の背景に関する観点からすると，次に分析検討する必要があるのは，信託違反が行われた場合の受益者と第三者との利害調整のみならず，信託法の解釈全般に関して，信託法理論の対立がどのような理論的実務的影響を及ぼしうるか，という点である。従って，第2部では，特にわが国の現行信託法に焦点を当て，信託法理論の対立と現行信託法の解釈の方向性との関係について分析検討を加える。そして，わが国における信託法理論の対立の現代的意義を改めて考察したうえで，本論文の最終的な目的である信託法理論の対立構造から見た信託法の特徴及びわが国の法体系における信託法の位置づけについて考えてみる。

　[2]　わが国の現行信託法は，信託に関する一般理論を制定したものであり，後にみるとおり，実務上の多様な局面で契約等に基づく修正が加えられている。そして，現在のところ，実務上の要請に応える形で現行信託法の特別法の立法化の試みが徐々に具体化してきているが[1]，個々の問題点についての解釈の妥当性や，異なる局面ごとの議論の一貫性については，必ずしも十分な注意が払われていない部分があると言わざるを得ない。このことの原因としては，現在の信託法に関する議論が主として信託関係の受託を業とする信託銀行業界の主導によって行われており[2]，対立する利益状況に立つ他の実業界との意見交換が，少なくとも現状では必ずしも十分でないという点があるように思われる。
　しかしながら，第1部で検討してきたとおり，そもそも現行信託法自体，必ずしも一貫した理論モデルに従って制定されているわけではなく，現行契

第2部　信託法理論の解釈への応用

約法体系の中に信託を整合的に位置づけるために，個々の局面ごとに，良く言えば柔軟な，悪く言えば場当たり的な規定が置かれている面がある。このことが，現行信託法の解釈を必ずしも理論的に一貫しないものとさせ，結果として個々の当事者の個々の局面における利害状況に合わせて変動する場当たり的な解釈を助長させていることは，否定できないように思われる。

　[3]　このようなことからみても，現行法の解釈に関して現時点で必要であることは，特定の観点から見た場合における各局面における解釈が，相互にどのような関係に立っているのかを，具体的に明らかにすることである。そして，このような検討は，わが国における信託法理論の対立の現代的意義，すなわち，信託法の解釈に関する理論モデルとしての対立という意義を，果たして各信託法理論が持ちうるものか否かを，併せて明らかにすることができるものと思われる。

　要するに，第2部において主張したい点は，次のとおりである。

　まず，現行信託法の解釈として応用可能な理論モデルとしては，債権説，物権説（受益者実質所有権説），信託財産実質法主体性説の三者がある。そして，これらの理論モデルに従った信託法の各局面における解釈，すなわち，信託の成立要件，信託関係当事者の変動の要件効果，信託財産の範囲とその変動に際しての要件効果，受託者の義務と責任の範囲，信託財産に関する相殺の要件効果，信託財産の共同受託の法律構成と解釈，実績配当型信託関係の解釈，信託財産に関する情報開示に関する解釈，信託財産に関する債務及び責任の帰属等に関しては，どの信託法理論に従って解釈を行うかによって，原則的な考え方が相当程度異なる部分が存在し，かつ，三者相互の関係も個々の局面ごとに同一でない。

　しかしながら，三者の解釈に共通する信託の特徴として，第一に，信託関係が信託目的によって拘束されていること（「信託の目的拘束性」），第二に，受益権の内容に関して現行法体系と実質上別次元の権利関係を信託関係当事者が自由に創設することが認められること（「信託の多様性」），をそれぞれ挙げることができる。

　そして，この信託の特徴に最も適合的である信託法理論は，三者の中で特

に見出すことができず，個々の局面における適合性にしても他の信託法理論と比較した場合の相対的な優位に過ぎない。従って，個々の信託関係当事者が各々の信託目的に適合すると考える信託法理論に従って自由に信託関係を形成することは，信託の多様性という観点からむしろ助長されるべきであるし，場合によっては，複合的な信託法理論モデルに従った解釈の可能性も検討されてしかるべきである。

[3] 以下では，まず，第1部で検討してきた信託法理論の対立の構造から，現行信託法の下での理論モデルを，「債権説」「物権説（受益者実質所有権説）」「信託財産実質法主体性説」の三者に再構成したうえで，信託の定義や基本構造，信託関係の分類基準，及び信託類似法理との親近性の違い等に関して，抽象的な比較検討を行う（第4章）。次いで，現行信託法の解釈に関して信託法理論の対立がどのような影響を及ぼしうるかを，やや具体的な局面に即して検討する（第5章）。そのうえで，本論文の結論として，わが国における信託法理論の対立の現代的意義について，又，わが国における信託法の理論的特徴や法体系における信託法の位置づけについて，それぞれ考察を加えたうえで，今後の課題について簡単に述べる（第6章）。

(1) 現時点での実務界及び学界の共同研究の成果を示すものとして，商事信託研究会により，「商事信託法要綱案」が公表されている。
(2) 実際，前記商事信託研究会を構成している実務界の参加者の所属は，いずれも信託銀行業界であり，他の金融機関や法曹関係者，官庁等からの参加者はいない。

第4章　信託法理論の再構成

　[1]　第2部での議論のためにまず必要であることは，具体的な信託法の解釈を行うための前段階として，理論モデルとしての信託法理論をとりあえず確定することである。すなわち，第1部で分析検討してきた英米及びわが国における従来の各信託法理論につき(1)，その特徴と内容とを整理したうえで，英米とわが国との法体系の構造や基本的な概念把握の差異に注意を払いつつ，現行法の解釈のための理論モデルとして抽象的に再構成することが必要となるわけである。

　[2]　以下では，第1部の議論と実質的に重複する結果となることを避けられないが，まず，信託の定義及び基本構造に関して，従来の代表的な信託法理論の内容と特徴とを抽象的に整理する（第1節）。そのうえで，信託関係の分類基準に関する議論と，信託類似法理に関する議論とを参照しつつ，理論モデルとしての信託法理論を抽象的に把握することを試み，第5章以降における議論の準備を行うこととする（第2節及び第3節）。

　　（1）　もっとも，本論文のような議論の方法からすれば，従来の信託法理論にとらわれることなく，全く新しい信託法理論に基づいて解釈を行うことも可能であるし，又，その方がかえって信託の特徴をより明らかにすることができるかもしれない。しかしながら，本論文の最終的な目的の一つに，従来の信託法理論の対立の構造と意義とを明らかにすることが含まれていることから，本論文での検討では従来の代表的な信託法理論に基づく解釈に専ら焦点を当てることとし，その他の信託法理論の可能性については将来別途研究するようにしたい。

第4章　信託法理論の再構成

第1節　信託の定義と基本構造

［1］　本節では，信託の定義及び基本構造に関して，従来の代表的な信託法理論の内容と特徴とを整理する。

以下では，まず現行信託法を中心とする信託の定義について概観したうえで，信託の基本構造に関する英米及びわが国における代表的な信託法学説の理論構成とその特徴とを検討する。

［2］　現在のわが国における「信託」の一般的な定義は，信託法1条の採用する定義，すなわち，「財産権ノ移転其ノ他ノ処分ヲ為シ他人ヲシテ一定ノ目的ニ従ヒ財産ノ管理又ハ処分ヲ為サシムル」こと，とされている。

この定義によると，信託とは，第一に，「財産権ノ移転其ノ他ノ処分」によって設定されるものであること，第二に，「他人」に「一定ノ目的」に従った財産の管理又は処分を行わせること，となる。すなわち，同条の定義における信託は，信託の設定に係る財産権の移転等，すなわち「信託行為」によって一定の財産を「信託財産」とし，財産権の移転等を受けた「受託者」に一定の「信託目的」に従った財産の管理処分を行わせること，である。要するに，わが国の信託法は，信託目的と信託財産の存在，そして信託の設定を行う者（委託者）から信託財産の管理処分を行う者（受託者）に対する信託の設定行為に着目しており，委託者と受託者との法律関係に重点を置いた定義を採用しているものと考えられる。

もとより，このような定義の仕方は，信託に関する唯一の定義ではない。例えば，現在の米国における信託の一般的な定義を示した米国信託法リステイトメント（Restatement (2d) of Trusts）2条によれば，信託（trusts）とは，「ある財産権（property）に関して，その財産権の権原（title）を有する者が，他の者の利益のために（for the benefit of another person）当該財産権を行使すべきエクイティ上の義務（equitable duties）を負う信認関係（fiduciary relationship）であって，設定（creation）のための意思の表示（manifestation of intention）によって成立するもの」とされている[1]。この定義の下では，例

169

第2部　信託法理論の解釈への応用

えば，信託の設定は意思表示に基づくものとされているものの，「財産権の移転」等があることは必ずしも必要とされていない。又，信託関係は，「信託目的に従った財産の管理処分」としてではなく，「財産権の権原を有する者（受託者）が財産権の行使によって利益を受ける者（受益者）の利益のために財産権を行使する関係」として表現されている。要するに，この定義の下では，委託者から受託者に対する信託の設定行為よりも，信託が設定された後における受託者と受益者との法律関係が，より重視されているものということができる。

[3]　このように，信託の定義に関しては，信託に関する法律関係のうち，どの側面を強調するかについて，複数の考え方が存在する。そして，このような信託の定義に関する考え方の違いは，単なる表現の違いにとどまるものではなく，第1部で信託法理論の対立について検討してきた諸要因，すなわち，信託関係当事者相互間の権利義務関係をどのように考えるべきか，信託の基本構造に関する理論構成をどのようにとらえるべきか，信託法理と信託類似法理との関係をどのように考えるべきか，法体系の中に信託をどのように位置づけるべきか，信託の理論的特徴をどのように考えるべきか，という信託法理の基本問題に連動するものであるし，さらに，権利とは何か，財産権とは何か，といった法律学の最も基本的な問題に関する議論と連動していく可能性を有している。又，後に議論するとおり，実務上の問題に対する解釈の対立に関しても，上記のような信託の定義に関する考え方の違いが重大な影響を及ぼしていることは少なくない(2)。

以上のとおり，信託については，その定義自体に関して重要な考え方の違いが存在しており，かかる考え方の違いは実務上の問題点の解決にも影響していく可能性を有しているわけであるが，現段階ではとりあえず，信託の定義に関して一応定義の一致が見られる点，すなわち，①信託が委託者から受託者に対する設定行為によって成立するものであること，②信託関係が成立するためには，特定の信託財産と管理処分に関する一定の目的が必要であること，③信託財産の管理処分を行う受託者と管理処分に基づく利益を享受する受益者とが原則として別人格でなければならないこと，を確認したうえで

第4章　信託法理論の再構成

先に進むこととしたい。

　　［4］　このように，信託関係は，委託者から受託者に対して信託設定行為がなされ，特定の信託財産が形成され，受託者が定められた信託目的に従った財産の管理処分を行い，かかる管理処分に基づく利益を受益者が享受する，というものであり，概念上少なくとも3名以上の者が特定の財産に関して権利義務を相互に有する，という相当複雑な構造を有しているため，信託関係当事者間の権利義務関係をどのように把握するかについても，必然的に学説の対立が生じやすい状況にある。

　信託の基本構造に関する代表的な信託法学説は，大別して四つ（実質的には五つ）ある。すなわち，信託財産二重領有説，債権説，物権説（後述するとおり，この名称で呼ばれる学説には実質的に二つの異なる説がある），そして信託財産実質法主体性説である。以下では，これらの各信託法理論の概要と特徴とについて，信託の特徴が最も明確に現れる二つの局面を念頭におきつつ，各信託法理論ごとに検討を加える。具体的には，第一に，信託のいわゆる「内部関係」に関する局面として，信託関係当事者である委託者，受託者及び受益者の三者間における法律関係，特に受益者が信託関係において有する受益権の法的性質について検討する。第二に，信託のいわゆる「外部関係」に関する局面として，受託者が信託の目的に違反した信託財産の管理処分（信託違反）を行い信託財産を第三者に譲渡した場合における受益者と第三者との利害調整について検討する。

　　［5］　「信託財産二重領有説」とは，信託財産に関して受託者と受益者とが各々別次元の権利を有する，と考える学説である。この学説は，19世紀までの英国において，コモン・ロー裁判所とエクイティ裁判所とによって複数の判例法が別次元に適用されてきたことを背景とし，コモン・ロー裁判所によって適用されるコモン・ロー上の権原を保持する受託者が，エクイティを司るエクイティ裁判所によって，信託財産に対してエクイティ上の利益を有する受益者のために信託財産を管理処分することを強制された，という信託の歴史的な発展過程をそのまま理論構成として採用するものである[3]。

第2部　信託法理論の解釈への応用

従って，英国のようなコモン・ローとエクイティという法体系の把握の仕方をしないわが国では，この学説の理論構成を直接支持する見解は見られない。

但し，コモン・ロー上の権原を外形的な法律上の権利，エクイティ上の権利を実質的な信義則上の権利，と置き換えるとすると，受託者と受益者とが信託財産をいわば二重に領有している，という理論構成は，わが国における信託関係の把握としても，十分理解可能なものである。実際，後述する「物権説（受益者実質所有権説）」は，正に受益者が信託財産に関して「実質的な」権利を有することを以て，理論構成の中核としている。従って，信託財産二重領有説がわが国の信託法の解釈としておよそ成立しないわけではないし，この説の考え方がわが国の法体系と全く相容れないというわけでもない。

むしろ，第1部において検討したとおり，19世紀までの英国における信託財産二重領有説の理論構成の特徴は，受託者と受益者とが信託財産を二重に領有している点というよりも，信託関係の成立や効力がエクイティ裁判所の命令によって強制される点を議論の中心としている点にあると考えられる。すなわち，ある財産に関して信託関係が成立しているか否か，信託関係の効力を誰に対して主張することが可能か，ということは，ひとえにエクイティ裁判所が当該財産に関して受益者に救済を与えるか否かにかかっている。従って，他の信託法理論が，信託関係の設定に関する信託関係当事者の意思を信託の分類に際して相当程度重視しているのと異なり，信託財産二重領有説の下では，信託関係成立の原因が信託関係当事者の意思に基づくか否かは，必ずしも決定的な信託の分類要因とはならないこととなる[4]。

[6]　「債権説」とは，信託財産に関する権利[5]が完全に受託者に帰属しており，受益者は信託財産に関する権利を有しているのではなく，受託者に対して信託財産の管理処分に基づく利益を享受する債権を有している，とする学説である。この学説は，19世紀末頃に英米両国でほぼ同時に主張された学説であり[6]，わが国の信託法の立法者によって支持され，現行信託法に条文として採用されているほか，現在でもわが国の信託法学説の中での通説的見解を構成している。

債権説の下では，信託関係は委託者による信託設定の意思と受託者による

信託関係の引受とによって成立する。但し，この委託者の意思と受託者の引受とが委託者と受託者との間の「契約」を構成するかについては，論者によって見解が分かれる。信託関係の成立により，受託者は信託財産の完全権を取得すると同時に，受益者の利益のために信託財産を管理処分する債務を受益者に対して負担する。

このような債権説の理論構成からすると，受託者による信託目的に違反した財産の管理処分は，受託者の受益者に対する不法行為ないし債務不履行を構成するものであるが，信託財産の管理処分それ自体の効果は，信託目的に違反しているか否かを問わず，財産の完全権者が行う管理処分である以上原則として有効となる。従って，債権説の下では，信託違反処分が行われた場合でも，受益者は受託者以外の第三者に対して受益権の効果を主張できないのが原則であり，信託法 31 条以下の規定に基づき信託違反処分を受益者が取り消すことができるのは，信託法が受益者の利益の保護のために特別に認めた効果である，と説明される[7]。

[7] もっとも，債権説の立場からでも，一定範囲の第三者に対して信託関係の効果が及ぶと考えることは不可能ではない。すなわち，受託者の信託違反によって信託財産を取得した第三者が，信託違反について悪意であるとか，受託者の法律上の地位を承継した等，受託者と法的に同一視可能な者であり，受託者が信託関係上受益者に対して負っている義務と責任を承継すべきであると考えられる場合には，受益権の第三者に対する効力が認められる，と説明することは十分可能である[8]。従って，信託の基本構造に関して債権説の理論構成を採用することが，特に他の信託法理論と比べて受益者の保護に欠ける結果を生じさせるわけではないし，後述する信託財産実質法主体性説と比較してみれば明らかなとおり，受益権を債権と考えることそれ自体は，信託法学説の理論構成としてそれほど特異なものではない。

むしろ，19 世紀末頃の英国及び米国において債権説が主張されたことの理論的意義は，信託の成立や受益権の効力に関して，エクイティ裁判所の命令を正当性の根拠としていた信託財産二重領有説に対し，委託者による信託関係設定の意思と受託者による信託関係の引受，すなわち信託関係当事者間

の意思に基づいて信託関係が成立する,という点を理論構成の中核に据えた点にある。この理論構成の下では,前述した信託財産二重領有説の場合と異なり,信託関係当事者の意思に基づいて成立する「明示信託 (express trust)」と,信託関係当事者の意思と無関係に成立する「擬制信託 (constructive trust)」とが,明確に区別されるべきこととなる。しかし,債権説の下で受益権の第三者に対する効力が認められるのは,前記のとおり,第三者が信託関係を引き受けたためではなく,信託財産を取得した第三者に信託関係上の義務と責任を負わせることが妥当であると法律上判断され,受益者と第三者との間に擬制信託関係の成立が認められるためである。従って,明示信託と擬制信託とを明確に区別する債権説の下でも,擬制信託法理は信託法理の不可欠の構成要素となっているものと考えられる[9]。

[8] なお,近時,債権説の立場からでも信託法 31 条と信託の特徴とは整合する,という主張が道垣内弘人によって提示され,実務界学界の双方で一定の支持を集めている[10]。

道垣内は,主として英国における代理,寄託等信託以外の財産管理法理に対して徐々に信託法理が類推応用されるようになったという歴史的事実に着目し,信託には財産管理法理としての管理者の義務内容や受益者の救済に関する「均質化機能」があると指摘したうえで,財産管理関係の一種としての信託関係の本来の目的は受益者に財産の所有権者的な利益を享受させることにあり,信託法 31 条が信託違反処分に対する受益者の取消権を認めているのもかかる信託関係の本来的目的に沿うものである,と説明する[11]。

しかし,道垣内の行っている,信託関係の本来的な目的は受益者に信託財産の「所有権者」としての利益を享受させることにある,という説明は,法体系の中における信託の位置づけに関する道垣内の以下のような前提,すなわち,同一の私法体系の中に信託関係を含む多様な財産管理関係が同時に存在する以上,かかる財産管理関係相互間には制度としての連続性があり,従って財産管理関係に係る要件効果や具体的な局面における問題解決は究極的に同一となるよう解釈すべきである,という前提の下で,初めて正当化されるものである。しかしながら,この前提それ自体の正当性について,道垣

第 4 章　信託法理論の再構成

内は特に議論をしていない。つまり，現在の私法体系の中で信託を含めた多様な財産管理関係が併存しており，具体的な問題解決における解釈が相互に類推応用される傾向がある，との事実自体からは，道垣内の主張するような，多様な財産管理関係は究極的に同一の法理と考えるべきである，との見解が成り立つ一方，各法理には現在でも各々固有の理論的特徴があり，かかる特徴に関連のない抽象的な部分に係る解釈が相互に類推応用されているに過ぎない，と考えることも可能であるから，道垣内の前記の主張には，その前提における正当化がなお必要なわけである。

　[9]　以上のとおり，道垣内の議論は，財産管理関係を究極的に同一の関係と解釈すべきである，との前提を採用して初めて成立する，という理論的な問題点を抱えるものではあるが，この議論の実務上の意義を他に見いだすことは必ずしも不可能ではない。
　すなわち，これまでの実務では，経済的に同一の効果を目的とした関係を，信託，保険，証券，銀行等の業界毎に，異なる「法律関係」として区別し，各法律関係の理論的特徴に対してほとんど関心をもたないできた。例えば，信託に関しては，その理論的特徴がほとんど分析検討されることなく，要するに「信託とは信託銀行の業務に係る財産管理関係である」と単純化される傾向があったことは否定できない[12]。このような実務界における「法律関係の解釈」の傾向に照らしてみるならば，道垣内の議論は，かかる実務の傾向に対する一つのアンチ・テーゼとしての意義を有していることになる。
　しかし，「信託実務」における「信託関係」の中に理論上の「信託」に該当しないものが含まれている，ということ自体は，信託法の起草者である池田寅二郎らによって信託法の立法以前から既に主張されていたことである。そして，かかる実務の状況に対して「信託」概念を理論上明らかにするために信託法が立法された，という歴史的経緯を併せ考えると[13]，財産管理に関して信託の理論的独自性を実質的に認めない道垣内の主張が果たして現行信託法の解釈指針として妥当であるか否かについては，疑問の余地があると言わなければならない[14]。

第2部　信託法理論の解釈への応用

[10]　「物権説」とは，受益権を信託財産に関する物権ないし物権的権利であると考える学説であるが，この名称で呼ばれる学説には，以下に述べるとおり，大きく内容と特徴の異なる二つの議論が存在する。

　まず，英国における「物権説」は，受益者が信託財産に関して有する受益権を以て，信託財産の実質的な所有権と考えるものであり，「受益者実質所有権説」と呼ぶことがむしろ適切である[15]。この説の下では，受託者は信託財産の形式的ないし外形的な権利者であるに過ぎず，信託関係において与えられた権限の範囲で信託財産を管理処分する権能を有するのみである。

　従って，受託者が与えられた権限に違反して信託財産を管理処分した場合には，かかる管理処分が受託者の権能に含まれていない以上，かかる管理処分は無効であるから，受益者は信託財産の実質的所有権者であることを理由に，信託財産を取得した第三者に対し，当該財産が信託財産であることの効果を主張することができる。但し，受託者は，形式的ないし外形的なものであれ，第三者に対する関係で信託財産の「所有権者」であるから，第三者が受託者の信託違反につき善意無過失である等の場合には，第三者が信託財産に関して取得した権利が例外的に保護され，受益者はかかる第三者に対して受益権の効果を主張できない。

　要するに，英国の物権説（受益者実質所有権説）の理論構成の下では，受託者の権限外行為としての無効な信託違反処分が行われた場合に，取引の相手方である第三者にどの程度の保護を与えるべきかが専ら検討され，信託財産の実質所有権としての受益権の保護は，第三者が受けるべき保護のいわば反射的効果として位置づけられているわけである[16]。

[11]　これに対して，米国における「物権説」は，信託財産を構成する所有権等の権利は受託者に帰属し，受益権は信託財産の所有権とは異なる権利であるとしつつ，なお受益権は信託財産に関する物権的権利である，と考える。言い換えれば，この見解の下では，受益者が信託財産に関して有する受益権は，信託財産に関する権利という意味で物権的権利に分類されているものの，権利の具体的な内容としては，信託関係からの利益を享受することを目的とした信託財産に対する一種の債権的権利と考えられている[17]。

第4章　信託法理論の再構成

　そして，この見解の下では，受託者の信託違反処分が行われた場合における受益者と第三者との利害調整に関する理論構成は，概ね次のようになる。まず，受託者が信託財産を構成する所有権等の権利を有している以上，第三者は受託者からかかる権利等の譲渡を有効に受けることができ，信託財産に関して一定の権利を取得する。一方，譲渡された信託財産には，受託者の有する権利とは別に，物権的権利としての受益権が存在し，受益者も信託財産に関して一定の権利を有している。従って，かかる場合における受益者と第三者との利害調整は，受益者と第三者とが各々信託財産に関して有する権利を諸般の事情を考慮して比較衡量することによって行われ，英国及び米国における伝統的な判例法理である善意有償取得法理（Purchase for Value without Notice）の結論に従えば，第三者が受託者の信託違反に対して善意（without notice）であり，かつ有償（for value）で信託財産を取得した場合には第三者の権利が受益者の権利に対して優先し，その他の場合，すなわち第三者が信託違反につき悪意もしくは過失がある（with notice）か，又は信託財産を無償（for no value）で取得した場合には，受益者の権利が第三者の権利に対して優先する[18]。

　[12]　このように，英国の「物権説」と米国の「物権説」とは，信託の基本構造や信託違反処分に対する受益者の救済に関して，理論構成に相当程度の差異がある。そして，わが国において従来主張されてきた「物権説」は，信託財産が法律外形的には受託者に帰属する一方，経済実質的に受益者に帰属し，受益権は信託財産の実質所有権と考えるべきである，と主張するものであるから[19]，英国の物権説の議論とほぼ同一であると考えられる。そして，後述するとおり，わが国の信託法理論の中で米国の物権説に最も親近性を有しているのは，信託財産実質法主体性説であるから，米国の物権説の特徴及び問題点については，信託財産実質法主体性説の検討と共に後で行うこととし，まず，英国及びわが国の物権説（受益者実質所有権説）について，その特徴と問題点とを検討する。

　[13]　前述のとおり，物権説（受益者実質所有権説）の特徴は，信託関係

を法律外形的ではなく経済実質的に把握する法律構成を考えようとする点にある。このような解釈の基本的指針それ自体は，信託関係から生ずる利益を受益者に享受させることを財産管理制度の目的として前提する限り，それほど違和感を生じさせるものではない。

むしろ問題となるのは，物権説の議論の前提にある信託関係の「経済実質的把握」に適合する解釈を，信託関係当事者でない第三者に対してまで強制することが可能か否かである。物権説（受益者実質所有権説）における受益権の性格は，あくまで信託財産の「実質的」な所有権であり，かつ，かかる信託関係は原則として，委託者の意思と受託者の引受，すなわち信託関係当事者の意思に基づいて成立する。従って，債権説に関して検討したとおり，第三者が受託者の義務と責任を承継したと評価される場合や，第三者が受益権を侵害する意図を以て受託者の信託違反処分の相手方となった等の事情が認められない限り，信託財産に関する「実質的な」権利を第三者に対して強制することは，解釈としてやや困難である[20]。

[14] 又，仮に受益権を信託財産の「実質所有権」として認知し，第三者に対する効果の点で法定されている他の物権と同様の解釈を行うことを前提としても，なお問題点が存在する。すなわち，前述のとおり，物権説（受益者実質所有権説）における受益者と第三者との利害調整は，具体的な取引における第三者の利益を保護するか否かを主たる検討の対象とし，その反射的効果として受益者の保護を位置づけている。従って，「信託財産の実質所有権としての受益権」が原則としてどの程度の保護を受けるべきかは，利害調整に際して必ずしも明確にならない。さらに，受益権の「実質所有権」という側面を強調し，所有権に含まれる種々の権能を受益権に内在させようとすることは，必然的に，信託財産の管理処分に伴って生ずる負担や責任についても「実質所有権者」である受益者が最終的に負うべきである，との議論を呼応させ，信託財産の「法律的外形的な所有権」を受託者が有することの意味自体を希薄にさせる。そうすると，本人が財産の所有権を保持して他人に財産の管理処分を行わせる代理，委任等と信託とは実務上も理論上も差異がない，とするのが物権説から導かれる結論とならざるを得ない。

第4章　信託法理論の再構成

　要するに，受益権が信託財産の実質的な所有権であるとする物権説の議論は，最終的には財産管理に関する信託の理論的独自性を失わせ，広く財産管理制度一般について「本人としての受益者」と第三者との利害調整を図っていくべきである，という主張に連動していくものとなる[21]。

　以上のとおり，物権説（受益者実質所有権説）は，信託関係を財産管理制度の一形態として経済実質的に把握することを解釈の基本的指針とする点に最大の特徴を有しており，同時に，そのことによって，信託の理論的独自性を最終的には否定する契機を内在させているものと考えられる。

　[15]　「信託財産実質法主体性説」の理論構成は，やや複雑であるが概ね次のようなものである。信託とは，信託関係当事者のいずれからも独立した実質的な法主体性を有する信託財産に関して，名義及び排他的管理権を有する受託者が，信託の利益を享受する受益者の利益のために信託目的に従った管理処分を行う，財産管理制度の一形態である。この関係において，受益者の有する受益権は，信託財産の所有権ではなく，原則としては実質的法主体性を有する信託財産に対する債権であるが，信託財産との物的相関関係を有する物的権利でもある，とされる[22]。

　そして，信託財産実質法主体性説を提唱した四宮和夫は，信託違反処分が行われた場合における受益者と第三者との利害調整について，物権説（受益者実質所有権説）の議論と同じく，受託者の権限外行為が無効であることを前提とし，第三者の要保護性を主たる検討の対象としたうえで，その反射的効果として受益者の保護を位置づけている[23]。これは，信託財産に実質的な法主体性を認めることから，受託者と信託財産との関係を，代理人と本人ないしは取締役と会社との関係と同様に考えているためと推測できる。

　[16]　しかしながら，受益権の法的性質に関する信託財産実質法主体性説の理論構成は，前述した米国の物権説の理論構成，すなわち，信託関係における受益権は，信託財産の所有権とは異なり，信託財産に関する権利という点で物権的権利であるが，その内容は信託財産から利益を享受することを目的とした，いわば「信託財産に対する債権的権利」である，という説明と，

179

実質的に同一であるということができる(24)。そもそも，受益権を信託財産の所有権でないと考える以上，信託違反処分によって信託財産に関して第三者が所有権を取得したとしても，同一の財産に対して両立不可能な「所有権」が二重に成立するわけではない。又，第三者が取得した権利と受益者の受益権とが常に理論上両立不可能な関係にあるとは限らないから，第三者が信託財産に関して権利を取得したことによって直ちに信託財産に関する債権としての受益権が反射的に消滅する，と考える論理的必然性はない。むしろ，受益権が信託財産に対する一種の債権であるとの理論構成の下では，受益者と第三者との利害調整についても，米国の物権説と同様，譲渡された信託財産に関して受益者と第三者とが各々有している権利ないし利益を比較衡量する，と考える方が，信託財産実質法主体性説の主張する受益権の法的性質との関係では，より整合的であると思われる(25)。

[17] 信託財産実質法主体性説及び米国の物権説の理論構成は以上に述べたとおりであるが，両説に共通する最大の特徴は，信託関係当事者という「人」に着目するのではなく，「信託財産」を中心として議論を構成する点にある。例えば，信託の目的や機能に関する両説の議論は，受託者と受益者との法律関係よりも，信託財産に関する利益の配分を中心に展開されている。又，受益者と第三者との利害調整に関しても，受益者と第三者とが本来どのような権利を有し，本来の権利に満たない部分をどう調整するか，という観点よりも，むしろ，譲渡された信託財産に関してどのような権利ないし利益が存在し，これをどのように配分することが取引社会における正義と衡平に合致するか，という観点から議論が行われている。言い換えれば，この両説の下では，信託が受益者の利益享受を目的とした財産管理制度であることが最も理論的に徹底されているということができる。

[18] しかしながら同時に，この両説には，上記の特徴と密接に関連した問題点が存在する。その問題点とは要するに，信託財産を中心とした価値の適正配分という両説の基本理念に合致するような客観的な判断基準が，両説の理論構成それ自体の中には内在しないことである(26)。すなわち，受益者

と第三者との利害調整において両者の権利を比較衡量する，という理論構成それ自体の中には，どのような事情が存在した場合になぜ一方の権利ないし利益が優先されるべきなのか，という点に関する説明が欠落しているわけである。例えば，両説の議論では，英国及び米国の善意有償取得法理の下で，第三者が信託違反につき善意有償で信託財産を取得した場合には受益権の効果が及ばないことに対して，この場合には第三者の権利が受益権に対して優先する，と説明される。しかし，この結論を正当化する客観的な理由ないし根拠は，両説の理論構成の中には全く存在していない。

さらに，米国の物権説は，取引におけるリスク配分，という新たな観点に基づいて，伝統的な判例法理の中には利害調整結果が受益者と第三者との衡平に照らして適切でない部分がある，との批判的主張も行われており，そもそも善意有償取得法理の採用する結論自体が，別の観点からすれば常に妥当とはいえないことが明らかとされるに到っている[27]。

要するに，信託財産実質法主体性説や米国の物権説の議論は，信託財産からの利益配分の「適正さ」に関する価値判断に大きく影響されるものであり，従って，かかる価値判断の妥当性自体について検討を行うことが，現実の問題に対処する場合には，不可欠となるものと考えられる。

(1) RESTATEMENT (2d) OF TRUSTS, s.2.
(2) 第5章各節における議論を参照。
(3) 第1章第4節 [3] 参照。
(4) 第1章第4節 [2] 参照。
(5) 信託財産とされる財産権としては所有権が典型であるため，以下では単に「信託財産の所有権」ということがある。但し，信託財産に関する権利は，必ずしも所有権に限られるわけではない。
(6) 第1章第3節及び第2章第2節参照。
(7) 第3章第3節 [3] 注12参照。
(8) 第1章第3節 [3] 以下参照。
(9) 第1章第3節 [5] 参照。
(10) 道垣内弘人『信託法理と私法体系』(1996)。これに対する書評として，能見善久・信託法研究22号105頁 (1998)。

(11) 道垣内・信託法理 19 頁以下，59 頁以下，222 - 223 頁。
(12) もっとも，現在では，金融界のいわゆる相互乗り入れによる業務形態の変化の中で，この傾向は名実共に消滅する方向にある。金融審議会第二部会「信託業のあり方に関する中間報告書」(2003)，神田秀樹「『信託業のあり方に関する中間報告』について」信託 215 号 6 頁 (2003) 参照。
(13) 池田寅二郎「信託法案ノ概要」法協 38 巻 7 号 824 - 826 頁 (1920)。
(14) 又，この点を措いたとしても，「受益者に信託財産の所有者としての利益を享受させることが信託の目的である」とし，受益者の権利を可能な限り信託財産の所有権に近づけて考える，とする道垣内の議論は，債権説というよりも，実質的には物権説の議論である。後記 [14] 参照。
(15) 第 1 章第 4 節注 9 参照。
(16) 第 1 章第 4 節 [7] 参照。
(17) 第 2 章第 3 節 [2] 参照。
(18) 第 2 章第 3 節 [10] 参照。
(19) 岩田 57 頁以下及び 97 頁以下。
(20) 第 2 章第 4 節 [8] 参照。
(21) この意味で，債権説に関して前述した道垣内弘人の見解は，債権説よりもむしろ物権説と整合的であるということができる。
(22) 四宮・信託法 76-77 頁。
(23) 四宮・信託法 252 頁。
(24) 第 3 章第 3 節 [9] 参照。
(25) 第 3 章第 3 節 [10] 参照。
(26) 第 2 章第 3 節 [12] 参照。
(27) 第 2 章第 3 節 [7] 参照。

第 2 節　信託関係の分類基準

[1]　前節でみたとおり，信託の定義は，特定の信託財産に関して，一定の信託目的に従い，受託者が受益者の利益のために財産を管理処分する，ということであるが，全ての信託関係が全く同一の性格を有しているわけではない。むしろ，信託目的や受益権の内容を信託関係当事者が自由に設定できることとの関係では，多様な性格を有する信託関係が種々成立することが，

現行法の下では前提されていると考えられる。このため，一定の基準に従い信託を分類することが，理論上も実務上も，議論の整理や解釈の基本的指針を確定するために不可欠となる。

　従って，本節では，従来の一般的な議論に基づいて，信託関係の分類について概観し，信託法理論の対立がかかる議論に及ぼす影響を検討する。

　[2]　信託の分類基準として従来から挙げられているものとしては，信託の発生原因（設定信託（明示信託）と擬制信託），信託目的（私益信託と公益信託），信託の設定行為の態様（契約信託と遺言信託），委託者と受益者との異同（自益信託と他益信託），受託者の管理処分行為の態様（能働信託と受働信託），適用法規（一般信託と特別信託），信託引受行為の営利性の有無（民事信託と商事信託），受益者の員数（個別信託と集団信託），信託財産の種類（金銭信託と金銭以外の財産の信託）等がある[1]。以下では，このような種々の信託の分類基準について，理論上及び実務上の双方の観点から検討を加える。

　[3]　「設定信託（明示信託）(express trust)」とは，委託者の意思と受託者の承諾ないし引受とに基づいて設定される信託関係をいい，「擬制信託 (constructive trust)」とは，信託関係当事者，特に受託者の意思に関わりなく善と衡平の観点から成立する信託関係をいう。

　現行信託法は，1条の定義からして，設定信託を念頭に置いて規定されたと考えられており，擬制信託について規定しているのは，信託終了後の財産の清算時において信託がなお存続する旨擬制した63条のみであるとされている[2]。現行信託法は，主に債権説に依拠して規定されており，債権説の理論的意義は，信託関係を信託関係当事者の意思に基づいて構成する点にあった以上，現行信託法が設定信託と擬制信託とを異質なものとして扱い，擬制信託を厳密な意味での信託に含めていないことは，理論的には自然であると言えるが，信託違反が行われた場合における利害調整に関して異なる観点が成り立つことも，既に検討したとおりである[3]。

　[4]　「私益信託」とは，私人の利益を図ることを信託目的とする信託を

いい，「公益信託」とは，公益（信託法66条参照）を図ることを信託目的とする信託をいう。両者の最も大きな違いは，公益信託については受託者の引受に関して主務官庁の許可を要することである。従って，公益を目的としつつ主務官庁の許可を得られなかった信託は，実務上私益信託の一種として扱われるため，税制上の取り扱いに関して不利益が生じたり，受益者の選定等に関して委託者の意思が貫徹されない，という点が問題とされることがある。又，私益と公益とを共に目的とする信託についても，現行法の下では私益信託として扱われるため，同様の問題が生じている[4]。

なお，私益信託と公益信託とでは，受益者が信託から享受を期待できる利益の性質に理論上の差異があるとされているため，各信託法理論の主張する受益権の性質との親近性が理論上問題となりうるが，この点については，少なくとも，公益信託においては，受益者の意思よりも信託目的の方が優先することが明らかであるから，受益権が信託財産の実質所有権であると構成することはやや困難であると考えられる。

[5]　「契約信託」とは，委託者と受託者との契約によって成立する信託であり，「遺言信託」とは，委託者の遺言によって成立する信託をいう（信託法2条）。なお，信託法1条が「契約」「合意」という文言を用いていないことから，信託の設定は契約及び遺言に限られないとの解釈も成立するため，委託者が自己を受託者として信託を設定する「信託宣言」の有効性が理論上争われているが[5]，現在では実務上の必要性がそれほど強く主張されていないため，議論としては抽象論のレベルに留まっている。

信託の設定に関して信託関係当事者の意思を重視する立場からすれば，信託関係当事者の意思が明らかである以上信託宣言の有効性を肯定すべきこととなるし，信託設定後における信託財産の管理処分の態様のみを重視する立場からしても，信託の設定態様は信託の有効性に影響を与えないから，信託宣言を無効と解すべき根拠はないことになる。実際，信託宣言の有効性に疑問が提示されているのは，信託宣言による信託関係の設定が，委託者の債権者との関係で詐害行為を構成する恐れがあるためであるが[6]，これは信託宣言以外による信託の設定においてもほぼ同様に問題となりうる点であり，

第4章　信託法理論の再構成

詐害行為取消権による対処が現行法上明文で規定されている（民法424条，信託法12条）。従って，現行法上，信託の設定態様が制限されていると解すべき根拠はそれ程強いものでなく，かつ，この点はどの信託法理論を採用した場合でも異ならないものと考えられる。

　[6]　「自益信託」とは，委託者と受益者とが完全に同一の信託をいい，「他益信託」とは，受益者の全部又は一部が委託者と異なる信託をいう。現行信託法は，信託の終了要件に関して，自益信託については他益信託と異なり，委託者兼全受益者はいつでも信託を解除できる旨規定している（信託法57条。他益信託を含めた信託の終了要件一般については58条参照）。

　このように，自益信託と他益信託との理論上の違いは，信託関係当事者，特に受益者の意思を信託関係の解釈においてどこまで重視するかにある。すなわち，自益信託においては，委託者兼受益者の意思に基づいて信託関係が形成され，同人のみに信託からの利益が享受されることから，同人の意思に基本的に依拠して解釈がなされることに対して異論が生じない場合が多い。他方，他益信託においては，受益者が信託関係設定に直接関与せず，かつ，委託者の信託設定に係る意思と受益者が信託に関して期待する利益とが一致するとは限らないことから，受益者の意思に従った解釈を行うことの妥当性が争われる余地が生ずるのである。

　さらに，現在の信託商品に見られるように，自益信託として信託関係を成立させて一旦委託者兼受益者である事業者が全受益権を取得した後，受益権を小口化して投資家に販売する，という場合には，かかる状況における投資家を，自益信託の受益権の譲受人ないし承継人として考えるべきか，あるいは実質的な他益信託の受益者として考えるべきか，というやや複雑な問題が生ずる。具体的な問題点としては，①受益者が受託者に対して信託法上有する監督権限等を委託者と受託者とが信託設定の段階で合意により制限することが可能か，②委託者が設定した信託目的や信託財産の管理処分のあり方等を受益者と受託者との合意によって変更することが可能か，等がある。

　なお，近時においては，他益信託であっても，全信託関係当事者，すなわち委託者，受託者のほか，全ての受益者が合意をした場合には，自益信託と

第2部　信託法理論の解釈への応用

同様に，信託関係当事者の意思に依拠しても差し支えない，と主張する見解が，実務上も理論上も支配的である[7]。この見解の背後には，受益者の利益追求を目的とする信託については上述した自益信託と他益信託との理論上の差異を考えないこと，すなわち，設定された信託財産に関して，受益者による利益享受（信託財産実質法主体性説），ないしは受益者の実質所有権（物権説（受益者実質所有権説）），という側面を重視する，という観点がある。この観点は，信託目的が利益追求にあるとの前提の下に成り立つものであるが，現行信託法が主として従っている債権説の前提は，信託関係当事者，特に委託者の意思を重視することにあるため，両者の間で相容れない部分が生ずることは，やむを得ないことと考えられる。

[7]　「能働信託」とは，受託者が信託財産の管理処分に関する積極的な権限を与えられた信託関係をいう。これに対して「受働信託」では，受託者は信託財産の名義人ではあるものの，財産の管理処分を行う積極的な権限を有しておらず，受益者，委託者等による管理処分を受諾するのみである。

受働信託は，歴史的には脱法行為の一種として扱われてきた経緯があり，受働信託関係における受益権は信託財産の所有権とみなす，とする16世紀の英国のユース法（Statute of Uses）以来，その有効性を否定するのが一般的な見解である[8]。但し，わが国では，受働信託の観念を極めて狭く解釈しており，受託者が何らかの裁量権ないし判断権限を信託財産に関して有していれば，かかる信託関係を受働信託として無効とはしない。極端な場合には，受託者の権限が，違法な信託財産の管理処分に対する拒絶権のみであったとしてもよいとされる[9]。もっとも，受託者が積極的な権限を有していない「信託関係」を信託として扱うことなく，名義貸ないし代理の一種として扱うことによって，受益者の第三者に対する責任等を認める，とする解釈は，英国及び米国の信託法理では必ずしも珍しくない。この観点の下で，例えば証券投資信託や特定金銭信託等，「受託者」としての信託銀行が信託財産の管理処分権限を積極的に行使しない「信託」について，これらを寄託ないし代理関係として解釈する余地が果たしてないのかどうか，という点が，近時の証券業界等では問題とされるようになってきている[10]。

又，信託の基本構造に関する理論的見地からしても，ここでいう受託者の権限の有無は，受益者の信託財産に関する権利の性質に密接な影響を及ぼすものである。従って，後に検討するとおり，信託の基本構造に関して依拠すべき信託法理論によっては，「信託関係」の認定を実質的観点から行うこととは別に，信託関係の存在が認定された場合でも，受益者の義務と責任が肯定される余地が生じてくることとなる[11]。

[8] 「一般信託」とは，信託法が適用される信託関係をいい，「特別信託」とは，信託に関する特別法が適用される信託関係をいう。特別信託の中には，信託商品として信託銀行が取り扱うものとされている貸付信託等のほか，信託商品以外の信託関係，例えば著作権信託等も含まれている。

特別信託に関して，信託の基本構造を特別法によって具体的に規定することが可能であることは言うまでもなく，一般信託と異なる権利義務関係が法定されることは珍しくない。その典型は証券投資信託であるが，具体的な問題点の解決に際しては，当該特別信託の目的との関係で信託に基本構造を柔軟に考えていくことが必要となる場合が少なからずある[12]。

[9] 従来の一般的な定義では，受託者が業として報酬を得る目的で引き受けた信託を「商事信託」といい（信託法6条参照），受託者が業としてでなく引き受けた信託を「民事信託」という。現在の信託銀行が受託している信託関係は，全て商事信託であるが，現行信託法は受託者が無報酬であることを原則とすることから（35条），民事信託を念頭に置いたものと考えられている。従って，現行信託法の規定が商事信託にとって不都合ないし不適当な点が多い，との批判は，信託実務からほぼ必然的になされうるところであり，実際にもかかる批判が頻繁に行われた結果，現在では商事信託に関する立法論となって徐々に結実しつつある[13]。

しかしながら，現行信託法がどのような理由により商事信託にとって「不都合ないし不適当」であるかは，厳密に考えてみると必ずしも明確でない。

民事信託と商事信託との分類に関する上述の定義からすると，商事信託の特色は，商人かつ専門家としての受託者が，報酬を得て，大量的反復的に信

託関係の引受を行う，という点にある。従って，受託者が商人かつ専門家である以上，信託財産の管理処分に際して負うべき義務と責任は，民事信託の場合と比べて加重されることはあっても軽減されることはない筈であるから，受託者の義務と責任に関する信託法の規制が「不都合ないし不適当」であると一般的に前提することはできない。むしろ問題となりうるのは，商事受託者による信託の引受が大量的反復的に行われることから，事務執行の繁雑性への対処をどうすべきか，という点である。しかしながらこの点についても，問題解決の定型的な取り扱いを現行信託法が特に制限しているわけではないし，そもそも引き受けるべき信託関係を定型化するか否かの判断は受託者の営業上の判断に基づくものであるから，現行信託法の規定が障害となっていると断言することはできない。又，報酬についても引受の段階で合意をすれば現行信託法の規定に違反することはないから，この点でも現行信託法の規定が実務に不都合を生じさせているとは言えない。

　むしろ，現行信託法が「商事信託にとって不都合ないし不適当」との批判的見解は，民事信託と商事信託の差異というよりも，信託関係それ自体についての基本的な観点の対立に基づくものであるように思われる。

　すなわち，現在の信託銀行実務から行われている現行信託法に対する批判は，要するに，信託関係において生ずる問題点の解決を基本的に関係当事者の合意によって決するものとし，かつ，信託関係当事者相互間においては，かかる合意を信託関係設定時に定型的に締結しておきたい，とする信託銀行実務の意図から生じている。従って，現行信託法に関する信託銀行実務からの批判は，現行信託法が民事信託を念頭に置いていようと商事信託を念頭に置いていようと，同法の規定が強行規定としての性格を有している限り，必ず生ずるものと考えられる。そして，信託に関して生ずる問題点の解決を基本的に当事者の合意に委ねるべきか否かは，結局，信託の基本構造において信託関係当事者の意思をどの程度重視すべきか，又，信託の目的に応じて信託に関する利益をどのように配分することが妥当か，という点を考えることが必要となり，この点に関する考え方の違いは最終的には，信託法理論の対立として現れてくることになるわけである[14]。

第 4 章　信託法理論の再構成

　[10]　なお，近時において神田秀樹は，民事信託と異なる商事信託の一般理論及び一般法提立を主張しているが(15)，神田のいう「商事信託」は，上記に述べた「民事信託」「商事信託」の区別と相当異なっている。神田の主張によれば，「商事信託」とは，「受託者の役割が財産の管理・保全又は処分を超える場合，あるいはこれと異なる場合」を指し，商事信託の本質は，「何らかの商事性を有するアレンジメント」であって，「アレンジメントの管理・実行」をするのが受託者，「そのアレンジメントの出捐をし，利益を享受する」のが受益者である。そして，商事信託に関する解釈は，信託関係当事者の具体的な意思や法の規制によってではなく，「マーケットの意思とでも称すべきもの」に従って行われる。このように考えることにより，神田は，信託設定時における信託財産は従来の一般的な解釈と異なり負債であってもよく，又，信託財産の管理処分に伴って生ずる責任は受託者についても受益者についても有限責任とすべきである，との結論を導いている(16)。

　この議論の問題点は，何よりもまず，神田の使用する基本概念，すなわち「アレンジメント」「マーケットの意思」等の概念の意味が，必ずしも明らかでない点にある。善解すれば，「アレンジメント」とは，「合意」に限りなく近い概念であるが，そこでいう「意思の合致」は具体的当事者の具体的意思ではなく，「取引市場において意思の表示があったものとして扱われるべきであると定型化された準則に則った行動をとること」ということであろう。又，「マーケットの意思」とは，「取引が大量的反復的に行われる過程で一般的に形成され，当該取引関係が行われる状況下で特に異論なく受け容れられている解釈等に係る準則」と考えて差し支えないと思われる。そうすると，神田の主張に係る「商事信託」の概念は，「信託銀行が現在取引市場において従来及び現在において取り扱い，特に異論なく取引実務界に受け容れられているところの，利益追求を目的とした信託商品において形成されている信託関係」と考えることができる。

　神田の主張をこのように理解するとすれば，この主張は，信託銀行実務が現行信託法に対して従来から加えてきた「不都合ないし不適当」という批判，すなわち信託関係における問題の解決に関しては基本的に「当事者の合意」に依拠すべきである，との主張と，ほぼ同一であると考えてよい。

189

第2部　信託法理論の解釈への応用

　もっとも，神田の主張には，信託の基本構造に関して「信託関係当事者の合意」を特に重視し，「特定された信託財産の存在」を信託の要件から外そうとする意図が含まれており，これが従来の議論と最も大きく異なる点である。しかしながら，「当事者の合意」を特に重視して信託関係を解釈する場合に，果たして信託の特徴をどのように考えるかは，必ずしも明らかにされていない。むしろ，この主張による「信託関係」の解釈は，必ずしも信託に限られることのない，「財産管理関係一般」に共通する観点であるように思われる。従って，神田の主張は，前節で述べた道垣内とは異なる意味で，信託の理論的独自性を消滅させ，信託を財産管理法理一般の中に埋没させる結果を生じさせるものと考えられる。

　[11]　「金銭信託」とは，受託した信託財産が金銭である信託をいう。但し，実務における「金銭信託」とは，受託した信託財産が金銭であることに加え，信託終了時に金銭が信託財産から支払われることが約定されている信託を指す。なお，設定時に金銭が受託され，終了時に財産が現状のまま引き渡される信託は，「金銭信託以外の金銭の信託（金外信託）」と呼ばれる。
　金銭と金銭以外の財産とでは，特に約定のない場合に管理方法が金銭について限定されていること（21条），分別管理の方法について金銭については計算上の分別で足りるとされていること（28条但書）等，管理処分の態様について差異がある。このような金銭とその他の財産に関する現行法の取扱いの違いの背景としては，金銭と金銭以外の財産との間で，「価値」と「物」という「財産」としての根本的な性格の違いがあるためと考えられる。
　もっとも，利益追求を目的とする信託においては，全ての財産を価値で表章することが暗黙の前提となっているため，上記のような信託財産の性格の差異は必ずしも表面化してこない。しかしながら，信託目的によっては特定の「物」としての財産の存在が信託関係の不可欠の要素となる場合があるし，具体的な取引において「価値」と「物」との差異が大きな影響を及ぼすことも珍しくない[17]。このように，信託財産を構成する個々の「財産」の性格が実務上の問題点に明確な形で反映することも，信託法の解釈の一つの特色であり，このような「財産」の性格の差異をどの程度強調すべきかが，信託

第4章　信託法理論の再構成

法理論の対立として反映してくることとなる。

　[12]　「集団信託」とは，同一の信託関係における受益者の員数が極めて大きい信託を指す。これに対して，「個別信託」とは，集団信託の対概念であり，受益者が単独ないしは極めて限られた少人数である信託を指す。

　個別信託と集団信託との分類は，両者の実務上の取り扱いにおける違いをどこまで理論上の観点として取りあげるべきか，という問題を提供する。例えば，信託条項を変更する場合等，「受益者の承諾」が必要となる場合に，集団信託において各受益者の承諾を現実に逐一取り付けることには多大な費用を要する。このため，実務では，各別の通知に対して遅滞なく異議を述べなかった受益者は承諾をしたものとみなすとか，受益者の代表者の承諾を以て全受益者が承諾をしたものとみなすとか，世間一般に対して行った公告に対して遅滞なく異議が述べられなかったことを以て全受益者が承諾をしたものとみなす等の取扱いを行っているわけであるが，これを理論上どのように位置づけるか，すなわち，かかる取扱いをどの範囲まで「信託条項に基づく合意の効力」として有効視できるか，が問題状況の典型である[18]。

　この点については結局，集団信託における受益者の権利をどう性格づけるかによって，解釈の方針が異なってくる。すなわち，受益権を細分化されたものであっても信託財産の実質所有権とするのであれば，その権利内容の変更等については個別の同意を要するものと考えることが原則となるし，他方，受益権が信託目的に従った利益配当請求権であるとすれば，受益権の内容は受益者の意思ではなく信託目的によって画一的に変更することが可能であると考えられる。なお，この場合でも，自益信託と他益信託との分類に関して前述したような状況，すなわち，当初個別信託として事業者間で設定された信託関係において，受益権が細分化されて投資家に販売されたような状況については，同一の信託関係であっても画一的な解釈を行うべきか否かが必ずしも明らかでなくなる場合も生じうる。

　（1）　四宮・信託法37頁以下。
　（2）　四宮・信託法38頁。

第2部　信託法理論の解釈への応用

(3)　第3章第3節【4】参照。
(4)　例えば，障害を持つ自己の親族の扶養を行い，当該受益者の死後は同様の障害を持つ者の扶養を行うことを目的とした信託は，後者については明らかに公益性が認められるにもかかわらず，前者の部分が公益性を欠くとされるために公益信託とはならない。
(5)　米倉191頁以下。
(6)　私法学会シンポジウム「信託法改正の基本問題」私法47号57頁以下〔青山善充発言〕(1985)。
(7)　四宮・信託法348頁。
(8)　RESTATEMENT (2d) OF TRUSTS. ss. 67-73; SCOTT ON TRUSTS, ss. 67-73.1.
(9)　四宮・信託法9頁。
(10)　この点に関する私見については，星野豊「「信託関係」における「受益者」の責任(1)〜(3・完)」NBL673号〜675号 (1999) 参照。
(11)　第5章第9節参照。
(12)　例えば，証券投資信託における法形式上の「委託者」は，実質的には財産の運用指図を行う受託者の一種であり，そのことを前提とした「委託者」の忠実義務，善管注意義務等の規定も存在している。投資信託及び投資法人法14条参照。
(13)　信託法学会シンポジウム「商事信託に関する立法論的研究」信託法研究25号1頁以下 (2000)，商事信託研究会『商事信託法の研究』(2001)。
(14)　第5章第1節参照。
(15)　神田秀樹「商事信託の法理について」信託法研究22号49頁 (1998)。この後における商事信託に関する議論としては，太田達男「いわゆる商事信託法理への疑問」法時72巻11号68頁 (2000)，渡辺宏之「商事信託と『信託の理念型』」法研論集101号279頁 (2002)，神田秀樹「商事信託法講義(1)」信託214号33頁 (2003)。
(16)　神田・商事信託54-55頁，57-58頁，67-70頁。
(17)　もっとも，信託関係の継続中に信託財産がどのような財産として存在しているかは，28条の解釈に対して形式的には影響を与えうる。
(18)　四宮・信託法51頁，松本崇「集団信託における信託法理論の展開・序説」四宮古稀367頁以下。最近の研究として，道垣内弘人＝大村敦志＝滝沢昌彦編『信託取引と民法法理』27頁〔友末義信〕(2003)。

第3節　信託の特徴と信託類似法理

[1]　信託に関する従来の議論では，信託の特徴を論ずるに際して，信託と信託類似法理との異同が必ず議論されている[1]。前述のとおり，わが国における信託に関する議論の共通した目的が，わが国の契約法体系の中に信託を整合的に位置づけることにあったことからすれば，このような議論が行われること自体については，ごく自然なものと考えられる。しかしながら，従来の議論では，信託と各信託類似法理がどの点において親近性を持つかが個別に議論されているに留まり，信託類似法理相互の関係や，かかる親近性の評価と信託法理論との関係については，必ずしも十分な検討がなされてこなかったように思われる。実際，後に述べるとおり，信託の基本構造に関してどの信託法理論に依拠するかにより，各信託類似法理と信託との親近性に対する評価は，大きく異なるものとなる。従って，各信託類似法理がどのような観点において信託と「類似」しているかを比較検討することが，信託の特徴を考えるためには必要不可欠となる筈である。

　以下，本節では，まず，代理，寄託，組合，会社等の財産管理を目的とした信託以外の法理をいくつか取りあげ，各々信託法理と比較検討する。次に，従来のわが国における財産管理に関する裁判例をいくつかの局面について取りあげ，信託法理に基づく紛争解決との視点の異同を検討する。そのうえで，信託類似法理と信託法理論との関係について考察する。

[2]　信託に類似しているとされる財産管理に関する法理ないし制度には，理論的に大別して以下の三種のものが考えられる。
　第一に，財産の権利者が，一定の信頼関係に基づいて，財産の管理又は処分を他人である管理者に委ねることを特徴とする法理ないし制度であり，代理，間接代理，寄託，委任等がその典型である。
　第二に，特定された財産に関して，予め定められた目的を達成するために，財産の管理処分が行われることを特徴とする法理ないし制度があり，会社，組合，パートナーシップ，権利能力のない社団等がこれに属する。

第2部　信託法理論の解釈への応用

　第三に，ある財産に関して，外形的な権利が帰属する者と実質上の権利が帰属すべき者とが異なることを特徴とする法理ないし制度があり，譲渡担保がその代表例である。
　以下では，各法理ないし制度が各々有する特徴を，信託との異同を中心に概観した後，各信託類似法理と信託法理論との関係について検討を加える。

　[3]「代理」とは，法律の規定又は本人代理人間の代理権授与行為によって発生する法的地位であり，代理人の行為の効果を本人に対して帰属させるものである。信託と代理とが異なる点としては，次の三点が挙げられる。
　第一に，信託が，特定の財産の管理又は処分に関するものであるのに対し[2]，代理権授与行為の範囲は，必ずしも特定の財産の管理又は処分に限られない。第二に，代理人の行為の効果は本人に対して及ぶのに対し，受託者の行為の効果は当然には受益者に対して及ばない[3]。第三に，受託者は信託財産の名義人となることが原則であるのに対し，代理人は代理権授与行為に基づく管理処分を行うべき財産の名義人とならない。

　[4]「間接代理」とは，他人の計算において自己の名を以て取引を行うことであり，「経済上の代理」ともいう。間接代理においては，取引の対象となる財産に関する法律上の効果が，一旦は間接代理人に完全に帰属したうえで，その後取引の効果が経済上帰属すべき委託者に対して移転する。この点につき，信託においても，受託者の信託関係上の行為の効果は，一旦受託者ないし信託財産に帰属し，受益者に直ちに帰属しないことから，間接代理と信託とは親近性が認められるわけである。なお，間接代理人が委託者に財産を移転することなく破産した場合には，間接代理の対象となる財産について委託者が取戻権を有することが，最高裁判例上肯定されている[4]。
　以上のことから，信託と間接代理とは，取引の効果の帰属の仕方や委託者と第三者との利害調整の仕方において，解釈にある程度の通有性があると言われている。現在の信託法学界でも，例えば受託者の破産時に破産財団から信託財産を取戻すことに関して，間接代理に関する上記判例を援用する等，両法理の類似性を前提とした解釈が提唱されている[5]。但し，後に第5章

194

で詳述するとおり，上記の最高裁判例のみを以て信託法の解釈をどこまで進めてよいかについては，両法理の性格の相違や関係法規との関係で，慎重な検討が必要である[6]。

[5] 「寄託」とは，寄託者と受寄者との契約によって，受寄者が寄託者のために物を保管することをいう。両当事者間の契約によって成立し，保管の対象が特定の物である点で，寄託と信託とは類似している。他方，寄託においては，物に関する権利が受寄者ではなく寄託者に帰属したままであることが，信託における権利の帰属とは異なっている。又，受寄者が寄託契約上果たすべき物の保管に関する義務や責任と，受託者が信託財産の管理処分に関して果たすべき義務や責任とは，財産管理に関する具体的な権限の有無において相当程度の差異がある。

[6] 「委任」とは，委任者と受任者との信頼関係に基づいて，法律行為又は事務処理を行うことを委任者が受任者に対して委託する契約であり，代理権の授与を伴うことが少なくない。委任が信託と異なる点は，代理に関して述べたこととほぼ同様であり，第一に，委任の範囲が特定の財産の管理又は処分に限られないこと，第二に，受任者が当該財産の名義人とはならないのが原則であること，等が挙げられる[7]。

[7] 「会社」とは，営利を目的とした社団法人のうち，商法の規定によって設立されたものをいう。「社団法人」とは，一定の目的の下に結合した人の集団のうち，法律上の権利義務の帰属主体となることを認められたもの，すなわち法人格を有する団体を指す。このように，会社は，営利追求を目的として会社の名義及び計算において取引を行う集団である以上，構成員が個人として有する財産とは別に，会社自身の財産を有することが，法律上も理論上も要請されている。従って，会社は，特定の財産に関して営利追求を行う目的で取引を行う，という点において，利益追求目的の信託と極めて類似した性格を有している[8]。

他方，信託と会社との違いとしては，会社には独立の法人格があるのに対

して信託財産には法人格が認められていないこと，又，会社については，利益の配分や経営の監督に関して，株主ないし債権者保護を目的とした相当具体的な法規制が存在しているのに対し，信託においては利益の配分や信託事務に対する監督は関係当事者間の意思によって自由に定められる部分が多いこと，等が挙げられる[9]。

[8]「組合」とは，数人が出資して共同の事業を行うことを目的とする契約である。組合には法人格がなく，組合財産は全組合員の共有に属するとされるが，強制執行や破産における局面では，組合財産と組合員個人の財産とは実質的に異なる財産として解釈される。又，組合は契約上の関係であるため，業務執行等に関しては当事者間の合意によって自由に定められる部分が多い。なお，民法上の組合は，原則として組合員全員が組合の負った債務について無限責任を負うが，業務執行者等特定の組合員のみが無限責任を負い，その他の組合員は有限責任となる商法上の組合を「匿名組合」という。

このように組合は，組合財産が実質的に組合員個人の財産と区別される点や，組合財産による事業執行に伴う管理処分が行われる点において，信託による財産管理と相当程度類似している。他方，組合と信託との最大の違いは，組合員が組合から脱退する場合には，出資した財産の金銭による払戻しが認められるのに対し（民法681条）[10]，信託関係から受益者が脱退しようとしても，特別の合意がない限り信託財産の配分は認められない点である。

[9]「パートナーシップ（partnership）」とは，数人が事業遂行を目的として出資し，出資された財産に関して，当事者に選任された管理者が，事業執行者としての権限を有し，事業執行に係る責任を負う関係を指す[11]。わが国の解釈では，パートナーシップは事業執行者が選任された組合の一種と考えられており，近時成立した投資事業組合法（平成10年法90号）でも，パートナーシップに相当する関係を組合の一種として規定している。なお，パートナーシップには，構成員全員が無限責任を負う「ジェネラル・パートナーシップ（general partnership）」と，構成員の一部が無限責任を負い，その他の者は有限責任となる「リミティッド・パートナーシップ（limited

partnership)」とがあり，それぞれ，わが国における民法上の組合，及び商法上の匿名組合に対応していると考えて差し支えない。

これに対して，英米の議論では，パートナーシップの管理者の負う義務や責任について，信託受託者の負う義務や責任を類推することが，一般的に行われている[12]。わが国の法規制としても，信託の受託者に関する信託法の規制の方が，組合に関する民法の規制よりも具体的な規定が置かれている場合が多いことを考えると，パートナーシップに対する信託法の類推適用が，今後検討の対象となる可能性がある。

[10]「権利能力のない社団」とは，社団としての実体，すなわち一定の目的の下に結合した人の集団のうち，法人格の認められないものをいう。判例上，権利能力のない社団であるための要件としては，第一に，社団としての特定性を有していること，第二に，多数決原理に基づく社団内部の事務処理が行われていること，そして第三に，個々の構成員の変動によって社団としての特定性が変動しないこと，がそれぞれ必要とされている[13]。

権利能力のない社団の財産は，個々の構成員の財産とは区別された実質的な独立性を有しているが，社団自体が法人格を有しないために，登記登録を必要とする財産については，構成員全員の共有名義とするか，あるいは信託的に代表者個人による登記登録をすべきであるとされる[14]。このように，権利能力のない社団における財産管理は，社団自体に法人格がないことや，社団自体が一定の目的を有していること，社団の財産と構成員個人の財産とが区別されること等において，信託による財産管理と極めて類似している。

但し，権利能力のない社団に関する解釈は，内部関係についても外部関係についても，多数の最高裁判例によって相当程度具体的に示されるに到っている[15]。このため，現在では，権利能力のない社団に対する信託法の類推適用については消極的な見解が支配的であり[16]，権利能力のない社団と信託との理論的な親近性についても，それ程議論がなされていない。

[11]「譲渡担保」とは，担保権者と担保権設定者との合意に基づき，担保の目的物に関する所有権等を担保権者に移転する形式をとる，物的担保制

度である。わが国の民法には譲渡担保に関する規定はないが、その有効性は判例によって古くから認められており[17]、現在の実務界でも業種を問わず広く活用されている。

戦前の判例及び学説では、譲渡担保は、担保権者に本来帰属すべき権利（担保権）を超過した権利（所有権等）が合意によって担保権者に帰属している関係、と考えられていた。このため、信託において、受託者に本来帰属すべき権利（管理権）を超過した権利（所有権等）が受託者に帰属していることと対比し、譲渡担保を「信託譲渡」と呼んで、担保権者の権利行使に制限を加えようとする議論が試みられた。すなわち、法律外形的な権利の帰属と経済実質的な権利の帰属とが異なる点を以て、譲渡担保と信託との類似性が強調されていたわけである[18]。

これに対して現在の学説では、譲渡担保は担保を目的とする関係であり、信託は当事者間の信頼関係に基づく財産管理を目的とする、という関係設定の目的による差異を強調する見解が支配的である[19]。又、権利能力の無い社団に関してと同様、譲渡担保についても、多数の最高裁判例によってその権利関係が具体的に判示されるに到っている[20]。このため、譲渡担保に対して信託法の類推適用を主張する見解や、譲渡担保と信託との類似性を主張する見解は、現在ではごく少数であると考えて差し支えない。

[12] 信託と信託類似法理との抽象的な定義における異同については、概ね以上のとおりであるが、他方で、現実に行われている財産管理関係に伴って生ずる問題の解決に当たって、信託法理に基づく観点がどのような特徴を有するかを考えてみることも有益である。

そこで以下では、近時における財産管理に関する裁判例をいくつか取りあげ、信託と信類似法理との異同を別の側面から考えてみる。具体的には、第一に、保険料専用口座の預金債権の帰属について、第二に、マンションの預託管理金に関する権利関係について、第三に、いわゆる「後継ぎ遺贈」の解釈について、第四に、遺言執行者の受遺者選定権限について、第五に、親子間の利益相反行為の解釈について、そして第六に、公共請負工事の前払金の預託に係る最高裁判例について、それぞれ検討を加えることとする。

第4章　信託法理論の再構成

　[13]　保険会社と代理店委託契約を締結している保険代理店は，かつて旧募取法第12条によって，保険契約者から支払を受けた保険料の保管につき，代理店の一般財産と明確に区別するよう定められていた。東京地判昭和63年3月29日判時1306号121頁，及び東京地判昭和63年7月27日金法1220号34頁は，かかる規制に基づき，保険代理店が保険料及びその立替金を払い込むために，「保険会社代理店」ないし「損害保険代理店勘定」等の名義の下に開設されていた専用預金口座の預金債権が，代理店の倒産の際に破産財団に属するか否かが争われたものである（破産者である代理店は両事件で同一）。東京地裁は，いずれの事件についても，①専用口座の預金が代理店の一般財産から区別されていることは口座名義自体から明らかであること，②専用口座の預金を代理店が自己の資金繰り等に流用することはできず，又流用の事実もないこと，③代理店による立替金の部分は未払保険料に関する収支明細表の額と合致して明確となっていること，等を理由に，専用口座の預金債権は代理店の一般財産に帰属するものではないとして，保険会社の破産管財人に対する預金債権相当額の引渡請求を認容した[21]。

　この東京地判をどのように理解するかについては，二つの考え方がありうる。第一に，口座の名義や管理の実態からして保険料専用口座の預金債権が保険料であることが明らかである以上，当該預金は代理店でなく保険会社に帰属すべきものであるから両判決に賛成する，という考え方がある。この見解は要するに，特定の財産が他の財産から分別管理されている事実と，その事実が第三者に対して何らかの形で公示されていることを以て，破産財団からの特定財産の取戻を肯定しようとするわけである。実際，現行信託業法10条1項が制定される以前は，受託者が信託財産を自己の財産と分別したうえで，信託財産であることが明らかであるような口座名義を付し，かつ自己の財産と区別して管理処分をしていた場合には，受託者が破産した場合等でも当該預金債権は破産財団に帰属しない，という結論を正当化するためには，この判例は理論的根拠としてかなり適切であった。

　これに対して第二に，専用口座が募取法の規制に基づいて開設され，預金債権の管理等についても募取法の規制が及んでいることを以て，破産管財人による預金債権，すなわち保険料の保険会社に対する引渡を肯定する，とい

第2部　信託法理論の解釈への応用

う考え方がある。この見解の下では，募取法の規制という公法的規制の存在とかかる規制に基づく破産管財人の公法的義務の存在とによって保険料の取戻が肯定されるわけであるから，預金債権の名義や管理の実態は預金債権の帰属を定めるに当たって必ずしも絶対的な基準ではない。従って，この見解は，代理店が破産しない状況で保険会社が専用口座にある預金債権の引渡を求めた場合や募取法のような規制が存在しない財産の管理処分については，東京地判の判断は必ずしもそのままでは適用されない[22]。

　他方，千葉地判平成8年3月26日金法1456号44頁は，保険会社と代理店の間で預金の帰属が争われていた専用口座につき，金融機関が保険会社に対して支払を拒絶したため保険会社が金融機関に対して保険料の支払を求めた，という事案に対して，保険料専用口座の名義は代理店を表示するものであり，口座の管理の状況からしても専用口座の預金は特段の事情のない限り代理店に帰属するものであって，代理店が破産した場合の保険料の取戻と預金債権の帰属とは問題が異なる，として保険会社の請求を棄却した[23]。前記の東京地判に関する前者の見解からすれば，保険料専用口座として財産が特定されている以上，代理店が破産しているか否かを問わず預金債権は保険会社に帰属すべきことになる筈であるから，この千葉地判に対しては批判的な評価をすることとなる。これに対して，後者の見解の下では，金融機関は破産管財人と異なり保険料の引渡に係る募取法上の義務を負っているわけではないから，千葉地判の結論は必ずしも不当ではないこととなる[24]。

[14]　旧募取法のような規制が存在しない場合に，特定財産である旨を口座名に付すことによって，第三者との関係で権利関係が主張できるかが争われたのが，東京地判平成8年5月10日判時1596号70頁[25]，及び，東京高判平成11年8月31日判時1684号39頁[26]である。事案はいずれも，マンション管理業者が，複数の管理組合から管理費等の委託を受け，口座名義としては自己の名にマンション名を付して預け入れていたものにつき，マンション管理業者（ないしはその破産管財人）と管理組合との間で預金債権の帰属が争われた，というものである。

　東京地裁は，本件預金の管理の実態をやや詳細に認定したうえで，次のよ

第4章　信託法理論の再構成

うな理由を挙げて，本件預金はマンション管理業者に帰属する，と判示した。すなわち，第一に，本件マンション管理業者は，本件預金を自己の貸借対照表上の流動資産として計上する等，自己の資産として預金を扱ってきた経緯がある。第二に，マンション管理業者と管理組合との規約上，管理組合は本件預金に対して何ら処分権を有せず，預金の払戻を求める権利もない。第三に，本件預金の利息は全てマンション管理業者の個人口座に支払われていた。第四に，本件預金とマンション管理業者が個人として有する預金とが併せて担保に供せられている。これに対して，東京高裁は，次のような理由を挙げて，本件預金は管理組合に帰属すると判示した。すなわち，第一に，本件預金の原資である管理費は，マンション管理業者の資産ではない。第二に，本件預金について，マンション管理業者が自己の資産であると考えていなかったことは，預金の名義，決算報告書及び預金の取扱から見て明らかである。第三に，本件預金を定期預金としたことは，一般には管理組合の利益となり，管理組合の意向にも沿うことである。第四に，マンション管理業者が本件預金を横領しようとしたとは認められない。要するに，東京地裁は，本件預金がマンション管理業者の個人財産と区別して管理されていたということは困難であると判断し，本件預金は名義人であるマンション管理業者に帰属するとしたのに対し，東京高裁は，マンション管理業者に横領の意図が認められない以上，預金原資の性質からして本件預金は管理組合に帰属すると判示したものということができる。

　管理組合とマンション管理業者との契約によって，管理組合が本件預金に対する権利行使を制限されていたとしても，そのことから直ちに本件預金債権がマンション管理業者の自由に使用できるものであったとは言えないから，東京地裁の立論には若干無理があると思われる。これに対して，預金名義にマンション名が付されていたことから，マンション管理業者による預金管理においては自己の財産と一応分別されていたとして，本件預金が管理組合に帰属するとした東京高裁の判断は，財産の客観的外形と分別管理の事実を以て特定財産性を認めたものであり，一般論としては妥当なものと考えられる。もっとも，預金口座の名義の設定は預金者が自由に行えること，又，預金の管理に関する実態は第三者に対して必ずしも明らかにならない場合があるこ

とを考えると，分別管理の事実を以て実質預金者を認定するという考え方の妥当性については，改めて検討する余地があるであろう[27]。

[15]　「後継ぎ遺贈」とは，「甲に財産を遺贈し，甲が死亡した後はさらに乙に遺贈する」というように，受遺者が遺贈を受けた後の財産の帰属をも指定する内容を含む遺贈をいう。このような遺贈が受遺者の財産処分の自由を制限することは明らかであるから，現在の通説的見解では，かかる後継ぎ遺贈は一般的に無効であり，受遺者による財産の管理処分に対して遺言者が単なる個人的希望を表明したにすぎないもの，と考えられている[28]。

しかしながら，最判昭和58年3月18日家月36巻3号143頁[29]は，いわゆる後継ぎ遺贈の解釈として，遺贈者による単なる希望の表明と解するほか，第一次受遺者に対する負担付遺贈，第二次受遺者に対する条件付遺贈，第一次受遺者に使用収益権のみを与えた第二次受遺者に対する不確定期限付遺贈等，より多様な解釈が可能であると判示して，事件を原審に差し戻している。

ここで，比較のために，遺贈の対象となる財産に関して信託を設定し，その受益権を与える形で「遺贈」を行うことを考えてみると，上記の通説的解釈とはかなり異なる結論が導かれる。すなわち，受益権の内容をどのように定めるかについて，少なくとも信託法自体に制限はない。従って，「甲に受益権を与え，その後甲が死亡した場合には乙に受益権を与え，その後乙が死亡した場合には丙に受益権を与え……」というように，受益権を連続して設定することは，信託法上は有効となる。しかも，受益者による財産の管理処分に係る権限は，信託条項によって自由に制限することができるから，通常の遺贈の場合と比べて，信託を設定した場合には，遺言者の財産の管理処分に関する意思が，遺言者の死後相当程度長期にわたって実現される結果となるわけである。もっとも，この結論は，あくまで信託法上制限されないというだけであり，このような信託関係の形成を果たして有効と考えるべきかは，多様な観点から判断される必要がある[30]。

なお，上記に伴って生ずる問題点としては，積極財産と消極財産が混在した場合に信託は果たして有効か，遺留分減殺請求権が行使された場合に信託受益権を遺留分権者に与えれば足りるか，信託条項を受益者と受託者との合

意のみによって変更することは可能か，等がさらに挙げられる。これらの問題点の解釈においては，信託関係の設定に際して最も重視される要件は何か，信託関係上受益者に与えられる権利の性質をどう考えるか，信託目的と受益者の意思との関係をどう考えるか，によって異なる結論が導かれるわけであり，それは結局のところ，どの信託法理論に依拠して信託の基本構造を考えるかと密接に連動しているということができる。

[16] 遺言執行者に対して受遺者の選定権限を与えられるか否かについては，戦前の大審院判例でこれを否定したものがあり（大判昭和14年10月13日民集18巻1137頁），学説も消極的に考えてきた傾向があったが，最判平成5年1月19日民集47巻1号1頁は，「遺産全部を公共に寄与する」との遺言を，公益目的を有する団体等に対する遺贈であり，遺言執行者に対して受遺者の選定権限を与えたものとして有効である，と判示した[31]。

遺言者が生前に受遺者の選定を適切に行えない場合が少なくないことからすれば，遺言執行者の受遺者選定権限を有効としたこと自体は妥当なものと考えられるが，遺言執行者の監督を誰が行うか，遺言執行者の利益相反行為をどのように制限すべきか，等についてはこの判決は何も述べていない。又，民法の遺言執行に関する規定の中には，遺言執行者の権限濫用に対する規制や権限行使の監督に関する規定はほとんど存在しない。従って，このような遺言執行について信託法を類推応用した規制を及ぼすことは，一般論としては有用であると思われる[32]。もっとも，信託とそれ以外の財産管理制度との関係をどのように考えるかによって，これらの問題の解決が若干異なるものとなることは否定できない。

[17] 親子等を典型とする家族間の財産管理は，英米では信託法理を適用すべき原則的な形態として認識されている。要するに，財産管理能力が十分でない未成年者や高齢者等の財産を信託財産として管理処分に目的拘束をかけることにより，未成年者や高齢者等による浪費を未然に防止する一方，かかる未成年者や高齢者等が他人によって財産を搾取されることを防止する，という社会政策的な機能を信託法理は果たしているわけである[33]。

第2部　信託法理論の解釈への応用

　これに対してわが国の民法では，親権者は子の財産を管理する権限を一般的に与えられており（民法824条），親権者と子の間で利益相反状態が生ずる場合には特別代理人を選任するとされるのみであるため（民法826条），親が子の財産を管理する際の制限や拘束は事実上ないといってよい。さらに，利益相反行為に該当する財産の管理処分は無権代理行為として無効であるとされるのが判例上確立した原則であるが[34]，最判平成4年12月10日民集46巻9号2727頁は，親権者が子の財産のみを親戚である第三者の物上保証に供したという事案に対して，かかる行為には外形的な利益相反がない以上，原則として親権の濫用にはならない，と判示している[35]。

　利益相反行為が一般的に親権の濫用であるとされる理由は，子の利益を害する恐れが客観的に高いためであるから，「親権の濫用」の有無を判断するための基準としては，外形的事実としての利益相反状態が存在しているか否かではなく，子の財産管理の態様としての利益と損失の可能性を客観的に評価することの方が，より適切なことは明らかである。その際に，信託財産の管理処分に目的による拘束をかける信託法理は，親権者による財産管理の濫用防止のための規制として，十分検討価値があるように思われる。

　但し，この事案を第三者の側から見てみれば，親権者による子の財産の管理処分が権限違反ないし権限濫用を構成するか否かを判断するための基準として，外形的な利益相反行為があるか否かのみによる方が明快であることはいうまでもない。家族間や親族間の財産管理の実態が必ずしも外形的に判然としないことが多い現在のわが国の状況からすると，前記最高裁判決は第三者の利益を考慮したものと考えることも不可能ではないわけであり，今後の本格的な議論が必要とされるところである。

　[18]　最判平成14年1月17日民集56巻1号20頁は，公共請負工事の請負者が保証事業会社の保証の下に地方公共団体から支払を受けた前払金について，地方公共団体と請負者との間に，地方公共団体を委託者兼受益者，請負者を受託者とする信託契約が成立していることを認め，当該前払金が請負者の破産財団に属しないと判示した事例である[36]。

　地方公共団体の発注する土木建築に関する工事については，公共工事の前

払金保証事業に関する法律（昭和27年法184号，以下単に「保証事業法」という）に基づく建設大臣（現国土交通大臣）の登録を受けた保証事業会社により前払金の保証がなされた場合には，その工事に要する経費を前払することができるとされており（地方自治法232条の5），訴外A県の発注に係るA県工事契約請負約款によれば，前払金の額は請負代金の10分の4の範囲内とすること，保証事業法の規定する保証契約を締結し，その保証証書を発注者に寄託することのほか，請負者は前払金を当該工事の必要経費以外に支出してはならないこととされていた。又，本件請負人訴外Bと本件保証事業者Yとの間で保証事業法に基づき締結された本件保証約款の中には，①請負者が前払金を受領したときは，保証事業者が予め業務委託契約を締結している金融機関の中から請負者が選定した金融機関に別口普通預金として預け入れなければならないこと，②請負者は，前払金を保証申込書に記載した目的に従い適正に使用する責めを負い，預託金融機関に適正な使途に関する資料を提出して確認を受けなければ，別口普通預金の払出を受けることはできないこと，③保証事業者は，前払金の使途を監査するために，請負契約に関する調査権限を有し，請負者及び発注者に対して報告，説明又は証明を求めることができること，④保証事業者は，前払金が適正に使用されていないと認められるときは，預託金融機関に対し別口普通預金の払出の中止その他の処置を依頼することができること，がそれぞれ規定されていた。なお，本件保証約款は，建設省（現国土交通省）から各都道府県に対して通知されていた。

　第一審は，以上の事実関係の下で，A県からBに対して支払われた本件前払金に関しては，少なくとも実質的にみて信託関係と解される法的関係が認められるとし，信託法16条を類推適用して，Bの破産管財人Xの行った本件前払金の支払請求等を棄却した。これに対して第二審は，本件前払金に関しては，Yによる保証債務履行の履行確保のための指名債権質又はこれに類似する担保が設定されていたものとして，Yは本件前払金につき別除権を有すると判示し，結論としてXの控訴を棄却した。そして，最高裁は，前記のとおり，本件前払金に関しては，A県を委託者兼受益者，Bを受託者とする信託契約が成立したと認定し，本件前払金が別口普通預金口座に払い込まれただけでは請負代金の支払があったとはいえず，本件預金がBにより払い出

されることによって，請負代金の支払としてBの固有財産に帰属するものであるから，本件前払金はBの破産財団に組み入れられることはなく，このことは信託法63条により信託終了後の法定信託が成立した場合についても同様である，と判示して，Xの上告を棄却した。

　本件は，最高裁が，目的拘束性のある特定財産について信託関係の成立を明確に認めた注目すべき事案であるが，本件における最高裁の判示をどのように解釈すべきかについては，検討すべき問題が多々存在する。すなわち，本件前払金に関する目的拘束性は，ＡＢ間において締結されているＡ県工事契約請負約款に一般的な規定が置かれているものの，本件前払金に関する具体的な取扱いに関しては，ＢＹ間における本件保証約款に規定がなされているため，果たしてＡＢ間の「信託契約」の内容を，両約款の規定を併せたものと単純に考えてよいかが問題となる[37]。又，本件は，公共事業の発注に係る地方自治法，保証事業法に基づいた約款の解釈が問題とされたわけであるが，かかる法律上の規制が存在しない状況の下であっても，目的拘束性と財産の特定性が認められれば，同様に信託契約の成立が認定されることとなるかは，解釈が分かれうると思われる[38]。さらに，最高裁が必ずしも契約締結当時「信託契約」と表示されていなかった財産の管理関係を信託契約と解釈したことからすれば，ある財産に関する当事者間の法律関係の解釈は，当事者が「信託」と表示したか否かではなく，当該財産をめぐる目的拘束性の有無や具体的な管理の態様によって客観的に判断されることとなり，逆に信託契約であると当事者が明確に表示していた場合でも，信託の成立が否定される可能性があることを意味しているとも考えられる。

　いずれにせよ，最高裁が目的拘束性と財産の特定性を根拠として信託契約の成立を認めたことは，信託法理論にとって極めて重要な影響を及ぼすものであり，今後発生しうる類似事件との比較検討が必要不可欠となろう。

　[19]　第4章を通じた様々な局面における検討の中で徐々に明らかにされてきたとおり，信託法理と信託類似法理との関係をどのように考えるかに際して重要となるのは，信託関係の有するいくつかの特徴のうちどの部分を「信託法理の特徴」として強調するか，である。

第4章　信託法理論の再構成

　すなわち，信託の特徴を，信託関係当事者の合意に基づく財産管理関係の設定，という点に求めるのであれば，信託は当事者間の信頼関係を基盤とする財産管理関係に関する法理である，ということとなり，代理，委任等とほとんど理論的差異のない法制度として法体系の中に位置づけられる。この考え方の下では，信託関係の解釈は，基本的には当事者間の合意の解釈として考えられるわけであるが，その反面，当事者間における合意の効果は第三者に対して及ばないことが，解釈上の原則とならざるを得ない。従って，信託関係当事者と第三者との間で生じた問題の解決に関しては，第三者からみた場合における法律関係の外形がどのようなものとなっていたかが，解釈に際して重要となる。なお，このような特徴が最も明確である信託法理論は，債権説であると考えられる。

　これに対して，特定された信託財産に関する一定の目的に従った管理処分関係を以て信託の特徴と考えるのであれば，信託は信託財産を中心とした財産管理関係を司る法理である，ということとなり，会社や組合との類似性が強調される。この考え方の下では，信託関係の解釈は，信託財産の管理処分によって生ずる利益を関係当事者間でどのような基準に従って配分するか，という問題を中心として考えられるから，信託関係当事者間の合意よりも客観的判断基準を優先して適用すべきである，との主張が生じやすい。そして，そのような客観的判断基準が定立された場合には，かかる基準は当事者間の合意と異なり，原則として信託関係当事者以外の第三者をも拘束するものとなる。従って，信託関係当事者と第三者との間で生じた問題解決に際しては，利害対立の対象となる財産が信託財産としての特定性を客観的に維持していたか否かが重要となる。なお，この特徴を最も明確に有しているのは，信託財産実質法主体性説である。

　他方，信託の特徴を財産権の帰属の形式と実質のずれ，と考えるのであれば，信託は受益者の実質所有権を保護する法理である，ということとなり，信託と譲渡担保との議論に大きな通有性が生ずる。この考え方の下では，外形上の権利でない受益者の実質所有権を可能な限り保護することが信託関係の解釈において重要となり，具体的な局面における解釈としても，信託関係当事者間の合意よりも，受益者の実質所有権を保護すべき客観的判断基準に

第2部　信託法理論の解釈への応用

従うべきことになる。もっとも，そのような解釈が妥当であるためには，受益者の権利保護についての理論的根拠が必要である。この点について，譲渡担保では，動産担保に関する担保法制の不備に基づく担保権設定者の不利益の回避，という根拠がほぼ確立しているため問題は少ない。しかしながら，信託に関しては，受益者が乳幼児や知的障害者である等，財産管理能力が十全でないことにより社会全体から保護されるべき者として認知されていない限り，受益者の利益擁護の正当性を主張することについてやや困難が伴うことは，否定できないように思われる。なお，この特徴が最も明確であるのは，物権説（受益者実質所有権説）である。

[20]　しかしながら，このような信託類似法理との対比のみでは，それぞれの信託法理論が他の信託法理論と対比してどのような特徴を有するかが明らかになるのみであり，どの部分を以て信託の本質的特徴と考えるべきかは，全く明らかになってこない。従って，本論文において次に行われるべき作業は，現行信託法の具体的局面における解釈を詳細に検討し，本章で検討してきた信託法理論が各局面においてどのような対立構造を示しているかを，改めて考察してみることである。

（1）　四宮・信託法7頁以下。
（2）　但し，商事信託に関して前節で紹介した神田のような考え方をとる場合には，このような点は信託の特徴とは必ずしも言えなくなる。
（3）　但し，同一の法律関係が信託であると同時に代理でもあると評価すべき場合には，受託者の行為の効果が受益者に対して及ぶ，と解釈されることもあり得ないではない。この点については，星野豊「「信託関係」における「受益者」の責任（1）〜（3・完）」NBL673号〜675号（1999）参照。
（4）　最判昭和43年7月11日民集22巻7号1462頁。
（5）　金融研究所「金融取引における受認者の義務と投資家の権利」金融研究17巻1号17頁以下（1998）。
（6）　第5章第3節参照。
（7）　但し，この点については代理で述べたことと同様の議論が成り立ちうる。前記注3参照。

（ 8 ） 実際，現在検討されている商事信託法の立法論においても，必ずしも明確に規定が置かれることが主張されているわけではないが，会社と類似した法律関係を商事信託の基本構造として前提とすることで，見解の一致が見られるようである。
（ 9 ） この点について，前記のとおり，現在検討されている商事信託に関する立法論では，商事信託に対して会社と類似した規制を設けようとして，種々の具体的な規定を設けることが主張されている。
（10） 組合員がいかなる事情の下でも脱退できない旨の約定は，公序良俗違反として無効となる。最判平成 11 年 2 月 23 日民集 53 巻 2 号 193 頁
（11） 國生一彦『アメリカのパートナーシップの法律』22 頁（1991）。
（12） RESTATEMENT (2d) OF TRUSTS, s. 98 ; SCOTT ON TRUSTS, s. 98.
（13） 星野英一・民法論集 230 頁以下。
（14） 最判昭和 47 年 6 月 2 日民集 26 巻 5 号 957 頁。
（15） 最判昭和 32 年 11 月 14 日民集 11 巻 12 号 1943 頁，最判昭和 39 年 10 月 15 日民集 18 巻 8 号 1671 頁，最判昭和 48 年 10 月 9 日民集 27 巻 9 号 1129 頁ほか。
（16） 星野英一・民法論集 308 頁。
（17） 大判昭和 8 年 4 月 26 日民集 12 巻 767 頁，最判昭和 30 年 6 月 2 日民集 9 巻 7 号 855 頁ほか。
（18） 大阪谷・理論編 493 頁。
（19） 四宮・信託法 10 頁。
（20） 最判昭和 34 年 9 月 3 日民集 13 巻 11 号 1357 頁，最判昭和 62 年 11 月 10 日民集 41 巻 8 号 1559 頁，最判平成 6 年 2 月 22 日民集 48 巻 2 号 414 頁ほか。
（21） 両事件に関する評釈として，伊藤眞・判評 372 号 61 頁（1990），山下友信・ジュリ 929 号 46 頁（1989），弥永真生・ジュリ 995 号 107 頁（1992），黒沼悦郎・別ジュリ 138 号 86 頁（1996），山田二郎・金法 1232 号 11 頁（1989）。
（22） 実際，現在では，旧募取法 12 条の規定は募取法の廃止と共に消滅し，保険料の保管については保険会社と代理店との契約によって行われているが（但し，実質上分別管理を要求する通達として，平成 8 年 4 月 1 日蔵銀 525 参照），この見解からすれば，東京地判の判断は今後の事案に対しては

第2部　信託法理論の解釈への応用

適用されない，と考えることになる。
(23) 評釈として，黒沼悦郎・金法 1492 号 6 頁 (1997)，遠山聡・ジュリ 1150 号 119 頁 (1999)，岩崎憲次・リマークス 15 号 120 頁 (1997)。
(24) なお，最判平成 15 年 2 月 21 日民集 57 巻 2 号 95 頁は，預金債権は保険会社ではなく損保代理店に帰属する旨判示している。以上のことからすると，やはり前記の東京地判は判例としての意味はそれ程大きくないものと考えた方がよいのかもしれない。上記最判の評釈として，中原健夫・銀行法務 622 号 4 頁 (2003)，御囲隆裕・銀行法務 622 号 10 頁 (2003)，天野佳洋・銀行法務 623 号 46 頁 (2003)，尾島明・ジュリ 1256 号 177 頁 (2003)。又，弁護士の預かり金専用口座の帰属に関する，最判平成 15 年 6 月 12 日民集 57 巻 6 号 563 頁でも，最高裁は預金の帰属は名義人の弁護士であるとする。なお，同事件における深澤・島田補足意見は，弁護士による金銭管理の法律構成について信託契約あるいは信託契約と委任契約との混合契約の可能性を示唆する。もっとも，同補足意見は，信託契約の場合でも預金の帰属は弁護士であるとの結論に変わりはないとしており，信託の基本構造に関して債権説に立っていることを窺わせるが，他の信託法理論からこの点に関して異なる結論を導く余地は，十分あるものと思われる。同事件に対する評釈として，天野佳洋・銀行法務 623 号 46 頁 (2003)，宮川不可止・金法 1678 号 47 頁 (2003)，大橋寛明・ジュリ 1262 号 141 頁 (2004)。又，預金の帰属全般に関して，「特集・預金の帰属と金融実務」金法 1686 号 9 頁以下 (2003) 参照。
(25) 評釈として，平田健治・判評 464 号 29 頁 (1997)。
(26) 評釈として，太田知行・判評 495 号 16 頁 (2000)，西尾信一・銀行法務 21・43 巻 13 号 53 頁 (1999)，神谷高保・ジュリ 1203 号 134 頁 (2001)，道垣内弘人・金法 1600 号 81 頁 (2001)。
(27) 第 5 章第 3 節の議論も併せて参照。
(28) 中川善之助＝泉久雄『相続法』577 頁注 17 (第 4 版，2000)。
(29) 評釈として，泉久雄・昭和 58 年度重判 91 頁 (1984)，國府剛・民商 89 巻 4 号 553 頁 (1984)，高野竹三郎・別ジュリ 99 号 220 頁 (1988)。
(30) 信託法学からの試みとして，四宮・信託法 129 頁，米倉明「信託による後継ぎ遺贈の可能性」ジュリ 1162 号 87 頁 (1999)，道垣内弘人＝大村敦志＝滝沢昌彦編『信託取引と民法法理』217 頁以下〔大村敦志〕，241 頁以下〔星田寛〕(2003)。

第4章 信託法理論の再構成

(31) 評釈として，新井誠・民商109巻3号491頁（1993），伊藤昌司・平成5年度重判98頁（1994），泉久雄・リマークス8号97頁（1994），星野豊・法協111巻8号1278頁（1994），西謙二・最判解説民事平成5年度1事件（1996）ほか。

(32) 例えば，受遺者の対象者に遺言執行者自身が含まれていた場合，遺言執行者が自らを受遺者として選定できるかは，受託者の忠実義務の問題（信託法22条）と対比して考えることが可能であるし，遺言執行者の職務一般に関する監督についても，受託者に対する裁判所の監督権限の規定（信託法41条）を類推適用して，遺言執行者の権限の行使又は不行使を裁判所が一般的に監督することが可能となる。

(33) この問題に関しては，新井・信託法278頁以下の議論が詳しい。

(34) 大判昭和11年8月7日民集15巻1630頁，最判昭和46年4月20日家月24巻2号106頁ほか。

(35) 評釈として，右近健男・平成4年度重判92頁（1993），道垣内弘人・民商108巻6号911頁（1993），米倉明・法協111巻3号400頁（1994），石田喜久夫・法時66巻3号113頁（1994），辻正美・リマークス8号14頁（1994），磯村保・金法1364号48頁（1993），田尾桃二・NBL525号51頁（1993），田中豊・最判解説民事平成4年度23事件（1995）ほか多数。

(36) 評釈として，雨宮孝子・判評525号37頁（2002），岩藤美智子・金法1659号13頁（2002），天野佳洋・銀行法務622号14頁（2003），杉浦宣彦＝徐熙錫・金融庁金融研修センター平成15年度ディスカッション・ペーパー（2003），佐久間毅・平成14年度重判73頁（2003），中村也寸志・ジュリ1229号61頁（2002），同・曹時55巻8号2297頁（2003）。なお，道垣内弘人＝大村敦志＝滝沢昌彦編『信託取引と民法法理』9頁以下〔道垣内弘人〕（2003）。又，原審の評釈として，道垣内弘人・金法1597号66頁（2000）。

(37) 最高裁は，ＡＢ間の契約においてはＢＹ間の保証約款の内容が当然に前提とされていた，と判示しているが，合意の解釈としてはやや強引であるとの感が否定できない。その意味では，Ｙが担保権を有するとした控訴審の判断も，一概に不当とは言えないように思われる。

(38) 前記[13]における損害保険料口座に関する議論を参照。

第5章　現行法の解釈への応用

[1]　前章での検討によって，現行信託法の解釈のための理論モデルという観点に照らした各信託法理論の特徴は，相対的なものであるにせよ，概ね明らかにすることができた。

そこで，本章では，現行信託法の中で生ずる理論上実務上の問題点の解決ないし解釈に関して，かかる信託法理論の対立がどのような影響を及ぼしうるか，又，各局面ごとにおける解釈ないし解決が，理論的どう連関しているかについて，具体的に検討を加えてみる。なお，本章での検討に用いる信託法理論としては，現行法の解釈における信託の特徴を明確に現す理論モデルとして，債権説，物権説（受益者実質所有権説），及び，信託財産実質法主体性説，の三者を専らとりあげることとする。

[2]　以下，本章での検討の対象としては，信託法理論の対立構造が，解釈の結論ないし方向性に明らかな影響を与えうる局面をとりあげる。

すなわち，第一に，信託の成立要件及び信託関係当事者の変動に関する要件効果について（第1節），第二に，信託財産の範囲及びその変動に関する要件効果について（第2節），第三に，信託の公示と信託の分別管理との関係にかかる解釈及び立法について（第3節），第四に，受託者の忠実義務と善管注意義務との関係及びその解釈について（第4節），第五に，信託財産に関する相殺をめぐる要件効果について（第5節），第六に，信託財産の共同受託に関する法律構成及びその解釈について（第6節），第七に，いわゆる実績配当型信託関係の法律構成及びその解釈について（第7節），第八に，信託関係における情報開示に関する解釈について（第8節），第九に，信託財産の管理処分に伴って生ずる債務及び責任の帰属について（第9節），それぞれ検討を加えることとする。

第1節　信託の成立と信託関係当事者

［1］　本節では，信託の成立及び信託関係当事者の法律関係の変動に関する解釈について検討する。より具体的には，第一に，信託の成立において信託財産の存在が必要的要件となるか否かについて，第二に，信託関係における委託者の法的性格について，第三に，信託事務の執行における代人の法的性格について，第四に，受託者の更迭ないし交代における法律関係の解釈について，それぞれ検討の対象とする。

［2］　一般に，信託関係が成立するためには，委託者による信託の設定に係る意思が存在すること，及び，受託者が信託関係を引き受けることとが必要であるほか，信託の成立時において特定の信託財産が存在していなければならない，とされている[1]。さらに，現在の通説的見解によれば，この信託成立時において存在すべき信託財産は，消極財産を含まない積極財産のみで構成されていることが必要である，と考えられている[2]。このような考え方の下，信託の成立に関しては，以下に述べるような，やや次元の異なる二つの問題点が生ずる可能性がある。

［3］　第一に，現行の実務との関係で，理論的な「信託の成立時点」をどのように考えるべきか，又，「信託成立前」における「信託関係当事者」相互間の法律関係をどのように考えるべきか，という問題がある。
　例えば，証券投資信託のように，信託財産を投資家からの出捐によって調達する信託関係においては，法律上投資家が信託の当初受益者とならない形態のものが少なくない。しかしながら，前述の通説的見解からすれば，このような信託関係においても，信託成立時に信託財産が特定して存在していることが必要である。そこで，信託成立前に投資家からの出捐を委託者ないしその仲介者が受けることが実務上必要となるわけであるが，この場合における投資家と信託関係当事者及び仲介者との法律関係をどう解釈するかが問題である。なお，現在の実務では，投資家の出捐時点と信託契約の成立時点と

第2部　信託法理論の解釈への応用

を可能な限り接近させることによって，上記のような問題点が事実上生じないよう配慮されており，最終的に残る投資家が損失を被る可能性については，投資に伴うリスクの問題の一種として取扱われていることが窺えるが，このような対処が理論的な解決を導くものでないことはいうまでもない。

　信託関係が，あくまで「信託関係当事者の意思」に基づいて成立し，かつ成立時に特定した信託財産の存在が必要である，との前提を貫こうとすると，「信託関係」が成立する前においては，投資家と「信託関係当事者」との間には将来信託関係を設定する旨の委任契約が存在しているにすぎない。そうすると，この段階における投資家は，理論上は「信託関係」における「受益者」でないから，信託法上受益者が受けるべき保護を，少なくとも理論上当然には受けられない。言い換えれば，「信託成立時」前においては，事業者は「受託者」としての義務や責任を投資家に対して負う必要はない，との考え方が比較的容易に導かれるわけであり，投資家の利益保護をどう図るかが，実務上問題となってくる。

　他方，かかる信託関係を経済実質的に把握する立場からすれば，投資家が「委託者」ないしその仲介者に対して信託関係の成立に必要な財産を出捐した時点で，投資家と事業者である「信託関係当事者」との間には，「信託関係」が成立しているものと考えられる。従って，経済実質的な「信託関係」が成立している以上，投資家は信託法上「受益者」として保護されるべきであり，事業者側は「受託者」としての義務と責任を負うべきである，との主張が容易に導かれることとなる。

　なお，以上の問題とは逆に，信託財産としての財産が投資家から出捐されていなくても，信託関係当事者間の合意のみに基づいて「信託関係」が発生していると考えることができるか，すなわち，投資家は財産の出捐前においても，出捐の合意をした段階で「受益者」としての保護を受けることができるか，という問題も生じうる。この点についても，結局，信託関係当事者における合意の存在と，特定された信託財産の存在とのどちらを要件としてより重視するかによって，解釈が分かれることとなる。前章で検討した神田秀樹の「商事信託」に関する主張は，正にこのような「信託関係」の有効性を念頭に置くものと考えられる[3]。

第5章　現行法の解釈への応用

　[4]　第二に，現在では，信託成立時において信託財産が積極財産のみで構成されていなければならないとする前述の通説的見解の当否について，実務上も理論上も問題となるような状況が生じつつある。

　すなわち，積極財産と消極財産とが混在する財産は信託財産として一切受託できない，と厳密に考えるならば，例えば敷金ないし保証金の返還債務が付着した不動産を信託財産とすることも不可，ということになる筈である。しかしながら，現在の判例では，建物の賃貸借契約上の保証金返還債務が付着した不動産の受託は有効であるとされ，かかる保証金返還債務は受託者が負うとされている(4)。又，一旦信託関係が成立した後においては，前述の通説的見解の下でも，信託財産が債務を負うことは差し支えないと考えられている(5)。さらに，通説的見解の主張する信託財産が債務を負うことが望ましくないとする理論上の根拠を考えてみても，明確に挙げられるものは債権者の保護と信託財産が債務超過であった場合の利害調整の混乱防止とであるが，これらの事情も通説的見解の妥当性を必ずしも補強するものではない。委託者の債権者にとっては，積極財産のみが信託の対象となることによりかえって利益を損なう結果となる場合があるし，信託財産が債務超過であった場合の利害調整についても，例えば信託が一旦成立した後に目的不達成により終了したとして扱うなり，受託者に債務と責任とを引き受けさせることにより信託自体を有効とするなりの方法がありうるから，必ずしも信託関係を無効とすることが唯一の方法ではない。

　従って，消極財産を含んだ財産を以て信託財産とすることも常に無効となるわけではない，とする解釈が一般に行われることになる可能性も，今後においては十分高いと考えられる(6)。但し，信託があくまで受益者に信託財産から生じた利益を享受させるものであることを前提とすると，信託財産の中では積極財産が消極財産を上回っていることが必要となる。これに対して，商事信託に関する神田の議論のように，信託関係設定に関する信託関係当事者の「意思」を強調する立場からすれば，そもそも信託成立時に信託財産が存在する必要はなく，又，消極財産のみを信託財産とすることも有効である，との結論が導かれることになる(7)。

215

第2部　信託法理論の解釈への応用

[5]　信託関係における委託者の地位をどう考えるかは，理論上も実務上も重要な問題である。すなわち，委託者を単に信託関係を成立させた者としてしか扱わないとの立場からすれば，信託関係成立後において重要となるのは受託者と受益者との関係であり，委託者は理論的には信託関係から離脱すると考えることも不可能でない。他方，委託者は信託を設定させる当事者であるのみならず，信託目的をその意思によって規律する存在と考える立場からすれば，委託者は，信託関係成立後においても，受託者による信託財産の管理処分に対する監督者として重要な地位を占めることとなる。

現行信託法は，信託関係設定後も委託者の監督者としての役割を非常に重視し，委託者の監督権を多数の規定によって認めている（信託法16条（信託財産に対する強制執行に対する異議申立），23条（信託財産の管理方法の変更の申立），27条（受託者の管理の失当に対する責任追及），40条（帳簿の閲覧請求），47条（受託者の解任請求）等）。これは，現行信託法が債権説に依拠して制定されており，債権説が委託者の信託関係設定に関する意思を信託の中心として考えていることと，理論的に一貫しているということができる。これに対して，現在提唱されている商事信託要綱案では，委託者に信託関係の設定者としての地位以上のものを認めておらず，信託関係を限りなく会社に近い存在として位置づけようとしていることが窺える(8)。

以上のほか，委託者の地位については，なお問題となりうる点がある。例えば，「委託者の意思」の解釈それ自体について，以下のような二つの考え方が対立しうる。すなわち，現存する委託者個人の有する「意思」を以て「委託者の意思」と考え，信託条項の変更を柔軟に認めるべきであるのか，それとも，信託目的を規律する「信託条項」を客観的に解釈した結果としての「意思」を「委託者の意思」と考え，信託条項の規定を現実の委託者個人の意思よりも優先すべきであるのか，である。このような考え方の対立については，委託者の地位を一身専属的なものと考えるべきか否か，委託者と受託者との合意によって変更することが可能か否か等，その他の理論上実務上の問題に対しても，重要な影響を及ぼすこととなる(9)。

[6]　現行信託法上，受託者は，原則として信託に関する事務を他人に委

ねてはならないとされている（26条）。このことは，信託関係が委託者（信託関係設定後は受益者）と受託者との個人的な信頼関係に基づいて成立することからの帰結である，と説明されるのが通常である[10]。

しかしながら，受託者自身に信託事務を遂行させるよりも，より事務遂行能力に優れた者を受託者が監督するという形態の方が，信託財産の管理処分に関してより大きな利益を獲得する可能性があることは明らかである。従って，現在では，特に利益追求目的の信託関係について，受託者が信託事務を自己執行することが原則であるとはほとんど考えられておらず，むしろ，特に約定がない場合でも，受託者には信託財産の管理処分にとって適切な代人を選任する義務があると考えられるようになってきている[11]。

なお，受託者と代人との関係は，民法上の委任関係であり，代人は直接受益者に対して事務執行に関する義務や責任を負う。そうすると，受託者と代人との義務や責任の配分，すなわち，両者が連帯して受益者に対して事務管理者としての責任を負うのか，それとも両者の責任追及は別々に行われるのかが問題となる。さらに，このような信託事務の分掌が極端に進行した結果，信託財産の現実の管理処分は全て代人が取扱い，「受託者」の義務は代人の監督のみ，という状況が生じてくると，委託者や受益者からの責任追及や情報開示請求に対して，受託者がどのような対応をなすべきかが問題となる場合も生じてくる。これに加えて，代人が情報開示義務を誰に対して負うか，という点も，実務上極めて重要な問題である[12]。

[7]　信託関係が一旦成立すると，信託行為に定めた終了事由が発生した場合や，信託目的の達成又は不達成が生じない限り，信託関係は終了しない（信託法56条参照）。理論上は，信託関係当事者の変動が信託関係存続中に生じた場合でも，この原則に変わりはない筈であるが，実務上は，信託の受託自体が信託関係当事者の個人的な信頼関係に基づくことが少なくないため，信託関係当事者の変動が極めて重要な問題となる。もっとも，委託者の変動は，委託者が信託関係の監督権限を有していない限り，信託の存続にとって特に障害とならない。又，受益者の変動は，受益権の譲渡・相続の問題として扱われ，信託の存続には影響を及ぼさない。従って，問題が生じうるのは，

第2部　信託法理論の解釈への応用

受託者（信託関係の監督権限を有する委託者を含む）の地位が，何らかの理由によって変動した場合である。

現行信託法は，受託者の変動のみによっては信託関係が終了しないことを前提として，受託者の任務終了，辞任，資格喪失，解任，信託財産管理人の選任，新受託者の選任，財産の移転，権利関係の承継・清算等に関して，かなり詳細な規定を設けている（信託法42条ないし55条参照）。しかしながら，これらの条項をどのように説明するかは，信託法理論によって異なる。

すなわち，債権説からすれば，これらは，信託関係設定に関する合意の効果としての信託関係の存続が具体的な当事者の意思に関わらず存続することの帰結である。又，物権説（受益者実質所有権説）や信託財産実質法主体性説からすれば，信託財産は受益者が実質所有権を有する財産ないし独立性を有する目的財産であって，受託者はその名義人及び管理権者にすぎないから，受託者の更迭によって信託関係が終了しないことは理論上当然となる。

他方，現行信託法は，受託者の交代が行われる際に，旧受託者が任務終了により受託者の地位を喪失して新受託者の選任が行われた後，旧受託者から新受託者への財産の移転が行われる，という理論構成を採用している（50条以下）。これは，現行法が債権説を一応の基盤としていることの帰結であるが，これによって生ずる実務上の問題点としては，受託者が営業譲渡等によって業務の一部を他人に移転した場合には，新受託者として当該営業譲渡の譲受人が必ず新受託者となるとは限らないため，関係当事者間の利害調整が複雑になること，又，旧受託者から新受託者に対して信託財産の移転が行われる際に，財産価値の再評価が必要となり，受益者の会計上の利益や損失に影響が及ぶ可能性があることが挙げられる[13]。

（1）　四宮・信託法111頁。
（2）　四宮・信託法133頁。
（3）　神田・商事信託54-55頁。
（4）　東京地判平成5年5月13日判時1475号95頁，東京高判平成7年4月27日金法1434号43頁。なお，最判平成11年3月25日判時1674号61頁参照。

第5章　現行法の解釈への応用

(5) 四宮・信託法 204 頁。
(6) 星野豊・ジュリ 1087 号 154 頁 (1996)。
(7) 神田・商事信託 56-57 頁。
(8) 商事信託法研究会 6 頁, 46 頁。
(9) この問題は要するに,「信託目的」と「信託関係当事者の意思」とのいずれをより信託の本質としてとらえるか, にかかることとなり, 本論文の最終的な検討対象となるものである。
(10) 四宮・信託法 236 頁。
(11) 四宮・信託法 237 頁。なお, RESTATEMENT (3d) OF TRUSTS (PRUDENT INVESTOR RULE), s. 181 (1992).
(12) 第5章第6節 [7], 及び, 第5章第8節参照。
(13) なお, 商事信託法要綱案では, これらの問題点に対して, 受託者の任務終了に際して, 基本的には新受託者に債権関係が引き継がれることを前提としつつ, 第三者の意思表示によって当該債務の履行期が到来することができるものとしているが (商事信託研究会 15 頁, 95 頁), ここでどのような理論的前提を採用しているかは必ずしも明らかでない。

第2節　信託財産の範囲とその変動

[1]　本節では, 信託財産の範囲, すなわち, どの範囲の財産を信託法の適用対象となる「信託財産」として扱うべきか, が実務上重要となる局面を取りあげて検討し, 信託法理論が実務上の問題点の解決に対して及ぼしている影響について考察する。具体的には, まず, 現在の実務で広く行われている信託財産の合同運用を取りあげ, 個々の受益者と合同運用財産との関係をどう捉えるかによって, 具体的な問題点の解釈がどのように異なりうるかを考える。次に, 同一範囲の受益者が受益権を有する複数の信託財産について, これらが合併あるいは分離した場合における問題点を取りあげ, 信託法理論と実務上の問題点との関係を考えてみる。

[2]　「信託財産の合同運用」とは, 信託目的を同じくする複数の信託財産を, 同一の運用方針の下に管理処分することを意味する実務上の用語であ

る。信託法28条は，信託財産の管理について，受託者の固有財産からも他の信託財産からも分別することを原則として要求しているから，ここでいう合同運用が同条の規制の例外を構成するものであることは明らかである。

信託財産の合同運用が可能であることの法的根拠について，かつては，金銭の分別管理については帳簿上の分別で足りると規定する信託法28条但書が類推適用される，と説明されていた[1]。しかしながら，現在では，信託財産相互間の分別管理については信託法28条は任意規定である，との前提に立ち，他の信託財産との合同運用を，信託契約において委託者や受益者が承認すること自体が根拠となる，とする見解が支配的となっている[2]。

[3] 問題となるのは，信託財産の合同運用に関する法律関係をどのように把握することが妥当か，すなわち，合同運用が行われている信託財産の運用団と個々の委託者が設定した「信託財産」との関係をどのように把握すべきか，である。この点に関する解釈の違いは，次の局面で重要な結論の差異を導くものとなる。第一に，合同運用に伴って生じた利益と損失とを，個々の信託財産に対してどのように配分するかは，合同運用団と個々の信託財産との法律関係をどのように把握するかによって異なってくる。第二に，委託者や受益者が受託者に対して有する信託法上の監督権限は，委託者が設定し，受益者が受益権を有する「信託財産」の範囲に限られるのが原則であるから，合同運用団と個々の信託財産との法律関係をどのように把握するかにより，監督権限の行使可能な範囲は異なってくる。

以上の点に注意しながら合同運用団と個々の信託財産との関係について考えてみると，以下の三つの解釈が成り立ちうる。

[4] 第一に，信託財産の「合同運用」とは，複数の「信託財産」が同一の運用方針に従って事実上同時に運用されているにすぎない，とする解釈が成り立つ。この解釈の下では，「合同運用団」は複数の信託財産の事実上の集合体にすぎず，合同運用の結果としての利益や損失は個々の信託財産ごとの運用に伴う利益や損失と全く同一の性格を持つ。従って，合同運用している他の信託財産について生じた利益や損失は，理論的には，信託財産の利益

第5章　現行法の解釈への応用

や損失に対して何ら影響を及ぼさない[3]。

　又，この解釈の下では，個々の信託財産以外に「合同運用団」という財産が理論上構成されているわけではないから，委託者や受益者が受託者に対して有する監督権限，例えば，信託財産の管理処分に関する書類閲覧請求（より一般的に言えば情報開示請求）は，委託者が設定し受益者が受益権を有する信託財産の管理処分に関する事項に限定され，合同運用している他の信託財産については及ばないのが原則となる。もっとも，この解釈の下では，信託財産を他の信託財産と合同運用するか否か自体が信託財産の「運用」に関する判断の一つとなるから，場合によっては，合同運用の方針のみならず，どの信託財産と合同運用を行うかをも開示することが必要となる，との見解が生ずる可能性もある。

　[5]　第二に，信託財産が合同運用されている場合には，合同運用団自体が一つの「信託財産」を構成し，個々の受益権は全てこの合同運用団としての信託財産の受益権となる，とする解釈が成り立つ。この解釈の下では，合同運用団自体が一個の信託財産となる以上，信託財産に関して生じた利益や損失は，全ての受益権に対して等しく影響を及ぼすこととなる。又，その反面，委託者や受益者が受託者に対して有する監督権限は，合同運用団全体に対して及ぶことが原則となるから，書類閲覧請求権ないし情報開示請求権が行使される範囲も，合同運用団全体となる。

　[6]　第三に，やや複雑であるが，個々の信託財産がそれぞれ運用の対象として「合同運用団」という別の信託財産に対する投資を行い，個々の信託財産が合同運用団に対する受益権を取得する，との解釈が成り立つ。この解釈の下では，一旦合同運用団について利益又は損失が生じた後，かかる運用の結果が，合同運用団としての信託財産の受益権という形で，個々の信託財産に「配分」される。従って，前記の第二の解釈と異なり，例えば合同運用団について生じた損失を引き受けるか否かは，個々の受益者の判断ではなく，合同運用団の受益者，すなわち，個々の受益者が受益権を有している信託財産の受託者の判断によって行われる。

第2部　信託法理論の解釈への応用

又，個々の受益者が受益権を有しているのは個々の信託財産に関してであり，合同運用団に関してではない。従って，個々の受益者が監督権限を行使できるのは，個々の信託財産の管理処分の当否，すなわち，合同運用を行っていることが投資判断として妥当か否か，という点に限られ，合同運用団自体の管理処分については，書類閲覧請求権ないし情報開示請求権を原則として行使できない。まして，合同運用団に共に投資している他の信託財産の管理処分について，個々の受益者が監督権限を行使できる余地は存在しない。

但し，この解釈を採用するためには，理論上重大な問題点を克服する必要がある。すなわち，現在の実務では，合同運用団としての信託財産の「受託者」と個々の信託財産の「受託者」とが同一人物である場合が少なからずある。そして，このような状況は，受益者と受託者とが同一となることを禁止する信託法9条の規制に抵触する疑いを生じさせるものとなる。この点に関して，信託の基本構造に関して債権説を採用すると，個々の信託財産の受託者と合同運用団の受託者とを同一でないということが不可能であることから，同条の規制を回避することは極めて困難となる。他方，信託財産実質法主体性説を採用した場合には，「信託財産」ごとに管理者としての受託者の人格が異なるということが理論上可能であるため，同条の規制を比較的容易に回避することができる[4]。

[7]　前述のとおり，現在の支配的な見解の下では，信託財産の合同運用が可能となる法的根拠は個々の信託契約上の合意にあるとされている。従って，上記の三つのいずれの解釈が妥当であるかについては，個々の信託契約上の合意の解釈によって決定されることとなる。しかしながら，この点を措くとしても，なお理論上問題の生ずる余地は大きい。

例えば，「信託財産の合同運用」に関する委託者と受託者との「合意」は，各委託者と受託者との間で個々別々に締結されていると考えるべきであるのか，それとも委託者が組合類似の集団を形成して一括して受託者との「合意」を締結したこととなるのかが，理論上まず問題となりうる。前者の考え方を採用すると，例えば契約の解除等については個々の委託者と受託者との合意によって自由に行うことができるが，その反面，委託者ごとに前記の三

つの解釈上異なる合意が行われていた，という認定がされた場合には，極めて複雑な関係が生じてしまうことになる。他方，後者の考え方を採用することは，合同運用に関する法律関係の解釈を事実上安定させることができるが，その反面，個々の委託者が組合類似の関係を形成していると考えることは擬制に過ぎる，との批判が十分可能である。

又，情報開示の範囲や利益と損失の帰属に関してどのような考え方を採用することが合理的であるかは，立場と状況によって大きく異なるものであり，一つの解釈が誰にとってどのような状況で最大利益をもたらすかは区々であると言わざるを得ない。その意味で，信託実務にとっては，具体的な状況ごとの法律上の効果を事前に予測したうえで，状況ごとのあるべき法的対応が理論上どのような評価を受けるかを検討し，契約上の対処を行うこととする外ないのが実情であろう。

[8] 合同運用以外で「信託財産の範囲」が理論上問題となる局面としては，信託財産の合併・分離に関する法律構成をどのように考えるか，という点がある。具体的な状況としては，同一人を各々受益者とする複数の信託財産について，各財産ごとに異なる投資顧問業者を起用して運用を行わせていたところ，運用結果に著しい差が生じたために，一部の投資顧問業者に対する運用の委託を取り止めようとする，といった場合が典型例である。

信託財産の合併・分離については，信託法の条文の中で直接規定されていないため，理論上の問題点が極めて多い。例えば，信託条項に合併・分離を認める条項が存在しない場合に，関係当事者間の合意によって信託財産の合併・分離を行うことは可能であるのか，という点がまず問題となる。又，信託財産の合併・分離については信託条項の根拠が必要であるとすると，信託財産の合併・分離を行うことを可能とさせるように信託条項を変更するためには，どのような手続が必要か，という点も問題となる。さらに，そもそも，同一人を受益者とする信託財産に関して「合併・分離」という概念が適合するか，という問題も生ずるわけであり，問題の局面は様々である。このほか，信託財産の合併については，異なる信託目的を有する信託財産を果たして「合併」することが可能か否か，合併後の信託条項はどのような基準に従っ

て解釈されるべきか，という問題点も併せて生ずることとなる。

[9] このような問題点に対して，従来の通説的見解は，信託財産の合併・分離に関する法律構成を，次のように説明してきた。

すなわち，信託財産の合併・分離については，合併・分離前の各信託関係を一旦終了させたうえで，合併・分離後の信託関係を再設定すると考えればよい。従って，合併・分離時における全信託関係当事者，すなわち委託者，受託者及び全ての受益者が一致して合意すれば，信託財産は自由に合併・分離することができる。この際，もし必要があれば，信託条項の変更や，管理者としての受託者の選任解任等を，併せて行うこともできる。信託条項の変更等を含めて，信託財産の合併・分離に関する手続は，全信託関係当事者の合意のみで足り，裁判所や監督官庁の許可等の手続は一切不要である[5]。

しかし，この通説の考え方は，実務上重大な問題点を伴っている。すなわち，この考え方の下では，信託財産の合併・分離に関して信託関係を一旦終了することが前提となる。このため，信託財産の合併・分離に際しては，常に信託財産に関する決算報告を行い，信託財産に属する全ての財産を時価評価することが必要となる。従って，合併・分離前の信託財産の利益及び損失は，合併・分離の時点で一旦受益者に帰属することとなり，税務管理その他の局面において，受益者にとって必ずしも社会的経済的に利益とならない事態が生ずる可能性がある。

又，信託財産が第三者に対して債務を負っていた場合には，信託が一旦終了した時点で債務を弁済する必要も生ずるから，信託財産の合併・分離が行われる段階で常に債権者との関係で清算が必要となるが，これは受益者にとっても債権者にとっても必ずしも利益とならない場合が少なくない[6]。

このように，通説の考え方に基づく信託財産の合併・分離は実務上の難点が少なくないため，他の法律構成が考えられないかが問題となる。

[10] 通説の考え方以外に，信託財産の合併・分離に関する法律構成としては，以下の三つの考え方が成り立ちうる。

第一に，事実上信託財産の運用方針を同一ないし異なるものとし，「事実

第5章　現行法の解釈への応用

上の合併・分離」を行う，という考え方がある。これは要するに，理論上の問題を全て棚上げにしたうえで，事実上財産の運用方針の段階で合併・分離をしたのと同一の効果を，実務上達成させようとするものである。

　実際，前述したような投資顧問業者の起用・罷免に関しては，各投資顧問業者がいずれも受託者の代人であると考えるなら，そもそも概念としての「信託財産」が投資顧問業者ごとに別々であると考える必要性がそもそもない。従って，投資顧問業者の交代に際しては，信託財産の合併・分離を行う必要はなく，事実上の合併・分離が行われれば足りる，との考え方は，十分合理的なものである。又，この考え方の下では，概念としての「信託財産」は投資顧問業者ごとに分離しているわけでないから，個々の投資顧問業者に対して運用を委託すべき財産の配分を変更することは，信託条項で定めた手続に従う限り，受託者の信託財産の管理処分に関する裁量の一種として，自由に行うことができる。

　但し，この考え方の下では，合併前の複数の信託関係における信託条項が異なっていた場合に，合併後の信託財産を同一の運用方針の下に管理処分することが，事実上困難となる恐れがあることが否定できない。

　[11]　第二に，合併・分離を行う信託財産相互間で，一方の信託財産に他方の信託財産に関する全受益権を取得させることによって，事実上合併・分離をしたのと同一の効果を達成させる，という考え方がある。この場合，受益権を取得される側の信託財産の受益者であった者は，受益権を譲渡する対価として，受益権を取得する側の信託財産の受益権の譲渡を受ける。

　この考え方の下では，受益権の価額をいかに評価するかは取引当事者である受託者及び受益者の取引上の判断に委ねられる。従って，両受益権を同価値として取引を行い，同価値の資産として会計上の処理をすることは，客観的価値に著しい差異があるのでない限り，直ちに違法とされることはない。

　但し，この考え方の下では，合併・分離を行う信託財産相互間で二重信託関係が生ずることとなるため，両信託財産の受託者が同一であった場合に，信託法9条に対する抵触の疑いが理論上最大の問題となる。又，形成された二重信託関係に関して受益者がどこまで情報開示を求めることができるか，

225

という実務上の問題も存在する。

　[12]　第三に，合併・分離を行う信託財産の双方が，新たな信託財産に関して受益権を取得することにより，事実上合併・分離と同一の効果を達成させる，とする考え方がある。この考え方の下では，新たに設定される信託財産に関する信託条項を，合併・分離前の信託関係を司る信託条項と無関係に定めることが可能である。このため，信託条項の調整が不可能ないし困難な複数の信託財産を合併・分離させることが，実務上極めて容易となる。
　この考え方の下で理論上問題となるのは，前記の第二の考え方と同様，二重信託関係が生ずるために信託法9条に抵触する疑いが生ずること，及び，新たに設定される信託財産の管理処分に関する情報開示を，受益者がどの範囲で求めることができるか，という点である。

　[13]　なお，信託財産の債権者との関係について補足しておくと，前述のとおり従来の通説的見解の下では，信託財産の合併・分離に際して一旦信託関係を「終了」させる際に，必ず債権者に対する関係で清算を行う必要がある。これに対して，その他の考え方の下においては，各信託財産と債権者との関係は合併・分離前と同一の状態で存続することとなるから，清算の必要は生じない。但し，この場合には，債権者の引当となる責任財産が，従前の信託財産から合併・分離後における信託財産の受益権に変化していることが少なからず生ずる。このため，合併・分離において行われる受益権の取引や，信託関係の設定に対して，債権者から詐害行為取消権に基づく取消を訴求される可能性がある[7]。

　[14]　以上を要するに，信託財産の合併・分離に関して理論上問題となるのは，経済的目的を達成させるために設定される二重信託関係について，信託法9条に抵触する疑いがあることと，かかる関係における情報開示がどの範囲で行われるべきかが明らかにされていないことである。従って，これらの点に対して理論上の解決が与えられるならば，信託財産の合併・分離は信託財産の運用方針の一環としての受託者の判断に対する受益者の承諾を以て

足りるから，実務上信託財産の合併・分離は相当容易に行うことが可能となってくるわけである。

(1) 松本＝西内・信託法 181 - 182 頁［松本崇］(1972)。
(2) 四宮・信託法 222 頁。
(3) 但し，合同運用の結果として取得する財産は，他の信託財産と事実上共同して行うこととなるから，取得した物としての財産それ自体ではなく，共有持分権である場合が少なからず生ずることとなる。
(4) 四宮・信託法 86 頁注 7。
(5) 四宮・信託法 213-214 頁。
(6) 受益者にとっては期限の利益を享受できないこととなるし，債権者にとっても望まない時期における清算が債権管理に関する当初の予測を狂わせることとなるからである。
(7) 信託の設定によって財産が受益権に転換してしまうと，債権者は当該財産それ自体を差し押えることはできなくなり，受益権を差し押えるしかなくなってしまうが，信託条項によって受益権の行使や信託の解除等に制限がかけられていた場合には，結果として債権者の利益が害されるからである。又，信託設定後において当該信託財産に対して直接債権を有する債権者との関係では，受益者の債権者は，当該信託関係を終了させる際の清算において事実上劣後する危険性も生じてくる。

第3節　信託の公示と分別管理

[1]　本節では，信託法上要求されている「信託の公示」が果たす機能を信託財産の分別管理によって代替できるか，という問題を扱う。この点については，平成10年に信託業法が改正され，受託者の固有財産との分別管理がなされていれば信託の公示がなくても第三者に対して信託を対抗できる旨の条文が制定されたため，学界，信託銀行実務界とも議論に決着がついたとの認識が形成されているようである。しかしながら，後述するとおり，この改正信託業法は，受託者の責任を軽減するという事実上の効果についてはともかく，受益者の利益保護という観点から見た場合には，なお問題を抱えて

いるものと言わざるをえない。

以下ではまず，問題の本質を明らかにする必要上，信託業法改正前における「信託の公示」に関する規制を概観し，信託財産の分別管理によって信託の公示と同等の効果を認めるべきであると主張する近時の議論にどのような問題点が含まれていたのかを示す。そのうえで，改正信託業法10条1項の規定とそれに関する一般的な説明を検討し，今後において生ずる恐れのある実務上の問題点とその対応策のあり方を議論する。

[2] 平成10年信託業法改正前における信託の公示に関する信託法上の規制は，3条1項の規定する「信託ノ登記登録」と，同条2項の規定する「信託ノ表示」とであった。そして，信託実務において深刻な問題を生じさせていたのが，信託財産の流動性が高い有価証券に関する「信託ノ表示」の規制であったことはいうまでもない(1)。信託銀行実務では，信託商品の運用の効率性を阻害するとの理由を以て，有価証券を信託財産とする全ての信託商品の約款において，有価証券に関する信託の表示は省略する旨の条項を置いている(2)。このように，信託銀行実務においても，信託の表示に関する事務取扱の実績があるわけではなく，又，「信託の表示」にどの程度の「費用」がかかるのかを厳密に試算した結果として約款に上記のような規定を置いているわけでもなく，ただ一般論として「信託の表示についてはこれを行うよりも行わない方が信託財産に関する費用を節約できる」，との認識の下で信託の表示を省略しているのが実情であると考えて差し支えない。そして，後述するとおり，実はこのような費用計算の比較の出発点に，問題の根源が潜んでいるのである。

[3] 信託の表示を行うべきであるにもかかわらずこれを行わなかったことに基づく不利益は，当該有価証券が信託財産であることを第三者に対抗できないことである。このような第三者に対する信託の対抗が問題となる局面としては，①信託財産に対して受託者個人の債権者が強制執行を行ってきたとき（16条参照），②受託者が破産して信託財産が破産財団に混入したとき，③信託財産に属する債権と信託財産に属しない債務とでなされた相殺の無効

第5章　現行法の解釈への応用

を主張するとき（17条参照），④信託財産と受託者の固有財産との間における混同の排除や附合・加工・混和の例外を主張するとき（18条及び30条参照），⑤受託者が死亡して信託財産が受託者の相続財産に混入したとき（15条参照），が挙げられる。但し，受託者が信託違反処分を行った結果信託財産が第三者に移転した場合における受益者の取消権行使の要件としては，31条但書は第三者に悪意又は重過失があることのみを規定しており，信託の表示を行っていること自体は要件とされていない[3]。

　他方，現在のわが国で確立している対抗要件理論によれば，対抗要件を備えていない財産に関しては，権利者は善意の第三者に対してはもとより悪意の第三者に対しても，当該財産に関する権利関係を主張できないとされている[4]。従って，信託の表示を行っていない有価証券に関して受託者個人の債権者が強制執行をしたり，受託者が破産して信託財産が破産財団に混入した場合には，信託関係当事者は善意の第三者に対する関係ではもとより悪意の第三者に対する関係でも，信託関係を主張できないこととなる。

　[4]　そうであるとすれば，費用の節約という経済的な事情に基づいて信託の表示を省略した以上，それによって信託の対抗ができなくなり財産相当額の経済的損失を被る恐れのあることは，対抗要件理論を素直に理解すればあまりにも当然のリスクということができる。従って，信託財産に関する「費用の節約」として信託の表示を省略すべきか否かは，信託の対抗が第三者に対する関係でほとんど不可能となるリスクを考慮したうえで判断されなければならない筈である。しかしながら，わが国における信託実務では，信託の表示を省略するに際して，信託の表示を行わないことによるリスクを考慮の対象とするというよりもむしろ，ただ信託の表示を行うことと行わないこととの費用の大小のみを強調してきた感がないではない。

　このように，信託銀行実務からの要請に端を発し，改正信託業法10条1項として結実した「信託財産の分別管理による信託の公示」の議論は，対抗要件に関する確立した法理論の例外を無理矢理認めようという性格を持つものであり，その主張には当初から相当程度の理論的な難点が半ば必然的に伴うものであったわけである。

第2部 信託法理論の解釈への応用

[5] 近時において行われた「信託の公示と信託財産の分別管理」に関する議論は、要するに、信託財産の分別管理が行われていることを以て信託の公示に代わる機能を認め、これを第三者に対する信託の対抗要件と同視しようとする主張である。この主張は、バブル崩壊後の景気後退の中で、信託銀行の経営基盤に対する不信感が一部に生じたことを背景としつつ、専ら信託銀行が倒産した場合における信託財産と受託者の破産財団との区別を念頭において論じられたものである。但し、当時において具体的な破綻事例が信託銀行に関して生じていたわけではなかったため、この主張は、いわゆる「机上の事例」であることを強調されつつ、信託銀行実務と信託銀行から要請を受けた信託法学界とが共同して行った議論を基盤としている。従って、この主張は、具体的な利害対立が生じた結果としての裁判等における判断を議論の直接の基盤としているわけではないこと、又、受益者や第三者に相当する実業界がほとんど議論に参加していないと考えて差し支えないことを、それぞれ注意しておく必要がある。

[6] 以上の点に注意を払いつつ、上記の主張を論拠ごとに整理してみると、概ね以下のとおりである。
　第一に、信託財産は受託者の固有財産と異なるいわゆる特別財産であり、受託者の責任財産に属しない、という一般論を根拠として、受託者個人の債権者が信託財産に対して強制執行をしたり信託財産を破産財団に組み入れることは理論上許されない、とする見解がある[5]。この見解の論拠となっているのは、受託者の固有財産と対比した場合における信託財産の特別財産性に関する一般論であり、これは信託の基本構造に関して信託財産実質法主体性説を採用した場合はもちろん、債権説や物権説（受益者実質所有権説）を採用した場合でもほぼ必然的に導かれる結論である。
　しかしながら、この見解は、前述した対抗要件理論との関係で、極めて大きな弱点を抱えている。すなわち、信託財産に論者の主張するような特別財産性があり、それが第三者に対しても効力を生ずるというのであれば、かかる性格を有する信託財産に関して第三者が不測の損害を被らないようにするためには、信託の公示制度が当然必要となってくる筈であるし、実際信託法

第5章　現行法の解釈への応用

が信託の公示を要求しているのはかかる趣旨に基づくものである。従って，信託法が用意している信託の公示制度を信託関係当事者が利用しなかった以上，信託財産の特別財産性を第三者に主張することは第三者に不測の損害を生じさせる恐れがあるから許されないし，信託の公示を備えるか否かは信託関係当事者の自由である以上，公示を備えなかったことに起因する不利益を信託関係当事者が負うことは当然ではないか，という対抗要件の一般理論から導かれる批判が必然的に生じてくる。前記の見解の弱点は，このあまりに分かりやすい批判に対して正面から応えることができない点にある。

　[7]　このような批判に対して，前記の見解の側からは，受託者を業として行う信託銀行等の事業者が相当額の信託財産を受託していることは，第三者にとって自明のことであるから，信託の公示がなされていなかったとしても第三者に不測の損害を与えることにはならない，との再反論がなされている[6]。しかしながら，ここで問題となっているのは，受託者の固有財産と信託財産とが信託の公示によって区別されるべきであるにもかかわらず区別されていないという点にある。すなわち，受託者の固有財産がほとんど皆無である状態ならばともかく，受託者が信託財産と同種類ないし同程度の量の固有財産を保持していた場合には，固有財産と信託財産とを何らかの指標によって区別することが第三者の保護のために必要となることは当然であり，信託の公示は正にこのような場合に第三者に不測の損害を被らせないための機能を発揮するわけである。これに対して，受託者が信託事務の執行を業としていることのみを以て，信託の公示のない財産に関して第三者が信託関係当事者の主張を全面的に受容すべきであるとの結論を導くことは，あまりに第三者の利益を無視するものと言わなければならない。

　要するにこの再反論は，信託の公示を備えるべき信託関係当事者の側が自らの判断で行った信託の表示の省略に起因するリスクを，信託銀行が商事受託者であるという理由のみによって第三者に転嫁することを主張するものであって，到底賛成することはできない。まして，信託財産となった有価証券に信託の表示が行われていないことは取引事業者間で周知の事実となっている筈であるといった主張は，対抗要件理論を完全に無視した議論に外ならな

いから，信託関係当事者が信託の表示を備えないことのリスクを第三者に転嫁する理由としてはおよそ説得力がないように思われる。

[8]　第二に，問屋の破産に際して委託者に取戻権を認めた最判昭和43年7月11日民集22巻7号1462頁を手掛かりに，受託者の破産時における信託財産の取戻を肯定しようとする見解がある[7]。この見解の論拠となっているのは，間接代理と信託との類似性，すなわち管理者である問屋ないし受託者が名義を保持している財産の「実質的権利者」である委託者ないし受益者の有する権利に類似性がある，と前提したうえで，最判昭和43年の結論を類推して受益者の取戻権を肯定しようとするものである。

最判昭和43年は，委託者が問屋に取次を委託した財産の実質的な権利者は，委託者であって問屋ではないから，かかる財産は問屋の破産財団に属すべき財産ではなく，委託者は問屋の名義となっている自己の財産に関して，問屋の破産時に取戻権を行使できる，と判示している。これについて，上記の見解は，判決文中に第三者が悪意である場合と善意である場合とが明示的に区別されていないことをとらえ，問屋に委託された委託者の財産は名義が問屋に帰属していても実質的に委託者の財産であるとの結論は，第三者の善意悪意を問わず適用されるべきものである，と主張する[8]。

[9]　しかしながら，最判昭和43年の事案では，事実関係を見れば明らかなとおり，委託者が問屋に委託した財産である株券が特定された形で破産管財人の下に保管されており，かつ，かかる株券が委託者から委託された財産であることを破産管財人が争っていない。すなわち，最判昭和43年の判断は，委託者が実質的権利を有する財産であることにつき争いがない事案について委託者による取戻権行使を認めたものであり，判決文中で第三者が善意であるか悪意であるかを判示していないのは，少なくとも当該事案の解決に関して第三者が悪意であることが明らかであったため，それ以上の一般論を述べていないのかもしれないわけである。従って，仮に判決文中に第三者の善意悪意による区別が明示的に述べられていないとしても，破産管財人が当該財産が委託者の委託した財産であることにつき善意であるにもかかわら

ず取戻権行使が肯定されるか否かは，何とも言えないように思われる[9]。

　又，最高裁は，確かに判決文中で，財産の実質的権利は委託者にあり，問屋は自己の名を以て他人の財産を業とする者であることに鑑みると債権者は委託者の財産を一般担保として期待すべきでない旨を判示している。しかしながら，この判示の文言から，債権者が問屋の財産中に委託者の財産が含まれていることを当然予測すべきであり，債権者が善意であった場合でも委託者による取戻が肯定される，と考えることは，やや早計であるとの感を免れない。むしろ，前記のとおり当該事案では，問題となった財産が破産財団中に特定された形で存在しており，かつ当該財産が実質的に委託者の財産であることにつき訴訟当事者間に争いがなかったことを考えると，債権者ないし破産管財人が当該財産をめぐる実質的な権利関係について悪意であることが前提とされたうえで，債権者がかかる財産を一般担保として期待すべきでないとの判断がなされている，と解釈する方が，当該事案の事実関係により適合するように思われる。

　要するに，最判昭和43年は，破産財団に本来属すべきでない他人の財産が特定された形で存在し，破産管財人をはじめとする第三者が当該権利関係について悪意であった場合には，財産の名義が破産者となっていた場合でも財産の実質的権利者は取戻権を行使できる，と判示したものと考えるべきではなかろうか。これに対して上記の見解は，判決文中の一般論としての文言のみから，他人の財産の委託を受けた事業者が倒産した場合には第三者が善意であると悪意であるとを問わず委託者による財産の取戻が無条件に肯定される，と主張するわけであるが，このような解釈が果たして最判昭和43年の判旨の理解として適切であるかは，疑問であるように思われる。

　[10]　さらに，最判昭和43年の示した一般論に対する解釈の当否を措くとしても，間接代理に関する最高裁の一般論を直ちに信託関係に類推できるかどうかについては，なお検討が必要である。すなわち，最判昭和43年の事案における破産者は証券会社であって，受託している財産の名義につき受託した財産である旨を公示する制度が特に存在せず，問屋の破産のような状況に対処するためには，財産を早急に委託者名義に戻す以外に方法がないと

いう状況にあった。これに対して，信託財産として受託された財産に関する信託の公示については，受託者が信託財産として財産を受託した時点から，信託の公示を備えて自己の財産と異なる財産である旨を表示することが，少なくとも法律上は可能である状況にある。要するに，対抗要件の一般論から導かれる批判，すなわち公示制度を自らの判断で利用しなかった当事者はかかる判断に基づくリスクを負うべきである，との批判は，最判昭和43年のような状況に対してはやや妥当しなくなる可能性があるが，信託の公示に対しては，かかる批判がそのまま妥当するわけであって，議論の前提が異なっていることに注意しなければならない。

さらに，上記の見解は，以上に紹介した最判昭和43年の解釈を超えて，「公示の要否は，個々のファンド取引の性質，すなわち，資産の流動性と，公示制度の使い勝手の良さとの相関関係で判断すべきである」との一般論を展開する[10]。しかしながら，この一般論は要するに，確立した対抗要件に関する一般理論を場合により無視すべきであるとの主張に外ならないから，この問題点に対する立法的解決としてはともかく，現行法の解釈としては支持できないといわなければならない。

[11] 以上述べてきたとおり，信託財産の分別管理を以て信託の公示と同等の機能を果たさせるべきであるとの近時の主張は，確立した対抗要件理論から導かれる批判に対して，ほとんど反論とならないような議論しか行っていない。前述のとおり，信託の表示を信託財産であることの対抗要件であるとの前提に立つ限り，信託の公示を備えないことのリスクを第三者の側に転嫁することは極めて困難といわざるを得ない。ところが，上記の各見解は，確立した対抗要件理論を結論において無視しようとする一方で，信託の表示のない財産に関する信託の対抗を善意の第三者に対しても主張できるという，対抗要件理論からでしか導けない議論を展開しようとする。このような対抗要件理論に対する態度のねじれがあるために，上記の議論には半ば必然的に無理が生じているものと推測される。

このように，信託の表示を信託財産であることの対抗要件の一種と考える限り，対抗要件を備えないことのリスクを信託関係当事者が負うべきである

との一般論に逆らうことは理論的に困難であるといわなければならない。従って，信託の公示制度と物権の対抗要件とを理念上異なるものと考え，信託法上の公示制度は第三者を悪意とするための徴表と位置づけたうえで，信託財産の存在につき悪意である第三者は信託関係当事者の主張を拒絶できない，とする利害調整基準を確立するのでない限り[11]，信託財産の特別財産性に関する一般論からの立論が抱える弱点を克服することは，ほとんど不可能であると考えられる。

[12]　いわゆる「金融システム改革法（平成10年法律第107号）」に基づく金融法関係の一連の法改正の中で，実務上全く行われていないとされた有価証券に関する信託の表示について，信託法3条2項に基づく規制を信託業法によって一部排除する旨の改正が行われた（改正信託業法10条1項）。この改正信託業法は，信託会社が信託財産である有価証券を固有財産と分別管理していた場合には，信託法3条2項の規制に関わらず，当該有価証券が信託財産である旨を第三者に対抗できる，と規定している。すなわち，改正信託業法は，信託財産の分別管理を信託財産であることの対抗要件の一種として扱うものであるから，信託関係当事者は，信託財産の「分別管理」がなされている限り，信託の表示のない有価証券であっても信託財産であることを，悪意の第三者に対してはもちろん，善意の第三者に対しても主張することができる。この改正により，学界及び実務界では，改正信託業法にいう「有価証券」に該当しない若干の財産についての実務的な対処を除いて，有価証券に関する信託の公示に関する問題は基本的に解決された，との認識が形成されているようである。

[13]　しかしながら，この改正信託業法による解決は，理論上は，信託の表示なくして信託財産であることを第三者に対して対抗することを認めるものであるから，信託関係当事者，特に受益者の利益に資するもののように見えるのだが，厳密に検討してみると，現実の利害対立に対する具体的な解決においてはかえって受益者の利益を損なう結果を生じさせかねない。
　すなわち，受託者個人の債権者が強制執行をしてきたことに対して信託財

第2部　信託法理論の解釈への応用

産を取り戻そうとする場合であれ，受託者が破産して構成された破産財団から信託財産を取り戻そうとする場合であれ，信託財産の取戻が現実に可能となるのは，信託財産が特定された形で存在していることが証明された場合に限られる。そして，この信託財産の存在を特定する立証責任は，信託財産の取戻を主張する受益者側にあると考えなければならない。そうであるとすると，改正信託業法が採用した，信託財産が受託者の固有財産と分別されていれば受益者による取戻が可能であり，この効果は善意の第三者に対しても主張可能である，という結論は，あくまで受益者が信託財産の特定を証明可能である場合に限られていることになる。

このことを逆に考えれば，信託財産と受託者の固有財産が混在してしまった後では，受益者にとって信託財産を特定することの証明が極めて困難になる以上，受益者は事実上信託財産を取り戻すことができない，という結果が生ずる可能性が高くなる。すなわち，破産財団が構成された後に，分別されていた信託財産が受託者以外の者によって破産財団の中に混入されてしまった場合や，債権者の差押の過程で信託財産と固有財産とが混在してしまった場合には，受益者が信託財産を取り戻すことは，理論上はともかく実務上は不可能となってしまう。しかも，改正信託業法の下では，受託者は信託財産の分別管理を行っている限り，信託の表示それ自体を備える義務を負わなくなっていると考えられるから，かかる事態が生じた結果として信託財産の取戻等が事実上不可能となった場合であっても，それによって生じた損害に関する責任を受益者が受託者に追及することはできない。まして，破産管財人や差押債権者に対して信託の表示を備える義務が受託者から承継されていると主張することは，不可能であると考えなければならないであろう[12]。

[14]　さらに，改正信託業法の規定は，固有財産と信託財産との分別管理を以て信託法3条2項にいう信託の表示に代替させようとするものである。従って，この規定は，必ずしも信託関係当事者と受託者個人の債権者等との利害調整のみに適用対象を限定しているわけではなく，信託財産相互間の利害調整に対しても当然適用されることになる。そうすると，信託財産Aの債権者が信託財産Bに対して強制執行をしてきた場合に，信託財産Aと信託財

産Bとの分別管理は行われていなかったが信託財産全体と固有財産との分別管理が一応行われていたとすると，双方の受益者が共に信託財産であることの「公示」を第三者に対して対抗できるものと考えざるを得ないから，関係当事者間の利害調整については相当複雑な考慮を要することになる。

　この点について，改正信託業法の立法者側の説明では，信託財産相互間の対抗の問題についても，信託財産と固有財産との分別管理が行われている限り，他の信託財産に対する債権者との関係でも「信託財産」であることを対抗できるから，「それは問題はない」との説明がある(13)。

　しかし，この説明は，現実の問題解決にとって重要な側面を見落としていると言わざるを得ない。すなわち，受託者個人の債権者や受託者の破産管財人に対する関係では，信託財産を取り戻そうとする受益者は，当該財産が「信託財産」であることを証明すれば，財産の取戻に必要な程度の証明を果たしたということができる。しかしながら，信託財産相互間で財産の取戻を行おうとする場合には，当該財産が「信託財産」であることのみならず，「自己が受益権を有する信託財産であって他の信託財産と異なるもの」であることの立証が必要となる。ところが，改正信託業法は受託者の固有財産と信託財産との分別管理を要求するのみであり，信託財産相互間の分別管理については何も規定していない。

　従って，信託法28条に基づく分別管理義務違反を受託者に対して追及することが可能であるとしても，「信託の対抗」に関しては，改正信託業法は受益者の利益保護の観点からすれば，極めて不十分な規定しかしていないと言わざるを得ない。又，かかる問題点を解決するため，常時信託財産であることの証明手段を受益者に対して利用可能なものとさせることができるかは，現行の実務の下では，例えばどの範囲までの情報を誰に開示してよいか等，様々な問題点への対応が必要となるであろう(14)。

[15]　以上のとおり，改正信託業法の規定によっても，「信託の表示」に関する問題点は必ずしも十分には解決されていない。否，むしろ，改正信託業法は，信託の表示それ自体を備える義務を受託者に免れさせることにより，かえって受益者の利益を事実上損なっている恐れがあるとさえ言いうる。そ

第2部　信託法理論の解釈への応用

うであるとすれば，受益者の利益を図るための議論としてより適当であるのは，前述のとおり，信託法3条2項にいう「信託ノ表示」を，同条1項にいう「信託ノ登記登録」と異なるものと考えることであろう。すなわち，受益者と第三者との利害調整は，第三者が信託財産の存在につき善意か悪意かによって定まるとする一般理論を前提として，「信託の表示」は第三者をして信託財産の存在につき悪意とするための徴表の一つと考えるわけである。

　もとより，この議論の正当性を論証するためには，立法過程における議論を分析したうえで，対抗要件に関する一般理論との整合性とを再検討することが必要となることはいうまでもない(15)。又，この考え方の下でも，実務における「信託財産の安全性」を貫徹させるためには，信託財産が受益者において特定することが可能な形で存在していることが必要となることは当然である。しかしながら，従来の議論と異なり，この考え方の下では，受託者は信託財産を自己の固有財産のみならず他の信託財産とも分別管理する義務に加えて，個々の信託財産を特定できるような徴表を各信託財産に付す義務を負うことになるから，破産管財人等に対しても，信託財産の分別管理義務が承継されていることを受益者は主張することが可能となる。又，この考え方の下では，第三者に対する信託関係の主張の可否は，第三者が信託関係につき善意か悪意かによって判断されることになるから，信託財産の分別管理義務を負わない第三者が信託財産と他の財産とを混在させた場合には，かかる第三者に対して信託関係を主張することも可能となる。

　このように，信託関係の第三者に対する効果を，第三者の信託関係に対する善意悪意で区分する考え方は，改正信託業法の下におけるよりも受益者の利益保護に資する結果を導くことが可能となるし，受益者と第三者との利害調整基準としても，より妥当な結果を導くものであるように思われる。

　　　（1）　なお，信託財産である株券の保管について，株券保管振替制度を利用した場合には，信託財産は株券それ自体ではなく保管振替機構に対する株券引渡請求権，すなわち債権に転換しているから，そもそも信託法3条2項の要求する信託の表示を備える必要はない。もっとも，保管振替口座の名義等について，信託財産であることの表示を行う必要が果たしてあるの

か否か等，受益者と第三者との利害調整に関する問題が現在の実務において完全に解決されているわけではないが，前述のとおり改正信託法が必ずしも十全な保護を受益者に与えない恐れがある以上，今後の信託銀行実務にとって「信託の表示」に関する問題点を回避する現実的な対処の一つとなりうるものと考えられる。
(2) 従って，発行会社においても公証役場においても，信託の表示に関する事務や信託表示簿の調製等を実施したことは，ほとんどないものと考えて差し支えない。
(3) ちなみに，同条但書は，信託の登記登録を要する財産については，信託の登記登録のあることを取消権行使の要件としている。
(4) 大判明治38年10月20日民録11輯1374頁，大判明治41年12月15日民録14輯1276頁，最判昭和32年9月19日民集11巻9号1574頁。
(5) 植田淳「有価証券の公示省略と信託財産の独立性」信託193号24頁（1998)，真船秀郎「信託財産の運用のために保管する有価証券についての公示と分別管理」信託法研究21号89頁（1997)。
(6) 植田前掲注5・26頁，真船前掲注5・99頁以下。
(7) 新井誠「信託の公示と信託財産の保全」NBL635号20頁（1998），金融研究所「金融取引における受認者の義務と投資家の権利」金融研究17巻1号1頁（1998)，新井誠「信託財産の表示方法とその保全」みんけん（民事研修）546号3頁（2002)，新井・信託法217頁。
(8) 金融研究所前掲注7・36頁。
(9) もっとも，同事件の判示事項や判決文中には，第三者が善意か悪意かの区別は明記されていない。しかしながら，そのことのみを以て反対解釈としての一般論を展開することは，判決が個々の事案に対して下されるということを前提とする限り，慎重であってしかるべきであろう。
(10) 金融研究所前掲注7・2頁。
(11) 後記［15］参照。
(12) 但し，破産管財人に関しては，信託法42条により受託者の分別管理義務が承継されていると考える余地がある（鈴木秀昭「信託の倒産隔離機能」信託法研究28号100頁以下（2003))。但し，その場合でも破産管財人が分別管理義務に違反したことの立証責任は受益者側にあると考えられる。
(13) 座談会・金法1522号30頁〔神田秀樹発言〕（1998)。
(14) ちなみに，商事信託法要綱案では，有価証券が信託財産となっていた

場合における信託の対抗につき，信託財産相互間の分別をも要求する考え方を採用している。商事信託研究会44-45頁。なお，信託財産が混和した場合に関する最近の研究として，道垣内弘人＝大村昌志＝滝沢昌彦編『信託取引と民法法理』143頁以下〔吉谷晋〕(2003)。

(15) 信託法の起草者池田寅二郎が，現在の対抗要件理論が大審院において確立する前に，第三者が善意である場合と悪意である場合とで対応を分けるべき旨を主張していた形跡がある。池田寅二郎「民法第百七十七条ニ関スル新判決ニ就テ」法協27巻2号228頁以下（1909）。全体的な分析については，鎌田薫「対抗問題と第三者」星野英一ほか編『民法講座2物権(1)』101頁以下（1984）参照。但し，対抗要件理論が確立した現在において，信託法についてのみ特別の解釈を行うことに，相当の論拠が必要なことは当然である。

第4節　忠実義務と善管注意義務

［1］　本節では，受託者が信託関係上負っている最も重要な義務である忠実義務と善管注意義務をとりあげ，その理論的特徴を検討すると共に，かかる義務に関する解釈と信託法理論との関係について考察する。

［2］　「受託者の忠実義務」とは，文字通りに解釈すれば，受託者が信託事務の遂行に際して，受益者の利益に忠実でなければならない，という義務である。しかし，これだけでは，受託者が受益者の利益に「忠実である」とは具体的にどのような内容を指すのか，逆に言えば，どのような行為が「忠実でない」とされるのか，あるいは，受託者が忠実であるべき「受益者の利益」とは何か，といったことは全く明らかにならない。又，そもそも現行信託法には「受託者の忠実義務」それ自体を明記した条文はなく，22条，9条等に規定されている具体的な行為の禁止がどのような意味を有しているかも問題となる。以下では，まず抽象的な忠実義務の内容を概観した後，忠実義務の法的性格を考察したうえで，現行信託法上忠実義務を具体化したとされる条文の解釈について検討する。

第5章　現行法の解釈への応用

　[3]　受託者の忠実義務の内容については，次のように要約されることが多い[(1)]。すなわち，第一に，受託者は信託財産ないし受益者の利益と自己の利益とが衝突するような地位に身を置いてはならない。第二に，受託者は信託事務の遂行に際して自ら利益を得てはならない。第三に，受託者は信託事務の遂行に際して第三者の利益を図ってはならない。

　要約の第一の類型に該当する違反行為としては，受託者が自己の管理する信託財産と自己の固有財産との間で取引を行うこと（信託財産に関する自己取引）がまず挙げられる。そのほか，受託者が自己の管理する複数の信託財産相互間で取引を行うこと（信託財産の付替），及び，受託者が自己の管理する信託財産の受益者との間で取引を行うこと，も典型例として挙げられる。すなわち，上記の要約の第一は，受託者と信託財産ないし受託者と受益者との間の「利益相反行為」の禁止であるということができる。

　次に，要約の第二の類型に該当する違反行為としては，受託者と信託財産ないし受益者との利益相反行為によって受託者が個人的利益を得た場合が当然に含まれる。そのほか，信託財産の行う取引に便乗して受託者が個人的な利益を得ること，例えば，信託財産と同一内容の市場取引を行って，信託財産の行った取引に基づく相場の変動により利益を得ることや，信託財産の行う取引を仲介することによって仲介手数料を受けること，受託者が信託財産による取引を行うに際してリベートを受けること等，必ずしも利益相反行為とは言えないものも含まれる。

　又，要約の第三の類型に該当する違反行為としては，例えば，信託財産と第三者との間で第三者にとって極めて有利な条件で取引を成立させること，あるいは，信託財産と第三者との間で成立していた信託財産にとって有利な取引を破棄することのほか，第三者が負っている債務の担保として信託財産を物上保証に出すこと，さらに，倒産の恐れのある第三者に対して受託者が固有財産からではなく信託財産から貸付を行うことにより第三者に金融の利益を受けさせること等も挙げられる。なお，この類型に該当する受託者の行為は，信託財産ないし受益者の利益に対して忠実でない，という理由で忠実義務違反に該当するほか，信託財産の管理処分に際して不適切な判断をした，という理由で善管注意義務違反にも該当することが少なくない。

241

第2部　信託法理論の解釈への応用

[4]　以上に述べた忠実義務違反行為について，その具体的内容を検討してみると，忠実義務の法的性格は，信託財産ないし受益者が損害を被った，あるいは受託者が不正不当な利益を得た，という「結果の発生」を根拠とするものではなく，むしろ，一定の行為を類型的に禁止することにより，かかる「結果の発生」を未然に防止しようとするものということができる。

まず，第一の類型に該当する行為，すなわち，受託者と信託財産ないし受益者との利益相反行為についてみてみると，受託者の行為が忠実義務違反を構成するのは，利益相反行為が行われたことそれ自体によってであり，受託者が利益を得，又は信託財産ないし受益者が損害を被ったからではない。つまり，利益相反行為が行われたことによって受託者が個人的に利益を得た場合はもちろんのこと，利益相反行為が信託財産ないし受益者にとって一方的に有利であった場合でも，受託者のかかる行為は忠実義務違反を構成する。

次に，第二の類型に該当する行為，すなわち，受託者が信託事務の遂行に際して受託者が個人的に利益を得ることについては，一応受託者による利益の取得が忠実義務違反を構成する要件となっているものの，信託財産ないし受益者がそのために損害を受けたことは義務違反の要件とされていない。例えば，受託者が信託財産の行う取引に関して仲介手数料を得た場合に，この手数料が通常の取引と比べて信託財産ないし受益者にとって有利であったか不利であったかは，忠実義務違反の成否に影響しない。要するに，この類型に該当する行為では，受託者が何らかの「利益」を得たことそれ自体によって忠実義務違反が構成され，受託者の得た利益が「不正不当」か否かは考慮の対象とされないわけである。

さらに，第三の類型に該当する行為，すなわち信託事務の遂行に際して第三者の利益を図る行為についても，第三者の利益を図ることそれ自体が忠実義務違反となる要件であり，第三者が現実に利益を得たか否か，信託財産ないし受益者が損害を被ったか否かは，忠実義務違反の成否に関係がない。

[5]　このように，忠実義務は，受託者や第三者が不正不当な利益を得たか否かを問わず，又，信託財産ないし受益者が受託者の行為によって損害を被ったか否かを問わず，利益相反行為等の一定の類型の行為を全面的に禁止

している。そして，このような一律の規制をかけることにより，受託者や第三者が不正不当な利益を受けたり，信託財産ないし受益者が損害を被ったりする危険性を未然に排除し，信託財産の管理処分に関する適正さを確保することが，忠実義務の目的であると考えられる[2]。

しかしながら，このような忠実義務の性格は，少なくとも忠実義務違反の成否の段階においては行為の具体的な結果を考慮しないものであるうえ，受託者が一定の類型の行為を行うこと自体を受託者の忠実性の欠如とみなすわけであるから，逆に考えれば，信託財産ないし受益者が利益相反行為等によって利益を受ける可能性をも，事実上閉ざしていることになる。例えば，信託財産の一部を一定期間内に売却する必要が生じ，自己取引を行うことが結果的に信託財産ないし受益者にとって最も有利であるような場合でも，受託者による信託財産の自己取引は忠実義務違反に該当してしまうわけである。このような結論が，本節の冒頭で述べた忠実義務の最も素朴な定義，すなわち，信託財産の管理処分に際して受託者は受益者の利益に忠実であるべきこと，ということとの関係で，信託財産ないし受益者にとって常に望ましいと限らないことは明らかである。

[6] 英米における信託法理では，上記のような結論を回避するため，いくつかの状況の下で受託者の忠実義務違反を解除している[3]。

まず，忠実義務違反行為に対して信託条項による免除が与えられていた場合や，受益者の承諾があった場合には，受託者は忠実義務違反を問われない。但し，受益者の承諾によって忠実義務違反が免除されるためには，受益者が承諾をするための判断能力を有しており，かつ，当該行為に関連する全ての重要な事実が受益者に対して適正に開示されることが必要である。同様に，忠実義務違反行為が行われた後に，判断能力を有する受益者が関連する全ての重要な事実の開示を受けたうえで行為に追認を与えた場合には，受託者は忠実義務違反に問われない。

又，受託者は，忠実義務違反行為に該当する行為に対して受益者の承諾が得られない場合には，裁判所の許可を事前に受けることによって，忠実義務違反の責任を解除される。信託条項によって義務違反が免除されていない行

243

第2部 信託法理論の解釈への応用

為についても，同様に，裁判所の許可を受けることができる。このほか，利益追求目的の一定の類型の信託に関しては，立法等によって，自行預金や自己株式取得等の一定の行為が，忠実義務違反の例外とされている。

このように，英米の信託法理では，信託財産ないし受益者に対して特に損害が発生しないことを実質上の理由とし，受益者の承諾ないし裁判所等の監督機関の許可という要件を加重することによって，受託者の行為が忠実義務違反とならない場合が生じている。但し，かかる「忠実義務の硬直性の緩和」は無制限に行われているわけではなく，忠実義務違反が免責されるか否かの重要な判断基準となっているのは，受託者から受益者に対して適正な情報開示が行われたか否かである。従って，忠実義務違反に形式的に該当する行為が受益者ないし信託財産に最大利益をもたらすことは，事実上は忠実義務違反の責任を免除させる事情として影響を及ぼしうるものの，理論上は義務違反解除の理由としてはそれのみでは不十分であるとされている。

[7] 現行信託法には，忠実義務それ自体を明定した条文はない。しかしながら，受託者が信託目的に従い受益者の利益のために信託財産の管理処分を行うべきことは，信託関係の根本であるとされている。そして，受託者の忠実義務は，かかる信託関係における財産管理の基盤を受託者の義務という側面から表現したものから，それを明定した条文が存在しなくても，受託者の忠実義務の存在は，一般的に認められている[4]。

他方，信託法には，受託者が信託目的に従って管理処分を行うべきことを定める4条のほか，受託者が自己の管理する信託財産の受益者となることを禁止した9条，信託財産の固有財産化と信託財産に関する権利取得を禁止した22条等，忠実義務を具体化した規定が存在する。このうち，4条は信託財産の管理処分のあり方を抽象的に述べているにすぎず，9条は受託者と受益者とが完全に一致している場合に信託関係の成立を否定したものと解するのが現在の通説的見解であるため[5]，問題となるのは22条である。

[8] 忠実義務違反に関する問題点は，現行実務上少なからず存在している[6]。例えば，信託銀行実務が行っている信託財産に含まれる現金をいわ

ゆる「銀行勘定貸」として利息を付すことは、いわゆる「自行預金」として忠実義務違反に該当する可能性がある。又、信託財産となっている不動産に受託者が賃借人として賃貸借契約を締結することは、信託財産に付き権利を取得することに該当し、忠実義務違反となる可能性がある。このほか、信託財産と受託者の固有財産とが共に同一の第三者に対して債権を有していた場合には、債権実行の際の利害調整に関して、信託財産と受託者との間で明らかな利益相反状態が生じてしまう。

22条は、例えば26条の自己執行義務のように信託行為による義務の解除を認めていない。このため、22条の禁止は一切の例外を認めない強行規定であるのか、それとも、同条が忠実義務を具体化した規定であり、忠実義務は受益者の利益のために存在するものである以上、受益者による承諾や信託行為に基づく義務の解除を認める任意規定であるのかが、従来から争われてきた。特に、近年に到り、信託財産の管理処分に関して信託財産に関する自己取引や信託財産の付替を行う方が、通常の取引を行うよりも受益者にとって経済的に有利となる場合が増加してきたため、同条の下で受益者の承諾等による義務の解除が認められるか否かは、実務上極めて重要な問題となっている。しかも、信託銀行実務にとっては、信託業法10条2項により信託法22条1項但書の適用が排除され、裁判所の許可を得て忠実義務違反を回避することができないため、受益者の承諾の効果を認めない限り、義務違反を解除される可能性がないわけである。

[9]　現行信託法第22条については、従来からの解釈と新たに考えられる解釈とを併せると、以下に述べるような幾つかの考え方が成り立つ。

第一に、22条の規定は忠実義務の具体化であるとともに一切の例外を認めない強行規定である、との考え方がある[7]。この考え方の下では、受益者の承諾によって忠実義務違反を解除される余地はなく、かつ、忠実義務による受託者の行動の制約は同条に規定された行為以外にも及ぶこととなる。

第二に、22条は任意規定であり、受益者の承諾や信託行為による免責が一般的に認められる、との考え方がある[8]。この考え方は、忠実義務は基本的には信託財産の管理処分に基づく受益者の利益を確保するためにあるこ

とを理由として，受益者の承諾による義務違反の解除の効果を幅広く認めようとするものである。

第三に，22条の文言を限定解釈し，信託財産に付き受託者が権利を取得することを禁止されているのは物権のみであって債権についてはこの限りでなく，例えば，受託者が信託財産である不動産の賃借人となることは同条に違反しない，とする解釈がある[9]。この解釈は，信託財産である不動産の管理に関する具体的な問題状況を念頭において立論されたものであり，忠実義務の解釈一般については議論していない。もっとも，議論の内容から推測する限り，この解釈は，条文の文言に相当程度忠実に解釈を行うことから，少なくとも同条に規定された行為については受益者の承諾による義務違反の解除は認めないことになるであろう。

第四に，22条は忠実義務の具体的な内容の一部について特に明文を以て規定したものであり，これ以外の行為でも忠実義務違反を構成する場合があるが，同時に受益者の承諾の効果に基づく受託者の免責を一定範囲で認めるべきである，という考え方がある[10]。この考え方は要するに，22条が忠実義務の一般論の具体化であると前提する以上，受益者の承諾に基づく忠実義務違反の解除も一般論として認めるべきである，とするものである。但し，英米の信託法理や22条の文言等に照らせば，信託行為による一般的な解除を認めることはできず，情報開示に基づいた受益者の個別の承諾があった場合についてのみ，忠実義務の解除を認めることとなる。

第五に，同条は忠実義務の最重要部分について特に明定したものであり，その禁止の効果は絶対的なものであるが，同条に規定していない行為については，明文の規定がない以上，忠実義務の厳格性が大幅に緩和され，信託行為によって一律に義務を解除することができる，との解釈も成り立つ[11]。この解釈は要するに，同条は忠実義務の具体化であるけれども，同条所定の行為のみを特に禁止したものと考え，同条に規定された行為と規定されていない行為とで解釈指針を大きく異なるものとするわけである。

[10] 以上のいずれの解釈を採用すべきかについて，現時点では必ずしも議論が活発になされているわけではないが，受託者の忠実義務の存在を条文

の有無に関わらず肯定し，22条を忠実義務の具体化であると前提するのであれば，具体的な行為の態様によって義務違反の解除の要件に著しい効果の差異を認めることは必ずしも妥当とはいえないから，適切な情報開示に基づく承諾によって忠実義務が解除される可能性を一般的に認める反面，同条に規定されていない行為に対しても忠実義務の禁止が及ぶと考えることが，最も穏当であるように思われる。

[11] 「受託者の善管注意義務」とは，受託者は善良な管理者として払うべき注意を以て信託財産を管理処分すべきである，という義務であり，いわゆる「他人の財産」の管理を行う者一般に対して私法上課される義務である。信託財産の名義は受託者にあり，債権説の下では信託財産の所有権は受託者に帰属するとされているが，信託財産の管理処分が受益者の利益のために行われるべきことからすれば，「他人の財産」の管理処分に関してあるべき注意の程度を要求することは，当然であると考えられる。

問題となるのは，善管注意義務の具体的内容，特に，善管注意義務が財産管理に基づく利益の獲得までをも要求するのか否かであり，この点に関しては近時に到ってやや議論の傾向に変化がみられる。

以下では，まず善管注意義務の内容を概観した後，米国の信託法理における善管注意義務に関する伝統的な議論と現代的な議論とを比較検討することによって，善管注意義務の法的性格について考察する。

[12] 善管注意義務について，現行信託法は，20条で明文の規定を設けているが，これは強行規定ではないと考えられており，信託行為によって受託者に要求すべき注意の程度を自由に加重軽減することができる[12]。

善管注意義務は，信託事務の遂行全般に対して適用されるが，実務上特に問題が生じやすいのは，利益追求目的の信託関係における信託財産の投資判断に関してである。そして，その中でも最も重要な問題点は，信託財産を用いて投資を行った結果，当初予測した利益を得ることができなかった場合に，受託者が善管注意義務違反の責任を負うこととなるか否かである。

条文の文言を忠実に解釈する限り，善管注意義務は投資の結果としての利

益の確保を要求するものではなく，合理的な注意を払って信託財産の管理処分を行うことを受託者に要求しているにすぎない。従って，受託者の投資判断が合理的な基準に従っていたのであれば，仮に投資の結果としての利益が予測を下回った場合であっても，受託者は善管注意義務を問われない。そうすると，次に問題となるのは，受託者のどのような行動が善良な管理者としての合理的な行動になるのか，であるが，これは具体的な事案ごとの個別の判断が必要であり，全ての事案に適用できるような画一的な基準があるわけではない[13]。但し，抽象的には次のような一般論が成り立ちうる。

[13] 第一に，信託目的に合致しない投資対象を選択した場合や，信託条項で規定された範囲に属しない投資対象を選択した場合，さらに，投資を行う信託財産の規模等との関係で過大なリスクを負う投資対象を選択した場合には，善管注意義務違反を構成する可能性が高い。特に，投資の結果が予測した利益を下回っていた場合に，それまでの損失を回復させようとしてリスクの高い投資を行うことは，善管注意義務違反として責任追及される可能性が極めて高くなると考えられる。

第二に，投資判断が一般的な観点では合理的な判断基準と考えられていた場合であっても，投資の結果が予測した利益を大幅に下回ったときは，損失をそれ以上拡大させないことが要求される。従って，受託者が漫然と投資を続けた結果，さらに損失が拡大した場合には，判断を見直さなかったことを以て，善管注意義務違反を問われる可能性が高くなると考えられる。

第三に，受益者から投資判断に関して何らかの要求があった場合や，受益者が受託者の投資判断に承諾を与えた場合であっても，常に受託者の善管注意義務が軽減されるとは限らない。通常の投資取引においては，投資財産の所有権が顧客である投資家に法律上帰属しており，財産の所有者である投資家自身の判断に基づいて行われることが原則である。このため，投資家自身の判断があった場合には，仲介事業者の助言義務は一般には軽減することとなる。これに対して，信託関係における受託者は，受益者からどのような要求を受けた場合であっても，最終的には受託者自身の判断に基づいて信託財産の管理処分を行うことが原則とされている。このため，「受益者の指示」

の効果は必ずしも絶対的なものとはならず，善管注意義務違反を問われる事態が生ずることがあるわけである。

しかしながら，利益追求目的の信託関係においては，受益者である投資家の判断に基づくリスクについてはそれを投資家に配分し，他の法律関係における場合と同様の効果を導くことが，投資関係の一般論としては望ましいとも考えられる。従って，今後においては，関連する重要な事実が受益者に対して開示された結果，受益者が投資判断に対する承諾をした場合には，受託者の善管注意義務は果たされたとして，義務違反を問われないものとする主張も，合理的であると考えられる余地が生ずるであろう。

[14] 米国の信託法理における受託者の注意義務 (duty of care) に関する判例法理では，かつては「慎重な管理者の原則（プルーデント・マン・ルール（Prudent Man Rule））」と呼ばれる原則が適用されていた[14]。この原則は要するに，個々の投資対象ごとにリスクを判断し，一定以上に高いリスクの投資対象には投資を行ってはならない，とするものであり，大恐慌に際して信託財産の投資が壊滅的な打撃を受けたことに対する反省も加わって，第1次及び第2次信託法リステイトメントを通じた米国の信託法理の確固とした基本原則の一つであった。

ところが1980年代に到って，この原則を厳格に適用すると，一定以上リスクの高い投資商品に対して信託財産からの投資は行われないこととなり，市場全体が停滞する，との批判が加えられるようになった[15]。実際，信託財産となっている年金資産は米国の投資市場の重要な投資家であったから，信託財産の投資対象が一定以下のリスクの投資商品に限られることは，市場全体の投資動向に対して大きく影響する結果となっていたわけである。

このような一連の批判の結果，1990年代に到って信託法リステイトメントが改正され，新たに「慎重な投資家の原則（プルーデント・インベスター・ルール（Prudent Investor Rule））」と呼ばれる原則が制定された[16]。この原則は要するに，信託財産の投資に関するリスクを投資資産（ポートフォリオ (portfolio)）全体で判断するとともに，専門家の判断に委ねられた分散投資が行われることを要求するものである。

[15] 以上のような受託者の注意義務に関するリステイトメントの原則の変更は，単に投資対象の範囲を拡大させるという効果のみならず，次のような理論上及び実務上の影響を及ぼしうるものである(17)。

第一に，この原則の変更は，信託財産の投資の結果が停滞していることに対する批判から生じたものであるから，新たな原則の下では，一定の利益を獲得するべく積極的に投資活動を行うことが「受託者の注意義務」の内容として含まれるようになる，と考える余地が生ずる。もっとも，この考え方に対しては，慎重な投資家の原則の下でも，受託者の注意義務は投資の結果としての利益の確保を要求するものではなく，投資判断の基準に関する考え方が変化しただけである，との反論も十分成り立ちうる。

第二に，投資判断の適切さについて受益者に対して説明する際，従来の原則の下では問題となった個々の投資に関して投資判断が適切であったことを説明すれば十分であったが，新たな原則の下では，投資資産全体に関して適切な分散投資が行われていたことを説明する必要が生ずる。これは，多数の受益者を擁する合同運用信託関係等において，どの範囲の情報を個々の受益者に開示すべきかという点で，事実上大きな影響を及ぼしてくる。

このほか例えば，受託者の自己執行義務については，慎重な投資家の原則の下では，従来とは逆に，受託者は投資判断に関して自ら判断するのではなく，専門家に判断を委ねるべき義務が生ずることとなる(18)。

[16] 以上述べてきたことからすると，善管注意義務の法的性格については，次のような点を指摘できるように思われる。

第一に，善管注意義務違反となるか否かの基準は，信託財産の管理処分に関する受託者の行動が，他人の財産を管理する者の行動として合理的であるか否かによって定まる。従って，忠実義務と異なり，特定の受託者の行為が直ちに善管注意義務違反となるわけではなく，同一の行為であっても，義務違反となるか否かは，状況ごとに，行動の合理性が判断される。

第二に，善管注意義務は，受託者に合理的な行動を行うことを要求するものであるから，信託財産の管理処分の結果受益者に損害が生じたとしても，直ちに義務違反となるわけではない。但し，受託者が合理的な管理処分を

第5章　現行法の解釈への応用

行っていれば一定の利益を獲得できた筈である，とする推論は，事実上容易に成立するから，損失が現実に生じた場合には，損失を被る危険性を看過して漫然と損失を拡大させた，との理由で善管注意義務違反を問われる可能性は，事実上高いと考えて差し支えない。又，米国における慎重な投資家の原則について検討したとおり，積極的な投資活動を行うことを受託者の義務の一種と位置づける立場の下では，そもそも一定の利益を確保できなかったこと自体によって，善管注意義務違反が問われる可能性もあると考えられる。

　第三に，実務上，善管注意義務違反の責任を追及される局面は，投資の結果が判明した後となるのが大多数であり，裁判所等での善管注意義務違反に関する判断も，投資の結果を全く考慮の対象から排除して行われるものとは，必ずしも期待できない場合がありうる。すなわち，善管注意義務違反の基準となるべき「合理的な行動」を受託者がしたか否かの判断は，いわゆる「後からの判断」に従って行われることになると考えられるわけである。ところが，受託者が現実に行う投資判断においては，当然のことながら，投資の結果が予め判明していることはありえない。従って，受託者としては，過剰に善管注意義務違反に問われないよう実務上の対処を考えておく必要があるわけであるが，これまでの議論の動向から考えられる最も有効な方法は，事前に受益者に情報開示を行って，投資判断の合理性についての承諾を得ておくことであろう。もっとも，その効果をどのように考えるべきかについては，なお議論の余地があることは言うまでもない。

　[17]　以上検討してきたとおり，忠実義務と善管注意義務とに共通する現代的な問題点として挙げられることは，義務違反の成否ないし免責における受益者の承諾の効果をどのように考えるべきかである。この点については，信託関係における受託者の義務の性質よりも，むしろ受益者の信託関係における法的地位，ないしは信託関係における信託条項と信託関係当事者の合意との優劣関係を，どのように考えるかによって異なる結論が導かれる。

　すなわち，例えば，信託関係が信託関係当事者の合意によって成立することを強調するのであれば，判断能力を有する受益者が行った承諾の効果は義務違反の成否ないし免責の判断において十分考慮されるべきことになる。こ

第2部　信託法理論の解釈への応用

れに対して，信託条項における目的遂行を最重視する見解の下では，みだりに信託関係当事者の個別の合意の効果を認め，義務違反の成否を当事者の意思によって左右させることは，許容されるべきでないこととなる。

　結局のところ，これらは具体的な信託関係における信託目的が，受益者の個人的利益の追求を目的とするか否かに加え，かかる利益追求にあって受益者個人の判断をどこまで重視すべきであるかをさらに判断することが，解釈の基本指針を考慮する際に必要となってくるわけである。

(1)　四宮・信託法 231 頁。
(2)　四宮・信託法 232 頁。
(3)　RESTATEMENT (2d) OF TRUSTS, s. 170 cmts. t, u; SCOTT ON TRUSTS, s. 170. 9; BOGERT, ss. 543 (U)- 543 (V). 星野豊「受託者の忠実義務」本郷法政紀要 1 号 301 頁以下（1993）。最近の動向まで含めた議論として，樋口範雄『アメリカ信託法ノートⅡ』146 頁以下（2003）。
(4)　四宮・信託法 232 頁。なお，投資信託及び投資法人法 14 条は，財産の運用指図権者である「委託者の忠実義務」を規定しているが，同条は受託者の忠実義務の存在を当然のこととしたうえで，信託に関する一般法理から直ちには導けない委託者の忠実義務を明定した条文ということができる。
(5)　四宮・信託法 123 頁。反対，中野正俊「信託における受託者の忠実義務」法学志林 98 巻 2 号 223 頁（2001）。
(6)　星野豊「受託者の忠実義務」本郷法政紀要 1 号 290 頁（1993）。
(7)　四宮・信託法 233 頁以下。
(8)　中根不羈雄「信託法第二十二条解説」信託協会会報 9 巻 1 号 48 頁（1935），大阪谷・実務論 228 頁ほか。
(9)　青木 232 頁，米倉・252 頁。
(10)　星野豊「受託者の忠実義務」本郷法政紀要 1 号 310 頁（1993）。
(11)　この見解を明示する文献は見当たらないが，法規定の有無に忠実な解釈をしようとする実務家の間では支持する者が少なくない。
(12)　四宮・信託法 247 頁。
(13)　近時の裁判例の検討として，大武泰南「証券投資信託をめぐる紛争について」摂南法学 20 号 313 頁（1998）。
(14)　RESTATEMENT (2d) ss. 227-229; SCOTT ON TRUSTS, ss. 227-229.

第5章　現行法の解釈への応用

米国の投資信託に関する議論については，土浪修「米国におけるプルーデント・マン・ルール」ニッセイ基礎研究所調査月報1994年9号3頁（1994），歴史的過程については，三谷進『アメリカ投資信託の形成と展開』（2001）。

(15) Edward C. Halbach, Trust Investment Law in the Third Restatement, 77 Iowa L. Rev. 1151, 1153-54 (1992), ロバート・A・G・モンクス（宮平光庸訳）「無謀な「投資の善管義務」（プルーデント・マン・ルール）」社会科学研究45巻1号233頁（1993）。

(16) RESTATEMENT (3d) OF TRUSTS (PRUDENT INVESTOR RULE), ss. 227-229. この原則制定までの経緯と具体的な内容については，土浪修「米国における資産運用受託者の行為準則」商事法務1371号26頁（1994），エドワード・C・ホールバック（樋口範雄監訳・解説，ニッセイ基礎研究所プルーデント・マン・ルール研究会訳）「信託法第3次リステイトメントにおける信託投資法（Ⅰ）（Ⅱ）」文研論集108号187頁，109号181頁（1994），芹澤英明「アメリカ法における年金信託投資規制の最近の動向」信託法研究19号49頁（1995），早川眞一郎（訳）『米国信託法上の投資ルール　第3次信託法リステイトメント：プルーデント・インベスター・ルール』(1996)，樋口範雄『フィデュシャリー［信認］の時代』186頁以下（1999），新堂明子「アメリカ信託法におけるプルーデント・インベスター・ルールについて」北大法学論集52巻5号1804頁以下（2002），大塚正民＝樋口範雄編著『現代アメリカ信託法』140頁以下〔樋口範雄〕(2002)，樋口範雄『アメリカ信託法ノートⅡ』51頁以下（2003）。

(17) わが国には現在のところ，上記のような米国の原則をわが国の受託者の善管注意義務に対して直接適用すべきであるとの議論は見当たらない。しかし，受託者の注意義務の性質をどのように考えるかという点に関して，上記のような米国における議論の変遷は相当程度参考となるし，又，顧客が米国企業等であった場合には，米国における議論を前提として様々な交渉，要求等を行う可能性も十分に考えられるため，今後の議論の動向に注意すべきであろう。

(18) RESTATEMENT (3d) OF TRUSTS (PRUDENT INVESTOR RULE), s. 171.

第2部 信託法理論の解釈への応用

第5節 信託財産に関する相殺

［1］ 本節では，信託財産に属する債権債務に関する相殺（以下では，単に「信託財産に関する相殺」という）をめぐる理論上及び実務上の問題点について検討を行い，各解釈と信託法理論との関係について考察する。

具体的には，まず，信託財産に関する相殺を一定範囲で禁止した信託法17条の解釈を概観する。次に，信託財産に関する相殺が行われるに際して信託関係当事者や第三者がどのような利害状況に置かれるかを分析し，信託法17条の意義を再検討する。さらに，信託財産に関する相殺と受託者の忠実義務との関係を取りあげ，義務違反が問題となりうる状況における実務上対処方法について検討を加える。そして，信託財産に関する約定相殺の第三者に対する効力について，銀行取引約定書に基づく相殺の第三者に対する効果と対比しつつ検討を加える。

［2］ 信託法17条は，「信託財産ニ属スル債権」と「信託財産ニ属セサル債務」との相殺を禁止しているが，信託財産に関する相殺の可否が問題となる局面は，それ以外にも存在するとされている。すなわち，現在の一般的な信託法の体系書である，四宮和夫『信託法』（新版，1989）は，同条に関連する相殺の可否について，信託財産実質法主体性説を前提としつつ，従来の議論を集約して概要次のように説いている[1]。

第一に，同条の規定から考えて，信託財産に属する・第三者甲に対する債権と，受託者個人の負っている・甲に対する債務とは相殺できない。同様に，信託財産Aに属する・第三者甲に対する債権と，信託財産Bが負っている・甲に対する債務とは相殺できない。これらは，信託財産が受託者の名義に属しながら受託者の固有財産や他の信託財産とは全然別個の法主体に属する財産である事態を，債権の相殺に関して明らかにしたものである。なお，この場合に信託財産，受託者，及び第三者甲の三者間で相殺契約を締結することは，同条の禁止に反するものではない。但し，この相殺契約では受託者が個人としての資格と信託財産の管理者との資格とを兼ねて相殺契約を締結する

ことになるから，かかる相殺契約の締結は受託者の忠実義務に違反する疑いがある。以上に対し，同条の規定の反対解釈として，同一の信託財産が，同一の第三者に対して有する債権と債務とを相殺できることも疑いがない。

　第二に，信託財産が負っている・第三者甲に対する債務と，受託者個人に属する・甲に対する債権とでは，信託財産が負っている債務に対して受託者個人が連帯責任を負うこととの関連から，受託者からも第三者からも相殺が可能である。この場合，受託者個人に属する債権の消滅と共に信託財産の負っていた債務が消滅し，受託者が信託財産に対して求償権を取得することになるが，これは受託者の忠実義務違反にはならない。

　第三に，信託財産Aに属する・受益者Xに対する債権と，受益者Xが信託財産Aに関して有する受益権，すなわち信託財産Aが負っている・受益者Xに対する受益債務とでは，受益権の相殺による消滅が信託の本旨に反する恐れがありうること，及び受益権の特殊性（受益権と信託財産との物的相関関係を有し，準物権的保護を与えられること）を無視することになるので，相殺は当然には認められない。信託関係が集団信託の場合であっても，受益権を完全に預金債権化してしまうことは妥当でないから，受益権と受益者に対する債権との相殺はできない。まして，信託財産Aに属する・受益者Xに対する債権と，異なる信託財産Bが負っている・受益者Xに対する受益債務とを相殺することはできない。但し，以上の議論は法定相殺に関してであって，同様の状況下で信託財産と受益者との間で相殺契約が締結された結果として約定相殺が行われる場合であれば，法定相殺と異なって約定相殺には債権の同種目的という制限はないから，受益権と受益者に対する債権との間で相殺を行うことは可能である。

　第四に，受益者が信託財産に対して有する受益権と，受託者個人が受益者に対して有する債権とでは，第三者に対する信託財産の債務の場合と異なって受託者は信託財産の管理責任以上の責任を負わないため，受託者と信託財産との異なる法主体間の債権・債務の相殺となること，受益権は信託財産と物的相関関係を有する準物権的保護を与えられるべき権利であって，受託者の有する債権とは目的及び性質を異にするものであることから，相殺を認めるべきではない。この場合にも，相殺契約を行うことは可能であるが，受託

者の有する不良債権を信託財産に対する求償権に付け替えることになる可能性があるため，かかる相殺契約は受託者の忠実義務に違反する恐れがある。

なお，受託者が受益権に対して質権を取得し，質権を実行して受益権を取り立てることは，実質上は受益権と受益者に対する債権とを相殺したのと同様の効果を生ずるが，それは質権の取り立てによる効果として生ずるものであるから，受託者が質権の設定等に関して優越的地位を濫用したか否かは別として，同条にいう相殺の禁止には抵触しない。

第五に，信託財産Aに属する・第三者甲に対する債権と，甲が受益者Xに対して有する債権，そして受益者Xが信託財産Aに関して有する受益権とを，三者間の相殺によって全て消滅させることは，法定相殺としては不可であるが，約定相殺としては可能である。

同条の禁止に違反する相殺は無効であり，受託者は相殺があってもなお信託財産に属する債権が存在するものとして，これを行使することができる。但し，相殺の無効の効果を相手方に主張するためには，公示すべき財産について信託の公示を行うことが必要であるとされている。

[3] 以上のような従来の議論の特徴は，次の二点にあると考えられる。

第一に，上記の議論では，法定相殺と約定相殺とが明確に区別され，信託法第17条の規定する相殺の禁止は法定相殺に関するものと考えられている。従って，約定相殺においては法定相殺の場合と異なり，信託財産に関する相殺が相当程度広範囲に認められる傾向にある。

しかしながら第二に，信託財産に関する相殺に際しては，法定相殺の場合でも約定相殺の場合でも，受託者が相殺を利用して個人的な利益を得ることに対して，極めて警戒的であるということができる。従って，信託財産に関する約定相殺は，信託法17条の禁止に抵触しない場合でも，受託者の忠実義務違反を構成して無効とされる場合があることが指摘されている[2]。

そうすると，次に問題となるのは，上記のような解釈が関係当事者の利害にどのような影響を及ぼす可能性があるか，特に，受益者ないし信託財産の利益がかかる解釈によって適切に保護されているか，である。しかしながら，以下に述べるとおり，信託財産に関する相殺が行われるに際しての関係当事

第5章 現行法の解釈への応用

者の利害状況を分析すると，上記の解釈の下では，受益者や信託財産の利益が必ずしも適切に保護されているとは言えない傾向がある。

［4］　まず，上記の解釈における分類のうち第一及び第二の類型，すなわち，信託財産と第三者甲との関係における相殺について考えてみる。

従来の議論によれば，信託法第17条によって禁止されている相殺は，信託財産が第三者甲に対して債権を有し，受託者が甲に対して債務を負っている場合，及び，信託財産Aが甲に対して債権を有し，異なる信託財産Bが甲に対して債務を負っている場合である。そして，信託財産実質法主体性説は，これらの場合に対して相殺が禁止されている理由を，信託財産が受託者の固有財産及び他の信託財産と別個の法主体であることの論理的帰結であると説明している[3]。従って，上記の議論が相殺の禁止によって保護しようとする信託財産に関する利益は，信託財産に属する権利が他人が負っている債務と相殺されてはならない，という点にあると考えられる。なお，この利益保護が目的とされている点は，債権説や物権説（受益者実質所有権説）においても同様であると思われる。

しかしながら，この説明は，信託財産に属する第三者甲に対する債権が，完全に回収可能であることを前提としている。従って，この前提が崩れた場合，すなわち，同債権が回収不能となる危険が生じた場合には，かかる相殺禁止の議論は，かえって信託財産の利益を損なう可能性がある。

［5］　他方，上記の議論は，信託財産が第三者甲に対して債務を負い，受託者が甲に対して債権を有する場合に，受託者からの相殺を容認する。これについては，受託者が信託財産の債務に対して連帯的な責任を負うとされていること，及び，信託財産の債務を消滅させようとすることは受託者として当然であること等が，主たる理由として説明されている[4]。

しかしながら，この説明は，この議論が本来志向している筈の受益者ないし信託財産の利益を擁護するものというよりも，むしろ，受託者個人の利益のみを擁護する結果を生じさせる。すなわち，受託者が信託財産の債務に対して連帯責任を負っているとしても，この場合に受託者による相殺を認め

257

第2部　信託法理論の解釈への応用

ことは，受託者にとっては債権回収が不能となる危険性を回避させる利益を生じさせるが，信託財産に対しては何の利益ももたらさない。又，信託財産の債務が相殺によって減少したとしても，その分信託財産は受託者からの求償債務を負うことになるから，信託財産はこの点でも何の利益も得ていない。

さらに，この場合における相殺は，受託者にとって通常以上に個人的利益をもたらす可能性すらある。なぜなら，受託者は，信託事務について生じた費用又は負担につき，信託財産に対する求償権の行使を他の債権者に優先して行うことができる（信託法36条1項）ため，第三者甲に対する債権が，信託財産に関する相殺によって信託財産に対する求償権に転換することにより，第三者甲との間で相殺を行うことが必要とされる状況，すなわち，第三者甲からの債権回収が不可能となる危険が生じている状況の下で，信託財産に対する優先権という利益を得ることができるからである。

[6]　以上のとおり，第三者甲との関係における信託財産に関する相殺では，従来の議論に従うと，信託財産ないし受益者の利益が場合によっては損なわれる可能性がある。のみならず，この議論の下では，信託財産が何の利益も受けることなく，受託者のみが個人的な利益を受ける結果すら生ずる可能性がある。そして，このような問題が生ずる原因は，信託財産に関する相殺によって守られるべき信託財産の利益の位置づけが，必ずしも適切でなかったことにあると考えられる。

第三者甲に対する関係での信託財産に関する相殺は，理論的に考えれば，第三者甲に対して信託財産ないし受託者が有していた債権債務関係を，信託関係当事者相互間の求償関係に置き換えるという効果を持っている。従って，かかる相殺が行われた場合における信託財産の利益と損害は，受託者と第三者甲とのいずれが債務者として優良であるか，という観点によって定まる筈である。すなわち，第三者甲に対する関係で信託財産に関する相殺が行われる状況には，従来の議論が想定しているような，信託財産に属する債権が消滅し，受託者等に対する求償が困難であるとの状況だけではなく，逆に甲が倒産した場合のように，信託財産に属する債権が回収不能となる危険を信託財産に関する相殺を行うことによって回避するという状況も存在するわけで

ある。このように，信託財産に関する相殺を一定範囲で禁止する信託法17条の解釈については，信託財産の利益を不必要に損なうことのないよう，再構成される必要が強いように思われる。

[7] 次に，受益権と受益者に対する債権との相殺について再検討する。
　従来の議論は，次のような理由を挙げて，受益権と受益者に対する債権との相殺禁止を主張する。第一に，受益権の相殺による消滅は，信託の本旨に反する場合がある。第二に，受益権は信託財産に関する実質的な物権的権利であって，受益者に対する債権とは権利の目的及び種類が異なる(5)。
　この説明から明らかなとおり，従来の議論では，相殺による受益権の消滅を可能な限り防止し，信託財産からの受益権による利益享受を確保することが受益者の利益となる，と考えてきたということができる。しかしながら，この議論は，信託財産に関する相殺が実務上必要とされる状況の下で，受益者の利益を必ずしも適切に擁護できないと言わざるを得ない。すなわち，受益権と受益者に対する債権との相殺が受益者にとって必要となるのは，信託財産に対する受益権の行使が完全に行えなくなる危険を相殺によって回避する，という局面である。従来の議論では，受益権による信託財産からの利益享受の可能性を確保しようとするあまり，このような状況が念頭に置かれていない可能性がある。この点では，第三者甲に対する関係での信託財産に関する相殺の議論について前述したことと，同様の問題点を指摘できよう。
　そもそも，従来の議論が挙げる受益権と受益者に対する債権との相殺禁止の理由自体，必ずしも説得力を持っているとは言い難い。例えば，相殺による受益権の消滅が信託の本旨に反するような場合には，かかる受益権を相殺禁止債権（民法505条1項但書参照）と考えればよいわけであり，受益権一般にこの理由を及ぼすべき必然性はない。又，受益権が「信託財産と物的相関関係に立ち，準物権的保護を与えられている(6)」ことが，なぜ反対債権との相殺を禁止する理由となるのかは，必ずしも明らかにされていない。善解すれば，受益権には受託者に対する監督権等，信託財産からの利益享受を行う債権以外の権利ないし権限が付着しており，受託者からの相殺によってかかる監督権等が消滅することは望ましくない，ということであろう。しかし，

この点に関しては，信託財産からの利益享受と信託に関する監督権等とをどのように連動させて考えるべきか，という重要な解釈上の問題が含まれており，信託財産からの利益享受を終了した受益者が受益者としての権利を全て喪失すると考える必然性はない。例えば，信託財産に関する監督権等が信託財産からの利益享受の多寡によって影響されないとすると，信託財産からの利益享受を行う権利が相殺によって消滅したとしても，受益権に基づく監督権等の行使には影響がない，と考えることも，受益権の性質に関する考え方との関係次第では，必ずしも不可能ではないわけである[7]。

[8] 以上のとおり，従来の議論では，信託財産をめぐる関係当事者の利害状況を適切に把握しているとは言い難い面があると言わざるを得ない。そして，従来の議論が，受益者ないし信託財産の経済的利益の一部を犠牲にしてまで守ろうとする利益は，要するに，信託財産ないし受益者の有する債権債務が受託者個人との間の求償関係等の債権債務関係に転換するのを防止すること，すなわち，信託財産に関する相殺に際して受託者の忠実義務違反を防止することにあると考えられる。

そうであるとすれば，信託法17条という明文の規定がある以上，これを完全に無視することはできないとしても，同条に抵触しない限り相殺を認めることを原則とし，受託者が個人的利益を得たり第三者の利益を図ったりすることを忠実義務違反として禁止する，と解釈する方が，受益者や信託財産の利益を擁護するためには，望ましいように思われる。もっとも，このような考え方は，受益者ないし信託財産の「利益」を相殺が行われる具体的な状況によって，個別に判断していくことが必要であることは当然である。

[9] なお，ここで，信託財産に関する相殺禁止と信託の公示との関係についても，若干検討を加えておくこととする。

信託の公示が必要となる状況は，相殺をした相手方に対して事後に受託者等が相殺の無効を主張する場合のほか，第三者から信託関係当事者に対して相殺を行ってくること[8]に対して，信託関係当事者が相殺の無効を主張する場合がある。相殺の対象となる権利は多くの場合債権であって，信託の公

示を必要としないため，実務上信託の公示の欠缺によって信託財産に関する相殺が無効とできない例は必ずしも多くはないと考えられるが，手形等の有価証券では信託の公示に関する議論が問題となりうる[9]。

第3節で述べたとおり，平成10年改正信託業法10条1項によって，固有財産との分別管理により「信託財産であること」の主張が第三者に対抗できるとされるようになったが，同条のみで問題が完全に解決するわけでない。例えば，信託財産であることを主張すれば足りる場合には，同条の規定に基づき分別管理している事実を立証すればよいが，複数の信託財産が関与する相殺の場合には，信託財産であることのほか，相殺の対象となる権利等が特定の信託財産に属することまで立証しなければならないことになる。しかしながら，改正信託業法の規定は，信託財産と固有財産との分別しか念頭に置いていない。従って，固有財産との分別がなされていれば「信託の公示」として十分であるのか，それとも，信託財産相互間の区別については同条の規定を類推適用して「分別」がなされていれば特定の信託財産に属することの主張が第三者に対抗できるのか，あるいは，信託財産相互間の区別に関しては原則に戻って信託法3条2項の規定に従うのか，は現時点では全く明らかでない。このように，改正信託業法は，信託の公示に関する重要な問題点の一部を棚上げにしてしまったものと考えざるを得ないわけである[10]。

[10] 前述のとおり，本論文の主張として，信託財産に関する相殺を原則として自由に認め，受託者の忠実義務による禁止を以て受託者の個人的利益の追求を抑制すべきであると議論した。又，従来の議論の中でも，信託財産に関する相殺，特に約定相殺が受託者の忠実義務に違反する疑いがあることが指摘されていた。従って，信託財産に関する相殺と受託者の忠実義務との関係について，検討を加えておく必要がある。もっとも，かかる議論においては，本来なら受益者ないし信託財産の利益を状況ごとに個別に検討する必要があるが，ここではごく抽象的な一般論にとどまらざるを得ない。

[11] 信託財産に関する相殺と受託者の忠実義務が問題となる最大の局面は，第三者甲との関係で信託財産及び受託者個人に各々属していた債権債務

第2部　信託法理論の解釈への応用

が，相殺によって信託関係当事者相互間の求償関係に置き換えられ，その過程で受託者の個人的利益が図られる恐れがある点である。これに対しては，忠実義務違反の解除に関する一般的な議論がそのままの形で妥当する[11]。忠実義務に関して前述した本論文の主張のみをここで再現すれば，信託財産に関する相殺が形式的には忠実義務違反行為に該当する場合でも，適正な情報開示に基づく受益者の承諾があれば，受託者による信託財産に関する相殺は忠実義務違反を構成しないと考えるべきである，ということになる[12]。

　又，この状況で，さらに問題となる点は二つある。第一に，受益者ないし信託財産にとって相殺が経済的に最大利益をもたらすとの事実が，忠実義務違反に対する責任解除のための抗弁として成立しうるか否か，という点がある。第二に，受益者から受託者に対する責任追及が行われていない状況で相殺の相手方等の第三者から忠実義務違反に基づく相殺の無効を主張された場合に，受益者からの責任追及が行われていないことが忠実義務違反に対する責任解除のための承諾と考えられるか否か，という点も挙げられる。

　これらの問題に対する一応の回答は，概ね次のとおりである。まず，第一点に関しては，相殺が受益者ないし信託財産が経済的に最大利益をもたらすのみでは，忠実義務違反を解除する理由としては不十分であると言わざるを得ず，受託者ないし第三者の利益が相殺に関して図られていないことまで説明ないし立証する必要があるであろう。又，第二点に関しては，一般論としては，受益者からの責任追及が行われていないことを以て，受託者による相殺に対して忠実義務違反を解除するとの黙示の承諾ないし追認があったと考えて差し支えないように思われる。もっとも，相殺の無効を主張してきた第三者が，例えば破産した受益者の破産管財人であった場合等，受益者の人格の一部を承継したと評価される第三者が忠実義務違反を主張した場合には，受益者自身による責任追及がなかったことのみを以て受益者の黙示の承諾ないし追認があったとは，一概に言えない可能性も生じてくると思われる。

　以上のほか，現行の実務で既に行われていることとして，受託者による受益権に対する質権設定や，受託者による受益権の買取が，形式的には受益者と受託者との間の取引として，忠実義務違反の疑いを生じさせうる[13]。この点に関しても，前述の本論文の主張を繰り返せば，適正な情報開示に基づ

第5章　現行法の解釈への応用

く受益者の承諾があれば，受託者による質権設定や受益権の買取等は忠実義務違反とならないものと考えるべきであることになろう。

[12]　信託法17条に関する従来の議論の問題点については概ね以上のとおりであるが，比較的広範囲に認められている約定相殺の効力についても，若干検討を加えておく。約定相殺の効力，特に相殺の遡及効は第三者に対抗できないとされているため，信託銀行実務が取引において使用している銀行取引約定書において，相殺ないし相殺予約の約定が第三者に対してどのような効果を有すると考えるべきかは，極めて重要な問題となるからである。

　一般の銀行取引において行われている，銀行からの債務者に対する貸金債権と債務者の銀行に対する預金債権との相殺については，双方の弁済期の前後を問わず，銀行取引約定書所定の要件に従って対当額において相殺することができ，この効果は差押債権者に対しても効力を生ずるとするのが，現在の最高裁判例である[14]。この最高裁判例が形成された経緯は必ずしも単純なものではなく，この最高裁判例の理論構成や結論の妥当性については様々な考え方が主張されているが[15]，ここではこの最高裁判例が信託財産に関する相殺に対して与えうる理論的影響をごく簡単に検討する。

[13]　最判昭和45年の判示は，要するに，債務者の信用悪化を徴表する事実の発生等，銀行取引約定書所定の要件が満たされた場合には，自働債権である銀行の貸金債権と受働債権である債務者の預金債権が同時に弁済期に達するとの銀行取引約定書に基づく合意の効力が生じ，その結果として両債権は相殺適状となって相殺が可能となる，というものである。すなわち，最高裁が認めた銀行取引約定書に基づく相殺の第三者に対する効力とは，銀行取引約定書所定の要件が満たされた場合における弁済期の到来に関する合意の効果であるということができる。

　従って，この最高裁判例の下で第三者に対しても効力を生ずる相殺とは，要するに，弁済期繰上げの合意の効果が生じた後における法定相殺であり，予め自働債権と受働債権とが相殺が行われる当事者間で相対している状況が前提とされていると考えられる。そうすると，この最高裁判例は，銀行と顧

263

客との間の約定相殺の効力を第三者に対する関係で無制限に認めたものではないわけであるから，信託財産に関する約定相殺に対し，この最高裁判例の論理がどのように適用できるかについて，さらに検討する必要がある。

　前述のとおり，信託財産に関する相殺が受益者ないし信託財産にとって必要となる状況は，信託財産ないし受益者の有する債権が回収不能となる危険が生じた場合である。この場合，信託財産に関する約定相殺が目的とする効果は，信託財産ないし受益者の有する債権と，債務者が受託者個人に対して有している反対債権とを相殺することによって，信託財産ないし受益者に属する債権が無価値となることを防止する点にある。

　従って，信託財産に関する約定相殺において，第三者に対する効力を生じさせるべき「合意の効果」には，相殺の対象となる自働債権と受働債権との弁済期の到来させることのみならず，両債権の帰属を一定事実の発生と同時に信託関係当事者間において移転させ，債権の相対状況を創出して相殺適状を創り出す，ということまで含めなければ意味がない。そして，この二つの効果のうち，前者については，最高裁判例によって第三者に対しても効力が認められる可能性が高いと言えるが，後者については，最高裁判例の判示の対象外であることが明らかであり，かつ，一般論としても支持され難いものと考えざるを得ない。要するに，銀行取引約定書ないしこれと同様の文言を用いた約定書を信託銀行取引において使用することにより，信託財産に関する約定相殺の効果を第三者に対しても及ぼそうとすることは，前記最高裁判例の下においても，極めて困難と考えられる。

　[14]　このように，第三者に対して信託財産に関する約定相殺の効果を主張することが困難であると考えられる以上，実務上相殺と同様の効果を達成するためには，第三者に対する優先権を予め確保しておく外はない[16]。又，信託関係に係る約定書にどのような文言を以てどのような内容の合意を行うか，さらに，信託関係の特徴を当事者間の合意に求めるか独立財産性に求めるかによって，第三者と信託関係当事者との利害調整に関する解釈の原則は，大きく異なるものとなると考えられる。

第5章　現行法の解釈への応用

[15]　なお，近時において，信託終了後の財産関係の清算において，受託者の受益者に対する債権と信託終了後の払戻請求権との相殺を認めた下級審判例が現れたため，ここで若干検討を加えておきたい。

事案としては，委託者兼受益者であった顧客が信託期間満了前に倒産し，信託期間が満了して，財産が受託銀行の別段預金に払い込まれた後，受託銀行が受益者に対する貸金債権と当該信託に関する最終計算後の払戻金引渡債務とを相殺しようとしたことから，顧客の破産管財人が当該別段預金の払戻を請求した，というものである。第一審である京都地判平成12年2月18日金法1592号50頁は，前述した信託財産実質法主体説にほぼ忠実に従って，信託財産に対する顧客の受益債権と受託者の顧客に対する債権とは信託終了後であっても信託法17条の趣旨に反し許されない，として，破産管財人の請求を認容した。これに対して受託銀行が控訴したところ，控訴審である大阪高判平成12年11月29日判時1741号92頁は，受益債権と受託者の受益者に対する債権との相殺は信託法17条の趣旨に反するという第一審の判断を肯定しつつ，信託終了後においては財産清算のための法定信託が存続しているとしても受託者の管理処分に関する義務や責任が信託終了前と同様に存続しているわけではないから，信託契約に従って清算後の財産が受託銀行の別段預金に払い込まれた以上，そこからの財産の払戻請求権は通常の預金債権と取扱が異なるものでないとして，銀行取引約定書に基づく相殺の意思表示を有効とし，破産管財人の請求を棄却した[17]。

[16]　この判決の結論を単純に考えれば，信託終了後においては受益者との関係で受託者の固有財産からの貸金が相殺できるということになりそうであるが，厳密に考えてみると理論的な問題が少なからずある。例えば，銀行取引約定書に基づく「約定相殺」の効力が認められたというのであれば，かかる相殺が第三者に対抗できない以上，この判決の実務上の意味は必ずしも大きくないことになる。又，控訴審は，別段預金に清算後の財産が組み込まれることによって銀行取引約定書に基づく相殺の意思表示が有効となるというのであるが，仮に信託終了後の清算財産の引渡債権は通常の金銭債権というのであれば，別段預金に組み込まなくても相殺は有効となる筈であるし，

265

別段預金に組み込んで相殺を可能とすることについて信託契約上の合意があったというのであれば，かかる合意が信託財産の管理処分の過程で受託者に個人的な利益をもたらすものであることが明らかである以上，受託者の忠実義務に違反する疑いが生じてくる。さらに，銀行取引における相殺の担保的効力の事実上の有用性，すなわち，相殺の担保的効力の利益を銀行に完全に享受させることにより，銀行が貸付に際してそれ以上の担保を徴求する必要がなくなり，結果として顧客の利益を含めた銀行取引全体の円滑な発展につながるという政策的判断を行っているのであれば，信託法の趣旨との関係を改めて吟味する必要があることは明らかである。

[17]　以上のとおり，信託終了後における財産の清算過程での相殺については，結論としてこれを認めた下級審判例があるものの，その理論的根拠が必ずしも明らかでなく，考えられる論拠にもそれぞれ難点があるために，その妥当性と適用範囲については，慎重な検討が必要があるように思われる。

（1）　四宮・信託法 186 頁以下。
（2）　四宮・信託法 188 頁以下。
（3）　四宮・信託法 186 頁。
（4）　四宮・信託法 187 頁注 3。
（5）　四宮・信託法 187 頁。
（6）　四宮・信託法 187 頁。
（7）　四宮・信託法 322 頁は，受益権の譲渡に関し，「債権的部分と物権的部分とを分離して譲渡することは許されない」，と述べるが，その理由については明示していない。
（8）　金融実務上の用語でいう「逆相殺」であるが，法律上は同じく「相殺」であり，要件効果が特に異なるわけではない。
（9）　四宮・信託法 191 頁。
（10）　第 5 章第 3 節参照。
（11）　第 5 章第 4 節 [9] 参照。
（12）　第 5 章第 4 節 [10] 参照。
（13）　四宮・信託法 190 頁注 7。

(14) 最判昭和45年6月24日民集24巻6号587頁。
(15) 四宮和夫・法協89巻1号126頁（1972），林良平・民商67巻4号678頁（1973），米倉明・ジュリ460号90頁（1970），石田喜久夫・法時43巻1号115頁（1971），新堂幸司・金法1433号116頁（1995），同・金法1581号182頁（2000），千種秀夫・最判解説民事昭和45年度50事件（1971）ほか多数。
(16) 現在の信託銀行実務で行われている受益権に対する質権設定が，かかる優先権に該当することは明らかであり，このほか，例えば，信託法36条1項に基づく受託者の費用補償返還請求権に関する優先的地位についても，なお検討の余地がある。もっとも，信託財産に対して受託者が費用補償請求権を取得した場合であっても，請求権取得の時期等によっては，全ての権利について完全に優先的地位が認められるとは限らない。近時の研究として，秋山朋治「信託受益権に対する担保権の設定」信託法研究27号5頁（2002）。
(17) 評釈として，道垣内弘人・金法1592号19頁（2000），角紀代恵・判タ1076号65頁（2000），同・金法1652号75頁（2002），木南敦・金法1661号6頁，1662号51頁（2002），松井秀征・ジュリ1237号247頁（2003）。

第6節　信託財産の共同受託

［1］　本節では，複数の受託者が共同して信託財産を受託した場合における理論上及び実務上の問題点について検討する。まず，信託財産が「共同受託」された場合における受託者ないし財産管理者間の法律関係について，理論上ありうる解釈の違いを議論する。次に，各解釈の下における共同受託された信託財産に関して発生しうる問題点や，受益者及び第三者に対して複数受託者の各々が負うべき責任の範囲について考察する。

［2］　信託法24条は，複数の受託者が信託財産を受託した場合における共同受託者の合手的行動義務について規定する。すなわち，受託者が複数あるときは，信託財産はその合有となる（同条1項）。又，受託者は，信託条項に別段の定めがない限り，信託事務を共同して行わなければならない（同

条2項)。但し，共同受託者の一人に対してなした意思表示の効力は，共同受託者全員に対して及ぶ（同条2項但書）。要するに，現行信託法に基づく共同受託者による信託財産の管理処分の原則は，共同受託者全員が一個の「受託者団」を形成して信託財産の管理処分を全員一致で行うことである。

もっとも，同条による受託者の合手的行動義務は，信託条項に別段の定めがない場合に適用されるものである。従って，信託条項に別段の規定を設けることにより，特定の受託者に権限を集中させて当該受託者の判断のみで信託財産の管理処分が行えるようにしたり，各受託者の間で権限の分配を行って各受託者が自己の権限の範囲内で独自に行動できるようにしたりすることは可能である。すなわち，共同受託した信託財産の一部分を各受託者に配分し，各受託者が配分された信託財産を各自の判断に従って管理処分することは，信託条項にその旨の規定を設けておけば違法ではない。

[3] しかしながら，以下に述べるとおり，現在の実務において「共同受託」と称されている信託関係の中には，信託法24条が前提としている信託財産の共同受託には，理論上該当しないものも含まれている。

第一に，例えば，受託者Aが信託財産を単独で受託した後，B及びCを信託法26条にいう代人として選任し，受託した信託財産の一部分を各自の判断に従って管理処分させている場合がある。この信託関係における受託者はAのみであり，B及びCは信託法上の受託者ではないから，このような信託関係が第24条で想定されている信託財産の共同受託と異なることは明らかである。しかしながら，この場合，B及びCは受託者Aの代人として信託財産の管理処分を行う以上，各自の判断で行った信託財産の管理処分については，受託者と同一の義務と責任を受益者に対して負う（26条3項）。従って，共同受託者A，B，Cが，受託した信託財産の一部分を各自の判断に従って管理処分する場合と，B及びCが受託者Aの代人として選任される場合とでは，受益者に対する義務と責任という観点からは，事実上同一の効果を有する関係が形成されることとなる。

現行信託法上，受託者は，信託財産の管理処分に関して自己執行義務を負っているが，信託財産の管理処分に関して代人を選任することは，信託条

項にその旨の規定を設けておけば，自由に行うことができる（26条1項）。又，そもそも，既に述べた善管注意義務の現代的な動向からすれば[1]，特に利益追求目的の信託にあっては，より専門的な知見や能力を有している者を代人として選任することが，受託者の善管注意義務の一内容を構成していると考えることもできる。

　以上のとおり，共同受託者間で信託財産を配分して各自管理処分する場合と，代人を選任して信託財産の一部分を管理処分させる場合とでは，誰が当該信託関係の受託者になるかという点で，理論的に大きな差異がある。しかしながら，この二つの違いは，要するに，受託した財産の管理処分について信託条項をどう規定するかによって，生ずるものということができる。

　［4］　第二に，受託者Aが信託財産を単独で受託した後，BとCとに対して信託財産の一部分をそれぞれ再信託し，財産の現実の管理処分を各自の判断に従って行わせる場合がある[2]。この再信託関係において，Aが受託した信託財産をBやCに再信託することは，Aと受益者との信託関係における信託財産の「管理処分」方法の一つとして位置づけられる。

　従って，Aが受託した信託関係の受益者と，BやCとの間には，直接の信託関係はないから，BやCがAの代人として信託財産の管理処分を行う場合と異なり，BやCが受益者に対して信託法上の義務と責任を負うことはない。受益者は，ただAに対してのみ財産の管理処分に関する信託法上の義務と責任を追及できることになる[3]。以上のような関係が，24条の想定する共同受託と異なることは明らかである。

　但し，受託者Aが行う信託財産の再信託は，信託条項によってAに与えられた権限の範囲内で行われるから，BやCに対して信託財産の管理処分が委託されるという点では，BやCがAの代人として選任される場合と事実上同一であるとも考えられる。例えば，再信託関係における受託者BないしCの権限については，Aが受託者となっている信託関係における信託違反とならない限り，言い換えれば，Aが受託者として与えられている権限の範囲内において，自由に設定することができる。又，再信託された信託財産に関する受益権の管理処分権限を有している者が，原信託財産の受託者Aである以上，

第2部　信託法理論の解釈への応用

Aは再信託受託者B及びCに対して，再信託関係に関する監督権限を，BやCがAの代人として選任された場合とほぼ同様に有していることになる。

　以上のとおり，信託財産の一部分を再信託することによって，複数の財産管理者が財産を管理処分する信託関係は，信託財産が複数受託者によって共同受託される信託関係と比べて，受益者と各財産管理者との間における信託関係の成否をはじめとする相当大きな理論上の差異がある。又，このような再信託関係は，受託者が代人を選任して財産の管理処分を行わせることとも異なっている。しかしながら，これらはやはり理論上の差異であり，実務上におけるかかる関係の違いは，結局のところ，信託条項において受託者の権限や信託財産の管理処分の態様がどのように規定するかによることとなる。

　[5]　このように，複数の受託者ないし財産管理者による信託財産の「共同受託」については，理論上大きく異なるいくつかの法律構成が考えられる。そして，かかる解釈は，実務上，信託財産の管理処分に関する信託条項の解釈によって定まる。従って，信託条項の規定が曖昧であった場合には，どの法律構成を採用すべきかが重要な問題となる。このため，以下では，各法律構成から生ずる問題点について，個別に検討を加えることとする。

　「共同受託」された信託財産が複数の管理者によって各別に管理処分されている場合の法律関係については，以下の四つの解釈が成り立つ。

　第一に，そもそも「共同受託」された信託財産は理論上は共同受託されているわけでなく，各管理者が各々異なる信託関係を受益者との間で別々に形成している，との解釈がある。この解釈の下では，複数の受託者のうちの一人が，信託関係形成に際して，委託者からの財産の出捐を一括して引き受ける等の行為をしたとしても，かかる行為は各受託者と受益者との間の信託関係形成に関する仲介ないし媒介に過ぎないと考えられ，委託者と財産の出捐を引き受けた者との間で信託関係が形成されることにはならない。

　第二に，共同受託された信託財産は，全受託者が一致して管理処分を行うものであり，全ての受託者が全ての信託財産に関して一致して受益者との間に一つの信託関係を形成している，との解釈がある。この解釈の下では，具体的な信託財産の管理処分の過程で，各受託者ごとに信託財産の一部分が配

第5章　現行法の解釈への応用

分され，各別に管理処分が行われていたとしても，それは管理処分に関する事実上の行為が各受託者ごとに各別に行われているだけであり，全受託者は全ての信託財産の管理処分につき一致して受益者に対する義務と責任を負う，と考えられることになる。

　第三に，信託関係は複数の財産管理者のうち一人と受益者との間で成立し，残与の財産管理者は受託者の代人として財産管理を行っている，との解釈がある。この解釈の下では，受託者と受益者との間で全ての信託財産につき信託関係が形成されているほか，代人として信託財産の一部分につき管理処分を行う管理者も，信託法26条3項に基づいて，自己が管理している財産につき，受託者と同一の責任を受益者に対して負うことになる。

　第四に，複数の財産管理者のうち一人と受益者との間で全ての信託財産に関して信託関係が形成された後，信託財産の管理処分の一態様として，他の財産管理者に対して再信託がされている，との解釈がある。この解釈の下では，受益者に対して直接信託関係上の義務と責任を負っているのは，受益者との間で信託関係を形成した原信託受託者のみである。そして，原信託受託者から信託財産の一部分につき再信託を受けた他の受託者は，再信託関係の範囲内で再信託受益者である信託財産ないしはその管理者である原信託受託者に対してのみ，再信託関係上の義務と責任を負う。従って，再信託受託者と原信託受益者とは，直接の信託関係に立たないことになる。

　[6]　以上のような法律構成の違いが，実務上重要な意味を有する局面としては，次の三点が挙げられる。第一に，信託財産に関する情報開示を，誰が誰に対して求められるかが問題となる。第二に，管理処分の結果として信託財産の一部分につき生じた損失や責任が，信託関係当事者相互間でどのように帰属するかも問題となる。第三に，管理処分をすべき信託財産の配分を管理者相互間で変更するに際し，どのような問題が生ずるかという点もある。以下では，この三点に関する解釈が，上記の法律構成の違いによってどのように異なるかを考えてみる。

　[7]　信託財産に関する情報開示については，情報開示を請求する者が受

271

第2部 信託法理論の解釈への応用

益者である場合と受託者ないし財産管理者である場合とがある。

既に述べたとおり，信託関係上の受託者の情報開示義務に基づき受益者が情報開示を求めることができる範囲は，原則として自己が受益権を有している信託財産の範囲に限られる。従って，受益者が誰に対してどの範囲で情報開示を求めることができるかは，受益者との関係でどの財産管理者がどの財産の範囲で信託関係を形成しているかによって異なってくる。

すなわち，各受託者との間で各々異なる信託関係が形成されていると考えた場合には，受益者は各受託者に対して，各受託者が各々管理処分する信託財産の範囲内でそれぞれ情報開示を求めることができる。又，全受託者が全ての信託財産に関して一致して受益者との間に信託関係を形成していると考えた場合には，受益者はいずれの受託者に対しても，全ての信託財産の管理処分に関して情報開示を求めることができる。さらに，信託関係が一人の受託者との間で形成されたうえで代人が選任されていると考えた場合には，受益者は受託者に対して全ての信託財産の管理処分につき情報開示を求めることができるほか，代人に対しても，26条3項に基づき当該代人が管理処分する財産の範囲で各別に情報開示を求めることができる。そして，信託関係が一人の受託者との間で成立し，信託財産の一部が再信託されていると考えた場合には，受益者は原信託受託者に対して全ての信託財産の管理処分について情報開示を請求することができる反面，再信託関係について直接受益権を持たない以上，再信託受託者に対して，再信託された信託財産の管理処分についての情報開示を直接求めることはできない[4]。

［8］ 以上に対して，受託者ないし財産管理者相互間で信託財産に関する情報開示を求めることかできるか否かは，受託者ないし財産管理者間の法律関係によって異なる。すなわち，共同受託者相互間では，一致して信託財産の管理処分を行い受益者に対する義務と責任を連帯して負うものとされる以上（24条2項参照），受託者相互間で意思や知見の一致を図る必要があるから，共同受託者相互間で互いに情報開示を求めることが可能であるのは，関係の性質上当然である。又，受託者と代人との間には，民法上の委任関係が生じているから，受託者は代人に対して情報開示を求める権限がある（民法

第5章　現行法の解釈への応用

645条)。さらに，再信託受託者は，受益者である原信託受託者に対して，再信託関係上の情報開示義務を負っていることが明らかである。

　以上のことと，上記の法律構成とを併せて考えるならば，まず，各受託者と受益者との間に各々異なる信託関係があると考えた場合には，受託者相互間で情報開示を求めることはできない。これに対して，全受託者が一致して受益者との間で信託関係を形成していると考えた場合には，各受託者は全ての共同受託者に対して互いに情報開示を求めることができる。又，受託者が代人を選任していると考えた場合には，受託者は代人に対して情報開示を求めることができるが，代人が受託者に情報開示を求めることは原則としてできない。さらに，再信託関係が形成されていると考えた場合には，再信託受託者に対して原信託受託者が再信託関係上の情報開示を求めることはできるが，その逆は不可と考えられる。

　[9]　次に，各別に管理処分されていた信託財産の一部につき損失等が生じた場合の負担については，最終的に受益者が信託財産から利益を享受する段階で，法律構成により差異が生じてくる。

　すなわち，信託財産の一部について損失等が生じ，かかる損失が受託者の責めに帰すべきものでなかった場合，信託法19条によって受託者が受益者に対する受益債務を免れる範囲は，当然のことながら損失の生じた信託財産の範囲内であり，異なる信託財産との間で損益を通算することはできない。従って，信託法36条3項に基づき，受益者が債務超過となった信託財産に関する受益権を放棄した場合には，当該信託財産について生じた損失等を負担する者は，少なくとも受益者以外の者となる。要するに，信託財産の範囲をどのように考えるかによっては，信託財産の一部について生じた負担を，常に受益者が全面的に負担するとは限らなくなるわけである[5]。

　以上のことを念頭に置きつつ考えると，各受託者ごとに各別の信託関係が形成されていると考えた場合には，各受託者が各々管理処分する信託財産相互間で損益の通算を行うことはできない。これに対して，全受託者が一致して信託関係を形成していると考えた場合や，受託者の代人が選任されていると考えた場合には，信託財産は全体として一個と考えられるから，原則とし

273

第2部　信託法理論の解釈への応用

て信託財産内で損益の通算が行われる。又，再信託関係が形成されていると考えた場合には，信託法36条3項の効果が認められる限り，再信託を委託した原受託者の判断によって再信託関係に係る受益権の放棄が行われれば，損益の通算を事実上回避することが可能となる。但し，この場合の受益権放棄の判断は，原信託の受益者ではなく再信託関係の受益者，すなわち，原受託者が行う点に注意を払う必要がある[6]。

　[10]　さらに，受託者ないし財産管理者相互間における管理処分すべき信託財産の配分調整については，法律構成によって相当程度差異が生ずる。
　まず，各受託者ごとに異なる信託関係が形成されていると考えた場合には，受託者間の財産の配分の調整については，一方の信託関係の一部終了と他方の信託関係の追加設定と考えることが最も素直な解釈となる。この場合には，配分調整の際に移転の対象とされる財産について，時価が顕在化することによって生ずる実務上の問題がある[7]。又，受益者の意思のみで配分調整が自由に行えるとは限らないから，信託の一部終了及び追加出資についての要件を，各信託関係の信託条項の中に規定しておくことが必要となる。さらに，この解釈の下で一部の受託者を完全に信託財産の管理処分から排除するためには，信託条項ないし信託法47条の規定に従って受託者を解任した後，新受託者を選任するか，あるいは，信託関係を一旦終了したうえで，他の信託財産に対する追加設定ないしは信託関係を新たに設定することが必要となる。この場合，時価の顕在化，信託終了要件の明定，という前記の問題のほかに，当該信託財産に関する債権者との清算が，実務上重要な問題として生ずる。なお，以上の状況に対して，配分調整の対象となる信託財産について再信託が行われるとの解釈も理論上は成り立ちうるが，信託財産相互間の法律関係が極めて複雑となることは避けられない。
　次に，全受託者が一致して一個の信託関係を受益者との間で形成していると考えた場合には，受託者相互間の信託財産の配分調整は，信託条項の規定又は全受託者の一致した判断に従って，一部の受託者を事実上排除することを含め，自由に行うことができる。但し，共同受託者の一部を解任するためには，信託条項又は信託法47条に基づく手続を履践する必要がある。なお，

第 5 章　現行法の解釈への応用

　この解釈の下では，具体的な管理処分に関する行為をどの受託者が行うかという事実上の問題について変更が生ずるのみであり，信託財産の一部が信託関係から離脱するわけではないから，時価の顕在化は生じない。同様に，債権者との清算も，少なくとも配分調整があった時点では問題とならない。

　又，受託者によって代人が選任されていると考えた場合には，受託者には原則として代人に対する監督権限がある。従って，信託条項に別段の定めがない限り，代人相互間ないし代人と受託者との間の信託財産の配分は，受託者の判断に従って自由に調整することができる。受託者が代人を解任することも，信託条項に別段の定めがない限り，原則として可能である（民法651条参照）。この解釈の下でも，信託財産の配分調整は同一信託財産内で行われるから，時価の顕在化は生じないし，債権者との間での清算も少なくとも配分調整の時点では問題とならない。

　さらに，再信託関係が形成されていると考えた場合には，受託者相互間の信託財産の配分調整は，再信託関係の一部終了及び新たな再信託関係の設定と考えることが，最も素直な解釈となる。従って，この解釈の下では，時価の顕在化や，受託者の解任，信託財産の清算等の実務上の問題点が，前述した各受託者ごとに信託関係が別々に形成されている場合と，ほぼ同様に生じうる。又，この解釈の下で，信託財産の一部分を再信託するか否かは，原信託関係の管理処分に関する原受託者の判断の一種として位置づけられる。従って，再信託に係る配分調整は，基本的には原受託者の判断に基づいて行われることになるが，再信託関係の一部終了に関する要件を予め規定しておくことが，前提として必要となる。

　[11]　共同受託された信託財産に関する受託者ないし財産管理者の責任について最も問題となるのは，他の受託者ないし財産管理者の行為によって生じた責任をどこまで共同して負担しなければならないかである。この点については，以下に述べるとおり，受託者ないし財産管理者相互間の法律関係や共同受託に関する法律構成によって，相当程度差異がある。もっとも，理論的には，前述した，受託者ないし財産管理者相互間で情報開示を求める権限があるとされる範囲において，受託者ないし財産管理者の責任が拡張される

275

第2部　信託法理論の解釈への応用

ものと考えて差し支えない[8]。

まず，各受託者ごとに異なる信託関係が成立していると考えた場合には，各受託者の負うべき責任の範囲は，原則として自己が管理処分権限を有する信託財産に関してである。従って，他の受託者が他の信託財産に関して負った責任を，共同して負担することはない。仮に，他の受託者と受益者との間で信託関係が形成される際に，仲介媒介等を行った場合でも，当該他の受託者との通謀や共同不法行為が認定されたり，他の受託者の違法行為につき悪意で仲介媒介等を行った場合でない限り，仲介媒介等を行ったことで責任が認められることはない。

これに対して，全受託者が一個の信託関係を形成していると考えた場合には，全受託者が一致して信託財産の管理処分を行うべきであることの結果として，全受託者は信託財産の管理処分について生じた責任を，連帯して負担しなければならない（信託法25条）。このことは，信託財産の一部分につき，各受託者の判断に従って管理処分が行われていた場合であっても同様である。なぜなら，この考え方の下では，各受託者が信託財産の一部分を各自の判断に従って管理処分することは，信託財産の管理処分に関する事実的な行為が各受託者の判断に事実上委ねられているにすぎず，他の受託者が信託財産の管理処分に関して受益者に負うべき義務や責任を免責されることを意味するわけではないからである。

又，受託者が代人を選任して信託財産の一部分を管理処分させていると考えた場合には，代人は信託財産の管理処分権限を与えられた範囲で受益者に対し受託者と同一の責任を負い，受託者は代人の選任及び監督に関して受益者に対する責任を負う（信託法26条2項及び3項）。なお，以上のことにつき，従来の議論では，代人が受益者に対して受託者と同一の責任を負う分，受託者の責任が代人の選任及び監督に軽減される，と説明してきた傾向がある。しかしながら，理論上は，信託財産の現実の管理処分に関する責任が，代人の選任及び行為に対する監督に関する責任に質的に転換しているに過ぎず，受託者が自ら信託財産の管理処分を行う場合と対比して，責任の程度が量的に軽減されているわけではない[9]。

さらに，信託財産の一部分が再信託されていると考えた場合には，再信託

第5章　現行法の解釈への応用

が原信託財産の管理処分の一態様として原受託者の判断に基づくものである以上，原受益者に対する関係での責任は全て原受託者が負い，再信託受託者が原受益者に対して直接責任を負うことはない。すなわち，再信託された信託財産の管理処分について何らかの責任が発生した場合には，再信託受託者が責任を負うべき相手方は，再信託関係における受益者，すなわち原信託財産ないしは原受託者である。もっとも，再信託を行った結果として，原受益者ないし原信託財産に損失等が発生した場合には，再信託を行ったこと自体が原信託財産の管理処分の失当となり，原受託者が原受益者に対する責任を負うべき場合が生じうる。但し，この場合に原受託者が原受益者に対して負うべき責任の範囲及び程度は，再信託受託者が原受託者に対して負うべき責任の範囲及び程度と同一であるとは限らない[10]。

　[12]　以上のとおり，信託財産の共同受託に関しては，全く理論上の性質が異なるいくつかの法律構成が考えられ，かつ，どの法律構成を採用するかによって，実務上重要な点で結論が異なってくる。もっとも，前述のとおり，共同受託に関してどのような法律構成を採用すべきかは，結局は信託財産の管理処分に関する信託条項の解釈によって定まるわけであるから，以上の問題点に対する実務的な対応は，比較的容易であると思われる[11]。

　しかしながら，信託条項に明確な規定がある場合でも，信託財産の現実の管理処分の状況や，信託財産の管理処分に関する情報開示の実態が，信託条項と異なっていた場合には，必ずしも条項の文言どおりの解釈がなされるとは限らない。又，共同受託された信託財産に関する管理処分の現況をどの解釈に沿うものと考えるべきかは，実務における具体的な状況によって大きく変化しうるものである。従って，信託財産の共同受託の解釈にあっては，諸般の事情を考慮したうえで，慎重な検討することが必要であろう。

（1）　第5章第4節 **[14]** 参照。
（2）　なお，理論上は，自己に対する二重信託として再信託を行うことも可能である。このような再信託関係を含めた共同受託に関する最近の研究として，道垣内弘人「保管受託者（custodian trustee）を用いた信託とその

法的諸問題」金融研究21巻2号251頁（2002）。
（3）但し，後述するとおり，このような再信託関係の効果が常に受益者にとって不利益に作用するわけではない。
（4）従って，原信託受託者が自己の直接管理する財産をも自己に二重信託の形で再信託していたとすると，受益者は全ての信託財産の管理処分に関する直接の情報開示を求めることが，事実上できないこととなる。
（5）但し，信託の基本構造に関して受益者を信託財産の実質所有権者と考える立場の下では，信託財産が債務超過となった場合には実質所有者である受益者が残与の債務を最終的に負担すべきであると前提とし，信託法36条3項による受益権放棄の効果を制限的に解釈する見解が成り立ちやすくなるため，この問題は事実上顕在化しなくなる可能性がある。
（6）なお，以上のほか，信託財産の一部につき損失が生じた場合には，かかる損失に関する受託者等の責任の配分も問題となるが，この点については後に受託者相互間の責任関係を議論する際に扱う。
（7）第5章第2節［9］参照。
（8）前記［7］参照。
（9）そもそも，受託者が代人に対して，委任関係に基づく一般的な監督権限を持ち，信託財産の管理処分に関する配分調整を自己の判断に基づき行うことが原則として可能である以上，信託財産の具体的な管理処分につき代人が受益者に対して負った責任に関して，受託者に監督者としての責任が全くないとされることは，理論上はともかく，実務上はそれほど期待できないものと思われる。
（10）そもそも再信託と原信託とで信託条項が同じとは限らないし，仮に信託条項自体が同じであったとしても，再信託における損益が原信託に常に直接反映するとは限らないからである。
（11）但し，実務における要請としては，あらゆる局面に臨機応変に対処できることが望ましい以上，具体的な契約条項の定め方については，相当複雑となることが避けられないように思われる。

第7節　実績配当型信託関係

［1］本節では，利益追求を目的とした信託関係のうち，いわゆる「実績

配当商品」と呼ばれる信託関係（以下,「実績配当型信託関係」という）を取りあげ，理論上及び実務上の特徴及び問題点について検討を加える。

　具体的には，まず，実績配当の理論的根拠について，理論上の概念としての実績配当型信託関係を二つ挙げて対比してみる。次に，実績配当型信託関係における信託の基本構造について，各信託法理論に伴って生ずる問題点を検討する。そして，実績配当型信託関係における受託者の義務と責任について，投資判断に関する善管注意義務を中心に検討する。そのうえで，実績配当型信託関係における受益権の法的性質との関係で，信託財産と取引を行った第三者に対する受益者の責任の成否について検討する。

　［2］　「実績配当」とは，受益者による受益権に基づく信託財産からの利益収受の多少が，信託財産の管理処分によって得られた利益の多少と連動していることをいう。これに対して，信託財産の管理処分に従って得られた利益の多少に関わらず信託財産からの受益権に基づく利益収受を一定とすることは，「固定配当」と呼ばれる[1]。すなわち，ある信託関係が実績配当型信託関係であるか否かは，受益権による信託財産からの利益収受の態様によって判断される。もっとも，現行信託法には，受益権による信託財産からの利益収受の態様に関する規定が存在しない。このため，実績配当型信託関係の特徴については，信託の基本構造との関係を軸に考えていく必要があるわけであるが，理論的には，以下の二つの考え方が成り立ちうる。

　［3］　第一に，信託財産の管理処分によって得られた利益の多少と受益権による利益収受の多少とが連動している，という事実に着目することにより，実績配当型信託関係の特徴を，信託財産の管理処分によって生ずる経済的効果を直接かつ最終的に受益者に帰属させる点にある，とする考え方がある。
　この考え方の下では，信託財産の管理処分によって生じた経済的効果の全てが，原則として受益権による信託財産からの利益収受に連動すべきこととなるから，信託財産の管理処分によって得られた利益と受益権による信託財産からの利益享受は原則として1対1の対応関係に立つ。又，この対応関係は，信託財産の管理処分に伴って費用ないし損失が生じた場合にも，かかる

経済的効果が直接かつ最終的に受益者に帰属されるべきである以上，同様に適用されることとなる[2]。さらに，受託者による元本保証や損失補填については，信託財産の管理処分に関する経済的リスクの一部を受益者に帰属させないことを目的とする特約であるから，実績配当型信託関係の目的に合致しないと考えるべきことになる。

[4] これに対して第二に，受益権による信託財産からの利益享受の態様を信託関係当事者が信託条項によって自由に定められる点に着目することによって，実績配当型信託関係の特徴を，受益権による信託財産からの利益収受の態様に関する信託関係当事者の自由な合意に求める考え方がある。

この考え方の下では，実績配当型信託関係における具体的な問題点の解決は，基本的には信託条項の中に反映されている信託関係当事者の意思の解釈によって定まるから，前述のような現行実務上の信託商品に対する感覚とは，必ずしも合致しない結論が導かれることとなる。

例えば，この考え方の下では，信託財産の管理処分によって得られた利益と受益権による利益収受とに，信託条項による一定の連動関係があればよいわけであるから，両者が常に1対1の対応関係に立っている必要は，少なくとも理論上はない[3]。従って，両者の対応関係を一定の数式に従って算出する旨信託条項で規定することや，受益権による利益享受の範囲に上限を設けることは，実績配当型信託関係であることと理論的には矛盾しない。

又，信託関係における「実績配当」が，信託関係当事者の合意の一種と考えるならば，実績配当に関する合意と他の合意とを理論的に矛盾が生じない範囲で組み合わせることも可能である。例えば，実績配当型信託関係において元本割れが生じた際に，受託者が個人として受益者に元本保証ないし損失補填を行うことは，実績配当とは次元の異なる合意であって，当該信託関係が「実績配当」であることと理論的に矛盾していない。実際，固定配当の信託関係においても，常に受益権による一定の利益享受が受託者による元本保証ないし損失補填によって保障されているわけではなく，受託者の過失なくして信託財産が消失した場合には受託者は受益者に対して信託財産の範囲においてのみ責任を負うとされている（信託法19条参照）。従って，この二つ

の合意が理論的に連動するものではないことは明らかである。
　さらに，そもそも，この考え方の下では，信託財産の管理処分によって生じた利益に専ら着目した定義がなされているわけであり，信託財産の管理処分によって生じた費用ないし損失については，必ずしも一義的な解釈が成り立つわけではない。従って，信託財産の管理処分によって費用ないし損失が生じた場合に，これらをいわゆる「負の受益権」として受益者に負担させること，すなわち，信託財産の管理処分の結果生じた費用ないし損失を受益者に応分負担させることは，当該信託関係が実績配当であることのみを理由として論理必然的に可能となるわけではなく，損失ないし費用に関する信託条項の解釈を再度行う必要がある[4]。

　[5]　以上のとおり，実績配当型信託関係の特徴については，二つの異なった考え方が成り立つ。理論的には，受益権による利益収受が信託関係当事者の合意によって自由に定められる点を強調する考え方の方が，信託財産の管理処分によって生じた経済的効果を受益者に帰属させることを強調する考え方に比べて，より多様な信託関係を形成できることとなるが，必ずしもこの点のみで両者の優劣が決定できるわけではない。後述のとおり，実績配当型信託関係の特徴についてどのような考え方を採用するかは，実績配当型信託関係の基本構造や受託者及び受益者の責任について検討する際，極めて重要な意味を持つからである[5]。

　[6]　なお，受託者の義務を受託者固有のものと厳格に考えた場合には，信託関係内部で受託者が元本保証ないし損失補填の合意を行うことは実績配当型信託関係と整合しないが，第三者が元本保証ないし損失補填を行うことは差し支えない，とする見解が成り立ちうる[6]。もっとも，この見解は，実績配当型信託関係の特徴に関する考え方が必ずしも明確でないが，理論的には次のようになると考えられる。
　すなわち，前述のとおり，元本保証ないし損失補填の合意自体は，受益権による信託財産からの利益享受の態様に関する合意と理論的に矛盾しないから，実績配当型信託関係であっても元本保証や利益補足の特約を行うことは

理論的には差し支えない筈である。しかしながら，信託財産の管理処分によって生じた経済的効果を受益者に直接かつ最終的に帰属させるという考え方からすれば，受託者が元本保証ないし利益補足の合意を行うことは，実績配当型信託関係になじまない，という結論が導かれる。これに対して，受託者以外の第三者が元本保証ないし利益補足を行うことは，受託者と受益者との間の実績配当型信託関係とは別に，受益者と当該第三者とが元本保証ないし利益補足の契約を個別に締結していると考えられるから，第三者が元本保証ないし利益補足を合意する場合と受託者が合意する場合とで異なる結論を導くことが不可能でなくなるわけである。

　なお，上記の見解では，元本保証ないし利益補足の特約が「信託関係の中で」行われたか否かを極めて重視するわけであるが，ここでいう信託関係の「内部」と「外部」とは，信託関係形成に関する合意と元本保証ないし利益補足の合意が同一の時点で同一の契約書上に併しているか否かという事実上の差異と考えられる。従って，第三者が元本保証ないし利益補足について合意することが，「信託関係の内部」であるか「信託関係の外部」であるかは，当該第三者が受託者の代理人等受託者と同一視できる地位にない限り，理論上は全て，信託関係の形成と異なる次元で元本保証ないし利益補足の合意が形成されていると考えるべきことになる。

　[7]　次に，実績配当型信託関係の基本構造については，以下に述べるとおり，実績配当型信託関係の特徴をどの点に求めるかによって異なる。
　まず，実績配当型信託関係の特徴を，受益権による信託財産からの利益享受に関する信託条項における自由な合意に求めるとすると，実績配当型信託関係における受益権は，専ら信託財産からの利益享受を目的とした権利であって，かつ，受益権の内容は，信託関係当事者の合意によって自由に定めることができる。従って，この考え方の下においては，受益権を信託財産の実質所有権と考えるよりは，むしろ，信託財産ないし受託者に対する債権と考える方が，信託関係当事者の合意の内容と合致することになる。
　そして，信託条項で合意された受益権による利益収受の内容は，信託財産の管理処分によって得られた利益の配分のみに関する場合と，信託財産の管

理処分に伴う費用ないし損失の負担をも含む場合とがある。そして，後者の場合はさらに，信託財産の管理処分に伴う費用又は損失の負担を受益権がその内容として包含している場合と，受益権による利益享受とは別に費用又は損失の負担に関する債務を受益者が負っている場合とがある。

　このような細かな場合分けが意味を持つのは，受益権を第三者が差し押えたり譲り受けたりした場合に，信託財産の管理処分に伴う負担を当該第三者が負うべきか否か，という状況である。すなわち，受益権の内容に費用ないし損失の負担が含まれているとすると，その効果は当然，受益権の差押債権者や譲受人にも及ぶ。他方，費用ないし損失の負担と受益権による利益享受が異なる権利義務関係であるとすると，受益権の差押がなされた場合に両者を相殺することや，詐害行為として受益権の譲渡を取消すことはともかく，差押債権者や譲受人に対して費用ないし損失を負担させることは当然にはできない。まして，費用ないし損失の負担の配分が受益権による利益享受の態様と無関係とされた場合には，そもそも受益者自身に対して費用や損失の負担を求めること自体，信託法36条の規定に従って行うことが必要となる。

　もとより，信託条項の中で，費用ないし損失の負担を伴うのでなければ受益権を譲渡できないものとしたり，受益権が債権者によって差し押えられた場合には当然に費用ないし損失の負担に係る債権との間で相殺できる旨を，信託条項で定めることは可能である。しかしながら，前者については，理論的には単なる債権の譲渡制限の合意である以上，善意無重過失の第三者や差押債権者に対しては，かかる合意の効果を主張できない[7]。又，後者については，この相殺を法定相殺と考えると受益権と受益者に対する債権との間で相殺が可能かという信託法上の問題が生じ[8]，約定相殺と考えると第三者に対する相殺の効力が問題となってしまう。このように，費用ないし損失の負担を確実に受益者に負わせることは，実績配当型信託関係の受益権を利益収受のための債権と考える限り，相当困難であると言わざるを得ない。

　[8]　これに対して，現行実務で想定されているように，信託財産の管理処分によって生じた経済的効果を直接かつ最終的に受益者に帰属させることを実績配当型信託関係の特徴と考えると，前述のとおり，受益権による信託

第2部 信託法理論の解釈への応用

財産からの利益享受の多少と信託財産の管理処分によって得られた利益の多少とは、ほぼ1対1関係で対応することが原則となる。又、信託財産の管理処分に伴って生じた費用ないし損失の負担を受益者が受益権の内容として応分負担する旨の合意が一般的に認められる一方で、受託者による元本保証ないし損失補填の合意はないと考えられる。従って、この考え方の下における実績配当型信託関係の基本構造は、信託財産に関する利益と損失とが共に受益権を通じて受益者に帰属する理論構成、すなわち、受益権を信託財産の実質的な所有権と考えることになる。この把握の下では、受益権が信託財産の実質的な所有権である以上、受益者には信託財産の実質的な所有者としての地位があらゆる意味において帰属している。従って、受益権が第三者に差し押えられたり譲渡されたりした場合には、当該第三者は、信託財産の管理処分に伴って生じた費用ないし損失を、実質的な所有者としての地位を譲り受けたことに基づいて、当然に負担すべきことになる。

他方、この考え方に伴う最大の問題点は、かかる「実績配当型信託関係」を果たして「信託関係」と考えるべきか、という点である。実際、この考え方の下での「実績配当型信託関係」は、信託財産の管理処分によって生じた経済的な効果が受益者に直接かつ最終的に帰属するという点で、「代理関係」と同様の効果を生じさせることが明らかである。まして現在では、信託銀行が取り扱う金融商品であることを理由に「信託関係」を認定する、という論理が通用しなくなる傾向にあるから、実績配当型信託関係は信託ではない、との主張が生ずる可能性は、必ずしも小さくないわけである。

[9] もっとも、この考え方の下でも、実績配当型信託関係と代理関係等とで異なる点が存在しないわけではない。すなわち、受益権が信託財産の実質的な所有権であるとすれば、信託条項に特段の規定がない限り、信託財産の清算が行われる際には、受益権は信託財産の実質所有権であるため、信託財産に対する債権者の権利に比して劣後する。他方、受益者の債権者は、代理関係における本人に対する場合と異なり、信託財産それ自体を直接差し押えることはできず、受益権を差し押えてこれを行使することができるにとどまる。従って、実績配当型信託関係においては、信託財産の清算に関して、

第5章　現行法の解釈への応用

結果として債権者相互間で権利の優劣関係が生ずることとなる。

　このように，実績配当型信託関係の形成は，実務上，一定の財産を一般債権者の共同担保から事実上分離し，信託財産の債権者に事実上の優先権を与えるという効果を持つ場合がある。このことは，信託関係当事者間で自由に行うことが可能な信託関係の形成によって，非典型担保物権を創設することが事実上可能となることを意味している。なお，信託財産に対する債権者に優先受益権を取得させた場合でも，状況は基本的に同様である。但し，実績配当型信託関係のこのような特徴は，代理関係等に対する独自性を意味する論拠となりうると同時に，逆にこのような実質的な優先権の形成が債権者の平等を損なうものとして信託関係の存在を否定する理由となる可能性をも有しているということができる。

　[10]　実績配当型信託関係は，利益追求を目的とした信託関係において形成されることが通常である。従って，受託者が信託財産の管理処分を行うに当たって要求される義務や責任について，実績配当型信託関係であることを理由として特殊な義務や責任が課せられるわけではない。

　例えば，既に述べた善管注意義務に関する議論は，実績配当型信託関係についてもそのまま妥当する。すなわち，受託者は，信託財産の管理処分に当たって，他人の財産を管理する者が払うべき合理的な注意を尽くさなければならない。又，受託者の善管注意義務は，理論的には受託者の行動それ自体を規律する準則であるから，受託者が信託財産の管理処分に関して合理的な注意を尽くして行動している限り，管理処分の結果のみを理由として義務違反の責任を問われることはない[9]。

　[11]　もっとも，実績配当型信託関係の特徴をどう考えるかによっては，受託者の義務と責任が，上記の一般論と若干異なってくると考える余地が生ずる場合が，全くないわけではない。

　例えば，受益権による信託財産からの利益享受の態様を信託条項によって自由に定められることを強調する考え方の下では，受益権による利益享受の約定のされ方によっては，実質的な元本保証ないし損失補填の特約が認定さ

285

れ，一定の利益を受益者に取得させる義務を受託者が負うとされる場合があ
りうる。この場合における受託者の善管注意義務は，行動準則として合理的
な注意を尽くすことのみならず，信託財産の管理処分によって一定の利益を
生じさせることまで含まれることになる。もっとも，これは信託関係におけ
る合意の解釈一般において同様に生ずる問題であり，実績配当型信託関係の
みに生ずる問題ではない。

　他方，信託財産の管理処分によって生じた経済的効果を受益者に直接かつ
最終的に帰属させることを強調する考え方の下では，前述のとおり，投資家
が実績配当型信託関係の受益者である場合と，投資家が自己の所有する財産
を代理関係等によって投資に供している場合とで，投資家に帰属する利益及
び損失の結果が事実上異ならない。従って，受益者である投資家が受託者の
投資判断について自己の意見を主張した場合に，これを経済的効果の帰属を
受ける投資家本人の下した投資判断と実質的に同一の意見として取扱い，こ
の意見に従うことによって，受託者は善管注意義務違反を免れることができ
るか，という問題が生ずる。

　この問題に対する原則的な結論としては，実績配当型信託関係といえども，
信託財産の管理処分に関する権限と責任が受託者に帰属している以上，信託
財産の管理処分の経済的効果が受益者に帰属していることのみを以て，投資
家が自己の所有する財産を投資している場合と完全に同視することは，妥当
でないと考えられる[10]。しかしながら，前述のとおり，かかる考え方の下
では実績配当型信託関係を果たして信託関係と認定できるか否か自体につい
て議論が生ずる可能性があるため，受託者の善管注意義務の内容及び義務違
反の効果に対して，何の理論的な影響も生じないとは，必ずしも言い切れな
いように思われる。

　[12]　以上のとおり，実績配当型信託関係における受託者の義務と責任，
特に善管注意義務とその責任に関しては，原則として利益追求目的の信託関
係一般について述べたことが妥当すると考えられる。もっとも，具体的な事
案における事実関係によっては，実績配当型信託関係に特有の問題解決が行
われる可能性も，今後生じないとは断言できない。なお，善管注意義務以外

第5章　現行法の解釈への応用

の受託者の義務と責任に関しても，善管注意義務と同様，利益追求目的の信託関係において受託者が負うべき義務と責任に関する議論が原則として妥当すると考えられる。又，今後において議論が生ずる可能性が完全にないとは言い切れないことも，善管注意義務の場合と同様である[11]。

　[13]　実績配当型信託関係における受益者の責任は，かかる信託関係の基本構造をどう考えるか，すなわち，実績配当型信託関係の特徴をどう考えるかによって，相当程度異なってくる。
　まず，信託財産の管理処分によって生じた経済的効果を受益者に直接かつ最終的に帰属させることを強調する考え方，すなわち，受益権を信託財産の実質的所有権と考える立場の下では，受益者には信託財産の実質的所有者としての地位が責任の面でも帰属する。従って，受益者は，信託財産の管理処分に伴って生じた第三者に対する全ての義務や責任を，原則として負わなければならない。この場合に問題となるのは，信託財産に対する債権者と受益者自身に対する債権者との優先劣後関係をどう考えるか，という点である。すなわち，この考え方の下では，信託財産に関して受益権による利益収受が行われるのは，信託財産の負っている債務が弁済された残額についてであると考えられる。そうすると，受益権を差し押えた受益者の債権者は，事実上信託財産の債権者に対して劣後的な地位に置かれるわけであるが，この結果が実績配当型信託関係における受益権が信託財産の実質的所有権とされることに照らして許容されるか，という問題が生ずる。この問題は，実績配当型信託関係の形成によって，信託財産の債権者が，事実上信託財産に関し非典型的担保物権を取得するのと同様の利益を受けることが許容されるか，という前述の問題と同一であり，このような結果が生ずることが信託の独自性であるとの主張が可能である反面，このような結果が生ずることを理由に信託の成立が否定される可能性もあると考えられる[12]。

　[14]　他方，受益権による信託財産からの利益収受の態様を信託条項で自由に定められる点を強調する考え方，すなわち，受益権を信託財産ないし受託者に対する債権と考える立場の下では，受益者は信託財産の所有者として

287

の地位にない以上，信託財産の管理処分に伴って信託財産が第三者に対して負った義務や責任が，少なくとも信託関係が実績配当であることのみを理由として，受益者に帰属することはありえない。この立場の下で，受益者が第三者に対して義務と責任を負うか否かは，信託財産の管理処分に伴って生じた義務や責任の負担に関して，信託条項の中にどのような規定が置かれているかによって定まることになる。

そして，仮に信託条項にかかる局面に関する規定が存在しなかったとすると，受益者が信託財産の管理処分に伴って生ずる義務や責任を負うべき場合は，信託法36条の規定する状況に限られる。すなわち，第三者に対する義務や責任については，原則として信託財産及び受託者が全面的に負い，受託者が過失なくして受けた費用及び補償に関してのみ，受益者に対する求償を行うことができる（36条2項）。しかも，受益者が受益権を放棄した場合には，受益者に対する責任追及は原則としてできなくなる（同条3項）。なお，この場合以外に信託条項の根拠なくして受益者の責任を認めることは，受益権による利益享受が行われたことが直接の原因で信託財産の第三者に対する債務の履行が不可能となり，かつ，かかる事態が生ずることにつき受益者に悪意又は過失があったこと，すなわち，受益権による利益享受が信託財産の債権者に対する不法行為ないし詐害行為を構成するという局面以外では，ほとんど不可能であると考えられる。

又，仮に信託財産の管理処分に伴って生じた義務や責任を受益者が負う旨が信託条項に存在していた場合でも，受益権とかかる負担とがどのような関係にあるか，受益権と信託財産に対する債権との間の優先劣後関係があるかが，さらに問題となる。例えば，受益権による利益享受と信託財産の管理処分に伴って生じた負担とが別次元の権利関係であるとすると，この二つの権利の相殺が可能でない限り，信託財産の債権者は，受益者の債権者との関係で優先的な地位に立つことが困難となる。さらに，受益権を信託財産に対する債権と考えると，受益者は信託財産に対する「債権者」の一種として一般債権者と同等ないしそれ以上の地位に立つと考えられるから[13]，そもそも第三者が受益者に対して常に優先的地位を確保できるとは限らなくなる。

第5章　現行法の解釈への応用

　[15]　このように，実績配当型信託関係の特徴を信託条項における自由な合意に求める立場の下では，信託条項の解釈次第で，相当程度複雑な権利義務関係が錯綜する事態が生ずることとなる。このことは，受益権による信託財産からの利益享受の態様に関する規定が現行信託法の中に存在しないことを考えれば，ある意味で当然の結果であると思われる。

　前述のとおり，現行実務が一般に想定している実績配当型信託関係は，信託財産の管理処分によって生じた経済的効果を受益者に帰属させることを基本的な特徴とし，かつ，それ以上の問題点を現在のところ顕在化させていない。しかしながら，今後の実務において，それが望ましいことであるか否かを問わず，受益者と第三者との利害対立や，信託財産の管理処分に伴って生じた義務や責任の配分を，現実の問題として考えなければならない事態が生じないとは理論的にはもとより言えないわけであり，実績配当型信託関係の特徴について改めて検討しておく必要は，常に存在するものと考えられる。

（1）　個々具体的な信託商品が実績配当であるか固定配当であるかについては，三菱信託銀行信託研究会『信託の法務と実務』（4訂版，2003）参照。各商品についての近時の研究として，鴻常夫編『商事信託法制』(1998)。
（2）　現行実務上，信託商品として想定されている「実績配当型信託関係」は，受益権による信託財産からの利益収受が信託財産の管理処分によって得られた利益の多少と，ほぼ1対1の対応関係で連動している。又，元本保証及び損失補填を受託者が行うとの合意は通常はなされておらず，かつ，信託財産の管理処分に伴って生じた費用や損失を，受益者が受益権による信託財産からの利益収受の割合に応じて，いわゆる「負の受益権」として負担する旨が合意されている，と考えられている。従って，現行実務が想定している「実績配当型信託関係」の特徴は，本文に述べた考え方に基本的に合致しているものということができる。
（3）　もっとも，「実績配当」という文言それ自体からして，信託財産の管理処分によって得られた利益と受益権による信託財産からの利益収受との間に，正の相関関係があることは，最低限必要であると考えられる。
（4）　なお，信託法36条に基づく受益者の費用負担に関しては，第5章第9節参照。

第2部　信託法理論の解釈への応用

　（5）　後記［7］［8］［13］［14］参照。
　（6）　この見解は，信託業法9条において，運用方法を特定しない金銭信託について元本保証ないし利益補足の合意が可能であるとされていることを承け，かかる合意が実績配当型信託関係と理論的に整合するか否かを検討する中で，実務において主張されることのあるものである。なお，かかる合意の法的性質としては，信託契約に付加される従たる保証契約であると考えられている。松本＝西内・信託業法23頁〔西内彬〕。
　（7）　最判昭和45年4月10日民集24巻4号240頁，最判昭和48年7月19日民集27巻7号823頁。
　（8）　第5章第5節参照。
　（9）　第5章第4節［12］参照。
　（10）　第5章第4節［13］参照。
　（11）　例えば忠実義務と善管注意義務に共通して問題となる議論について，第5章第4節［17］参照。
　（12）　前記［9］参照。
　（13）　もっとも，従来の議論の中では，受益権の法的性質を債権と考えた場合に，信託財産の清算に関して受益者が債権者の地位に立つとの見解は見られず，むしろ，信託条項の中では，「受益者」は「債権者」とは全く別次元の権利者，端的には「信託財産の実質所有者」として認識されてきた傾向があるように思われる。

第8節　信託に関する情報開示

　［1］　本節では，これまでの検討における様々な局面で述べてきた[1]，受託者が受益者に対して行う信託財産の管理処分の状況に関する事実ないし評価に係る情報開示（以下では単に「信託に関する情報開示」という）について，理論上及び実務上双方の観点から検討を加える。
　具体的には，まず，受託者が受益者に対して信託に関する情報開示を行うことを必要とする状況と，かかる状況において情報開示を行うべき理論的根拠を示す。次に，かかる状況及び理論的根拠が，具体的局面における開示すべき情報の内容，範囲及び相手方に関して，どのような影響を及ぼすかを検

第5章　現行法の解釈への応用

討する。そのうえで，情報開示を行ったことによる受託者の義務や責任が解除される範囲について，さらに，情報開示を受けたことによって発生する受益者の責任の内容及び範囲について，情報開示の理論的根拠との関連に注意しながら，各々検討を加える。

　[2]　受託者が受益者に対して信託に関する情報開示を行う必要がある状況には，情報開示の目的及び理論的根拠が異なる二つの場合が考えられる。
　第一に，受託者が信託関係上受益者に対して信託に関する情報開示を行う義務それ自体を負っている場合である。具体的には，信託条項の中で受託者が一定の時期に受益者に対して情報開示を行うことを義務づけられている場合や，受益者が信託条項の規定ないし信託法39条及び40条を根拠として受託者に対して情報開示を求めてくる場合がある。
　このような状況において受託者が情報開示を行うべき根拠は，信託条項ないし信託法の規定によって受託者に情報開示を行う義務が明定されていることそれ自体に求められる。そして，受託者は信託条項ないし信託法が要求する内容及び程度の情報開示を行うことによって，受益者に対する義務を履行することとなる。従って，この場合，受託者が開示すべき情報の範囲は，原則として当該信託関係に係る信託財産の範囲に限られる。又，開示すべき具体的な情報の内容及び程度についても，信託条項ないし信託法の規定の解釈から導かれる一般的な内容及び程度であれば足りる。

　[3]　これに対して第二に，受託者が信託関係上の義務や責任を免れることを目的として，受益者に対して信託に関する情報開示を行う場合がある。例えば，受託者が信託財産に関して自己取引を行う場合に，受益者に対して情報開示を行うことによって忠実義務違反を回避する場合や，投資判断に関して受益者に情報を開示し承認を求めることによって善管注意義務違反を回避する場合が典型である[2]。
　この状況の下では，受託者は受益者に対する情報開示義務それ自体を負っているわけではなく，信託財産の具体的な管理処分が信託関係上の義務違反とならないための手段として情報開示を行うことになる。従って，情報開示

291

を行うべき根拠は，受託者の情報開示義務が信託条項ないし信託法に規定されていることではなく，受託者が受益者に対して忠実義務や善管注意義務を解除されるために信託財産の適正な管理処分を行っていることの証明をすべき点に求められる。この場合，受託者の受益者に対する情報開示は，信託条項ないし信託法で規定の解釈から導かれる一般的な内容及び程度の情報開示では必ずしも十分ではなく，具体的な状況の下で受託者の忠実義務や善管注意義務等の免責を認めるに足りる管理処分の適正さを証明するものでなければならない。例えば，開示すべき情報の範囲については，忠実義務違反の免責を得るために受託者又は第三者が取引によって利益を得ていないことを証明する等，場合によって信託財産以外の財産ないし取引に関する情報に及ぶことがありうる[3]。又，開示すべき情報の内容及び程度についても，受託者に免責を与えることが相当であるか否かを受益者が的確に判断することが可能な程度に適切なものでなければならない。

[4] このように，上記の二つの状況では，受託者が受益者に対して信託に関する情報開示を行う目的及び根拠が異なることから，受託者が開示すべき情報の内容及び程度についても，相当程度の差異が生じてくる。

まず，受託者が信託関係上負っている情報開示義務の履行として情報開示を行う場合には，前述のとおり，信託条項ないし信託法によって受託者に情報開示義務が課せられていることが情報開示を行うべき根拠となる。従って，開示の対象となる情報は原則として当該信託関係に関する信託財産の範囲に限られる。又，情報開示の程度についても，信託条項ないし信託法の規定の解釈から導かれる一般的な内容及び程度であれば足りる。しかしながら，現実に情報開示を行う場合には，次のような実務上の問題点が生じてくる。

第一に，現実の局面においては，情報開示の対象となるべき信託財産の範囲をどのように確定すべきかが，必ずしも明らかでない場合がある。

例えば，既に述べたとおり，合同運用を行っている信託財産に関しては，個々の顧客が出捐した財産で形成される「信託財産」と合同運用団としての「信託財産」との関係をどのように考えるかによって，顧客である受益者がどの範囲の財産に関する情報開示を求めることができるかが，かなり大きく

第5章　現行法の解釈への応用

変化する⁽⁴⁾。すなわち，顧客が合同運用団としての信託財産に直接受益権を有していると考えた場合には，顧客は自己の出捐した財産についてのみならず合同運用団全体について情報開示を求めることができる。これに対して，顧客が出捐した財産が他の財産と分別されたまま事実上合同運用されていると考えた場合や，顧客の出捐した財産で形成される信託財産と合同運用団としての信託財産との間に二重信託関係が形成されていると考えた場合には，顧客が受益権を有しているのは，自己が出捐した財産で形成された信託財産に対してであって，合同運用団としての信託財産に対してではない以上，顧客が合同運用団としての信託財産全体に関して情報開示を直接求めることはできないことになる⁽⁵⁾。もっとも，顧客の出捐した財産と合同運用団との間で二重信託関係が形成されていると考えた場合でも，信託の基本構造に関して受益者が信託財産の実質所有権者であるとの考え方の下では，合同運用団としての信託財産に対する受益権は実質的に顧客に帰属する権利であるとの解釈を導くことが，それほど困難でなくなってくる。このように，顧客である受益者がどの範囲の財産に関して情報開示を求めることができるかについては，必ずしも確立した予測を立てられないのが実情である。

　なお，以上のような問題は，信託財産の合併・分離に関して二重信託関係が形成された場合についても，ほぼ同様に生じうる⁽⁶⁾。

　［5］　第二に，情報開示義務の履行として行われる情報開示が信託条項ないし信託法の規定の解釈から導かれる一般的な程度及び範囲の情報開示で足りるとしても，具体的にどのような内容及び程度の情報開示を行うことが必要であるかについては，必ずしも明らかでない場合が少なくない。

　特に問題となるのは，「一般的な内容及び程度の情報開示」が，「受益者が的確な判断ないし監督を行うために適切な内容及び程度の情報が取捨選択された開示」を意味するのか，それとも，「受益者が判断ないし監督を行うために必要な情報を入手可能である開示」を意味するのか，である。

　前者の考え方は，情報開示義務の履行として「適切な情報開示」を行うことを要求するものであり，開示されるべき情報の取捨選択は受託者の判断によって行われ，かかる取捨選択自体も情報開示義務の一内容を構成している。

293

第2部　信託法理論の解釈への応用

これに対して，後者の考え方は，ある情報が受益者にとって判断ないし監督のために必要であるか否かは本来受益者が判断すべき事柄である，との前提に立ち，受益者が開示された情報の中から適切な情報を取捨選択できないことは受益者の能力不足であって受託者が責任を負うべき事情ではない，とする。そして，受託者が情報開示義務の履行として行う情報開示にあっては，受託者が適切な情報を取捨選択する必要はなく，全ての情報を受益者に開示すれば情報開示義務を履行したものとなる，との結論が導かれる。

言うまでもなく，現実の局面で全ての情報を取捨選択しないで開示することは，判断ないし監督を行うために不必要な情報が多数混在することを意味している。従って，後者の考え方は，理論的には受益者による完璧な判断ないし監督が行われる可能性があるとしても，現実には受益者に相当の判断能力がない限り，かえって適切な判断ないし監督を困難ないし不可能とさせる効果を有していることが明らかである[7]。

[6]　現在のわが国の実務における情報開示は，前者の考え方にほぼ全面的に従って運営されているということができる。もっとも，前者の考え方の下では，情報開示に際して相当の費用を要するため，受益者からの濫用的な情報開示請求に対する理論的及び実務的対処が必要となる[8]。しかしながら，前述のとおり，後者の考え方の下では，受益者からの濫用的な情報開示請求に対して相当程度実効性のある対処が可能となるものの，全ての受益者にとって情報開示に基づく判断や監督を困難にさせてしまうため，前者の考え方に従って実務が運営されていることは，一応理由があると思われる。

なお，現在の実務における一般的な考え方では，情報開示が信託関係上の受託者の義務の履行として行われている以上，情報開示に要する費用は原則として信託財産の負担となるとされており[9]，上記のような濫用的な情報開示請求に関する問題も，そのために生じているということができる。しかしながら，受益者にとって情報開示を受けることは，理論上も事実上も受益者自身の利益に資するものと言えるから，受益者が濫用的に情報開示を請求してきた場合についてはもちろんのこと，情報開示一般についても，情報開示に要する費用を当該受益者に負担させることの妥当性については，今後検

討の余地があると思われる[10]。

　このほか，信託目的が財産の保全である場合と利益の追求にある場合とで，情報開示の内容及び程度を異なるものとすべきか否か，又，受益者が個人消費者である場合と商事会社である場合とで情報開示の内容及び程度を異なるものとすべきか否か等についても，現在のところ確立した解釈は存在していない。この場合にも，情報開示義務の履行として「適切な情報開示」を要求するのであれば，信託目的や受益者の具体的な判断能力等によって情報開示の具体的な内容及び程度に差異を設ける必要がある。しかしながら，集団信託における情報開示が費用等の関係から画一的に行うことが望ましいこととの均衡をどのように図るか，といった点がさらに問題となりうる。

　[7]　第三に，情報開示義務に従って情報開示を行うことが，受託者が信託関係上負っているそれ以外の義務に違反することとなる場合に，二つの義務の一方ないしが免除ないし軽減されるかが問題となる。

　情報開示義務の性質上，最も抵触しやすい義務は，受託者が受益者を含む顧客に対して負う守秘義務である。信託に関する情報開示には，信託財産の管理処分によって得られた利益が各受益者にどのように配分されたかという点が必ず含まれるから，この二つの義務の抵触は，同一の信託関係に複数の受益者が存在する場合には，必ず生ずると考えて差し支えない。

　受託者の義務が受託者に不可能を強いるものでない以上，かかる状況の下においてもなお双方の義務の履行を完全に要求して受託者が必ず一方の義務違反を問われるとする結果が妥当でないことは言うまでもない。問題は，二つの義務の均衡を，どのように考えるべきかである。実際，一方の義務の存在を理由として他方の義務を完全に免責することは，不相当に広い範囲で受託者の免責を認めることになりかねない。従って，双方の義務が全ての局面において完全に相反している場合でない限り，二つの義務が抵触する範囲において双方の義務の軽減ないし一方の免責を認めることが，理論的には妥当であろう。但し，こう考えた場合でも，義務の免除ないし軽減の方法ないし程度を受益者が選択するか受託者が選択するか，という問題が生ずるほか，信託条項でかかる義務の免除ないし軽減について定めることが常に有効か，

第2部　信託法理論の解釈への応用

という問題も残されている。

　なお，現在の信託銀行実務においては，自らが情報開示を行うべき受託者の立場に基本的に立っていることもあってか，情報開示義務の存在を理由として守秘義務の免責を求める議論よりもむしろ，守秘義務の存在を理由として情報開示義務の範囲を軽減しようと試みる議論が有力のようである[11]。しかしながら，この点については，取引における立場が異なれば，議論の傾向も当然異なってくるものと考えて差し支えないであろう。

　[8]　以上に対し，受託者が信託財産の管理処分に関して義務違反を回避しようとして情報開示を行う場合には，かかる情報開示が受託者を免責させるか否かを受益者が判断するための証明として行われるものである以上，開示すべき情報の範囲や情報開示の内容及び程度は，相当異なるものとなる。

　例えば，開示すべき情報の範囲については，忠実義務違反に該当する行為について情報開示を行う場合について考えれば明らかなとおり，受託者の個人的利益の有無や第三者の利益取得の有無についても情報開示を行う必要がある。従って，開示すべき情報の範囲が必ずしも信託財産の範囲に限られない場合がある。又，情報開示の内容及び程度についても，受益者がかかる情報開示に基づいて受託者の義務を免責すべきか否かの判断を行う必要がある以上，受託者の判断に基づいて取捨選択された適切な情報が常に求められることになる。さらに，かかる情報開示が受託者の負っている他の義務に抵触するとしても，かかる状況の下で受託者が情報開示義務を負っているわけでない以上，受託者に不可能な行動が強いられていることにならないから，他の義務との抵触を理由に情報開示の内容及び程度を軽減ないし縮小しようとすることは，原則として許されないことになる[12]。

　[9]　受託者から受益者に対して情報開示がなされた場合，受託者が義務や責任をどの範囲において免れるかは，極めて重要な問題である。

　現行信託法上明文の規定があるのは，55条及び65条の「計算ノ承認」に基づく受託者の免責である。すなわち，受託者は，更迭による事務引継時や信託終了時において「信託事務ノ計算」を行うことが必要であり，受益者が

この計算を承認した場合には，受託者に「不正ノ行為」がない限り，受託者の責任は解除されたものとみなされる。これらの条文は要するに，信託財産の管理処分に関する受託者の善管注意義務等に関する責任を，受益者に対する情報開示を行わせ，受益者の承認を得ることによって解除するものということができる。従って，これらの条文は，39条及び40条の情報開示と異なり，受託者の善管注意義務等の責任を解除することを目的とした局面について規定したものと考えることが妥当である[13]。

[10]　これらの条文からも明らかなとおり，受託者が信託関係上負っている義務や責任を免れるために情報開示を行い，受益者による承諾を得た場合には，当該情報開示がなされた範囲内において，受託者の義務や責任は消滅する。もっとも，かかる状況における情報開示は，受託者が自己の負う義務や責任を消滅ないし軽減させることを目的とする以上，受益者による判断が可能な程度に取捨選択された情報が，適切に開示されていなければならない。従って，受託者の免責の妥当性を判断するために必要な情報が開示されていなかった場合や，虚偽の情報が開示されていた場合には，受益者の承諾があったとしても，受託者の免責の効果は生じないと考えるべきである[14]。

但し，受託者の行った情報開示が，特定の義務や責任を解除させるためには適切でなかったとしても，別の義務や責任を解除させるためには適切なものであった場合，例えば忠実義務違反を免責させるための情報開示としては適切でなかったが，善管注意義務違反を免責させるためには適切であったような場合には，当該情報開示が適切であった範囲で受託者の部分的な免責を認めるべきかについて，なお検討の余地がある。

受託者が故意に情報を秘匿したり虚偽の情報を開示したりすることを抑制し，適切な情報開示を行うことを受託者一般に対して動機づけるためには，情報開示による部分的な免責の効果を一切認めない解釈の方が効果的なことは明らかである。しかしながら，現実の局面における情報開示の適切さは状況ごとに異なるものであり，受託者による情報の取捨選択が常に完全であることを期待するのは，受託者にとって困難な判断を強いるものとなる。従って，受託者が故意に虚偽の情報を開示した場合についてはともかく[15]，原

則としては，情報開示が適切になされた範囲内において，受託者の部分的な免責を認める解釈の方が，妥当であるように思われる。

なお，以上の考え方は，複数の受益者に対して行われた情報開示が，一部の受益者との関係では適切であったが，他の受益者に対する関係では適切でなかった，という場合についても，同様にあてはまると思われる。すなわち，情報開示が一部の受益者に対する関係でのみ適切であった場合には，当該受益者との関係においてのみ，受託者は免責を得られるものと考えられる。

[11] これに対して，受託者が信託条項ないし信託法の規定に基づく情報開示義務の履行として情報開示を行った場合には，理論的には，情報開示義務それ自体が，義務履行の結果としてその都度消滅するのみであり，情報開示義務の履行によって，他の受託者の義務に直接影響が及ぶことはない。但し，義務の履行としてなされた情報開示であっても，受託者による信託財産の管理処分の適正さを受益者が判断できることは，義務や責任の解除を目的とした情報開示と同様である。従って，受託者の行った情報開示が，受託者の義務や責任を解除させるべきかを判断するために適切な情報開示となっていた場合には，当該義務や責任の解除を目的とした特別の情報開示をさらに行う必要はなく，情報開示義務の履行として行った情報開示のみに基づいて，受託者の免責を認めるべきであろう。

[12] このように，情報開示の効果としての受託者の免責については，具体的に行われた情報開示が冒頭に述べた二つの状況のいずれに該当するかに関わらず，受託者の免責を認めるために適切な情報開示がなされたか否かを，受託者の負っている個々の義務や責任との関係で，客観的に判断していくこととなる。従って，本節で議論の前提としてきた，情報開示義務の履行としての情報開示と受託者の免責を目的とした情報開示とを区別することは，あくまで理論的な差異を強調しているものであり，実務上は受託者の判断によって二つの情報開示の関係を柔軟に調整することが可能であると考えられる。要するに，本論文の議論の前提は，受託者が信託関係上情報開示を強制されるのは，情報開示義務が存在する場合についてのみであり，受託者が義

務や責任の免除を目的として情報開示を行うか否かは，専ら受託者の判断に委ねられている，ということである。

　[13]　情報開示を行った受託者が義務と責任を免れるのは，受益者に対する関係のみであり，第三者に対する義務や責任は，受益者に対する情報開示によって免責を受けているか否かに関わらない[16]。これに対し，情報開示をされた受益者が，第三者に対して受託者と共に義務や責任を負うこととなるか否かは，理論上も実務上も極めて重要な問題である。

　理論的には，受益者が信託に関する情報開示請求権を有していたとしても，信託財産の管理処分に関する権限は受託者が排他的に有しており，情報開示によってかかる権限が受託者から受益者に移行するわけではない。従って，情報開示を受けた受益者が，受託者の第三者に対する違法行為を黙認したり，あるいは，受託者に対する監督権を，受益者が適切に行使しなかったりしたことが，第三者に対する関係で受託者との共同不法行為を構成する，というような事情がない限り，情報開示を受けた受益者は，受託者と共に第三者に対する関係で義務や責任を負わないと考えるべきであろう[17]。但し，情報開示を受けた受益者が，受託者を免責した場合には，受託者が第三者に対する関係で負った責任が，信託関係内部において，信託法36条に基づく費用補償請求の対象となることがある。この受託者の費用補償請求権を第三者が代位行使することによって，事実上受益者に対する直接の責任追及を行うことが可能か否かについては，受益者の信託財産に関する責任負担のあり方一般と共に，別に検討する必要がある[18]。

　[14]　又，以下に述べるとおり，信託の基本構造に関する考え方によっては，情報開示を受けた受益者に第三者に対する関係で義務や責任を一般論として負わせることが，必ずしも不可能ではなくなることがある。

　すなわち，受益権を信託財産ないし受託者に対する債権と考えた場合には，受益者は信託財産の所有者ではなく，信託財産の管理処分によって得られた利益に対し受益権に基づく利益享受を行う債権者の一種であるにすぎない。従って，受託者が信託財産の管理処分の過程で第三者に対して義務や責任を

299

負ったとしても，受益者が情報開示を受けたことによってかかる義務や責任を負うことは，原則としてないと考えられる。但し，受益者が受益権に基づく利益享受を行ったことそれ自体が，第三者に対する関係で不法行為ないし詐害行為を構成する，といったような場合には，受益者が受託者から信託財産の管理処分に関して情報開示を受けていたことによって，当該不法行為に関して故意又は過失があることや，詐害行為に関して悪意であることを，事実上容易に肯定できるであろう。

これに対して，受益権を信託財産の実質所有権と考えた場合には，第三者に対する関係での受益者の責任について，多少異なる考え方が生ずる可能性がある。すなわち，受益権が信託財産の実質所有権である以上，信託財産の管理処分権限を有する受託者に対し，受益者は信託財産の実質所有者として一般的な監督権限を有していることになる。従って，受託者が信託財産の管理処分の過程で第三者に対する義務や責任を負った場合には，情報開示を受けていた受益者は，信託財産の実質所有者としての地位に基づき，受託者と共に第三者に対する義務と責任を原則として負うべきである，という見解が生ずる可能性があるわけである[19]。もっとも，この見解に対しては，信託財産の管理処分に関する権限が受託者に排他的に帰属することを過小評価するものであり，受益権が信託財産の実質所有権であることのみから受益者に所有者としての責任を一般的に負わせてしまうことは妥当でない，との批判を加えることが十分可能である。しかしながら，信託財産の管理処分に関して受益者による事実上の指図が頻繁に行われ，信託関係を認定することそれ自体が微妙であるような場合には，受益者の第三者に対する責任を肯定すべきであるとの一般的な議論と，このような議論が連動しやすいことは，考慮しておく必要があるように思われる。

[15] 現実に存在する信託関係が多種多様であり，信託の基本構造に関して確立した見解がない以上，上記のような問題は，各事案における個別の事情を考慮して，実質的に判断していくほかない。もっとも，本論文の議論の前提からすると，信託に関する情報開示は，信託財産に関する管理処分の過程における個々の状況ごとに，受託者の判断ないし裁量によって柔軟に行わ

第5章　現行法の解釈への応用

れるべきものである。従って，かかる情報開示の内容及び程度に対して，受益者が判断ないし裁量を及ぼすことは，前記の前提と実質的に相容れないこととなる。そうすると，本節での議論としては，情報開示を受けた受益者であっても，第三者に対する義務や責任を受託者と共に負うことは，原則としてないと考えることが，一貫した結論となるものと考えられる。

（1）　第5章第2節，第5章第4節，第5章第6節など参照。
（2）　但し，情報開示をしたとしても忠実義務違反等が免責されないと考える見解もあるため，ここでの議論はあくまで本論文の解釈に基づくものである。第5章第4節 [9] [10] 参照。
（3）　忠実義務違反の要件については，第5章第4節 [3] 以下参照。
（4）　合同運用団と個々の信託財産との関係にかかる解釈については，第5章第2節 [4] 以下参照。
（5）　第5章第2節 [6] 参照。
（6）　第5章第2節 [11] [12] 参照。
（7）　しかも，この考え方の下では，受益者が信託財産に関する情報を「知ることができた可能性があった」ということから，信託財産に関する受益者の責任を肯定する論拠まで導かれうる。第5章第9節参照。
（8）　弘中隆史「合同運用金銭信託における書類閲覧請求権について」信託法研究22号3頁（1998）。友末義信「信託受託者の開示義務と守秘義務との関係（1）（2・完）」民商118巻6号773頁，119巻1号35頁（1998），植田淳「信託法の書類閲覧請求権と権利の濫用」信託研究奨励金論集21号54頁（2000）。
（9）　このように，情報開示による費用が最終的に信託財産からの利益配当を通じて受益者に最終的に帰属していくと考えられる以上，受益者による濫用的な開示請求が問題となるのは，事実上，他の受益者に対して悪影響が広範囲に及ぶこととなる集団信託に限られる。実際，注8に掲げた議論も，全て集団信託を念頭に置いている。
（10）　条文上の根拠としては，情報開示に要した費用を信託法36条にいう費用として当該受益者に請求する，といったことが考えられる。
（11）　弘中前掲注8・18頁。なお，友末前掲注8は，類型ごとの比較衡量を試みているが，基本的な考え方は同様であろう。
（12）　ここで重要な点は，忠実義務違反等の免責を求めるために行われる情

報開示が，受託者の「情報開示義務」として行われるものではない，ということである。すなわち，受託者は，情報開示を行って忠実義務違反等の免責を求めることもできれば，忠実義務違反の責任を甘受してでも情報を受益者に開示しないことができるわけであり，この限りで自己の利益を選択的に図ることができる。後記 [12] 参照。
(13) もっとも，通説はこの最終計算報告を「情報開示義務」の一端として位置づけているようである。四宮・信託法 285 頁参照。
(14) 四宮・信託法 285 頁。
(15) このような場合は全ての義務や責任について情報開示が不適切とされることが通常であろう。
(16) 受益者が受託者に対して与えた「免責」が第三者に対する関係でも免責される（すなわち，受益者が第三者に対する責任を受託者に代わって全て引き受ける）趣旨であった場合，別論となることは当然である。
(17) 受益者が自己の損失や責任を回避するためには，情報を与えられるだけでは不十分であり，少なくとも受益権を責任なくして放棄する可能性が与えられなければならないことは，明らかであると思われる。
(18) 第5章第9節 [6] 以下参照。
(19) 第5章第9節 [7] 参照。

第9節　信託財産に関する債務及び責任

[1] 本節では，信託財産の管理処分に伴って生じた債務及び責任（以下，単に「信託に関する債務及び責任」という）の負担が，信託関係当事者間で配分される場合に関する，理論上の問題点について検討する(1)。

具体的には，まず，信託法理論の違いが，信託財産に関する債務及び責任の帰属に関する解釈に対してどのように影響するかを理論的に検討する。次に，受託者の責任と信託法上受託者に認められている費用補償請求権について，又，信託に関する債務及び責任が受益者に帰属する場合について，それぞれ理論上及び実務上の問題点を指摘する。そのうえで，信託財産に関する通常の管理処分と対比させる意味で，信託財産の清算が行われる場合における信託関係当事者の債務及び責任の負担について検討する。

[2]　信託に関する債務及び責任が信託関係当事者間でどのように帰属することとなるかは，信託の基本構造の把握の仕方によって大きく異なる。

　まず，債権説の下では，信託財産が受託者の財産として法律上帰属する以上，信託に関する債務と責任も，信託財産の帰属主体である受託者に当然に帰属する。従って，受益者が信託財産に関する債務及び責任を財産の所有権者として負うことは原則としてなく，信託財産に関する債権者が受益者に対して直接責任追及を行うことはできない。但し，受託者が，負担した信託に関する債務及び責任を，信託法36条の費用補償請求権に基づいて信託財産に求償した結果，信託財産からの受益権による利益享受が信託法19条に基づき事実上不可能となり，信託に関する債務及び責任を受益者が間接的に負ったのと同様の状況は生じうる。

　[3]　次に，物権説（受益者実質所有権説）の下では，受益者は信託財産の実質所有権者として信託財産に関する法律関係の効果が最終的に帰属する地位にある。従って，信託に関する債務及び責任も，原則として受益者に直接かつ最終的に帰属する。すなわち，信託財産に関する債権者は，信託財産に対して債務及び責任の負担を求めると共に，受益者に対しても信託に関する債務及び責任を直接追及することができる。又，この説の下で受託者が信託に関する債務及び責任を負うことは，信託財産の名義人及び管理権者としてかかる債務及び責任を一時的に負担しているにすぎず，かかる債務及び責任は信託法36条に基づく受託者の費用補償請求権の行使を通じて，最終的には受益者が負担すべきこととなる。

　[4]　さらに，信託財産実質法主体性説の下では，信託財産が信託関係当事者のいずれにも帰属しない独立の存在であるとされる以上，信託財産に関する債務及び責任は，原則として信託財産のみが負担する。従って，受託者が信託に関する債務及び責任を負担することは，名義人及び管理権者として一時的に債務及び責任を負担しているにすぎず，かかる債務及び責任は信託法36条に基づく費用補償請求権を通じて，最終的には信託財産が負担する。又，この説の下では，受益権は信託財産からの利益享受を目的とした債権の

第2部　信託法理論の解釈への応用

一種である以上，受益者による利益享受が信託財産による債務及び責任の負担能力を失わせる直接の原因となった等の事情がない限り，受益者は原則として，信託に関する債務及び責任を負担しない。従って，信託財産に関する債権者が，受益者に対して直接責任追及を行うことはできない。但し，信託に関する債務や責任が信託財産によって負担された結果，受益権による信託財産からの利益享受が事実上不可能となり，信託に関する債務及び責任を受益者が間接的に負担したのと同様の状況は生じうる。

[5]　以上のとおり，信託法理論の違いによって，信託に関する債務及び責任の負担を信託関係当事者間でどのように配分すべきかは，相当程度異なってくる。そして，この債務及び責任の負担の配分に関する解釈は，各信託関係当事者の有する権利の性質や，信託関係当事者間の法律関係の性格に関する解釈の違いによって生ずるものであるから，関連する他の理論上実務上の問題点に対する解釈に対しても，重要な影響を及ぼしてくる。従って，以下では，信託法36条に基づく受託者の費用補償請求権と，同請求権に基づき発生する受益者の責任とについて，各信託法理論から導かれた解釈上の原則との関係に注意しながら検討を行うこととする。

信託法36条は，受託者の費用補償請求権，すなわち，受託者が信託財産の管理処分に関して負担した租税公課その他の費用又は受託者が過失なくして受けた損害の補償について，受託者が信託財産を売却し，他の債権者に先立って権利を行使することを認めている（同条1項）。又，受託者の費用補償請求権は，信託財産に対してのみならず，受益者に対しても行使することが可能である（同条2項）。しかし同時に，受益者が受益権を放棄した場合には，2項の規定は適用されない（同条3項）。この受託者の費用補償請求権の法的性質をどのように考え，信託に関する債務及び責任を信託関係当事者間でどのように配分すべきかについては，信託の基本構造をどのように考えるかにより，相当程度差異がある。

[6]　債権説の下では，受託者が信託財産の完全権者として信託財産に関する債務及び責任を全面的に負うことが理論上の前提とされ，信託財産や受

第5章　現行法の解釈への応用

益者は原則としてかかる債務及び責任を負わない。但し，信託財産の管理処分に必要な費用や受託者の過失に基づかない損失についてまで受託者に全て負担させることは，受益者が信託財産から利益享受を行うこととの関係で，衡平を失するものである。従って，受託者に費用補償請求権を与えることによって，かかる債務及び責任の負担を信託財産ないし受益者に移転し，信託関係当事者間の衡平を保つことが必要となる[2]。もとより，信託条項の中で信託関係当事者が合意することによって，信託財産の管理処分に関する費用及び受託者の過失に基づかない損失の負担を信託関係当事者間で配分することは，信託関係当事者の自由である。

　要するに，債権説の下における受託者の費用補償請求権は，信託関係当事者間の衡平を維持するため，信託法の規定ないし信託条項に基づいて受託者に特別に認められた権利である。従って，受託者による費用補償請求権の行使は，受託者が信託に関する債務及び責任を負担することが信託関係当事者間の衡平に反する場合に，受託者の個人的な判断ないし裁量に基づいて行われるものである。この観点からすれば，受託者が費用補償請求権を行使できる範囲は，信託法及び信託条項で認められた範囲に原則として限られる。又，第三者が受託者の権利を代位行使して信託財産ないし受益者に対して責任追及を行うことは，信託に関する債務及び責任の配分を受託者の判断ないし裁量に関わらず変更することを意味するから，原則として許されない[3]。

　[7]　次に，物権説（受益者実質所有権説）の下では，信託に関する債務及び責任は，最終的には信託財産の実質所有権者である受益者が全面的に負担すべきであり，受託者が第三者に対する関係で債務及び責任を負担することは，財産の名義人及び管理権者としての地位に基づく一時的な負担にすぎない。従って，受託者が信託に関する債務及び責任を負担している場合には，かかる負担は当然に，受益者あるいは受益者が実質所有権を有する信託財産に対して移転されることが必要となる。もっとも，受託者の故意又は過失に基づいて発生した損失については，受託者の管理権者としての義務と責任に基づき受託者が負担すべきものである。以上の次第で，受託者が受益者ないし信託財産に対して移転することが可能な負担の範囲は，信託財産の管理処

第2部　信託法理論の解釈への応用

分に関する費用と受託者の過失なくして発生した損失の負担となる。

　要するに，物権説（受益者実質所有権説）の下における受託者の費用補償請求権は，受託者が一時的に負担した信託に関する債務及び責任を，受益者ないし信託財産に移転させることを目的とした，信託の基本構造上当然に受託者に認められる権利である。従って，受託者による費用補償請求権の行使は，受託者が本来負担すべきでない信託に関する債務及び責任を負担した場合に，受託者の判断ないし裁量を一応の基準とするものの，かかる負担を本来の負担者である受益者ないし信託財産に対して原則的に移転させるものである。この観点からすれば，受託者による費用補償請求権が行使可能な範囲は，受託者の故意又は過失に基づく損失を除いた，受託者が信託に関して負った全ての債務及び責任であることが原則になる。又，第三者が受託者の費用補償請求権を代位行使して受益者ないし信託財産の責任を追及することは，信託財産に関する債務及び責任の負担が信託財産の実質所有権者である受益者に最終的に帰属すべきであることから，原則として肯定される。

　[8]　さらに，信託財産実質法主体性説の下では，信託財産に関する債務及び責任は実質的な法主体である信託財産が原則として負うべきであり，受託者が第三者に対する関係で債務及び責任を負担することは，信託財産の名義人及び管理権者としての地位に基づく一時的なものである。他方，この説の下では，受益者は信託財産の実質所有権者ではなく，信託財産から利益享受を行うことを目的とした債権を信託財産に関して有しているにすぎない。従って，受益者が信託に関する債務及び責任を負うことは，原則としてない。但し，受益者が受益権に基づく利益享受を信託財産から行ったことが直接の原因となって，信託財産が第三者に対する関係で債務不履行等をした場合や，信託財産が本来負担すべき債務及び責任を負担できなくなった場合には，受益者は信託財産からの利益享受によって第三者ないし受託者の損失を生じさせたことになる。かかる結果は，信託財産に関する利害関係者間の平等を害するものであるから，受益者はかかる利益享受を行った範囲で，信託財産に関する債務及び責任を例外的に負うことになる。

　要するに，信託財産実質法主体性説の下における受託者の費用補償請求権

は，基本的には，受託者が信託財産の管理処分の過程で一時的に負った信託財産に関する債務及び責任を，本来の負担先である信託財産に対して移転することを目的とした，信託の基本構造上当然の権利が受託者に与えられたものである。又，それと共に，受益者が信託財産から利益享受を行う際に，利害関係者間の平等を害した場合には，例外的に受益者に対する責任追及が，信託法の規定によって特別に認められたものである。従って，受託者による費用補償請求権の行使は，信託財産に対する関係では，受託者が本来負うべきでない信託に関する債務及び責任を負担した場合に，受託者の判断及び裁量を一応の基準とするものの，かかる負担を本来の負担先である信託財産に対して移転することを原則として行われる。他方，受益者に対する関係では，受益者による信託財産からの利益享受が利害関係者間の平等を害する場合に，受託者の判断ないし裁量を一応の基準とするものの，利害関係者間の平等を図ることを原則として行われる。この観点からすれば，受託者による費用補償請求権が行使可能である範囲は，信託財産に対する関係では，受託者の故意又は過失に基づく損失を除いた，受託者が信託に関して負った全ての債務及び責任であることが原則になる。他方，受益者に対する関係では，信託財産に対する費用補償請求権の行使が妨げられた範囲内で，かつ，受益権による利益享受が行われた範囲内であることが原則となる。又，第三者が受託者の費用補償請求権を代位行使することは，信託財産に対する関係では，信託に関する債務及び責任が最終的に本来の負担先である信託財産に帰属すべきことから，他方，受益者に対する関係でも，受益権に基づく利益享受によって害された利害関係者間の平等を回復する必要があることから，共に原則として肯定されることとなる[4]。

[9] このように，受益者が信託財産に関する債務及び責任をどのように負担すべきかについては，信託法理論の違いによって相当程度原則に差異が生ずる。そして，この点に関する原則の違いは，受益者の責任について規定した信託法の解釈に対しても，大きな影響を及ぼしてくる。

前述のとおり，信託法36条に基づく受託者の費用補償請求権は，受益者に対しても行使可能である（同条2項）。しかしながら，受益者が受益権を

放棄した場合にはこの限りでない（同条3項）。これらの条文の下で，受益者が信託に関する債務及び責任を負担するか否かについて考える場合に問題となる点は二つある。すなわち，第一に，受託者がどの範囲の受益者に対して費用補償請求権を行使できるか，又，第二に，36条3項に基づく受益権の放棄に基づく効果を制限することが可能か，である。

[10] 信託関係に関してどの範囲の者を「受益者」と考えるかは，基本的には，信託条項の解釈によって定まる。少なくとも，「受益者」に該当する者として，第一に，信託財産からの現実の利益享受を行っている「現受益者」，第二に，将来において信託財産から利益享受を行うことが期待可能である権利を有する「将来受益者」が含まれることは疑いがない。なお，信託終了後に清算後の信託財産が帰属する主体である「帰属権利者」についても「受益者」の一種と考えるのが，現在の通説的見解である[5]。

問題となるのは，与えられた受益権に基づく利益享受が完了した「元受益者」を，その後の信託関係において「受益者」と考えるべきか否かである。この問題は，本節の議論に即して言えば，元受益者が信託財産に関する債務及び責任を負担すべき「受益者」に該当するか否かという問題として提示されている。しかしながら，元受益者を「受益者」に一般的に加えることは，受託者が元受益者に対しても信託関係上の義務と責任を負うことを意味しているため[6]，「受益者」の概念が広い方が受託者にとって信託財産の管理処分が合理的に行えるとは必ずしも言えない場合がある。

[11] この問題に関しては，以下に述べるとおり，受益権の本質部分をどのように考えるべきか，すなわち，信託の基本構造の中で受益権をどのような権利として位置づけるべきかによって，異なる原則が導かれる。

すなわち，受益権を受託者ないし信託財産に関する債権の一種と考えた場合には，受益権の本質部分は債権としての権利行使，すなわち信託財産からの利益享受を行う点にあると考えられる。この関係で，信託関係上受益権に付随する受託者に対する監督権等の権限は，受益権による利益享受を確保するための手段として位置づけられる。従って，この考え方の下では，信託財

産からの利益享受を終了した元受益者は，受益権の本質部分である信託財産からの利益享受を行う権利を完全に行使したことにより，受益権を喪失して信託関係から離脱すると考えることが原則となる。このように考えると，信託法36条2項にいう「受益者」には，信託関係から離脱した元受益者が含まれていないから，同条に基づく費用補償請求権をかかる元受益者に対して行使することは，原則として許されない。

これに対して，受益権を信託財産の実質所有権と考えた場合には，受益権の本質部分は信託財産に関する実質所有者としての地位を表章している部分にあると考えられる。従って，信託財産から利益享受を行うか否かは，受益権が信託財産の実質所有権であることの一つの具体的な効果にすぎない。そうすると，利益享受が完了したことのみに基づいて受益権が当然に消滅することはなく，受益者は信託財産の実質所有者としての地位を引き続き保持することが原則となる。このように考えると，信託法36条2項にいう「受益者」には受益権に基づく利益享受を終了した元受益者も含まれ，かかる元受益者に対して費用補償請求権を行使することも，原則として肯定される。

[12]　以上のような解釈の原則と，前述した各信託法理論の下での受益者の負うべき責任の範囲についての考え方とを併せると，信託法36条3項の解釈についても，ある程度明確な説明を行うことが可能となる。

すなわち，債権説の下においては，受益者に対して信託に関する債務及び責任の負担を求めることが可能となるのは，信託関係当事者間の衡平を図るために受託者の費用補償請求権を信託法が特別に認めたためである。従って，受益者は，信託法36条所定の要件がみたされた場合についてのみ，信託財産に関する債務及び責任を負う。かつ，受益者が受益権を放棄することを制限した条文が信託法にない以上，受益者は信託条項において制限されない限り，任意に受益権を放棄することができる。そして，受益者が受益権を放棄した場合には，信託法36条2項及び3項の規定により，受託者が費用補償請求権を行使することはできなくなる[7]。

これに対して，物権説（受益者実質所有権説）の下では，受益者が信託に関する債務及び責任を負担すべき根拠は，受益者が信託財産の実質所有権者

としての地位を有することに基づいており，信託法36条はこのことを受託者の権利として具体的に規定したものと考えられる。従って，受益者が信託財産の実質所有権者としての地位にある限り，受益者に対する費用補償請求権の行使は原則として肯定される。そして，受益者は，信託財産に関する債務及び責任を負担すべき本来的な地位にある以上，受益者がかかる負担を免れることは，信託法ないし信託条項に特段の規定がある場合に限られる。又，かかる条項があった場合でも，受益者の免責を認めることは，原則として制限的に解釈しなければならない。例えば，信託法36条3項に基づく「受益権の放棄」が認められるためには，受益者が単に信託財産からの利益享受を拒絶しただけでは足りず，信託財産の実質所有権者としての地位を喪失したことが，要件として求められることになる[8]。

さらに，信託財産実質法主体性説の下では，受益者が信託に関する債務及び責任を負担する根拠は，受益権に基づく信託財産からの利益享受によって害された利害関係者間の平等を回復させることに求められ，信託法36条はこのことを受託者の権利として具体的に規定したものと考えられる。従って，受益者は，利益享受の範囲内で，信託に関する債務及び責任を負担すべきこととなる。そして，受益者が利益享受を行った後に，信託法36条3項の適用を受けようとして受益権を放棄したとしても，かかる放棄によって利害関係者間の平等が回復されない限り，受益者は費用補償請求を免れない。但し，その反面，受益者が受益権を放棄した後は，信託財産からの利益享受という受益者が信託に関する債務及び責任を負う根拠が成立しなくなり，受益者は費用補償請求を原則として免れる[9]。

[13] 信託の終了，信託財産の債務超過，さらには信託財産の破産等によって，信託財産の清算を行う必要のあることは，理論上当然であったにもかかわらず，ごく近時に到るまで問題として認識されてこなかった[10]。信託財産の清算に関して問題となる局面は，第一に，どの範囲の財産を信託財産として認めるべきか，第二に，信託財産の清算を行う場合における関係当事者の優先劣後関係をどのように定めるべきか，との二つに分けられる。

まず，清算の前提としての信託財産の確定においては，信託の公示との関

第5章　現行法の解釈への応用

係が重要となる。これについて、平成10年に信託業法が改正されたこと、及び、同改正法に問題が多々あることは、既に検討したとおりである[11]。

次に、信託財産の清算が行われるに際し、実務上第一に問題となるのは、受益権の権利としての取扱いである。この問題については、受益権の性質、すなわち、どの信託法理論を採用するかによって、結論が相当異なる。

[14]　まず、受益権を受託者に対する債権と考えた場合には、信託財産の清算時において受益者は債権者の一種となり、信託財産を清算した結果としての配当を他の一般債権者と平等に受ける。清算時にはまだ利益享受を行っていなかった将来受益権については、現在価値を評価して配当に参加すべきことになる。又、受益者としての帰属が確定していない受益権については、一旦財産として評価した後、他の債権者間で配分するか、あるいは当初から債権者が不存在であるとして配当の対象とならないと考えるかのいずれかとなろう。これに対して、帰属権利者は、信託財産が清算された後の財産の帰属を受ける者であるから、清算時の配当を受けるべき受益者には当たらない。他方、この説の下では受益者は債権者の一種である以上、信託財産が全ての債務を弁済するに足りなかった場合でも、信託に関する責任を受益者が追及されることはない。

このことは、受益権を信託財産に対する債権と考えた場合、すなわち信託財産実質法主体性の下でも、基本的に妥当する。なお、受益権は信託財産と物的相関関係を有する権利であって通常の債権とは異なるとの議論がなされることがあるが[12]、これは、信託違反によって第三者に移転した財産に対しても受益権の効力が及ぶことを意味しているにすぎず、清算の対象となる信託財産に関して一般債権者に対する優先的地位を受益者が認められているわけではないと考えるべきである[13]。

以上に対して、受益権を信託財産の実質所有権と考えた場合には、信託財産の清算時における受益権の取扱いは相当異なる。すなわち、受益者は信託財産の実質所有者としての地位にある以上、信託財産に関する債務及び責任を最終的に負担すべきであると考えられる。従って、受益者は、一般債権者に対する関係で劣後するのみならず、信託財産が全ての債務を弁済するに足

311

第2部　信託法理論の解釈への応用

りなかった場合には，債権者から責任を直接追及されることをも，甘受することが必要となる可能性がある。

[15]　以上検討してきたとおり，信託に関する受益者の債務や責任を肯定するためには，受益権が信託財産の債権であると前提する限り，理論上相当の困難が伴う。これに対して，受益権が信託財産の実質所有権であると前提すると，受益者の債務や責任は原則として肯定されることとなる。

従来の議論では，受益者の立場を強化することを目的として，受益権の性質を信託財産の実質所有権に近づけて考えることが主張されてきた[14]。しかしながら，本節で検討してきたことから明らかなとおり，少なくとも信託に関する債務や責任の負担に関する限り，従来の議論は，むしろ目的と逆のことを試みてきたと評価せざるを得ないように思われる。

なお，以上の議論に関わらず，利益追求目的の信託関係にあっては，当該信託関係が投資活動の一種であることを理由に，受益者の責任を原則的に認める，という見解も成り立ちうる[15]。しかしながら，信託関係を理論的に解釈する限り，受益者は原則として信託財産の管理処分に関する責任が及ばない地位にいることは否定できない。従って，受益者の責任を一般的に認めるためには，例えば信託と代理とが同一の法律関係において併存していると考える等，さらなる発想の転換が必要となるであろう[16]。

(1)　受託者の補償請求権全般に関する近時の研究として，遠藤雅範「受託者の補償請求権に関する法律上の性質」信託法研究26号73頁（2001）。
(2)　もっとも，ここでいう「衡平感」が債権説から論理必然的に導かれうるかは，さらに検討が必要である。理論的には，受託者は信託の引受をした以上，全ての債務と責任を自ら負い，受益者には利益のみを享受させる旨合意した，と考えることも十分可能だからである。
(3)　但し，費用補償請求権を受託者の有する財産権の一種と考えた場合には，債権者による代位は当然に認められることとなる。信託関係における利益や損失の配分があくまで信託関係当事者間の合意の効果であると前提するのであれば，理論的にはこちらの方が素直であるかもしれない。なお，

遠藤前掲注1・81頁参照。
（4）　この利害関係者間の平等，という受益者の責任が認められるべき根拠については，債権説に対して適用可能であるとも考えられる。しかしながら，債権説と信託財産実質法主体性説とでは，費用補償請求を行う受託者の地位が大きく異なるため，受益者が責任を負うべき範囲もそれに応じて異なってくるわけである。なお，遠藤前掲注1・83頁参照。
（5）　四宮・信託法307頁。
（6）　例えば，信託条項の変更や義務違反の免責の承諾に関しても，元受益者を利害関係者として扱うことが必要となる。
（7）　なお，実務上，「信託が解除できない」旨の約定をすることによって，受益権の放棄を封じようとすることが行われているが，信託法36条と58条とを比較してみれば明らかなとおり，受益権の放棄は受益者が自由にこれをなしうるのが原則であるのに対して，信託契約の解除は受益者の意思のみではなしえないことが原則とされている。従って，委託者兼受益者が全受益権を有している場合でない限り，「信託契約の解除」を制限する条項を以て「受益権の放棄」を制限ないし禁止することはできないと考えるべきである。
（8）　受益者が実質的な所有権者としての地位を喪失したことの具体的な認定は必ずしも容易ではないが，受益者が法律上も事実上も当該財産からの利益享受を行わなくなり，かつ，その状態が一定期間継続して再度利益享受を開始する見込がなくなった場合，と考えることが妥当であろう。この問題に関する近時の研究として，寺岡隆樹「信託における時効に関する一考察」信託法研究28号3頁（2003）。
（9）　なお，この場合，受益権放棄時における受益者の主観的容態によって責任の範囲を変えるべきである，との解釈論も成り立ちうる。
（10）　なお，受託者の破産は，信託財産の破産と全く異なるものであり，受託者を更迭した後に信託関係を従前のまま存続させるのが原則である。この場合には，破産した受託者の固有財産との関係で信託財産の範囲を確定することが，実務上重要な問題となる。
（11）　第5章第3節参照。
（12）　四宮・信託法76頁。
（13）　信託関係における受益者の地位や権利を第三者に対しても認めさせるために相当の理論的根拠が必要であることは，本論文，特に第1部での検

第2部　信託法理論の解釈への応用

　　　討から明らかであると思われる。
(14)　物権説（受益者実質所有権説）の債権説に対する批判は，正にこの点を出発点としていたと考えて差し支えない。
(15)　この観点は，信託関係から生ずる経済的利益の取得を受益者が目的としている以上，受益者には投資活動としての信託関係から生じた損失や責任を応分に負わせることが衡平である，とするものであるが，具体的な解釈については大別して二つの方向性がありうる。一つは，受益者に信託財産からの全てのリスクと利益が帰属するという物権説（受益者実質所有権説）の考え方とほぼ同じ解釈を行うものであり，もう一つは，当事者が定めた法律関係の外形に厳密に従って解釈を行うものである。この両者の甲乙は一概にはつけられず，又，検討に際しては信託のみで議論が完結しないことが明らかであるから，将来の課題として研究を続けていきたい。
(16)　この理論的な試みとして，星野豊「「信託関係」における「受益者」の責任（1）～（3・完）」NBL673号～675号（1999）参照。

第6章　信託法の解釈における信託法理論の役割

　[1]　本論文の第2部では，解釈モデルとして信託法理論を再構成したうえで，現行信託法の解釈を通じて，信託法理論の比較検討を行ってきた。
　本章では，本論文の最終的な目的である信託法理論の役割と，各信託法理論の相互関係について考え，信託の法体系における位置づけについて，一つの視点を示すこととしたい。

　[2]　本章で検討すべき点としては，以下の三つが挙げられる。
　第一に，理論モデルとしての信託法理論が，果たして現行法の解釈に対して何らかの意義を有するものであるか否か。この点に関する従来の議論は，ともすると個々の解釈ごとの結論の妥当性に重点を置く傾向があったが，本章では解釈相互間の関係を十分意識しつつ，議論の再構成を試みたい。
　第二に，信託法理論の対立構造から考察した信託の本質的特徴をどのようなものとして捉えるべきか。この点については，後述のとおり，いくつかの異なる観点が従来から指摘されているが，本章では，そのうちの一つに与して他を排斥するのではなく，むしろ個々の特徴を統合させた，全ての信託に共通する本質的特徴を抽出することを試みたい。
　第三に，信託をわが国の法体系の中でどのように位置づけていくべきか。この点については，信託の特徴をどのように考えるかによって結論が左右されることが明らかであるが，本章では，前述した全ての信託に共通する本質的特徴を発揮させようとすることから，従来の議論のように特定の信託類似法理との親近性を強調して一部の信託を信託の範疇から除外するのではなく，全ての信託を法体系の中に整合的に位置づけることを試みたい。

　[3]　従来の信託法に関する議論の中で，信託法理論が信託法の解釈に最も影響を及ぼすと考えられていた点は，受託者の信託違反に対する受益者の

権利に関してであった。これは，受益権の法的性質が債権であるか物権であるかにより，信託関係当事者以外の第三者に対して受益権の効果が及ぶか否かが，理論上明確に分かれると考えられていたためであった。

しかしながら，第1部を通じて明らかにしてきたとおり，少なくとも現行信託法31条の解釈に対して，信託法理論の対立は実質的な差異をもたらすものではない。すなわち，信託法31条に明文で規定されている救済手段は，全ての信託法理論の下で共通して認められる信託違反処分の取消のみであり，擬制信託関係の成否や損害賠償の算定基準については明文の規定が置かれていない。従って，どの信託法理論を採用したとしても，少なくとも信託違反に対する受益者の救済の可能性に関しては，具体的な問題解決における結論に差異が出ないものとなっているのである[1]。

［4］　これに対して，第5章を通じて明らかにしてきたとおり，受託者の信託違反以外の局面においては，信託法理論の差異が具体的な結論に差異を及ぼす場合が少なからず存在している。かかる局面は，信託関係の成立に関する解釈から始まり，信託財産の範囲，信託財産に関する管理態様，第三者との法律関係，信託関係当事者内部での責任配分等，ほぼ全ての局面に及んでいる。そして，従来の議論では，これらの各局面における解釈の差異に対して，信託法理論の差異が影響を及ぼすことが，個々的には意識されていたものの[2]，複数の局面における解釈相互の関係をどのように考えるべきか，さらに，現行信託法の解釈に対して信託法理論はどのような理論的影響をもたらしているか，という点に関しては，必ずしも十分な検討が行われてこなかったように思われる。

このことは，従来の信託法に関する議論が，実務上の問題点を個々的に解決していく過程で個別に議論されてきた傾向があったことと必ずしも無関係ではないであろう。すなわち，実務における解釈上の問題は，個別の当事者間で個別の局面ごとに生じ，かつ，個別の当事者間で個別に解決されていくことが通常であって，裁判例が蓄積していく等の事情がない限り[3]，個々の問題の解決における理論的基盤の差異や，信託法全体を通じての解釈の一貫性が，正面から議論の対象とされることは，ほとんどないものと考えて差

第6章　信託法の解釈における信託法理論の役割

し支えないからである。

　しかしながら，本論文の目的である信託法理論の役割について考えるためには，個々の解釈における信託法理論の差異を指摘するだけでは，議論として不十分であることが明らかである。そこで，以下では，第5章で扱ってきた現行信託法の解釈に対する信託法理論の対立の構造を，具体的な局面ごとに再度整理し直し，信託法理論の差異が現行信託法の解釈に与える影響を再検討することとしたい。

　[5]　第1節で扱った信託の成立と信託関係当事者に関しては，①信託の成立時点の判断，②消極財産を含む信託関係の有効性，③代人の法的地位，及び，④信託関係当事者の変動に基づく信託関係の存続可能性，の四点が，解釈上問題となる局面であった。これらの問題点について共通する解釈指針は，大きく二つに分かれうる。すなわち，信託の成立ないし終了の判断や信託関係当事者の法的地位の存立基盤を，信託関係当事者の合意に求める考え方からすれば，上記の問題点は全て信託関係当事者間の合意の解釈の問題となる。これに対して，特別財産としての信託財産の存在に解釈の理論的基盤を求める考え方からすれば，信託財産が事実として存在しているか否かが，全ての解釈の出発点となる。

　他方，信託法理論のうち，債権説と物権説（受益者実質所有権説）とは，信託関係の成立の基盤を信託関係当事者の合意に求めているのに対し，信託財産実質法主体性説は，信託関係当事者の合意というよりも，むしろ実質法主体性を持った信託財産の存在を議論の出発点としている[4]。このように，第1節で問題となる各局面の解釈の対立に関しては，債権説及び物権説（受益者実質所有権説）の基盤となる解釈指針と，信託財産実質法主体性説の基盤となる解釈指針との対立が，議論の背景となっていると考えられる。

　[6]　第2節で扱った信託財産の範囲とその変動については，①信託財産の合同運用に関する法律構成と，②信託財産の合併・分離に関する法律構成とが，解釈上問題となる局面であった。これらの解釈に共通して問題となる点は二つ挙げられる。すなわち，第一に，受益者による監督権限の行使が，

第2部　信託法理論の解釈への応用

どの範囲の信託財産にまで及んでいくと考えるべきか，第二に，各解釈において生じうる二重信託関係の有効性をどのように考えるべきか，である。

信託法理論の側から見ると，以上の第一の点と第二の点とでは，説によって解釈の基本指針がかなり異なっている。まず，第一の点については，債権説と信託財産実質法主体性説とは，受益権を信託財産と別個の財産的権利として位置づけ，信託財産を受益者の所有に属する財産とは考えないから，受益者による監督権限の行使は原則として受益者が直接受益権を有する信託財産に関する管理処分に限られることとなるのに対し，物権説（受益者実質所有権説）は，信託財産を受益者が実質所有権を有する財産と考え，受益権と信託財産とを必ずしも明確に区分しないから，受益者による監督権限は全ての信託財産に及んでいくことが原則となる。他方，第二の点については，信託財産と受託者との関係とが各信託法理論の中でどのように定義付けられているかによって解釈が異なる。すなわち，債権説では，信託財産の所有権者である受託者が同一信託関係の中で受益者の地位を兼ねるものとなる以上，二重信託関係が信託法9条に抵触すると考えることとなる。これに対して，信託財産実質法主体性説では財産ごとに実質法主体性が異なると考える以上，二重信託関係は有効であることが前提となる。又，物権説（受益者実質所有権説）においては，全ての信託財産の実質所有権が受益者に帰属することを前提とする以上，二重信託関係の中で受託者が形式上受託者と受益者の地位を兼ねることとなることは，特に問題とならないものと考えられる。このように，信託財産の範囲に関する解釈の対立に関しては，各信託法理論における受益権と信託財産との関係に係る位置づけに関する定義の対立が，議論の背景となっているものと考えられる。

[7]　第3節で扱った信託の公示と分別管理に関する議論における問題点は，要するに，現在の信託の公示に関する原則の下では，信託財産の独立性を第三者に対抗できないことを理論的に克服することが困難であり，かつ，この点は改正信託業法によっても実質的に解決されていない，というものであった。この点は，一見すると，信託財産の独立性を議論の正面に据えるか否かという点が問題とされ，信託法理論の対立構造に議論が関連しているよ

第6章　信託法の解釈における信託法理論の役割

うに考えられないではない。しかしながら，この点に関する問題点の本質は，信託財産の独立性を証明することが実務上困難であることを，従来の議論が十分認識していないことにあるため，どの信託法理論を採用した場合でも，具体的な状況における解決基準は，むしろ変化しないものということができる。但し，本論文で述べたような，第三者の善意悪意を基準として利害調整を行うものとすれば，信託財産実質法主体性説を採用した場合と債権説又は物権説（受益者実質所有権説）を採用した場合とで，第三者の善意悪意の対象となる事実関係が，前者であれば信託財産の独立した存在，後者であれば信託関係当事者間の合意の存在，とそれぞれ異なるものとなるから，具体的な状況に対する解決に差異が出てくることは明らかである。

　[8]　第4節で扱った忠実義務と善管注意義務に関する局面は，受託者による信託財産の管理処分に係る具体的な行動基準が主要な議論の対象となるため，信託法理論の差異に基づく解釈への影響が比較的小さいということができる。しかしながら，これらの局面についても，かかる義務の成立の理論的基盤をどのように考えるか，特に信託関係当事者間の合意に信託関係の存立基盤を求めるか否かによって，個々の当事者間における義務内容の設定，変更，免除等の有効性に関する解釈には差異が生ずるものとなる。

　又，受託者の忠実義務違反や善管義務違反が行われた場合における受益者の救済手段についても，現行信託法に明文の規定がないために，信託法理論の差異に基づく解釈の差が生じうる。すなわち，債権説の下では，かかる義務違反は受益者と受託者との信託関係上の合意に対する違反であるから，受益者は信託関係上の合意に基づく損害賠償，現実履行等の救済を求めることが原則となる。これに対して，物権説（受益者実質所有権説）の下では，かかる義務違反は受益者の実質所有権に対する侵害であるから，受益者には物権的請求権に基づく救済手段が原則として認められることとなる。又，信託財産実質法主体性説の下では，かかる義務違反は信託財産の維持管理に関する義務違反であるから，受益者は，自己の利益の回復のために受託者に対して救済手段を行使するのではなく，信託財産の維持回復を図るための機関として，受託者に対し，信託財産を維持回復するための適切な措置ないし対処

319

第2部　信託法理論の解釈への応用

を要求することが原則となる。

　[9]　第5節で扱った信託財産に関する相殺については，信託法理論の差異による解釈上の影響が，比較的明確に認められやすい。これは，信託法17条が，信託財産に属する債権と信託財産に属しない債務との相殺を禁止していることの解釈に対して，信託財産の範囲や相殺の主体に関する信託法理論の差異が，直接影響を及ぼすためである。
　但し，本論文で主張した解釈指針，すなわち，信託法17条に関する現在の解釈は，受益者ないし信託財産の実質的利益を十分擁護するものとなっていないため，17条に基づく相殺の禁止をできる限り制限的に解釈し，相殺の相手方として誰が適切であるかの判断を受託者の裁量に委ねるものとした場合には，信託財産に関する相殺の実行に係る判断が議論の中心となり，これは忠実義務に関する議論の一環として位置づけられるから，信託法理論の差異による17条の解釈への影響は相対的に小さくなるものと考えられる。

　[10]　第6節で扱った信託財産の共同受託に関しては，共同受託に関する法律構成によって，受託者ないし財産管理者相互間，あるいは受託者ないし財産管理者と受益者との間における，情報開示のあり方や責任ないし損失の配分に相当程度の差異が生ずることが，解釈上重要な問題となっていた。そして，この問題は，基本的には信託関係当事者間の契約の解釈の問題として捉えられるから，信託法理論の差異による信託関係当事者間の法律関係の定義づけの差異が，具体的な状況における解釈に影響を及ぼすこととなる。
　もっとも，信託財産の共同受託の解釈に対して影響を及ぼすべき法律構成の違いは，受益権の法的性質というよりも，むしろ受託者ないし財産管理者相互間の法律関係について生じている。従って，この局面に関する法律構成の違いは全ての信託法理論において等しく生ずる，いわば横断的な差異であるから，信託法理論の差異によるこの問題の解釈への影響は，間接的なものにとどまることに注意する必要がある。

　[11]　第7節で扱った実績配当型信託関係については，実績配当に関する

第6章　信託法の解釈における信託法理論の役割

理論上の把握の仕方の違いが，重要な解釈上の差異をもたらすものとなっていた。そして，この把握の仕方の違いとは要するに，実績配当型信託関係を，受益者の信託財産に関する実質所有権の徴表として捉え，受益者に信託財産に関する経済的損益を直接かつ最終的に帰属させるものと考えるか，あるいは，信託財産から生じた利益の配分に関する自由な合意の一環として捉え，信託財産から生じた経済的利益を信託条項に従って受益者に配分するものと考えるか，の違いであった。

　この基本的な考え方の違いは，信託法理論ごとの受益権の性格づけに関する考え方の違いを直接反映するものである。すなわち，債権説と信託財産実質法主体性説においては，受益権は受託者あるいは信託財産に対する債権として位置づけられるから，信託条項の中で受益権に基づく経済的利益の配分を自由に合意できることが原則となる。これに対して，物権説（受益者実質所有権説）の下では，受益権は信託財産の実質所有権として位置づけられる以上，そこから生じた経済的損益は実質所有権者である受益者に直接かつ最終的に帰属することが原則となる。

　[12]　第8節で扱った信託に関する情報開示については，情報開示を行うべき理論的局面として，次元の異なる二つのものが含まれていること，すなわち，情報開示義務に基づいて情報開示を行うべき場合と，受託者が忠実義務その他の義務違反について免責を得るために情報開示を行うべき場合があることが，解釈上最も重要であった。但し，かかる情報開示の具体的内容については，信託条項ないし免責を得る対象としての義務の客観的内容によって定まるものであることからすれば，信託法理論の差異がこの問題の解釈に対して影響を及ぼすことは，基本的にはないと考えて差し支えない。

　但し，受益者が受託者から情報開示を受けた後における受益者の第三者に対する責任の成否については，信託法理論によって解釈の差異が生ずる可能性がある。すなわち，債権説や信託財産実質法主体性説の下では，受益者は信託財産に対して債権を有しているのみで，信託財産に関する所有者としての地位にない以上，情報開示を受けたとの事実のみを以て第三者に対する責任を負わされないことが原則である。これに対して，物権説（受益者実質所

321

有権説）の下では，受益者は信託財産の実質所有者の地位にある以上，受託者から情報開示を受けることは所有者としての知見を確実にすることを意味しているから，このことを強調するのであれば，受託者が情報開示によって免責されているか否かに関わらず，第三者に対する責任を原則として負うべきであるとの議論が生じてくる可能性があるわけである[5]。

[13] 第9節で扱った信託に関する債務及び責任については，信託法理論の差異が具体的状況に対する解釈の差異に直接影響を及ぼしている。

すなわち，債権説では，信託に関する債務と責任は原則として受託者に帰属し，受益者は受託者に対する債権者としての地位しか有していない以上，信託に関する債務及び責任を第三者に対して負うことは原則としてない。これに対して，物権説（受益者実質所有権説）の下では，受益者が信託財産の実質所有者の地位にある以上，信託に関する債務及び責任を原則として負うこととなる。又，信託財産実質法主体性説の下では，信託に関する債務及び責任を原則として負担するのは信託財産であって，受託者も受益者も自己の権限ないし享受した利益の範囲内で債務及び責任を負うことがあるのみである。このような信託法理論の差異は，信託に関する債務及び責任の帰属に関する原則的な差異であると共に，信託法36条が規定する費用補償請求権の解釈についても実質的な差異をもたらすものとなる。

[14] 以上のとおり，現行信託法の解釈に対しては，信託法理論の対立が，具体的局面によって濃淡の違いはあるにせよ，実質的な影響を及ぼしていることが明らかである。そして，現行法の解釈に対して影響を及ぼすべき信託法理論の対立は，次の三つの観点において存在している。

第一に，信託関係の成立に係る理論的基盤について，信託関係当事者間の合意に求めるか（債権説及び物権説（受益者実質所有権説）），それとも独立性を持った信託財産の存在に求めるか（信託財産実質法主体性説），という観点がある。この観点に基づく差異が最も重大な意味を持つのは，信託の成立時点に関する判断や，信託関係当事者の法的地位に関してであるが，信託の公示と分別管理に関する解釈や，忠実義務ないし注意義務に関する解釈に対し

第6章 信託法の解釈における信託法理論の役割

ても、この観点による影響が多少及ぼされる可能性がある。

　第二に、信託財産を信託関係当事者から切り離された独立の財産として考えるか（信託財産実質法主体性説）、それとも信託関係当事者の誰かに帰属する財産として考えるか（債権説及び物権説（受益者実質所有権説））、という観点がある。この点が最も問題となるのは、信託財産の範囲とその変動に関する解釈についてであるが、信託財産に関する相殺の解釈や、信託の公示と分別管理に関する解釈についても、実質的な影響が及んでくる。

　第三に、受益者が信託財産の実質所有者としての地位にあると考えるか（物権説（受益者実質所有権説））、それとも債権者ないし利益享受者としての地位にあると考えるか（債権説及び信託財産実質法主体性説）、という観点がある。この観点に基づく差異が問題となる最も典型的な局面は、信託に関する債務や責任の負担に関してであるが、実績配当型信託関係に関する解釈や、情報開示に基づく受益者の責任の成否に関する解釈についても、重要な差異がもたらされる。

　[15]　このように、現行信託法の解釈に対して影響を及ぼしている信託法理論の対立構造は、第1部で検討してきた信託法理論の理論的基盤に関する対立構造をそのまま反映しているものということができる。そして、第5章及び本章で通覧してきたことから明らかなとおり、この信託法理論の対立構造は、必ずしも単一の次元において観察されるものではなく、かつ、具体的な解釈が必要な局面ごとに、結論の異同が複雑に絡みあっていることが明らかである。従って、少なくとも現行信託法の解釈に関する限り、どの信託法理論を採用したとしても、他の信託法理論を採用したときと比べて、全ての局面の解釈に関して信託の特徴をより生かした解釈を行うことができるとは、論理的には言えないと考えるほかない。

　すなわち、いずれかの信託法理論のみを信託法の解釈において採用するということは、信託の特徴のうち重要な一部分を解釈において十分生かしきれないのみならず、必然的に信託の類型の一部を信託の概念から逸脱させることを意味している。しかしながら、このような考え方は、信託関係において多種多様に生じうる問題点に対して柔軟な解決を与えられないのみならず、

第2部　信託法理論の解釈への応用

わが国における既存の法体系の中のいずれか一つの制度と信託とを特に類似したものとして位置づけざるを得なくなり，最終的には，わが国の法体系における信託の存在意義について，大きく疑問を抱かせる解釈を導くこととなってしまう。このような解釈は，将来における信託法の発展を阻害する要因ともなりかねないことが明らかであり，現行信託法の解釈指針として望ましいとは言えないように思われる。

[16]　そうであるとすれば，信託法理論相互の関係についてより適切である観点は，多種多様な信託の各類型を最も柔軟にとらえることのできる観点，すなわち，全ての信託法理論に共通する特徴を，信託の本質的特徴として位置づけ，各信託法理論をその本質的特徴との関係で等分の理論的価値を有するものとして把握し直すことであると考えられる。

そして，これまでの検討からすると，債権説，物権説（受益者実質所有権説），及び，信託財産実質法主体性説の三つの理論モデルに共通する観点としては，信託関係に係る信託関係当事者の権利義務や利益及び負担の内容が，信託目的を構成する理論的観点に基づいて設定され，場合によってはかかる観点に基づいて規制ないし制限されていること，すなわち，「信託の目的拘束性」という点を挙げることができる。又，信託類似法理と対比した場合における信託関係の独自性ないし特徴も，正にこの点にあるものと考えてよいように思われる。さらに，この考え方からすると，信託財産に関する信託関係当事者の権利ないし利益は，わが国の法体系が前提とする所有権の絶対性，完全性と異なる次元に立脚するところの，信託目的によって拘束された権利ないし利益であると考えられる。従って，信託法は，このような既存の法体系と別次元の柔軟かつ多種多様な権利関係を信託関係当事者が自由に創設すること（「信託の多様性」）を可能とする法理として，わが国の法体系に位置づけられるべきである[6]。

（1）　第3章第3節参照。
（2）　例えば，信託財産に関する相殺や，二重信託関係の成否に対する解釈に関する四宮和夫の議論を参照。

第 6 章　信託法の解釈における信託法理論の役割

（3）　なお，この点については，ごく最近に到るまで信託関係に関する紛争が公刊裁判例として公表されることが少なく，学説の側から問題点を検討する機会が実質的に限られていたという事情も考慮すべきであり，必ずしも学説の怠慢とは言いきれない面があることも指摘しておかなければならない。最近の信託に関する複数の紛争を通覧して評釈したものとして，道垣内弘人「最近信託法判例批評（1）～（9・完）」金法 1591 号～1598 号（2000），1600 号（2001）参照。

（4）　第 4 章第 1 節参照。

（5）　但し，物権説（受益者実質所有権説）に立った場合でも，受益者は情報開示を受けたことにより信託財産に関する管理処分権限を取得するわけではないから，第三者に対する責任を原則として負わない，とする方が，理論的には一貫しているように思われる。第 5 章第 8 節 [14][15] 参照。

（6）　このように，信託目的による拘束性が信託の本質的特徴であると考え，信託目的により拘束された権利関係を法体系の中で独自に創設することを可能とする法理として信託法を法体系の中に位置づけるとすると，この特徴及び位置づけを維持する限り，信託は半ば必然的に多種多様な法律関係を包含するものとならざるを得ないこととなる。その意味でも，全ての信託関係を唯一の理論モデルの下に統一的に説明すべき必要はないわけであり，信託目的ごとに信託の基本構造を相対的に考えていく方が，信託の特徴及び法体系における位置づけとして，より望ましいように思われる。

本論文の結論と今後の課題

　[1]　本論文での検討によって得られた結論は，次のとおりである。
　第一に，信託法理論の対立は，英米においては，財産権概念の対立や法体系の基本構造に関わる概念把握に関する対立であったが，日本においては制定法としての信託法が議論の前提とされていたため，かかる対立の背景が必ずしも正確に認識されてこなかった。もっとも，現行法の解釈に関して，信託法理論を解釈指針決定のための理論モデルとして応用することは，なお意義があるものと考えられる。
　第二に，信託の本質的特徴は，信託財産が特定の信託目的に拘束されていること（信託目的の拘束性）にあると考えられ，又，既存の法体系と別次元の権利関係を自由に創設することが可能な法理として，信託法を法体系の中に位置づけることができる。そして，この特徴及び位置づけに関しては，債権説，物権説（受益者実質所有権説），及び，信託財産実質法主体性説のうち，いずれかの信託法理論が特に優勢を保っているわけではない。実際，信託法理論相互間の関係は，解釈が行われる具体的な局面ごとに区々である。
　第三に，従って，現行信託法の解釈としては，特定の信託法理論のみに依拠した解釈を行うことは，信託の本質的特徴との関係で必ずしも妥当であるとは言えず，むしろ，信託条項において信託関係当事者が自由に信託関係を設定すること，場合によっては，複合的多面的な理論構成を同一の信託関係において創設することを，許容すべきであると考えられる。

　[2]　又，本論文に残された課題としては，次の点が挙げられる。
　第一に，本論文で得られた結論は，信託法理論の検討に基づく理論的観点にすぎず，現行法への応用も到底十分とは言えないから，本論文で行ってきた検討作業を，なお多様な局面において継続することが必要である。
　第二に，本論文は，専ら信託法理に検討の対象を集中させ，その他の法理

についてはほとんど分析をしていないから，今後においては本論文で得られた観点を基に，他の法理に対する分析検討を行ってみることが必要である。

　第三に，本論文では，現行実務を解釈の対象として包含したこととの関係から，理論的観点と実務的観点とを必ずしも明確に区分できなかった恐れがあり，より理論的観点を徹底させた解釈を，厳密に検討する必要がある。

　［3］　このように，本論文にはなお課題が山積しており，検討も極めて不十分と言わざるを得ない。しかしながら，信託法理論の意義と役割，信託の本質的特徴や法体系における位置づけについて，辛うじて一つの観点を示すことができたことは幸いであったと思う。今後は，この観点を基にして，より多様な方面へ研究関心を広げていきたいと考えている。

あとがき

　本書は，信託法，その中でも特に，信託法理論の形成と応用とに関する，私のこれまでの研究をまとめたものである。

　一読していただければおわかりのとおり，本書は，信託法理論の歴史的な形成過程と背景とに関する分析検討を行った第1部と，代表的ないくつかの信託法理論を現行信託法に応用した場合における解釈相互の関係を検討してみた第2部とから成る。このうち，第1部において主たる研究の対象となっているのは，英米における信託法理論の生成過程であり，現行信託法の解釈に関する議論は，英米に関しても日本に関しても，少なくとも結論に関する限り，全く変化のない局面を扱っている。又，第2部における議論は，専ら日本の現行信託法のやや応用的な局面に関する私の試論的解釈であり，英米における議論やわが国における従来の議論，さらに最近になって急に発展してきた議論については，あくまで参考としてしか扱っていない。

　要するに，本書の第1部，第2部とも，信託法の歴史や現状を事実として認識することからではなく，抽象理論としての信託法理論を中心に据えて，信託法理の歴史的発展や現行信託法の解釈を考えようとしたわけであり，このような研究方法が，わが国の法学界における伝統的な立場と，基本的な出発点からして大きく異なっていることは明らかである。多くの優れた研究業績を自分の議論の参考としてしか扱わなかった理由も正にこの点にあり，私としても様々な検討を繰り返した結果このような方法を採用したわけであるが，全く理解できない，あるいは，絶対支持しない，という方々も残念ながらおられることであろう。しかし，仮に伝統的な方法を遵守していたら，本書で示すことのできた観点に到達しなかったことはほぼ確実であるため，私としてはとりあえずさらに先に進んでみるしかないと思っている。

　本書の議論に関して，私自身が特に注意を払ったのは，信託銀行をはじめとする企業実務の行動と理論的観点とをどのように位置づけるかであった。現在のわが国の実務における信託は，財産管理の技術的手段として活用が試みられているため，一般的な法律学の議論以上に，解釈の具体的な結論を重

あとがき

視する傾向がある。このような傾向に単純に従うと，解釈の前提ないし理論的基盤が不明確となり，解釈自体が意味を持たないものとなりかねない。信託を以て財産管理の技術的手段と認識すること自体は，企業実務の目的に照らせば合理的なものであるし，実務上の問題点を解決する際に具体的な結果が重視されることは，むしろ当然のことである。しかし，そのような実務的観点に基づいた解釈を行うことの是非自体について，慎重に再検討する必要があるのではなかろうか。このようなことから，本書では，まず，具体的な解釈の結果が変化しない局面を取りあげて，信託法理論の形成過程について理論的に分析検討をし，その結果得られた観点を応用して解釈論を試みる，という方法を採用してみた。果たしてこのような方法が成功しているかは，本書の議論全体に対する，読者からの御判断を仰ぐほかない。

　本書は，第1部，第2部とも，初めて公表するものであるが，その基となる構想まで遡ると，併せて10年近い歳月が経過している。すなわち，本書の第1部は，1995年の春から1997年秋にかけて，主に英米の信託法理論について研究していた大学院時代に当初の原稿ができあがったものであるし，本書の第2部は，1998年春から2000年秋にかけて，主に現行信託法の解釈について研究していた日本学術振興会特別研究員及び筑波大学勤務時に，ほぼ構想がまとまったものである。どちらの研究を進めるに際しても，多くの方から励ましと御教示とをいただいたが，特に，第2部の議論については，筑波大学社会学類及び同大学院で行った信託法の講義，演習と，みずほ信託銀行（研究会発足当時は安田信託銀行）と協同して行っていた研究会での議論に負うところが極めて大きかった。自分でもわかりにくい私の議論に辛抱強くお付き合いくださった学生や実務家の皆さんに，この場を借りて深く感謝の意を表したい。なお，本書の出版に際して，信山社の方々から手厚い御配慮をいただいたことに，併せて感謝申し上げたい。

2004年1月12日

星　野　　　豊

事項索引（和文）

＜あ＞

悪性のある行為 …………………… 48, 100
後継ぎ遺贈 …………………………… 202
池田寅二郎 …………………………… 139
遺言執行者の受遺者選定権限 ……… 203
遺言信託 ……………………………… 184
委託者の地位 ………………………… 216
委 任 ………………………………… 195
売主は，自己の有する権原以上の権原を，
　買主に対して付与できない ……… 22, 77
エイムズ ……………………………… 84
エクイティ裁判所 ………………… 12, 19, 84
エクイティ裁判所の「弊害」 ……… 29
エクイティ裁判所の命令 …………… 53
エクイティ上同等である者の間では，コ
　モン・ロー上の法律関係が優先する
　…………………………………… 17, 46, 97
エクイティ上同等である者の間では，先
　に成立したエクイティ上の権利を有す
　る者が優先する ………………… 17, 46, 97
エクイティ上の救済命令 ………… 95, 113
エクイティ上の権利 ………………… 77
エクイティ上の財産権 …………… 96, 103
エクイティ上の先取特権 …………… 104
エクイティ上の所有権 ……………… 52
エクイティ上の利益 ……………… 96, 103
エルドン卿 ………………………… 29, 31

＜か＞

会 社 ………………………………… 195
改正信託業法10条1項 …………… 235, 261
隠れたエクイティ上の権利 ………… 75

家族間の財産管理 …………………… 203
間接代理 ……………………………… 194
元本保証 …………………………… 280, 290
擬制悪意 …………………………… 48, 107
擬制信託 ………………… 18, 125, 174, 183
擬制信託関係 ……………………… 49, 60
寄 託 …………………………… 124, 195
共同受託者の合手的行動義務 ……… 267
金外信託 ……………………………… 190
銀行取引約定書 ……………………… 263
金銭信託 …………………………… 190, 290
禁反言の原則 ………………………… 106
金融システム改革法 ………………… 235
組 合 ………………………………… 196
契 約 ……………………………… 44, 126
契約信託 ……………………………… 184
現実悪意 ……………………………… 107
ケント裁判官 ………………………… 75
権利能力のない社団 ………………… 197
公益信託 ……………………………… 184
公開市場における動産の取引 ……… 22
公共請負工事の前払金 ……………… 204
合同運用団 ………………………… 220, 293
固定配当 ……………………………… 279
個別信託 ……………………………… 191
コモン・ロー上の所有権 …………… 52

＜さ＞

債権説 …………………… 43, 141, 144, 172
債権的権利 ……………………… 43, 45, 96
財産権の帰属の形式と実質のずれ …… 207
再信託関係 …………………………… 269
私益信託 ……………………………… 183

事項索引（和文）

自益信託 …………………………… 185
実績配当 …………………………… 279
集団信託 …………………… 191, 301
受益者の取戻権 …………………… 232
受託者の善管注意義務 ……… 247, 292
受託者の注意義務 ………………… 249
受託者の忠実義務 ……… 240, 256, 292
受託者の費用補償請求権 ………… 304
受託所有権………………………… 57
受働信託 …………………………… 186
守秘義務 …………………………… 295
消極財産 …………………………… 215
証券投資信託 ……………… 186, 213
商事信託 ………………… 187, 189, 214
譲渡担保 …………………………… 197
譲渡抵当における優先劣後関係…… 95
情報開示 …………………………… 244
助言義務 …………………………… 248
親権の濫用 ………………………… 204
信託違反 ……………………… 6, 171
信託違反処分 ……………………… 150
信託関係当事者の意思表示………… 96
信託関係当事者の合意 …… 44, 85, 152, 207
信託関係の引受………………………… 44
信託基礎権説 ……………………… 141
信託業法9条 ……………………… 290
信託契約説 ………………………… 126
信託財産実質法主体性説 ……… 147, 179
信託財産独立性説 ………………… 125
信託財産二重領有説……………… 52, 171
信託財産の合併・分離 ……… 223, 293
信託財産の合同運用 ……………… 219
信託財産の清算 ……………… 284, 310
信託財産の特別財産性 …………… 230
信託財産の分別管理 ……………… 230
信託財産を中心とした財産管理関係 … 207

信託宣言……………………… 44, 184
信託に関する情報開示 …………… 271
信託の外部関係……………… 69, 171
信託の成立時点 …………………… 213
信託の多様性 ……………… 166, 324
信託の内部関係……………… 69, 171
信託ノ表示 ………………………… 228
信託の目的拘束性 ………… 166, 324
信託法1条 ………………………… 169
信託法17条 ………………………… 254
信託法24条 ………………………… 267
信託法31条 ………………………… 150
信託法36条 ……………………… 273, 304
信託法リステイトメント………… 72, 77, 78,
   95, 169, 249
信託法理の特徴 …………………… 206
慎重な管理者の原則（プルーデント・マン・ルール）………………………… 249
慎重な投資家の原則（プルーデント・インベスター・ルール）……………… 249
信認関係……………………… 96, 124, 169
信頼ないし信認……………………… 44
審理判断を行う巡回裁判所……… 29
スコット ……………………… 95, 127
積極財産 …………………………… 215
セルデン …………………………… 31
善意有償取得法理… 6, 14, 72, 84, 85, 97, 177
1873年裁判所法…………………… 27
1873年裁判所法25条11項……… 37, 59
相対的無効 ………………………… 154
損失補填 …………………………… 280

〈た〉

対抗要件理論 ……………………… 229
第三者のためにする契約…………… 96
代　人………………………… 217, 268

331

事項索引（和文）

大法官 …………………………………… 19
代　理 ……………………… 124, 194, 284
他益信託 ………………………………… 185
担保付社債信託法 ……………………… 139
忠実義務の硬直性の緩和 ……………… 244
直接所有権 ……………………………… 58
著作権信託 ……………………………… 187
ディケンズ ……………………………… 31
適切な情報開示 ………………………… 293
登記登録制度 ……………………… 10, 106
投資事業組合法 ………………………… 196
投資信託 ………………………………… 114
特定された信託財産 …………………… 207
特定履行 ………………………………… 114
取引当事者間の衡平 …………………… 116
取引におけるリスク配分 …… 102, 123, 181
問屋の破産 ……………………………… 232

＜な＞

捺印証書契約 …………………………… 75
二重領有 …………………………… 52, 142
能働信託 ………………………………… 186

＜は＞

パートナーシップ ………………… 124, 196
判断なき審理を行う堂々巡り裁判所 …… 29
比較衡量 ………………………………… 157
副大法官 ………………………………… 28
物権説 ……………… 57, 95, 146, 176, 246
物権説（受益者実質所有権説）… 57, 176
物権的権利 ……………………… 43, 45, 96
物権的権利の比較衡量 ……… 107, 260, 261
不当利得 ………………………………… 100
負の受益権 ……………………………… 281
別段預金 ………………………………… 265
弁護士の預かり金専用口座 …………… 210

ポートフォリオ ………………………… 249
保険料専用口座 ………………………… 199
保証金返還債権 ………………………… 215
保証事業法 ……………………………… 205

＜ま＞

民事信託 ………………………………… 187
名義人 …………………………………… 114
明示信託 ………………… 18, 50, 125, 174, 183
メイトランド ……………………… 43, 127
明白なエクイティ上の権利 …………… 75
黙示信託 ………………………………… 18

＜や＞

約定相殺の効力 ………………………… 263
ユース法 ………………………………… 186
預金債権の帰属 …………………… 198, 200
より優先されるべき権利 ……………… 104

＜ら＞

ラングデル ……………………………… 84
利益相反行為 ……………………… 204, 241
利益補足 ………………………………… 290
流通証券に表章されていない債権 …… 75
ルポール ………………………………… 125

事項索引（欧文）

＜A＞

A. W. Scott ·· *95*
actual notice ···································· *107*
agency ··· *124*
agreement ··· *44*

＜B＞

bailment ·· *124*
better title ······································· *104*
breach of trust ···································· *6*

＜C＞

C. C. Langdell ···································· *84*
Chancellor ··· *19*
Chancellor Kent ································· *75*
chose in action ·································· *75*
confidence ··· *44*
constructive notice ················· *48, 107*
constructive trust ······ *18, 49, 125, 174, 183*
contract ····································· *44, 126*
contract for the benefit of third party
·· *96*
Courts of Equity ; Chancery ··············· *12*

＜D＞

declaration of trust ··························· *44*
decree ··· *52*
direct ownership ································ *58*
doctrine of estoppel ······················· *106*
double ownership ······························· *52*

duty of care ····································· *249*

＜E＞

equitable decree ························· *95, 113*
equitable interest ···················· *96, 103*
equitable lien ··································· *104*
equitable ownership ·························· *52*
equitable property ··················· *96, 103*
express trust ················· *18, 125, 174, 183*

＜F＞

F. W. Maitland ··································· *43*
fiduciary relationship ··········· *96, 124, 169*

＜I＞

implied trust ······································ *18*
investment trust ······························· *114*

＜J＞

J. B. Ames ·· *84*
John Selden ······································· *31*
jus in personam ················· *43, 45, 96, 60*
jus in rem ······························· *43, 45, 96*

＜L＞

latent equity ······································ *75*
legal ownership ·································· *52*
Lord Eldon ··· *29*

＜M＞

manifestation of intention ················· *96*

事項索引（欧文）

mortgage ·······································95

< N >

negotiable instruments ······················75
Nemo plus juris ad alium tranferre
　potest quam ipse habet ············22, 77
nominee ··114

< O >

Oyer and terminer ···························29
Oyer sans terminer ···························29

< P >

partnership ······························124, 196
patent equity···································75
Pierre Lepaulle ······························125
portfolio ··249
Prudent Investor Rule ·····················249
Prudent Man Rule ··························249
Purchase for Value without Notice
　···6, 177

< Q >

qui prior est tempore potior est jure···17

< R >

recording statutes ···························106

Restatement (2d) of Trusts ············169

< S >

specialty ··75
specific performance ·······················114
Statute of Uses ······························186
Supreme Court of Judicature Act
　of 1873 ······································27

< T >

tacking ··95
trust‐ownership ······························57

< U >

undertaking ································44, 96
unjust enrichment ···························100

< V >

Vice‐Chancellor ······························28

< W >

Where the equities are equal, the law
　prevails ······································17
wrongdoing ······························48, 100

334

主要参照文献（略語）一覧

邦語文献

* 青木：青木徹二『信託法論』（1926）
* 秋山朋治「信託受益権に対する担保権の設定」信託法研究27号5頁（2002）
* 新井誠『財産管理制度と民法・信託法』（1990）
* 新井誠「信託の公示と信託財産の保全」ＮＢＬ635号20頁（1998）
* 新井・信託法：新井誠『信託法』（2002）
* 新井誠「信託法の構造」企業法学9号23頁（2002）
* 新井誠「信託財産の表示方法とその保全」みんけん（民事研修）546号3頁（2002）
* 新井誠編『欧州信託法の基本原理』（2003）
* 池田・信託法論：池田寅二郎『担保付社債信託法論』（1909）
* 池田寅二郎「民法第百七十七条ニ関スル新判決ニ就テ」法協27巻2号224頁（1909）
* 池田寅二郎「信託法案ノ概要」法協38巻7号823頁（1920）
* 石尾賢二「エクィティ上の追及効と擬制信託について」商大論集50巻5号837頁（1999）
* 石尾賢二『イギリス土地信託法の基礎的考察』（2000）
* 石尾賢二「イギリス法における擬制信託に関する一考察」商大論集51巻5号611頁（2000）
* 石尾賢二「信託受益権の物権的効力に関する解釈上の問題について」商大論集54巻2号145頁（2002）
* 入江：入江真太郎『全訂信託法原論』（1933）
* 岩田：岩田新『信託法新論』（1933）
* 植田淳『英米法における信認関係の法理』（1997）
* 植田淳「有価証券の信託公示の省略と信託財産の独立性」信託193号24頁（1998）
* 植田淳「イギリス法における信認義務の諸相」信託202号21頁（2000）
* 植田淳「信託法の書類閲覧請求権と権利の濫用」信託研究奨励金論集21号54頁（2000）
* 宇佐見雅彦「信託の公示とその効力について」信託法研究19号111頁（1995）

主要参照文献

* 海原文雄『英米信託法の諸問題（上・下）』(1993)
* 海原文雄『英米信託法概論』(1998)
* 遠藤雅範「受託者の補償請求権に関する法律上の性質」信託法研究 26 号 73 頁 (2001)
* 欧米における信託および信託類似制度研究会『信託および信託類似制度の研究』(1993)
* 大蔵省銀行局編『外国ニ於ケル信託ニ関スル調査』(1916)
* 大阪谷・理論編：大阪谷公雄『信託法の研究（上）理論編』(1991)
* 大阪谷・実務編：大阪谷公雄『信託法の研究（下）実務編』(1991)
* 太田達男「いわゆる商事信託法理への疑問」法時 72 巻 11 号 68 頁 (2000)
* 大武泰南「証券投資信託をめぐる紛争について」摂南法学 20 号 313 頁 (1998)
* 大塚正民＝樋口範雄編著『現代アメリカ信託法』(2002)
* 鴻常夫編『商事信託法制』(1998)
* 大村敦志「フランス信託学説史一斑」信託研究奨励金論集 22 号 91 頁 (2001)
* 落合誠一編著『比較投資信託法制研究』(1996)
* 乙部辰良『詳解投資信託法』(2001)
* 関西信託研究会『法形式と法実質の調整に関する総合研究Ⅰ』(1998)
* 関西信託研究会『法形式と法実質の調整に関する総合研究Ⅱ』(2000)
* 関西信託研究会『資産の管理運用制度と信託』(2002)
* 神田・商事信託：神田秀樹「商事信託の法理について」信託法研究 22 号 49 頁 (1998)
* 神田秀樹「金融関連法の改正と商事信託」信託 203 号 22 頁 (2000)
* 神田秀樹「信託の将来」信託 206 号 6 頁 (2001)
* 神田秀樹「商事信託法講義（1）～（4・未完）」信託 214 号 33 頁, 215 号 57 頁, 216 号 27 頁 (2003), 217 号 59 頁 (2004)
* 神田秀樹「『信託業のあり方に関する中間報告』について」信託 215 号 6 頁 (2003)
* 木下：木下毅「受益者の準物権的権利」『アメリカ私法』273 頁 (1988, 初出 1983)
* 金融研究所：金融研究所「金融取引における受認者の義務と投資家の権利」金融研究 17 巻 1 号 1 頁 (1998)
* 金融審議会第二部会「信託業のあり方に関する中間報告書」(2003)（信託 215 号 26 頁 (2003)）

* 金融法委員会「信託法に関する中間論点整理」(http://www.flb.gr.jp)
* 座談会「金融システム改革をめぐる法的諸問題」金法 1522 号 26 頁（1998）
* 座談会「商事信託法理と商事信託法」信託 207 号 4 頁（2001）
* 実定信託法研究会『実定信託法研究ノート』(1996)
* 四宮・研究：四宮和夫『信託の研究』(1965)
* 四宮・信託法：四宮和夫『信託法』（新版，1989）
* 四宮・民法論集：四宮和夫「財産管理制度としての信託について」『四宮和夫民法論集』43 頁（1990，初出 1974）
* 四宮古稀：加藤一郎・水本浩編『四宮和夫先生古稀記念論文集／民法・信託法理論の展開』(1981)
* 私法学会シンポジウム「信託法改正の基本問題」私法 47 号 3 頁（1985）
* 信託会社協会編『信託法規ノ成立』(1922)
* 信託法学会シンポジウム「商事信託に関する立法論的研究」信託法研究 25 号 1 頁（2000）
* 商事信託研究会：商事信託研究会『商事信託法の研究』(2001)
* 信託法と民法の交錯研究会『信託法と民法の交錯』(1998)
* 新堂明子「アメリカ信託法におけるプルーデント・インベスター・ルールについて」北大法学論集 52 巻 5 号 1830 頁（2002）
* 鈴木秀昭「信託の倒産隔離機能」信託法研究 28 号 99 頁（2003）
* 芹澤英明「アメリカ法における年金信託投資規制の最近の動向」信託法研究 19 号 49 頁（1995）
* 高柳・地位：高柳賢三「信託ノ法理学上ノ地位」法協 31 巻 6 号 1027 頁（1913）
* 高柳・原理：高柳賢三「英米信託法原理㈠㈡」法協 40 巻 5 号 723 頁，6 号 915 頁（1922）
* 高柳・発展：高柳賢三「英国に於ける信託法理の歴史的発展」『現代法律思想の研究』751 頁以下（1927）
* 田島裕「日本の民法と信託法」企業法学 9 号 65 頁（2002）
* 田中實『信託法入門』(1992)
* 田中實＝山田昭＝雨宮孝子（補訂）『信託法』（改定版，1998）
* 辻正美「受託者の背信的処分の効力について（1）〜（4・完）」法学論叢 103 巻 1 号 37 頁，104 巻 1 号 1 頁（1978），104 巻 5 号 15 頁（1979），106 巻 6 号 31 頁（1980）
* 寺岡隆樹「信託における時効に関する一考察」信託法研究 28 号 3 頁（2003）

主要参照文献

* 道垣内・信託法理：道垣内弘人『信託法理と私法体系』(1996)
* 道垣内弘人「最近信託法判例批評（1）～（9・完）」金法 1591 号 40 頁，1592 号 19 頁，1593 号 18 頁，1594 号 69 頁，1595 号 46 頁，1596 号 70 頁，1597 号 66 頁，1598 号 42 頁（2000），1600 号 81 頁（2001）
* 道垣内弘人「保管受託者（custodian trustee）を用いた信託とその法的諸問題」金融研究 21 巻 2 号 251 頁（2002）
* 道垣内弘人＝大村敦志＝滝沢昌彦編『信託取引と民法法理』(2003)
* 土浪修「米国におけるプルーデント・マン・ルール」ニッセイ基礎研究所調査月報 1994 年 9 号 3 頁（1994）
* 土浪修「米国における資産運用受託者の行為準則」商事法務 1371 号 26 頁（1994）
* 友末義信「信託受託者の開示義務と守秘義務との関係（1）（2・完）」民商 118 巻 6 号 773 頁，119 巻 1 号 35 頁（1998）
* 永井：永井壽吉「社債法の研究　附論　信託法に就いて」司法研究 15 輯 2 (1932)
* 中根不羈雄「信託法第二十二条解説」信託協会会報 9 巻 1 号 48 頁（1935）
* 中野正俊「信託における受託者の忠実義務」法学志林 98 巻 2 号 223 頁（2001）
* 能見善久「現代信託法講義（1）～（8・完）」信託 199 号 4 頁，200 号 87 頁（1999），202 号 7 頁，203 号 4 頁（2000），205 号 4 頁，206 号 13 頁，208 号 45 頁（2001），211 号 26 頁（2002）
* 能見善久「信託と物権法定主義」佐藤進＝斎藤修編『現代民事法学の理論（上）／西原道雄先生古稀記念』29 頁（2001）
* 能見善久＝山田誠一＝道垣内弘人「現代信託法の展望」信託法研究 24 号 65 頁（1999）
* 能見善久ほか「特集・信託制度の将来展望」ジュリ 1164 号 12 頁以下（1999）
* 野村アセット投信研究所編著『投資信託の法務と実務』(2002)
* 早川眞一郎（訳）『米国信託法上の投資ルール　第 3 次信託法リステイトメント：プルーデント・インベスター・ルール』(1996)
* 樋口範雄「信託と契約」信託法研究 21 号 57 頁（1997）
* 樋口範雄『フィデュシャリー［信認］の時代』(1999)
* 樋口範雄『アメリカ信託法ノートⅠ』(2000)
* 樋口範雄『アメリカ信託法ノートⅡ』(2003)
* 樋口範雄「英米法から見た「物権」と「債権」」ジュリ 1229 号 77 頁（2002）
* 樋口範雄「イギリスの 2000 年受託者法に関するノート」NBL739 号 11 頁

(2002)
* 弘中隆史「合同運用金銭信託における書類閲覧請求権について」信託法研究22号3頁（1998）
* 藤田友敬「忠実義務の機能」法協117巻2号137頁（2000）
* フランケル，タマール・，＝樋口範雄「信託モデルと契約モデル」法協115巻2号147頁（1998）
* ヘイトン，ディヴィッド・，（石尾賢二訳）「大陸法法域における信託概念の発展」商大論集53巻2・3号331頁（2001）
* ヘイトン，ディヴィッド・，（石尾賢二訳）「イギリス信託と大陸諸国における類似の商取引方法」商大論集54巻5号657頁（2003）
* ホールバック，エドワード・C・，（樋口範雄監訳・解説，ニッセイ基礎研究所プルーデント・マン・ルール研究会訳）「信託法第3次リステイトメントにおける信託投資法（Ⅰ）（Ⅱ）」文研論集108号187頁，109号181頁（1994）
* 星野英一・民法論集：星野英一「いわゆる権利能力のない社団について」『民法論集第1巻』227頁（1970，初出1967）
* 星野豊「受託者の忠実義務」本郷法政紀要1号289頁（1993）
* 星野豊「債権説から見た信託法第31条」信託198号53頁（1999）
* 星野豊「「信託関係」における「受益者」の責任（1）～（3・完）」NBL673号10頁，674号47頁，675号52頁（1999）
* 細矢・信託論：細矢祐治『本邦信託論』（改訂増補版，1925）
* 細矢・法理：細矢祐治『信託法理及信託法制』（1926）
* マシューズ，ポール・，（新井誠訳）「英国2000年受託者法」信託210号68頁（2002）
* 松本＝西内：松本崇＝西内彬『信託法・信託業法・兼営法＜特別法コンメンタール＞』（1972）
* 真船秀郎「信託財産の運用のために保管する有価証券についての公示と分別管理」信託法研究21号89頁（1997）
* 三谷進『アメリカ投資信託の形成と展開』（2001）
* 三菱信託銀行信託研究会『信託の法務と実務』（4訂版，2003）
* 三淵：三淵忠彦『信託法通釈』（1926）
* 森泉ほか：森泉章ほか『イギリス信託法原理の研究』（1992）
* モンクス，ロバート・A・G・，（宮平光庸訳）「無謀な「投資の善管義務（プルーデント・マン・ルール）」」社会科学研究45巻1号233頁（1993）

主要参照文献

＊山田・研究：山田昭『信託立法過程の研究』(1981)
＊山田・資料：山田昭編著『日本立法資料全集2　信託法信託業法』(1991)
＊遊佐・提要：遊佐慶夫『信託法提要』(1919)
＊遊佐・評論：遊佐慶夫『信託法制評論』(1924)
＊米倉：米倉明『信託法・成年後見の研究』(1998)
＊米倉明「信託による後継ぎ遺贈の可能性」ジュリ1162号87頁 (1999)
＊渡辺宏之「商事信託と「信託の理念型」」法研論集101号279頁 (2002)

欧語文献

* AMES, CASES ON TRUSTS: JAMES BARR AMES, A SELECTION OF CASES ON THE LAW OF TRUSTS (2d ed. 1893).
* AMES, LECTURES ON LEGAL HISTORY: JAMES BARR AMES, LECTURES ON LEGAL HISTORY AND MISCELLANEOUS LEGAL ESSAYS (1913).
* AUSTIN: JOHN AUSTIN, LECTURES ON JURISPRUDENCE OR THE PHILOSOPHY OF POSITIVE LAW (ed. by ROBERT CAMPBELL, 1875).
* BAKER: J. H. BAKER, AN INTRODUCTION TO ENGLISH LEGAL HISTORY (4th ed. 2002).
* BOERSMA: FREDERIC LISTER BOERSMA, AN INTRODUCTION TO FITZHERBERT'S ABRIDGEMENT (1981).
* BOGERT: GEORGE GLEASON BOGERT & GEORGE TAYLOR BOGERT, THE LAW OF TRUSTS AND TRUSTEES (rev. 2d ed.1979-93: 3d ed. (ss. 611-670) 2000).
* BRITISH PARLIAMENTARY PAPERS: IRISH UNIVERSITY PRESS SERIES OF BRITISH PARLIAMENTARY PAPERS, FIRST SECOND AND THIRD REPORTS FROM HER MAJESTY'S COMMISIONERS ON THE COURT OF CHANCERY WITH SUPPLEMENT TO THE FIRST REPORT CORRESPONDENCE MINUTES OF EVIDENCE AND APPENDICES 1852-56, LEGAL ADMINISTRATION GENERAL 8 (1970).
* CHUTE: CHALONER WILLIAM CHUTE, EQUITY UNDER THE JUDICATURE ACT; OR, THE RELATION OF EQUITY TO COMMON LAW: WITH AN APPENDIX, CONTAINING THE HIGH COURT OF JUDICATURE ACT, 1873, AND THE SCHEDULE OF RULES (1874).
* Cooter & Freedman: Robert Cooter & Bradley J. Freedman, The Fiduciary Re-

lationship: Its Economic Character and Legal Consequences, 66 N. Y. U. L. Rev. 1045 (1991).
* DICKENS: CHARLES DICKENS, BLEAK HOUSE (1852).
* Durfee: Durfee, Equity in Rem, 14 Mich. L. Rev. 219 (1916).
* EDWARDS & STOCKWELL: RICHARD EDWARDS & NIGEL STOCKWELL, TRUSTS AND EQUITY (5th ed. 2002).
* FITZHERBERT'S ABRIDGEMENT: SIR ANTONY FITZHERBERT, LA GRAUNDE ABRIDGE-MENT, vol. 3 (1516).
* FONBLANQUE: JOHN FONBLANQUE, A TREATISE OF EQUITY WITH THE ADDITION OFMARGINAL REFERENCES AND NOTES (5th ed. 1820).
* FOWLER: JOHN FRANCIS FOWLER, AMERICAN INVESTMENT TRUSTS (1928).
* FRANCIS: RICHARD FRANCIS, MAXIMS OF EQUITY, COLLECTED FROM, AND PROVED BY CASES, OUT OF THE BOOKS OF THE BEST AUTHORITY, IN THE HIGH COURT OF CHANCERY. TO WHICH IS ADDED THE CASE OF THE EARL OF COVENTRY, CONCERNING THE DEFECTIVE EXECUTION OF POWERS. LATELY ADJUDGED IN THE HIGH COURT OF CHANCERY (1727).
* GILBERT: LORD CHIEF BARON GILBERT, THE LAW OF USES AND TRUSTS (3d ed. by EDWARD BURTENSHAW SUGDEN, 1811).
* GODEFROI: GODEFROI ON THE LAW OF TRUSTS AND TRUSTEES (4th ed. by SYDNEY EDWARD WILLIAMS, 1915).
* HANBURY & MARTIN: HANBURY & MARTIN MODERN EQUITY (16th ed. by JILL E. MARTIN, 2001).
* Hansmann & Mattei: Henry Hansmann & Ugo Mattei, The Functions of TrustLaw: A Comparative Legal and Economic Analysis, 73 N. Y. U. L. Rev. 434 (1998).
* HOLDSWORTH, CHARLES DICKENS AS LEGAL HISTORIAN: WILLIAM S. HOLDSWORTH, CHARLES DICKENS AS A LEGAL HISTORIAN (1928).
* HOLDSWORTH, HISTORY OF ENGLISH LAW: SIR WILLIAM HOLDSWORTH, A HISTORY OF ENGLISH LAW (3d rep. ed. 1966).
* HUDSON, EQUITY & TRUSTS: ALASTAIR HUDSON, EQUITY & TRUSTS (2d ed. 2001).

主要参照文献

* HUSTON: CHARLES ANDREWS HUSTON, THE ENFORCEMENT OF DECREE IN EQUITY (1915).
* INDEX CHART ISSUED FOR THE ENGLISH REPORTS (1924).
* JONES: J. WALTER JONES, THE POSITION AND RIGHTS OF A BONA FIDE PURCHASER FOR VALUE OF GOODS IMPROPERLY OBTAINED (1921).
* KEETON; GEORGE W. KEETON, THE LAW OF TRUSTS, A STATEMENT OF THE RULES OF LAW AND EQUITY APPLICABLE TO TRUSTS OF REAL AND PERSONAL PROPERTY (9th ed. 1968).
* Kenneson: Thaddeus D. Kenneson, Purchase for Value without Notice, 23 Yale L. J. 193 (1914).
* KERLY: DUNCUN MACKENZIE KERLY, AN HISTORICAL SKETCH OF THE EQUITABLE JURISDICTION OF THE COURT OF CHANCERY (1890).
* Langbein: John H. Langbein, The Contractarian Basis of the Law of Trusts, 105 Yale L. J. 625 (1995).
* LANDAU & KRUEGER: POBERT I. LANDAU & JOHN E. KRUEGER, CORPORATE TRUST ADMINISTRATION AND MANAGEMENT (5th ed. 1998) .
* LANGDELL, BRIEF SURVEY OF EQUITY JURISDICTION: C. C. LANGDELL, A BRIEF SURVEY OF EQUITYJURISDICTION (2d ed. 1908).
* LANGDELL, SUMMARY OF EQUITY PLEADING: C. C. LANGDELL, A SUMMARY OF EQUITY PLEADING (2d ed. 1883).
* Lepaulle, Outsider's View Point of Nature of Trusts: Pierre Lepaulle, An Outsider's View Point of the Nature of Trusts, 14 Corn. L. Q. 52 (1928).
* LEPAULLE, TRUSTS: PIERRE LEPAULLE, TRAITE THEORIQUE ET PRATIQUE DES TRUSTS EN DROIT INTERNE, EN DROIT ISCAL ET EN DROIT INTERNATIONAL (1932).
* LEWIN: THOMAS LEWIN, A PRACTICAL TREATISE ON THE LAW OF TRUSTS AND TRUSTEES (4th ed. 1861)[cf. 17th ed. by JOHN MOWBRAY et. al (2000)].
* MAITLAND, COLLECTED PAPERS: F. W. MAITLAND, THE COLLECTED PAPERS OF FREDERIC WILLIAM MAITLAND (ed. by H. A. L. FISHER, 1911).
* MAITLAND, EQUITY: F. W. MAITLAND, EQUITY ALSO THE FORMS OF ACTION AT COMMON LAW (ed. by A. H. CHAYTOR & W. J. WHITTAKER,

1929).

* PARKER AND MELLOWS: PARKER AND MELLOWS: THE MODERN LAW OF TRUSTS (8th ed. by A. J. OAKLEY, 2003).
* PARKES: JOSEPH PARKES, A HISTORY OF THE COURT OF CHANCERY: WITH PRACTICAL REMARKS ON THE RECENT COMMISION, REPORT, AND EVIDENCE, AND ON THE MEANS OF IMPROVING THE ADMINISTRATION OF JUSTICE IN THE ENGLISH COURT OF EQUITY (1828).
* PERRY: JAIRUS WARE PERRY, A TREATISE ON THE LAW OF TRUSTS AND TRUSTEES (5th ed. by JOHN M. GOULD, 1899).
* PETTIT: PHILIP H. PETTIT, EQUITY AND THE LAW OF TRUSTS (9th ed. 2001).
* POMEROY: JOHN NORTON POMEROY, A TREATISE ON EQUITY JURISPRUDENCE, AS ADMINISTERED IN THE UNITED STATES OF AMERICA; ADAPTED FOR ALL THE STATES, AND TO THE UNION OF LEGAL AND EQUITABLE REMEDIES UNDER THE REFORMED PROCEDURE (1st ed. 1886-1887).
* Pound: Roscoe Pound, Book Review, 26 Harv. L. Rev. 462 (1913).
* RESTATEMENT (1st) OF CONTRACTS: AMERICAN LAW INSTITUTE, RESTATEMENT OF THE LAW, CONTRACTS (1932).
* RESTATEMENT (2d) OF CONTRACTS: AMERICAN LAW INSTITUTE, RESTATEMENT OF THE LAW, 2d, CONTRACTS (1981).
* RESTATEMENT (1st) OF JUDGMENTS: AMERICAN LAW INSTITUTE, RESTATEMENT OF THE LAW OF JUDGMENTS (1942).
* RESTATEMENT (2d) OF JUDGMENTS: AMERICAN LAW INSTITUTE, RESTATEMENT OF THE LAW, 2d, JUDGMENTS (1982).
* RESTATEMENT (1st) OF TRUSTS: AMERICAN LAW INSTITUTE, RESTATEMENT OF THE LAW, TRUSTS (1935).
* RESTATEMENT (2d) OF TRUSTS: AMERICAN LAW INSTITUTE, RESTATEMENT OF THE LAW, 2d, TRUSTS (1959).
* RESTATEMENT OF RESTITUTION: AMERICAN LAW INSTITUTE, RESTATEMENT OF THELAW OF RESTITUTION (1937).
* RIDDALL: J. G. RIDDALL, THE LAW OF TRUSTS (6th ed. 2002).
* ROBERTS: THOMAS ARCHIBALD ROBERTS, THE PRINCIPLES OF EQUITY,

主要参照文献

　　　AS ADMINISTERED IN THE SUPREME COURT OF JUDICATURE AND OTHER COURTS OF EQUITABLEJURISDICTION (3d ed. 1877).
* SALMOND: SIR JOHN W. SALMOND, JURISPRUDENCE, OR, THE THEORY OF THE LAW (2d ed. 1907).
* SANDERS: FRANCIS WILLIAM SANDERS, AN ESSAY ON USES AND TRUSTS, AND ON THE NATURE AND OPERATION OF CONVEYANCES AT COMMON LAW, AND OF THOSE, WHICH DERIVE THEIR EFFECT FROM THE STATUTE OF USES (4th ed. 1824).
* SCOTT, CASES ON TRUSTS: AUSTIN WAKEMAN SCOTT, SELECT CASES AND OTHER AUTHORITIES ON THE LAW OF TRUSTS (3d ed. 1940).
* Scott, Fiduciary Principle: Austin Wakeman Scott, The Fiduciary Principle, 37 Calif. L. Rev. 539 (1937).
* SCOTT ON TRUSTS: AUSTIN WAKEMAN SCOTT, THE LAW OF TRUSTS (4th ed. by WILLIAM FRANKLIN FRATCHER, 1987-91).
* SCOTT ON TRUSTS (1st ed.): AUSTIN WAKEMAN SCOTT, THE LAW OF TRUSTS (1st ed. 1939).
* Scott, Nature of the Rights of Cestui Que Trust: Austin Wakeman Scott, The Nature of the Rights of the Cestui Que Trust, 17 Colum. L. Rev. 269 (1917).
* Scott, Trust as Instrument of Law Reform: Austin Wakeman Scott, The Trust as an Instrument of Law Reform, 31 Yale L. J. 457 (1922).
* Seavey: W.A. Seavey, Purchase for Value without Notice, 23 Yale L. J. 447 (1914).
* SELDEN'S TABLE TALK: THE TABLE TALK OF JOHN SELDEN (ed. by SAMUEL HARVEY REYNOLDS, 1892).
* SMITH: H. ARTHER SMITH, A PRACTICAL EXPOSITION OF THE PRINCIPLES OF EQUITY, ILLUSTRATED LEADING DECISIONS THEREON. FOR STUDENTS AND PRACTITIONERS (4th ed. 1908).
* SNELL: EDMUND HENRY TURNER SNELL, THE PRINCIPLES OF EQUITY, INTENDED FOR THE USE OF STUDENTS AND PROFESSION (1st ed. 1868)[cf. 30th ed. by JOHN MCGHEE (2000)].
* SPENCE: GEORGE SPENCE, THE EQUITABLE JURISDICTION OF THE COURT OF CHANCERY. COMPRISING THE RISE, PROGRESS, AND FI-

NAL ESTABLISHMENT MODERN JURISDICTION OF THE COURT OF CHANCERY. TO WHICH IS PREFIXED, A CONCISE SUMMARY OF THE LEADING PRINCIPLES OF THE COMMON LAW, SO FAR AS REGARDS PROPERTY, REAL AND PERSONAL, AND A SHORT ACCOUNT OF THE JUDICIAL INSTITUTIONS OF ENGLAND (1846-49).

* Stone: Harlan F. Stone, The Nature of the Rights of the Cestui Que Trust, 17 Colum. L. Rev. 467 (1917).
* STORY: JOSEPH STORY, COMMENTARIES ON EQUITY JURISPRUDENCE, AS ADMINISTERED IN ENGLAND AND AMERICA (12th ed. by JAIRUS W. PERRY, 1877).
* SUGDEN: EDWARD SUGDEN, A CONCISE AND PRACTICAL TREATISE OF THE LAW OF VENDORS AND PURCHASERS OF ESTATES (14th ed. 1862).
* TODD & LOWRIE: PAUL TODD & SARAH LOWRIE, TEXTBOOK ON TRUSTS (5th ed. 2000).
* TODD & WATT: PAUL TODD & GARY WATT, CASES AND MATERIALS ON EQUITY AND TRUSTS (4th ed. 2003).
* TURNER: R. W. TURNER, THE EQUITY OF REDEMPTION, ITS NATURE, HISTORY, AND CONNECTION WITH EQUITABLE ESTATES GENERALLY (1931).
* UNDERHILL, TRUSTS AND TRUSTEES: ARTHUR UNDERHILL, THE LAW RELATING TO TRUSTS AND TRUSTEES (6th ed. 1904).
* UNDERHILL, CHANGE AND DECAY: SIR ARTHUR UNDERHILL, CHANGE AND DECAY: THE RECOLLECTIONS AND REFLECTIONS OF AN OCTOGENARIAN BENCHER (1938).
* UNDERHILL AND HAYTON: UNDERHILL AND HAYTON / LAW RELATING TO TRUSTS AND TRUSTEES (16th ed. by DAVID J. HAYTON, 2003).
* WHITEHOUSE & HASSALL: CHRIS WHITEHOUSE & NICHOLAS HASSALL, TRUSTS OF LAND, TRUSTEE AND THE TRUSTEE ACT 2000 (2d ed. 2001).
* WILLOUGHBY: R. M. P. WILLOUGHBY, THE DISTINCTIONS AND ANOMALIES ARISING OUT OF THE EQUITABLE DOCTRINE OF THE LEGAL ESTATE (1912).

要　旨

　[１]　本論文は，信託法の解釈における信託法理論の役割を再検討し，以て，わが国の法体系における信託法の位置付けを考えようとするものである。

　本論文での分析検討の方法としては，最終的な目的としてのわが国の法体系における信託法の位置づけについて考えるために，まず，第１部において，信託法理論の対立の構造とその背景とについて分析検討を加え，信託法理論の対立の理論的意義を明らかにする，という方法を採用する。そして，従来のわが国においては，信託法理論の対立についての検討が必ずしも十分に行われてこなかったため，議論の素材として十分でないこと，及び，わが国の信託法の立法にあたって主として参照された英国及び米国の信託法理の下でも，わが国の信託法理論の対立と類似した信託法理論の対立状況が見られることから，英国及び米国における信託法理論の対立を主たる分析検討の対象とし（第１章及び第２章），そこから得られた理論的観点を参考として，わが国の信託法の解釈における信託法理論の役割を再検討する（第３章）。そのうえで，第２部においては，信託法理論のわが国における存在意義を再検討するため，議論を日本の信託法に限定することとし，まず，理論モデルとしての信託法理論を再整理した後（第４章），現行信託法の各局面における解釈に三つの代表的な信託法理論を応用してみる（第５章）。そして，かかる検討の結果から導かれる本論文の結論として，信託法理論の対立構造と信託法の解釈との関連について，さらに，信託法の特徴と法体系における信託の位置付けについて考察する（第６章）。

　[２]　英米における善意有償取得法理は，15世紀ないし16世紀にかけて，英国のエクイティ裁判所の歴史的政治的権威を背景としつつ，エクイティ裁判所の命令に基づく，一定範囲の第三者に対する信託関係の強制によって形成された判例法理である。その伝統的特徴は，コモン・ローとエクイティとが別個の法体系であることを利害調整の前提として，受益者のためにエクイティ裁判所が創設したエクイティ上の財産権と，信託財産を受託者から譲り

要 旨

受けた第三者の有するコモン・ロー上の財産権との調整，すなわち，信託財産に関してコモン・ローとエクイティとにおいて各々独立に成立した財産権相互の調整を図ることにあった。他方，19世紀後半の裁判所制度改革によってコモン・ロー裁判所とエクイティ裁判所とが統合されるまでの間における英国の信託法学説の議論は，判例法理の正当性を議論の前提として，専ら判例法理の内容を要約することを目的としていた。

これに対して，裁判所制度改革前後においてエクイティ裁判所の判断の正当性に係る権威が動揺し，エクイティ裁判所とコモン・ロー裁判所とが統合されると，裁判所の権威のみに依拠することなく一貫した観点の下に判例法理の正当性を整合的に説明する理論構成の提示が必要である，との信託法学説の新たな役割に関する意識が生ずるに到った。この時代にメイトランドによって主張された債権説の理論構成は，信託関係当事者の合意の効果を軸に信託法理を再構成し，受託者と第三者との同一視可能性を判断基準として善意有償取得法理を説明しようとする点で，かかる信託法学説の新たな役割に最も合致するものであった。又，債権説の理論構成では，裁判所の権威のみに依拠した理論構成を放棄することのみならず，コモン・ローとエクイティとの関係の把握についても将来の方向性を予測した新たな法体系の構成が示されており，信託法理及び善意有償取得法理の有する伝統的特徴に対して理論的な再考を迫るものであった。但し，債権説の議論の最終的な目的は，善意有償取得法理を含めた信託法理の一貫した正当性を論証することにあったため，伝統的な判例法理の具体的な結論や判断の前提となる法体系の把握は，理論構成の中で基本的に維持されている。

現在の英国では，善意有償取得法理の正当性の根拠を裁判所の判断それ自体に求めることが再度疑われなくなっているため，債権説の理論構成は判例や学説の議論に対してそれ程明確な影響を与えていない。しかしながら，債権説が信託関係当事者の合意を軸とした理論構成を展開したことは，受益権の効果に係る理論構成を受託者に対する関係と第三者に対する関係とで異なるものとする等，善意有償取得法理の本質的特徴や法体系における信託法理の位置づけに関する議論に対し，様々な理論的発展の可能性を生じさせたと考えることができる。

347

要 旨

[3] 米国の善意有償取得法理は，基本的には英国の善意有償取得法理を継受したものであり，利害調整基準の構造や具体的な利害調整結果は多くの局面で英国と同一となっている。又，米国の信託法学説においても，善意有償取得法理が英国に起源を有する「判例法理」であることは，一応議論の前提となっている。

しかし，米国の信託法学説の議論では，裁判所の判断それ自体が善意有償取得法理の正当性の絶対的な根拠とされているわけではなく，むしろある一貫した正義と衡平の観点に従って伝統的な判例法理が体系化され，かかる観点に合致しない部分については判例法理の修正ないし変更が主張されている。例えば，エクイティ上の権利が信託違反により善意有償の第三者に譲渡された場合等，若干の局面で米国独自の変容が生じているのは，判例の対立が生じていた状況の中で，債権説，物権説をはじめとする米国の信託法学説がかかる法理の変容を理論的に支持し，信託法リステイトメントの制定によってかかる変容を米国の善意有償取得法理と認知したことに基づいている。

又，米国における信託法学説は，法体系の構造や議論の前提となる基本的な概念の把握についても，英国の伝統的な考え方にそのまま従うことなく，例えば，コモン・ローとエクイティとの理論上の差異が重視されない一体的な法体系や，「取引によって生ずる価値（value）の集積」としての信託財産等，米国独自の概念把握に基づいて受益者と第三者との利害調整を議論している。このような議論を展開する米国の信託法学説において，議論の主要な目的とされているものは，債権説，物権説を通じて，単に既存の判例法理を要約することではなく，一貫した理論構成に基づいて，現在及び将来において発生しうる実務上の紛争に対して柔軟な解決規範を提示することである。そして，かかる議論の主要な目的に対してより適合する理論構成を提示しているのは，善意有償取得法理に基づく受益者と第三者との利害調整を，信託関係設定に係る合意の効果の第三者に対する拡張ととらえる債権説ではなく，信託財産に関して受益者と第三者とが各々有する権利ないし利益の比較衡量ととらえる物権説である。

このように，米国の善意有償取得法理は，米国の信託法学説，特に物権説の理論構成と密接な理論的関連を有しつつ，英国における伝統的特徴が極め

要 旨

て希薄となった，コモン・ローとエクイティとの理論上の区別や利害調整の対象となる利益の「権利」としての成否を問うことのない，より抽象的一般的な利害調整法理，すなわちある財産ないし権利関係に関する権利者ないし利益享受者と第三者との利害調整一般を司る法理へと，その特徴を変化させているものと考えられる。

　[4]　以上のような分析検討の結果から考察すると，英米における信託法理論の対立は，信託法理の具体的な解釈における結論それ自体の対立というよりも，むしろ信託法理に関する議論の前提となる法体系全体についての把握の仕方や，信託財産ないし財産権の概念に関する把握の仕方，さらに信託関係の成立根拠として信託関係当事者の意思と裁判所による命令との関係をどのように把握するか等，信託法理を法体系の中に位置づけるための議論の前提となる基本的な概念ないし理念に関する対立であったと考えられる。実際，英米における信託法理論の対立は，専ら信託の基本構造に関する抽象的な理論構成，すなわち，信託関係当事者間の法律関係と善意有償取得法理に関する理論構成とをめぐって抽象的に展開されており，それ以外の局面における解釈論の対立として展開されているわけではないが，このことは，英米における信託法理論の対立の意義が上記のような点にあることと，理論的に整合しているものと思われる。

　[5]　起草者をはじめとするわが国の従来の信託法学説は，信託の基本構造について議論する際，わが国における法体系の構造や基本的な概念把握を議論の前提としたうえで，わが国の契約法体系の中に信託を整合的に位置づけることを議論の共通の目的としているため，英米のような議論の前提ないし基盤に関わる対立は存在していない。このことは，信託法の立法に際して行われた議論においても，信託法立法後における議論においても，一貫したものということができる。

　このように，日本法に対する信託法理の導入が立法によって行われたこと，信託を財産管理法理の一としてわが国の契約法体系と整合的に位置づけることが立法段階以来学説の一致した目的であったことから考察すると，わが国

要　旨

における信託法理論の対立は，英米におけるような議論の前提となる基本的な概念ないし理念の対立というよりも，むしろ制定法としての信託法の存在を議論の前提としたうえでの，信託法の条文解釈の原則ないし基本的な解釈の方向性に関する対立であったと考えることができる。そして，英米における信託法理が極めて豊富な判例の蓄積によって各局面における具体的な解釈基準を詳細に示しているのと異なり，わが国における信託法に関する判例等による法の欠缺の補充が現在においても必ずしも十分でないことは明らかであるから，現在のわが国の信託法の解釈に関して信託法理論を解釈の原則ないし方向性を確立するための理論モデルとして英米と異なる意義を認めることは，必要かつ有益であると思われる。

従来のわが国における議論では，信託法理論の対立について論ずる際に，英米における議論の外形から，信託違反が行われた場合における受益者と第三者との利害調整について規定した信託法31条のみに注目してきた。しかしながら，日本法における信託法理論の対立の意義が上記のように信託法の解釈の原則ないし方向性に関する理論モデルの確立にあると考えられる以上，日本法において信託法理論の対立について論ずる場合には，信託法の多様な局面における解釈に関して信託法理論の対立がどのような影響を及ぼしうるかを総合的に検討し，そのうえで信託法理論の対立の構造から見たわが国の法体系における信託法の位置付けについて考察することが必要である。

［6］　以上のような第1部での分析検討考察によって得られた観点に従い，第2部では，日本法の下における信託法理論の対立と現行信託法の解釈の原則ないし方向性との理論的関係について分析検討することとした。

まず，第1部で検討してきた信託法理論の対立の構造を参照しつつ，日本法の下での理論モデルとしての信託法理論を，「債権説」「物権説（受益者実質所有権説）」「信託財産実質法主体性説」の三者に再構成した。そのうえで，信託の定義，信託の基本構造，信託の分類，信託類似法理との親近性の違い等に関して，この三者をやや抽象的に比較検討したところ，この三つの信託法理論では，他の法理ないし制度と対比した場合における信託の特徴や信託類似法理の親近性の濃淡に関して，相当程度の差異が存在することが明らか

になった。次いで，わが国の信託法の各局面の解釈に対して信託法理論の対立がどのような影響を及ぼしているかを，やや具体的な局面に即して検討した。その結果，現行信託法に明確な規定が存在しない局面についてはもとより，信託法に明文の規定が存在している局面についても，前記の三つの信託法理論に基づく解釈が，相当程度異なることが明らかになった。

　[7]　次に，現行法の解釈に応用するための理論モデルとして再構成された信託法理論を用いて，現行信託法の各局面における問題点を検討した。

　信託法理論の対立が信託法の解釈に対して影響を及ぼす具体的な局面としては，①信託の成立要件，特に信託財産の存在が信託関係の成立にとって必要か否か，②信託関係当事者の変動の要件効果，特に受託者の更迭をどのような手続に従って行うことが理論上の原則となるか，③信託財産の範囲とその変動に関する要件効果，例えば信託財産の合併，分離に関してどのような手続に従うことが原則となるか，④信託財産に関する相殺の要件効果，特に信託財産に属する債権債務と受託者の固有財産に属する債権債務との相殺の効果をどのように考えるか，⑤実績配当型信託関係の解釈，特に費用ないし損失が生じた場合における実績配当の合意の効果をどのように考えることが原則となるか，⑥信託財産に関する情報開示に関する解釈，例えば受益者は受託者その他の財産管理者に対してどの範囲において情報開示を求められるか，⑦信託財産の共同受託の法律構成とその解釈，特に受益者と各受託者ないし財産管理者との法律関係に関する解釈上の原則はどのようになるか，⑧信託財産に関する債務及び責任の帰属，特に受託者の費用補償請求権の法的性質と解釈上の原則をどのように考えるか，又，信託財産との取引関係等によって債権を取得した第三者が受益者に対して直接責任追及を行うことができるか，等がある。

　前記のとおり，これらの局面については，現行信託法に明文の規定が存在しない場合のみならず，現行信託法に明文の規定がある場合についても，債権説，物権説（受益者実質所有権説）及び信託財産実質法主体性説の三者で解釈の原則的な考え方が相当程度異なる部分が存在している。又，各局面の解釈の違いに関する三者相互の関係についても，個々の局面ごとに必ずしも

要　旨

同一でなく，一つの信託法理論が他の信託法理論との関係で特に異質であるとはいえないことを，同時に明らかにすることができた。

　［8］　以上のとおり，わが国における信託法理論の対立は，現行信託法の解釈に関する原則ないし方向性を争う理論モデルの対立として，英米における信託法理論の対立と異なる現代的意義を有しているものと考えられる。しかしながら同時に，上記のようなわが国における信託法理論の対立は，三者相互の関係が複雑に錯綜しているのみならず，三者が完全に一致している観点が信託の定義自体を含めてほとんど存在しないために，本論文が最終的な目的としていた信託法理の本質的特徴や法体系における信託法の位置づけを考えるに際しても，各々の理論モデルから各々異なる結論が導かれるという状況を生じさせる結果となっている。

　そして，このような結果を生じさせている原因は，わが国における信託法理論の対立が，英米における信託法理論の対立と異なり，法体系全体の把握の仕方や議論の前提となる基本的な概念の把握の仕方等，信託法理論にとってより本質的な問題点についての対立を，必ずしも明確に意識したうえで議論されてきたものでなかったことにあると推測できる。

　結局，わが国における信託の本質的特徴や法体系における信託の位置づけについての客観的な観点を得るためには，英米における信託法理論の対立の意義を理解し直し，わが国における信託法理論の対立を，議論の前提となる問題点からとらえ直す必要があるように思われる。

　［9］　そして，そのような信託法理全体に関する再検討の結果として，わが国における信託の本質的特徴を一つの観点として確立すべきことになるのか，それとも個々具体的な信託関係の有する信託目的との関係で個別相対的に信託の本質的特徴を考えるべきこととなるのかについては，信託と信託以外の法理ないし制度とを多様な局面に関して比較検討する必要があるほか，信託法理の具体的内容の詳細を主要な法源に従って確定していくことが必要であるため，今後の課題として研究を継続していかなければならない。

　但し，本論文で検討してきた三つの理論モデルに関して共通している観点

は，信託関係に係る信託関係当事者の権利義務や利益及び負担の内容がかかる信託目的に基づく基準ないし制限に服するものであること（信託目的の拘束性）であり，他の財産管理法理と対比した場合における信託関係の独自性ないし本質的特徴も，正にこの点にあるものと考えられる。

　従って，信託目的の多様性と信託目的の拘束性とが信託関係において維持されている限り，信託は半ば必然的に多種多様な法律関係を包含するものとならざるを得ないわけであるから，全ての信託関係を唯一の理論モデルの下に統一的に説明すべき必要はなく，信託目的ごとに信託の基本構造を相対的に考えていく方が，わが国の法体系における信託の位置づけとして望ましいように思われる。

〈著者紹介〉

星 野　　豊（ほしの・ゆたか）

　1968年　東京生まれ

　現　在　筑波大学助教授

信託法理論の形成と応用
THEORIES ON THE LAW OF TRUSTS AND THEIR APPLICATIONS

2004年（平成16年）3月31日　初版第1刷発行				
	著　者	星　野　　　豊		
	発行者	今　井　　　貴		
		渡　辺　左　近		
	発行所	信山社出版株式会社		
		〒113-0033　東京都文京区本郷6-2-9-102		
		電　話　03（3818）1019		
		ＦＡＸ　03（3818）0344		

Printed in Japan.

Ⓒ星野 豊, 2004.　　　印刷・製本／松澤印刷・大三製本

ISBN 4-7972-2291-3　C3332